새로운
아이디어의 적

새로운 **아이디어의 적**

1판 1쇄 | 2015년 11월 25일

지은이 | 군터 뒤크
옮긴이 | 홍이정

펴낸이 | 모계영
펴낸곳 | 가치창조
편 집 | 박지연
디자인 | 한수림
총 무 | 이정렬

등 록 | 제406-2012-000041호
주 소 | 서울시 마포구 모래내로 7길 12, 202
전 화 | 070-7733-3227   팩 스 | 02-303-2375
이메일 | shwimbook@hanmail.net

ISBN 978-89-6301-122-6 03300

가치창조 공식 블로그 http://blog.naver.com/gachi2012

새로운 아이디어의 적

개인과 기업의 혁신은
어떻게 이루어지는가?

군터 뒤크 지음
홍이정 옮김

가치창조

차 례

1부: 새로운 것에서 힘든 일은 무엇일까?

모든 아이디어는 큰 난관에 봉착해 있다 – 우리는 이를 과소평가해서는
안 된다!
아이디어의 주변 상황을 정확히 탐색하라
이노베이션의 전문성 – 시작 단계가 과소평가되고 있다
영웅적인 기업가 – 또는 이노베이션 매니지먼트?
확산과 이노베이션의 캐즘
가트너의 하이프 곡선과 눈물의 계곡
티핑 포인트
파괴적인 이노베이션
하이브리스-곡선 혹은 "변화는 강제적 의무다"
이노베이션과 변화에 대한 간단한 심리학

면역시스템과 'Never Change a Winnig Team'에 대하여
저항모델
두 번째 장애물 – 이노베이션에서 일반 문화로
세 번째 장애물 – 표준에서 통용되는 규칙으로
다수의 장애물이 동시다발적으로
혁신가 자신의 저항
"천둥의 신 토르는 타인의 충고를 적대시한다."

2부: 특별한 이노베이션-장매물들

옴니소피적인 세모꼴
소망해서 얻은 와일드키드 - 이노베이션
문제점 요약하기

3부: 이노베이션과 우리의 형성력

결론: 이노베이션은 유익한가?

장애의 과정
창안에서부터 사업으로 이행되기까지

원래 아이디어란 도처에 널리 퍼져 있어서 커피 자판기 앞에서 논의되기도 한다. 아이디어는 도시에 있는 집들처럼 셀 수 없이 많다. 하지만 '아이디어 + 열정을 다 쏟아내는 에너지'는 일반적으로 좀 드문 경우가 아닐까 싶다.

우리가 이노베이션을 이루려면 아주 많은 에너지가 필요한데, 그 이유는 일단 시장에서 판매되어야만 하기 때문이다. 게다가 인습적인 것, 적대시하는 사람들이나 의심이 많은 사람들 그리고 시대에 뒤떨어진 규정들과 갖가지 상상할 수 없는 장애로부터 자유로워져야 하기 때문이다.

그러므로 위대한 이노베이션은 대체로 이노베이션의 이름들과 밀접한 연관성이 있다. 다시 말해서 원래 아이디어를 냈던 창안자의 이름과는 아무런 상관이 없다. 미국 대통령 버락 오바마(Barack Obama)는 2009년의 한 연설에서 미국이 자동차를 창안했다고 언급한 바 있다. 이는 헨리 포드(Henry Ford)와 벨트컨베이어 제조 기술을 의미하는 것이었다. 물론 다임러(Daimler)와 벤츠(Benz)가 1886년에 이미 모터마차를 상상해냈는데도! 에디슨이 '자신의' 백열등으로 이 세상을 밝혔을 때도 그전에 이미 수많은 사람들이 (실용적이지 않은) 기본 형태를 창안해냈다. 여러 사전에서도 독일인 하인리히 J. 괴벨(Heinrich J. Goebel)과 그보다 더 이전의 잘 알려지지 않은 선구자들이 언급되어 있음을 알 수 있다. 미국인들한테는 알렉산더 그레이

엄 벨(Alexander Graham Bell)이 전화를 창안해냈다고 알려져 있지만 이것 역시 필립 라이스(Philipp Reis, 독일의 기술자, 1860년 전기식 전화를 최초로 발명함_옮긴이)가 최초가 아니었을까! 라이스도 선구자였다. 위대한 아이디어들은 이렇듯 서서히 등장하게 된다. 고객의 구미를 당길 만한 큰 힘을 지닌 누군가가 이를 현실화할 때. 즉 고객의 관심이 환기되는 순간은 바로 '시장이 형성되고' 이에 합당한 인프라 구조들이 갖추어지는 때다. 이 순간에 최초로 등장한 인물이 우린한테는 '자신의' 발명품을 세상에 내놓은 유명 인사로 자리 잡게 된다. 시장에 내놓는다는 것이 중요한 것이지 아이디어 자체가 중요한 것은 아니다. 아이디어는 말 그대로 누구나 갖고 있다. "설거지하는 기계가 있어야 해요." 또는 "이 세상의 모든 책들과 음악들을 핸드폰에 담아야만 합니다." 혹은 "운전자 없이 자동으로 움직이는 자동차들이 있어야만 할 겁니다." 등등. 이런 일을 소원하는 것은 누구나 할 수 있을 테지만 정작 누가 실행에 옮기느냐가 중요하지 않을까?

에너지, 온 마음을 다함, 실행력, 특별한 재능, 멋진 팀 구성, 이해심 있는 투자자, 인내, 이 모든 것이 아이디어 실행의 요소들이다.

무엇 때문에 '에너지'와 '알맞은 때'가 이토록 중요하게 작용하는 것일까? 우리 한번 전기면도기, 세탁기, 식기세척기, 자동차, 핸드폰과 같은 위대한 혁신 제품들을 생각해보자. 이 모든 것들은 이미 다 알고 있는 물건들이다. 오늘날 우리에게 당연하게 여겨지는 생활필수품들이 처음 소개될 당시만 해도 신랄한 비판을 받았다는 사실에 대해서 그동안 많은 사람들이 잊고 있을 것이다. "세탁물들이 하얗게 세탁되지 않네요." "식기세척기는 한 시간 동안 음식찌꺼기랑 같이 돌아가고 건강에 해로운 가루 세제만 사용할 수 있어요. 결국 모든 식기가 뿌예지고 탁해져요." "나는 아주 말끔하게 거품 면도한 남자들만 좋아해요. 전기로 깎은 까칠한 수염에는 키스하지 않는답니다." "핸드폰은 사람을 의존적으로 만들고, 번거롭고, 가격도 엄청나게 비싸요. 게다가 전자파가 뇌에 나쁜 영향을 주기도 하고 사회성을 파괴하죠." 실제로 모든 이노베이션은 이러한 반대 의견과 적대감을 극복해내야만 한다. 코닥(Kodak) 기업이 1975년도 이전에 이미 디지털카메라를 창안해냈다는 사실에 대해 기억하는 사람이 있을까? 디지털카메라는 유명한 코닥-필름(Kodak-Film)과 어떤 경쟁도 하지 않기 위해 서랍 속에서 잠자고 있었다. 2012년 초에 코닥은 파산 신고를 했다. 이런 식으로 수많은 위대한 아이디어들이 대기업들의 손에서 사장되었다. 왜냐면 그들은 두려웠기 때문이다. 대기업들도 아주 소소한 아이디어들만 허락하고 있는 것은 아닐까? 위대한 아이디어들은 너무 많은 변화를 초래하게 될 테고 이로써 엄청난 장애에 봉착하게 되기 때문일 것이다.

아마도 이 모든 사실에 대해서 우리는 어느 정도 이미 알고 있거나 낯설지 않을지도 모른다. 경제가 번창하려면 이노베이션이 절대적으로 필요하다는 것은 누구나 다 알고 있다. 또한 대부분의 아이디어들이 번거로운 상황과 반대 의견으로 인해 사장되거나, 브레인스토밍(Brainstorming)-미팅에서 아이디어들이 빵 굽듯이 생성되었다가 거의 실행되지 않는다는 점도 알고 있을 것이다. 우리는 아이디어들이 – 바로 우리들 자신의 것이! – 기분 나쁘게도 대부분 경시된다는 것, 아무도 우리 말에 귀 기울여주지 않는다는 것을 알고 있다.

도대체 무엇 때문일까? 왜 우리는 무언가를 절대적으로 원하고 있는데도 아무것도 행동으로 옮기지 못하는 것일까?

그럼 다른 책들을 한번 살펴보자. 여러 책에서는 대체로 테크닉과 공정에 대해서만 서술하고 있다. 예를 들어 우리들이 어떻게 아이디어를 생각해내고 수집하여 자료집에 저장하는지, 이를 어떤 식으로 '도구들(Tools)'을 이용하여 관리하고 운영하는지에 관한 내용이다. 그 다음으로 제시되는 것은 '아이디어 매니지먼트'다. 그렇다면 우리는 아이디어들을 어떻게 평가하고 있는가? 엘리트 대학 설립에 대한 논의처럼 평가 공정을 거치게 된다. 아이디어에 대한 재정 지원은 어떠한가? 사업 계획 과정과 시장평가를 거쳐 가능해질 것이다. 어떤 아이디어들이 장려되어야 할까? 국가로부터 지원받을 수 있는 아이디어들에는 어떤 것들이 있을까?

이러한 점들은 탈모만큼이나 심각한 일이 아닐 수 없다. 아이디어들이 전부 서류상으로나 컴퓨터에서 잠자게 될지도 모르기 때문이다. 누군가 뭐라도 행동으로 옮겨야 하는 것은 아닐까? 대부분은 우리가 원하는 것이 무엇인지와 그 방법에 대해 다루면서도 그 행동력은 "실행되지 않는다." 이런 새로운 아이디어들을 선택하는 세레모니에서 우리들이 에너지를 다하고 심혈을 기울여 착수했다는 말을 들어본 적이 있는가? 전혀 없다!

- 이노베이션은 미지의 세계를 여는 것과 마찬가지다.
- 이 새로운 세계는 '고객'이나 옛 세계에 대해서도 낯설지 않아야 한다. 다시 말해서 옛 세계에 대한 것도 많이 연구되어야 한다.
- 이노베이션은 유보상태("우리가 반박할 수 있을 겁니다!")에 이르거나 종종 적대적인 감정("텔레비전은 사람을 바보로 만듭니다!")에 직면하게 된다. 이로써 우리는 실행으로 옮기지 못하는 일이 비일비재하다 - 혁신가들은 이점에 관심을 가져야 할 것이다.

출판된 교재들에서도 이러한 큰 문제점들은 대부분 다루어지지 않고 있다. 아이디어 찾기, 아이디어 평가하기 그리고 아이디어 재정 지원에 대해 주로 기술되고 있는 정도다. 누군가 비즈니스 계획과 실행 계획을 제시할 경우에는 '이 모든 것이 반드시 실행되어야만' 한다. 이노베이션의 경우에 정작 필요한 것은 무엇인가? '에너지를 다하여 아이디어를 실행으로 옮기는' 사람이다. 하지만 학문적인 이론들과, 이노베이션 컨설팅회사들의 행동-목록들에는 바로 이런 사람에 관한 내용이 빠져 있다. 여기서는 우리가 이노베이션 적대감을 어떻게 극복해야 할지, 근본적으로 이노베이션을 원하더라도 받아들일 생각이 없는 기업에서 어떻게 돌파구를 모색할 수 있는지에 대해서는 언급되지 않고 있다. 이 새로운 세계가 열리기 전에 우리는 혁신가들에게 적어도 한 번쯤 탐구해볼 수 있는 충분한 시간을 주어야 되는 것은 아닐까? 이는 다음과 같은 글귀에서도 찾아볼 수 있다. "우리가 너무 성급하게 시작하는 바람에 문제점들을 과소평가했습니다."

내가 이노베이션에 대한 책을 쓸 수밖에 없는 이유가 바로 이러한 맥락에 있다. 이렇듯 끝도 없는 좌절을 부르는 오류 시도나 이노베이션 매니지먼트에 대한 주먹구구식의 테크닉, 빈번하게 발생하는 피상적이고 전략적인 행동 그리고 현실적 문제점들에 대한 아주 잘못된 평가 때문인 것이다. 물론 단순히 이 테마에 대해서만 말하려는 것은 아니고 진짜 중요한 것이 무엇인지를 말하고 싶다.

본 책의 구성은 3개의 본론과 결론 부분으로 이루어지고 있다.

첫 번째 부분은 이노베이션의 문제점을 제시하면서 시작된다. 아이디어는 어떻게 개진되는 것일까? 아이디어는 어떤 새로운 세계를 열 수 있을까? 아이디어는 어떻게 보급될 수 있을까? '멤(Mem, 커뮤니케이션을 통해 전달되고 확장되는 각 개인의 사고이며 모방 가능한 사회적 단위. 영어 표기로는 밈meme으로 1976년 리처드 도킨스의 이기적 유전자 The Selfish Gene에서 소개했다_옮긴이)'을 예로 들 수 있다. 어떤 힘과 반대의 힘이 오리지널 아이디어에 영향을 미치는 것일까? 성공적인 이노베이션을 위해 추진해야 할 일은 무엇일까? 우리는 혁신가들이나 '조직된 팀'에게 어떤 미덕을 요구해야만 하는 것일까? 새로운 비즈니스 아이디어는 어떤 적대자를 만나게 될까? 이노베이션이 극복해야 할 장애에는 어떤 것들이 있을까? 에버렛 로저스(Everett Rogers, 뉴멕시코대학교의 커뮤니케이션 저널리즘 학과 교수역임_옮긴이)와 제프리 무어(Geoffrey Moore, 영문학박사 출신 첨단 산업 마케팅 컨설턴트_옮긴이)의 고전적인 생각들을 바탕으로 나는 '이데올로기적인 투쟁'을 서술하고 싶다. 특히나 이노베이션과 주창자들의 다양한 형태에 대해서 언급하고자 한다.

- '준비가 되어 있다면(언제인지!)' 이노베이션을 잘 발견할 수 있다고 생각하는 사람들은 오픈 마인드들(OpenMinds)이다.
- '어떤 사람한테도 필요하지 않다'는 식으로 고개를 흔드는 사람들이 클로즈 마인드들(CloseMinds)이다.
- 새로운 것에 대해 ("불안해! 위험해! 비도덕적이야!"와 같은 견해로) 적극적으로 투쟁하는 사람들이 적대자들이다.

고전 이론은 얼토당토않게 고객에 대해서만 언급한다(그래서 성공적이지 못한 경우가 많다!). 고전 이론에서 질문하는 것은, 우리가 먼저 오픈 마인드를 갖고 행동하려면 어떻게 해야 할지다. 하지만 이러한 노력은 고객들에 대한 것뿐만 아니라 해당 매니지먼트나 투자자들과 동료들에 대해서도 찾아볼 수 있을 것이다. 이런 맥락에서 보자면 우리는 다시 클로즈 마인드들과 적대자들에 대해서도 생각하게 된다. 이 모든 것에 좋은 영향(여성사제, 탑매니저)을 줄 수 있는 이노베이션이나 새로운 규칙들도 있을 테지만 권력으로 모든 것을 방해하는 적대자들도 있을 것이다. 클로즈 마인드들과 적대자들은 '장애'에 대한 불만이 제시되지 않는 전통적인 이노베이션 모델들에서는 나타나지 않는다. 이런 의미에서 나는 본 책을 통해 지금까지 상당히 등한시되어온, 경우에 따라서는 아직 다루어지지 않은 관점들에 대해서 언급하고자 한다.

두 번째 부분은 전형적인 방법으로 더 좋은 이노베이션을 가로막고 있는 장애물에 대해서 상세히 살펴보려고 한다. 적대자들과 클로즈 마인드들은 도처에 있다. 다양한 '플레이어(Player)들'은 과도한 기대감을 갖고 있다. 학자들이 애당초 하고 싶은 일은 뭔가를 창안해내는 것인데, 그 다음으로는 이렇게 말한다. "이제 한번 해봐요." "내게 명성을 주세요." 매니저들은 모든 일이 마찰 없이 돌아가기를 바란다. 그러므로 그들은 이노베이션을 장애라 보고 잘못 관리하는 경우가 비일비재하다. 동료들은 자신들의 일터가 변화되거나 사라지는 것을 두려워한다. 상담사들과 투자자들은 불확실한 일을 계획함으로써 시간적 압박을 받도록 부추긴다. 마케팅 담당자들은 아직 낳지도 않은 달걀을 자랑부터 하게 되는데, 이로써 훗날 대중매체들은 이 모든 것을 조롱하고 비웃는다. 그러고 나면 남는 것은 무엇일까? 여기서는 종종 부족하기 쉬운 인프라 구조와 고객들이나, 기껏해야 새로운 하이프(Hype)-교재들에 따라 보완되는 수많은 기업 프로그램들만 남는다. 모든 종류의 국가적인 지원 프로그램들은 로비스트들의 소원에 따라 그럴듯한 박사 논문들을 낳게 하지만 그 결과들은 실행으로 옮겨지지 못한다. 왜냐하면 단체들은 이 모든 것을 옛것 그대로 내버려두고 싶어 하기 때문이다. 이노베이션은 진정한 장애물달리기인 셈이다.

세 번째 부분에서 나는 '기업의 DNA' 속으로 통합될 수 있는 현실적인 이노베이션 비전을 펼치고자 한다. 우리는 '애자일(Agile) 이노베이션'-구상을 실행으로 옮길 수 있어야만 한다. 혁신가들은 그 어떤 이노베이션에 앞서 이를 준비해야만 할 것이다 ("사전-이노베이션"). 그들은 다양한 개인적인 활력과 능력들을 쏟아야만 한다. 이 세 번째 부분은 이노베이션의 자체 교훈서도 아니고 최종적이고 결정적인 것도 아니다. 이 부분은, 우리가 정말 전문가다운 이노베이션에서 얼마나 멀리 떨어져 있는지를 분명히 밝히기 위해 필요한 장비들을 서술하고자 하는 것이다. 나는 이노베이션에 대한 성공적인 책을 저술할 수 있다고는 생각하지 않는다. 왜냐면 새로운 것에 대해 모든 것이 얼마나 적대적인지를 독자들이라면 누구나 바로 확인할 수 있기 때문이다. 그리고 이 모든 일반적인 적대 행위는 본 책에서 기술될 것이며 이는 하나씩 극복되어야만 할 것이다. 적대 행위가 존재하지 않을지라도 노력이 필요할 것이다. 또한 앞으로의 교훈에 대해서도 언급하려고 한다. 우리가 필요한 것이 무엇인가? 새것에 대한 일반적인 의욕이다! 그저 단순하다. 우리가 실제로 이런 의욕을 지니지 않고 있더라도 모든 새로운 것으로 인해 우리의 일반적인 의욕 부진이 타개되어야만 한다.

새로운 것은 무엇인가?
그리고 어떠한 모습으로 나타나는가?

새로운 것의 종류는 다양하다. 예를 들어 기술적인 발명, 사업 모델, 새로운 생산과정 혹은 다른 서비스 모델들("지금부터 셀프서비스입니다!")이 있다. 세컨드 라이프(Second Life) 기업은 우리를 인공적인 세계로 유혹했다. 구글(Google)은 모든 온라인을 제공했는데 우리가 인터넷에서 기업 광고를 클릭할 때마다 그 비용 지불은 각 기업들이 맡도록 만들었다. 에너지(열정) 폭발은 천연가스를 채굴할 때에도 새로운 수압파쇄(Fracking)기법을 창출해냈다. 일단 수직으로 바닥을 뚫고 그다음에는 바닥에서부터 수평으로 사방에 가지를 뻗어나가는 공법이다. 이로 인해 미국의 시장가격을 위축시킬 수 있을 만큼의 많은 천연가스를 발견하게 되었다. 기존의 허가된 한계량을 늘리려면 법은 개선될 수밖에 없는데 가령 자동차 가스 배출에 대한 법률도 한 예로 들 수 있다. 과학적인 아이디어들은 새로운 것을 생산하고, 신경학은 뇌와 인간에 대한 인식에 기여하고 있다. 즉 우리는 새로운 학습법과 교수법에 관해 알게 된다. 아이디어들은 새로운 생활 양식에 적용될 수 있다 ('세대공동주택 Generationenhaus', 대가족이 사라진 오늘날 여러 세대의 사람들이 함께할 수 있는 주거 공간, 특히 가족들뿐만 아니라 소외된 노인들과 청소년들을 위한 곳이기도 하다_옮긴이). 혹은 우리의 믿음을 공유하는 방법('인터넷교회, Internetkirche')이라든지 새로운 삶의 가치관 ('터보자본주의, Turbokapitalismus')도 예외는 아닐 것이다.

새로운 것은 다양한 변화와 모습으로 나타난다. 이 책에서 새로운 것을 주제로 삼으려고 했을 때부터 나는 새로운 것을 보편적인 것에서 찾으려고 마음먹었다. 이를 위해 내가 끌어들이는 예들은 오히려 '일반적'인 것이며 종종 제품과 연관되는 게 많다. 도대체 무엇에 관한 것인지 장황하게 오래 기술하지 않더라도 누구나 쉽게 이해할 수 있기 때문이다. 그러므로 이에 대한 독자의 양해가 절실하다. 아마도 나는 '세컨드 라이프'에서 이러한 예를 많이 인용할 작정인데, 이는 잠재적인 생활양식이 대단한 인기를 끌었다가 순식간에 싫증나는 이유들이 과연 무엇인지 설명하기 위한 것이다. 이런 경향들은 지금도 페이스북에서 찾아볼 수 있다.

나는 이미 잘 알려져 있을 만한 예들을 자신 있게 선택했다. 물론 초기 세탁기와 오늘날의 태블릿이나 울트라북과 같은 신제품들도 자주 등장할 것이다. 하지만 본 책은 제품에 해가 되는 얘기를 하려는 것은 절대 아니다. 내가 '새로운 것'을 주제로 삼는다면 이는 가장 넓은 의미에서 새로운 성장 아이디어이자 새로운 평가 혹은 새로운 매니지먼트 방법론을 말하려는 것이다. 나는 이러한 아이디어를 최초로 가졌던 사람을 '창안자'로 이해하고 있기에 본 책에서 사용된 창안자 개념을 기계, 화학적 요소 혹은 다니엘 뒤젠트립(Daniel Düsentrieb, 월트 디즈니의 코믹인물로 자신의 천재성과 아이디어를 증명하는 엔지니어이자 창안자_옮긴이)과도 연결할 것이다.

새로운 것에는 크고 작은 것들이 있다. 전체 국가 산업이 달려 있을 수 있는 전기차(eCars)와 같은 대단한 것도 있다. 반면에 현재 시장에 나오는 설탕의 대용품으로 스테비아식물(Stevia, 파라구아이 및 브라질과 남미를 원산지로 하는 국화과 다년초이며 설탕의 당분보다 200-300배 높다_옮긴이)에서 생산되는 좀 소박한 것이 있는가 하면, 좋은 적포도주의 개봉상태를 최소화하기 위한 와인병 폭기장치 (통기성이 완전히 차단되는 주전자 부리 모양의 마개로써 와인병을 거의 세우다시피 하고 와인을 따를 수 있다_옮긴이) 같은 아주 소소한 물건들도 있다. 발명품이나 새로운 것이 그 규모가 크거나 작거나 간에 사람들은 자신들이 지금 새로운 것을 원하는지 혹은 그렇지 않은지로 인해 서로 의견이 분분하다. "나는 와인병을 기울여 따릅니다! 와인 폭기장치는 값진 와인을 망가트리고 있다고요!" – "와인은 항상 레스토랑에서 다 망쳐놓는 편이죠. 왜냐면 식사할 땐 와인 마시기 바로 직전에 병마개를 열어야만 하기 때문이죠. 이런 면에서 볼 때는 폭기장치는 일종의 축복입니다." 지금 인류는 와인 폭기장치나 부유세로 인해 거의 매번 분열되어 논쟁을 벌이고 있다.

하지만 새로운 것이 국가, 대기업 혹은 더 작은 중견 기업 중 어디에서 관철되어야만 하는지에 따라 확실한 차이가 생긴다. 국가 혹은 기업에서는 어떤 관리자의 형태로 꾸려지는지에 따라서도 차이점은 있다. 애플사(Apple)에서 개선과 개혁에 대해 거의 불멸의 존재로 언급되었으며, 사망한 지 그리 오래되지 않은 스티브 잡스(Steve Jobs)는 '자신의' 기업에서 그가 하고자 했던 바를 변화시키고 관리할 수 있었다. 여기서 새로운 것은 CEO의 견해에 따라 평가되는데, 이는 주식의 상당 부분이 국가 기관에 속해 있는 독일의 대규모 에너지 공급자들과는 완전 딴판이다. 중견기업들은 오로지 기업 CEO에 의해 운영된다. 기업의 문화가 한 가지 특색으로 각인되고 있는 외트커(Oetker), 오토(Otto), 디엠(dm), 슐레커(Schlecker), 네커만(Neckermann), 리들(Lidl) 또는 뷔르트(Würth)와 같은 기업들을 생각해보자(우리가 모두 아는 기업을 예로 들자면 어느 정도 큰 기업을 언급해야만 한다). 각 기업의 성격에 따라 새로운 것은 다양한 방법으로 관철되고 있다.

새로운 것에 대해 고전분투하는 맥락에서 볼 때 이렇듯 수많은 특성들을 일일이 가치 평가한다는 것은 나로서는 불가능한 일이다. 나는 기업들이나 집단들에 관한 일반적인 경우에 대해 살펴보고자 한다. 예를 들어 새로운 것을 얻고자 하는 노력은 하되, 동시에 두려움도 갖고 있는 사람들에 대한 것이다. 여기서는 꿈을 이루고자 하는 자들이 재정 지원에 대해 의구심을 품고 있기도 한다. 부서와 의견에 따른 이러한 차이들은 더 규모가 작은 기업들에서도 찾을 수 있을 것이다. 미팅, 회의와 승인 서류들이 있는 곳이라면 어디에서든지 새로운 것에 대한 문제점들이 나타날 것이다. 그리고 그러한 제반 문제들이 전혀 없는 곳이라도 또다시 다른 파국이 발생할 수도 있을 것이다. 규모가 작은 기업들은 개성이 강조되고 그만의 색깔이 있으며 변화무쌍하다. 반면에 규모가 큰 기업들은 새로운 것에 대해 계산적이고 미래가 예측되는 반응을 한다. 왜냐면 그들은 대체로 이러한 노동 테크닉에 익숙한 상담가들을 데려오기 때문이다. 물론 진부한 경험들에 대해서는 더 간단하게 기술될 수 있을 테지만 - 방금 언급했듯이 - 나는 소규모 기업들에 대해 아주 잘 알고 있다. 예를 들어 여기서는 IT-부서(1인), 마케팅 부서(3인) 그리고 판매 부서(이 부서에서도 아주 소수의 인원들이 소속되어 있다)가 대규모 은행이나 거대 화학공업에서 하는 것과 같이 새로운 것에 대한 의례적인 투쟁들을 해결해야 한다. 언제나 우왕좌왕하거나, 열광과 두려움 사이에서 언제나 불확실해 하거나, 그들 자신의 길에 대해 항상 걱정하는 사람들이 있기 때문이다.

그리고 이 책의 결론 부분에서는 뭔가 새로운 것을 재도전했던 내 자신의 경험에 관해서도 언급하고자 한다. 거의 25년 동안 IBM에서, 그전에는 12년 동안 연구자로 빌레펠트(Bielefeld) 대학에서 겪었던 경험들이다. 요즘 나는 컴퓨터상에서 프로젝트 '2.0 세계'를 시도하고 있다. IBM에 근무할 당시에는 수년간 진행되는 새로운 사업

분야들을 여러 차례 관철하기로 결정한 바 있다. 결국 "클라우드 컴퓨팅(Cloud Computing, 인터넷 기반cloud의 컴퓨팅computing 기술을 의미. 인터넷 상의 유틸리티 데이터 서버에 프로그램을 두고 그때마다 컴퓨터나 휴대폰 등에 불러와서 사용하는 웹 기반의 소프트웨어 서비스_옮긴이)"이 생겨나게 되었고 그동안에 아주 규모가 커지게 되었다. 이 같은 새 사업의 토대를 마련할 무렵 나는 고객 차원으로 방문을 허락해준 수많은 기업들을 꼼꼼히 살펴보았다. 내 생각에는 이들 기업들이 진심으로 '허락해준 것'이라고 생각한다. 왜냐면 나는 하이퍼액티브한 (hyperaktiv) 기업들에서부터(예를 들어 IBM) '대규모 유조선'에 이르기까지 수많은 세계를 알 수 있었기 때문이다. 내가 강의를 하며 돌아다닐 때 수많은 작은 기업들도 방문했다. 가는 곳이라면 어디든지 사전에 몇 시간 동안 둘러보았기에 내부적인 문제점들과 논쟁거리들을 알게 되었다. 이러한 신뢰할 수 있는 경험들을 바탕으로 나는 여러 독자들에게 유익한 얘기를 들려줄 생각이다. 내가 이 세상 전부를 다 목격한 것은 아니지만 말이다.

대략 1990년 이래로 나는 '모든 것을 더 향상시키기 위한' 기업 최적화의 세계를 둘러보게 되었다. 나는 dot.com-Hype(하이프)나 경우에 따라서는 하강과 재정 위기를 몸소 체험했으며 여전히 진행되고 있는 인터넷 혁명에 놀랄 따름이다. 내가 예전에 기술했던 모든 책들에서도 이러한 나의 경험들이 상당 부분 실려 있다.

1부

새로운 것에서
힘든 일은 무엇일까?

이노베이션이
신세계를 개척한다

모든 아이디어는 큰 난관에 봉착해 있다 –
우리는 이를 과소평가해서는 안 된다

우리가 감탄하는 대단한 아이디어는 그 발생 시점에서 어느 정도 시간이 지난 뒤에야 아주 천재적인 것으로 평가된 경우가 많다. 아이디어를 천재적이라고 확신하고 감탄하는 우리들의 행동이 어쩌면 부적절할 지도 모른다. 우리가 그 아이디어들의 발생과 확산 시기에는 미친 짓이라고 했거나 '바보 같은 일'이라고 생각했다는 사실조차 나중에는 까맣게 잊어버리기 때문이다.

몇 가지 예를 들어 보자. 세탁기, 식기세척기, 면도기 혹은 핸드폰을 최초로 제작하여 판매하려고 아이디어를 낸 사람들을 한번 상상해 보자. 이들은 그 자체로 굉장히 놀라우며 천재적이다. 하지만 우리가 이렇게 생각할 때가 되면 이미 최초의 창안자들 시대와는 거리가 멀며 이미 인류의 혜택을 받고 난 다음이다. 유감스럽게도 우리 모두는 그 당시에 이런 창안에 대해 어떤 생각을 지니고 있었는지 망각하고 있다. 즉 거의 기억하지 못하거나 아예 하나도 기억하지 못할지도 모른다. 우리는 새로운 아이디어에서 겉으로 들어난 단점들부터 보았던 것이다.

오랜 세월 동안 세탁물은 만족스러울 만큼 하얗게 세탁되지 않았고 '회색빛'을 띠고 있었다. 세제 광고의 세대들은 광고 전쟁을 통해 새하얗게 세탁될 수 있다고 설득하려고 애를 썼다. 몇 달 간격으로 세탁물은 10퍼센트 정도 더 하얘졌다. 이대로 몇십 년 동안의 발전 과정을 퍼센트로 합산해보았을지도 모를 일이다. 그러면 오늘날쯤 와서는 그 당시 최초의 세제보다 몇천 배는 더 하얗게 세탁될 것으로 확신했을 것이다. 그 밖에 그 당시에는 세탁물이 줄어든 것도 있었고 또 어떤 것은 천이 늘어난 것도 있었다. 언제나 우리가 원하지 않는 방향으로만 일이 벌어졌다. 예를 들어 아주 짧은 바지는 오히려 더 줄어들고 아주 긴 바지는 더 늘어났다. 이 점에 대해서 의류 판매자들은 대체로 다른 시각으로 보았다. 매장에서 고객이 옷을 입어볼 때 바지가 너무 짧았다면 판매자들은 늘어날 거라고 예측했고 바지가 너무 길 경우에는 딱 맞게 줄어들 거라고 말했다. 이뿐만이 아니었다. 세제도 적당하지 않았다. 세제가 너무 순하거나 너무 진했다. 옷감의 소재도 세탁기에 맞지 않아서 다른 세탁물까지 물들였다. 결국 세탁물에 분홍색 물이 드는 경우가 비일비재했다.

섬유산업은 새로운 소재로 대응했는데 다리지 않아도 되는 소재를 개발했다. 탈취제 산업은 축축한 겨드랑이에 맞도록 그 방안을 창안해냈다. 세제산업은 어떤 소재라도 다 적합한 세제를 만들어냈다. 세탁기는 기술적으로 더 개선되었지만 여전히 상당 기간 자주 수리해야만 했다. 처음엔 자동차들도 자주 수리해야만 했던 것과 마찬가지였다. 그래서 그런지 정말로 현명한 주부라면 오랫동안 세탁기를 거부했다. 이런 여성들은 사무실에서 일하는 남편을 위해 새하얗게 빨래할 줄 알았으며 게으른 세탁기 사용자(여성)들에게 승리감을 느꼈다. 하지만 세탁기를 사용한 여성들은 미온적이나마 자신의 삶을 편안하게 만들었으며 정말로 스스로 그런 삶을 실현하고자 했다. 이와 같은 일들을 우리는 정말로 모조리 잊어버리고 있는 것은 아닐까?

우리는 세탁기에 대해서 거세게 반발했으며 원하지 않았다. 우리는 우리 일상 속에서 발전하는 기술화에 대해 거부적인 반응을 보여왔다. 이러한 아이디어들을 결코 천재적인 것으로 받아들일 수 없었던 것은 아닐까.

그래도, 때가 되자 우리는 새로운 것에 익숙해졌다. 그러고 나서 빨랫줄을 대체할 수 있는 건조기를 만들어냈다. 또 한 번의 폭풍이 일어났다. "빨래는 맑은 봄공기에 말려야만 해요. 그래야 상쾌한 향기가 나죠!" "건조기는 전기 값이 너무 많이 들어요. 햇볕에 말리면 공짜인데 말이죠." 이미 위에서 언급한 새 기술에 대한 적대 원칙에 따라 세탁에 대한 의견은 다시 오랜 기간 동안 분분했다. 그러자 건조기에 맞게 모든 것이 새롭게 요구되었다. 소재가 새로 고안되었고 봄향기가 나는 화학세제가 만들어졌다. 그 뒤에 식기세척기도 나왔다. 값비싼 유리는 우윳빛으로 탁해지고 버려야 할 정도였다. 접시에는 계란자국이나 소스국물이 떡이 되어 남아 있었으며 세제에는 상당한 독성이 있는 것 같았다. 그릇의 모양이나 크기가 식기세척기에 잘 맞지 않았기에 상당히 많은 그릇들이 들어가지 않아 손으로 닦아야 했다. 식구가 많지 않은 집들은 식기에 얼룩이 돌덩이처럼 딱딱하게 생겼음에도 일주일 동안 식기를 모았다가 한꺼번에 기계를 돌렸다. 이런 경우에는 미리 초벌설거지를 해야만 했다. 모든 게 제대로 돌아가려면 거의 한 편의 드라마처럼 복잡했다.

그래도 이러한 시도는 계속되었다. 비누거품이 필요 없는 면도기는 처음 생산 때에는 성능이 너무 좋지 않았다. 독일 남자들은 점심 시간만 되도 방금 휴가에서 돌아온 것같이 텁수룩해 보였기에 현모양처들은 거품면도로 남편을 깨끗하게 면도한 뒤에 말끔한 상태로 일자리로 보냈다. 모바일핸드폰은 처음엔 수신이 되지 않았으며 배터리 시간도 몹시 짧았다. 통화료는 거부감을 느낄 정도로 비쌌기에 레스토랑이나 기차에서 뽐내고자 하는 사람들만이 사용할 수 있었다.

모든 좋은 아이디어들은 - 컴퓨터, 스마트폰, 태블릿 그리고 비아그라, 레깅스, 내비게이션 - 처음에는 예외 없이 엄청난 비난을 받았으며 우리의 삶에 굳건히 안착될 때까지 오랜 세월이 걸렸다. 그동안에 이 아이디어들은 변화 과정을 거쳐 더 개선되었다. 즉 해당 인프라 구조가 오랜 기간 동안 변화되고 마침내 아이디어가 '우리들의 삶에 동화된' 것이다. 이러한 동화 과정은 전적으로 과소평가되고 있다. 왜냐하면 이 점에 대해서 기록되지 않고 있기 때문이다. 우리 모두는 아이디어가 우리의 사랑을 받고 값비싸지고 나서야 비로소 그 결과물만 접하게 된다. 그전의 사고 과정과 오랜 기간의 불평에 대해서 우리는 이미 까마득하게 잊어버리고 말았다.

현재의 아이디어에 대해서도 우리는 자제력을 갖지 못하고 군소리를 늘어놓는다. 오늘날 행정기구의 자동화에 대해서도 ("아! 좋은 일자리군요."), 스마트폰의 인터넷에 대해서 ("우리를 중독되게 만드는 것 같아요."), 페이스북에 대해서 ("모든 사람들이 나에 대한 정보를 알고 있어요. 난 더 이상 자제할 수 없어요.")

이때 새로운 아이디어들에 관한한 우리는 고객의 입장을 고수하며 반응한다. 우리 고객들은 새로운 것을 거부한다는 식으로. 하지만 새것을 위해 함께 일해야만 하는 또 다른 사람들도 있다는 것!

- "과학자들은 세탁기뿐만 아니라 세제도 만들어낸다."
- "은행원들은 공장 조립식 홀 건설에 자금을 대출해준다."
- "하청업자는 세탁기의 회전 기능이 완벽해지도록 발전에 참여한다."
- "판매자는 가정방문을 해서 세탁기에 대해 이런저런 얘기를 한다."
- "신문기자들은 새로운 테크닉에 대해 과도할 정도로 칭찬한다."

이들은 모두 위대한 생각을 하고 있으며 그렇게 단순하게 참여하고 있는 것이 아니다. 오히려 여기서는 세탁기 창안자의 목소리가 줄어들게 된다. 그가 이 점에 대해 강력하게 반기를 들고 어떤 행동을 취할 수 있을까? 모든 재료들과 세제를 새로 만들고 기계를 새로 발전시킬 수 있을까? 수리하지 않아도 되며 눈부시게 새하얗게 빨래할 수 있는 기계를 만들어낼 수 있을 것인가?

창안자한테는 어떤 일이 발생할까? 대부분의 일반인들은 그냥 포기하고 말 것이다. 수년이 지나거나, 아니면 수십 년이 지나서야 예전에 꿈꾸었던 대로 모든 것이 제작되는 경우가 비일비재하다. "이것은 내가 꿈꾸었던 것인데!" 이제 와서 그는 자신의 증손녀에게 설명은 할 수 있겠지만 그 당시에는 정작 문제점을 이해할 용기는 전혀 없었던 것이다.

아이디어의 주변 상황을 정확히 탐색하라

세탁기의 발명으로 인해 이와 근접한 분야에서는 연이어 혁명이 이루어졌다. 섬유산업은 완전히 바뀌었고 주거 공간들은 새로운 상수도 시설을 갖추게 되었다.

새로운 창안물을 시장에 내놓고 싶은 사람이라면 자신의 아이디어를 둘러싸고 있는 주변 상황부터 광범위하게 둘러보아야 할 것이다. 자신의 아이디어가 원만하게 수용되도록 하기에는 변화가 빈번하거나 너무 많다면 이에 따라 성공할 기회도 그만큼 낮아진다.

그러므로 이노베이션이 발전하려면 새로운 아이디어를 통해 주변 관계들이 얼마나 변화될지에 대해 학습해야만 할 것이다. 핸드폰 안테나의 품질 개선은 다른 변화를 초래하지는 못하는 편이며, 이는 새 상품에서 나타나는 일반적인 현상이다. 하지만 식기세척기나 컴퓨터의 경우에는 전부 다는 아니더라도 상당한 변화를 가져다준다. 이 점에 대해서 대부분의 관계자들은 이노베이션을 시작할 무렵에는 별로 인식하지 못한다. 대체로 오늘날은 이러한 인식 과정이 초반에 잘 나타나지 않는다. 다들 구체적인 아이디어에만 집중하다가 주변 환경의 어려움을 알고 나서야 변화무쌍한 주변 상황을 깨닫게 되는 것이다. 즉 '예상치 못한 문제점들이' 발생한다거나 신용 대출이 부족하다거나 해당지식이 있는 엔지니어가 채용될 수 없는 사정일 경우에. 또한 마지막에 가서 고객이 신상품을 '받아들이지 못할' 경우도 여기에 해당된다. 이렇듯 불필요하고 당황스러운 경우들이 반복해서 발생하는 이유가 도대체 무엇일까? 사전에 인식하고 방향 전환했을 법도 한데도 이토록 빈번하게 암초에 좌초되다니 참으로 믿을 수 없는 일이다. 창안자들은 아주 생소한 분야에서 전문가로 활동하는 경우가 비일비재하다. 그런데 그들은 모든 다른 사람들이 새로운 것에 빠른 속도로 적응할 수 있을 것이라며 단순하게 믿고 있다. "무슨 말씀이세요? 당신이 너무 복잡하게 생각하고 있는 것은 아닌가요?" 그들은 훗날 고객이 될 사람들에 대해 별다른 생각을 하고 있지 않는다. 창안자들의 CEO들은 전통적인 매니지먼트 방법론을 고수하고 있다. 모든 것이 예전과 차이가 없는 방법으로 관리하고 있는 것이다. 매니지먼트 방법론은 여러 가지 시각으로 볼 때 폭이 넓은 편인데, 새로운 아이디어에 대해 더 이상 유용하게 적용될 수 없을 경우에는 그 기능을 상실하고 만다.

창안자들은 자신들이 더 이상 아무것도 배울 것이 없다고 믿고 있다. 자신의 전공 분야에서는 알 만한 것은 다 알고 있다는 것이다. 알아도 너무 많이 알고 있다는 식인데, 그 외의 세상에 대해서는 아는 게 별로 없다. 관리자들도 더 이상 배울 것이 없다고 생각한다.

왜냐면 그들도 알아야 할 일들은 모조리 알고 있다고 믿고 있기 때문이다. 결정적으로 볼 때 이 같은 생각은 이노베이션에 별로 도움이 되지 않는다.

그렇다면 이번에는 일상에서 예를 들어보기로 하겠다. 평지에 사는 우리 가족이 지난번에 돌로미텐(Dolomiten, 이태리에 위치한 풀 한 포기 나지 않는 기암절벽_옮긴이)으로 여행을 다녀온 적이 있었다. 이때 일은 아직도 생생하다. 우리는 절벽 아래쪽 푸르른 골짜기에서 등산객 지도를 사이에 두고 빙 둘러서 있었다. 그때 우리들 중에 누군가가 언뜻 보기에는 거의 가까이 있는 듯이 보이는 음식점을 손으로 가리켰다. "멋지네요. 저곳이 여기서부터 직선거리로 1킬로미터 정도밖에 떨어져 있지 않을 것 같아요. 우리 지금 저기로 가서 라들러(Radler, 맥주와 레몬수로 만든 음료_옮긴이) 한잔 합시다." 다들 그러자고 고개를 끄덕였다. 우리들 중에 수학자로 통하는 나는 그의 의견에 이의를 제기했다. 지도에서 보면 우리의 현 위치가 푸른색 쪽인데 음식점의 위치는 갈색 면에 있었기 때문이다. 나는 섬뜩한 생각이 들었다. 고도차이가 분명히 700미터 이상이거나 심지어 1000미터까지 되어 보였던 것이다. 나는 그곳으로 올라갈 생각이 없었지만 다른 사람들은 그럴 생각으로 이렇게 말했다. "그래서요?" 나는 음식점이 절벽 위쪽에 있다고 말하고 그들에게 실제 위치를 손가락으로 알려주었다. "저 오른쪽이요, 한번 보세요." 그들은 언짢은 듯이 곰곰이 생각해보았다. "아 그래요. 그럴 수도 있겠네요. 정말 유감이에요. 너무 높네요. 당신 말이 맞아요." 결국 우리는 뭔가 원대한 아이디어를 포기했다. 곧이어 새로운 아이디어가 나왔다. "여기 지도에는 또 다른 음식점이 있어요!" 그들은 환호성을 질렀다. 다시 지도를 본 나는 약간 화가 난 채로 반대 의견을 제시했다. 이곳도 '지도에서는 갈색 면'에 위치하고 있다고. 그러자 실제로 그들은 나에게 이런 말을 했다. "당신은 우리 재미를 다 망쳐놓는군요." 나는 맘속으로 부글부글 끓어올랐다.

이날 일로 나는 내 자신을 일상에서의 혁신가로 기억하고 있다. 나는 대기업의 일상을 평지에서의 일과 비교하여 상상해본다. 모든 것이 다 평지이고 언덕은 없다. 구불거리는 도로도 하나 없으며 익히 다 알고 있고 가는 곳마다 도로가 잘 깔려 있다. 우리는 어디든지 자동차로 도달할 수 있으며 주행 시간도 얼마나 될지 상당히 정확히 알고 있다. 거의 모든 도로에서 같은 속도를 낼 수 있기 때문이다. 평지에서 어떤 목표점을 가려는 사람이라면 그곳에 가는 방법이나 걸리는 시간과 소용되는 비용을 정확히 알고 있다. 모든 것이 잘 알려져 있기에 어떤 계획이라도 잘 짤 수 있다.

이와 반대로 이노베이션은 미지의 장소로 돌아가는 것과 같다. 이노베이션은 뭔가 새로운 곳으로 발을 들여놓는다고 말할 수 있다. 평지를 통과하여 산맥이 구불구불한 곳으로. 여기에는 거의 막다른 길이다. 자동차로 갈 수 있는 곳이 거의 없어서 수많은 좁은 길을 가려면 밧줄이나 발디딤쇠를 이용해야 하며 진짜 능력이 필요하다. 날씨의 변덕 때문에 전문가나 비전문가나 당황하기는 마찬가지여서 평지에 살던 사람들은 날씨가 화창한 날조차도 비옷과 물을 가지고 산에 오르지 않을 수 없다.

여기서 매니지먼트인 평지사람들에게 진행사항을 핸드폰으로 보고해야만 하는 혁신가의 모습을 한번 상상해보자. "사장님, 안 되겠는데요. 길이 없는 절벽이에요. 우회로를 찾아야만 해요. 프로젝트는 이제 무기한 연기입니다." - "뭐, 도대체 뭐라고요? 절벽이라고요? 그게 뭡니까? 그건 핑계에요. 이 절벽에 대해 우리를 납득시킬 만한 정확한 묘사를 부탁합니다. 게다가 방금 말씀하신 시간 연기에 대해 어떤 근거인지 밝히셔야 해요. 그래야 우리가 새로운 시간 계획을 면밀하게 검토할 수 있습니다. 한 가지 더 말하자면 발생되는 시간 연기를 다시 만회할 수 있는 방법은 없는지 그 계획을 세워오세요. 처음 계획했던 시간 계획이 수포로 돌아가지 않도록 말이죠."-"전 더 이상 전화 통화할 수 없어요. 배터리가 거의 비었어요. 산에서는 콘센트도 없고요."-"왜 그곳에는 없다는 거죠? 정말 있을 수 없는 일이에요. 거기도 문명화된 유럽 한복판 아닙니까?"-"이제 전화 끊습니다. 장비를 끌고 오느라 전 너무 지쳤어요."-"당신은 왜 그딴 걸 가져갔어요? 린경영(Lean Management, 얇은 또는 마른이라는 단어 lean에서 출발한 신경영 기법. 자재구매에서 생산, 재고관리, 판매에 이르기까지 전 과정에서 낭비요소를 최소화한다는 개념_옮긴이)에 따라 당신은 효율적으로 등산해야만 합니다."

이노베이션은 미지의 세계나 다른 세계와 비교할 수 있다. 창안자는 이 세계를 평지 사람들보다 더 잘 알고 있지만 이 신세계의 시찰을 일반적으로 너무 단순하게 상상한다. 그가 꿈꾸는 세계는 아주 간단하다. "아직은 낯선 저 산 위에 음식점을 하나 지을 작정입니다. 그러면 관광객들이 수없이 모여들 테고 돈도 많이 쓰고 갈 겁니다. 이건 내 아이디어죠. 나는 이제 벼락부자가 될 겁니다."-"그곳에 어떻게 가죠?"내가 창안자들에게 자주 하는 질문이다. "새로운 음식점이 저기 있다는 걸 관광객들이 알 수 있는 방법은 무엇입니까? 등산 지도에 표시하나요? 자동차로 그 근방까지 갈 수 있나요? 그곳에는 가게나, 매력적인 곳이나, 스키 활강대가 있나요? 음식점으로 가는 산책길을 멋지게 잘 나타낼 수 있나요? 그 길이 너무 아름다워서 계속해서 다른 사람들에게도 추천할 만한가요? 이미 그곳에 있는 다른 음식점들은 당신 계획에 대해 어떻게 생각하고 있나요?"이점에 대해 창안자들은 이렇게 말한다. "물론 저 혼자 그걸 하겠다는 건 아니에요. 그곳 마을 공동체와 주변 호텔들이 함께 도움을 주어야만 하죠. 왜냐면 내 음식점은 아주 많은 관광객을 불러들일 테니까요. 그들은 내 아이디어 덕택에 나보다 더 많은 돈을 벌어들일 거예요. 다시 말하자면 난 음식점을 짓고 다른 사람들은 다른 시설들을 설치하면 됩니다. 예를 들어 정거장과 스키 활주로를 말이죠. 이제 내게 필요한 것은 음식점 건설에 들어갈 신용대출이에요. 그리고 관광객들이 최저 수입금을 보장해줄 거예요. 그러고 나면 내가 어떻게 이 건설물품들을 산 위까지 받을 수 있을지 누군가의 자문을 받아야만 합니다. 주변 공동체들은 적어도 도로를 하나쯤은 내줄 거예요. 이건 분명해요. 그들도 굉장한 관심을 갖고 있을 수밖에 없거든요. 그들은 서둘러 시작할겁니다." 그러면 나는 창안자들에게 질문을 던진다. "공동체 회의에서 관리하는 산 아래 음식점들이 이 아이디어에 대해 반대할 수도 있지 않을까요?" 창안자들은 놀란 표정을 지을 것이다. "그들이 왜요?"와 같은 말들을 늘어놓으면서.

방금 언급했듯이 창안자들은 원안('음식점 경영')에 아주 집착하고 있다. 그래서 주변과 다른 사람들의 관심 따위에는 별반 신경을 쓰지 않는다. 이와 반대로 경영진은 새로운 아이디어의 특수성에 대해 너무 신경을 쓰지 않는다. 오랫동안 숙달된 옛 '평지방법'으로 모든 걸 해결할 수 있다고 믿고 있는 것이다. 이상하게도 경영진한테는 새로운 것을 관찰하는 것도 불필요하게 여겨진다. 하물며 그것을 이해한다는 것은 있을 수 없다. "평지의 경영진은 단 한 번도 산지를 방문하지 않아요." 그들의 대답은 이렇다. "이런 전문적인 섬세함은 전문가들의 일입니다. 이를 위해서 우리는 그런 사람들을 데리고 있지요." 나는 자신의 생산품을 사용하지 않는 수많은 경영인들을 알고 있다. 예를 들어 다이렉트뱅크(Direktbank)의 한 은행장은 온라인 계좌를 하나도 보유하지 않았다. 내가 그에게 고객의 바람을 열거하자 그는 아주 놀라워하는 표정이었다. "우리도 은행이랑 마찬가지가 아닌가요? 인터넷으로만 이용하지만요."

그러므로 실제로 비바람에 강인하지 않은 사업가들이 실제 길을 간다면 아이디어에 대한 단순한 믿음과, 고도 차이에 대한 경험 없는 평지 인식 사이에서 이노베이션들은 줄줄이 좌초되고 만다. 우리는 경험하고 조사하며 이해해야만 한다. 또한 길을 찾고 주변의 새로운 상황을 탐색하며 훗날을 위해서도 자신만의 특성을 형성해야만 할 것이다. 이때 경영인과 창안자들은 혼자 길을 나서거나 서로 함께 동참해야 한다. 이노베이션이라는 대규모 게임에서 그들만이 유일한 당사자가 된다면 그들의 역할은 더 중요하다. 여기에는 이노베이션을 또 다른 방법으로 잘 이해하지 못하고 있는 투자가들, 판매자들, 마케팅 전문가들이 있다. 이들은 서로 충돌을 빚어 망하고 말 것이다. 고객이 먹고 싶지 않은 죽을 그릇마다 가득 요리해 놓는 것과 같은 모습이다. 고객! 누구도 그들에 대해서 고려하지 않았다. 오늘날 수천의 상담가들과 상담기업들은 고객탐색방법을 알려준다는 명목 하에 비싼 코스와 방법론을 판매하려고 애를 쓰고 있다. "아이폰, 아이팻, 아이맥을 만든 애플사처럼 하세요." 이런 말은 누구나 쉽게 할 수 있다. 하지만 '우리가 고객을 알려고 들지 않는다면' 이노베이션에는 끝도 없는 장애들이 포진하고 있을 것이다.

이노베이션의 전문성 – 시작 단계가 과소평가되고 있다

어느 정도 변화를 초래하는 모든 이노베이션들은 오늘날 거의 비전문적으로 다루어지고 있다. 나는 여기서 이와 같은 경우들을 솔직하게 언급하려고 한다. '지금부터 10퍼센트 더 하얗게'라는 이노베이션과 생산품 개발을 위해 기업들은 잘 훈련되었다. 하지만 근본적인 변화 혹은 새로운 기초에 관한 것이라면 머리를 절레절레 흔드는 경우가 비일비재하다. 이 점에 대해서 나는 본 책을 진행하는 과정에서 좀 더 명확하게 기술하려고 한다. 대부분의 이노베이션 프로젝트들이 좌초되고 만다는 점을, 이 책을 읽는 독자라면 여러 번 발견하게 될 것이다. 컨설팅회사들은 이노베이션들이 성공하지 못하는 이유들에 대해 수년에 걸쳐 설문조사하여 많은 연구서를 냈다. 그 대답들을 살펴보면 몇몇 근본 결함들이 거의 매번 비슷하게 전개된다. 전형적인 내용은 다음과 같이 정리될 수 있다.

- 가장 중요한 아이디어들을 알아채지 못한다 ("유감스럽게도 놓치고 만다.").
- 느리게 진행하거나 서두르거나 혹은 둘 다 동시에 행할 때.
- 경영진이 이노베이션에 투자하는 시간이 터무니없이 부족하다.
- 프로젝트 진행시 협력 작업이 부족하다.
- 다양한 기업 분야들의 협력이 너무 미미하다.
- 두려워서 포기하면서도 자족적인 예측으로 간주한다.
- 근본적인 아이디어 개발에 전혀 힘을 쏟지 않는다.
- 사전 시장분석이 불충분하다.
- 가능한 혹은 확실한 경쟁자들을 고려하지 않는다.
- 고객 욕구들에 대한 이해가 부족하여 수용할 수 없는 생산물들이 나온다.
- 돈벌이에 급급하다.

위의 내용들은 "아이디어가 성공할 수 없는 이유가 뭔가요?"라는 질문에 대해 수많은 경영인들이 내린 대답들이다. 여기서 독자들은 부족한 전문성에 대한 나의 우려를 짐작할 수 있을 것이다. 가장 중요한 아이디어들이 간과되는 이유가 도대체 무엇일까? 아마도 아이디어들은 대단한 것이긴 하지만 기업에 너무 심한 변화를 초래할 수 있기 때문이다. 차라리 다들 거기서 손을 떼고 싶어 한다. 대단한 아이디어들에는 기존 은행을 위한 인터넷뱅킹, 집전화를 위한 모바일 전화, 체인백화점을 위한 카탈로그 전송(판매)자들의 인터넷거래가 있다. 이런 아이디어들은 전혀 간과되지는 않았지만 미움을 받고 과소평가되었다. 그리고 만약 어떤 계획도 세워진 게 없다면 특히나 기술 분야의 사람들은 지나치게 꼼꼼하게, 결국은 너무나 느린 속도로 일하게 된다. 하지만 자세한 계획서가 제시된 상태라면 승인받을 수 있도록 무조건 신뢰한다. 이노베이션에서 필요한 것은 부서들 간의 협력이다. 왜냐하면 좋은 이유에서 기업들은 소수의 인원으로 작업할 수 있도록 부서를 나누어놓았기 때문이다. 고객들에 대해서는 전혀 고려되지 않고 있으며 경쟁자들에 대해서도 신중하게 취급되지 않는다 ("우리가 더 나은 기업입니다"). 이러한 공식 입장에서 저자인 나의 질타도 분명하게 드러나고 있다. 위의 대답들은 실패한 사람들한테서 나온 말이다.

대답들을 자세히 살펴보면 거의 아무것도 시작되지 못했다는 것을 알 수 있다. 누군가 프로젝트를 시작했는데 곧장 다른 부서들과 마찰이 생긴다. 그래서 그는 시장과 경쟁자에 대해 알려고 애쓰지 않으며 그저 편안한 마음으로 일하려고 한다. 다음의 대화문을 예로 들어보자. "나는 인터넷 검색 중에 우연히 한 가지 사실을 알게 되었어요. 다른 회사에서 우리가 최근에 새롭게 시작한 일과 유사한 일을 이미 반쯤 완성했더라고요. 휴! 나 말고 이 사실에 대해 아무도 모른다니 얼마나 다행인지 몰라요. 그렇지 않았더라면 우리 프로젝트의 매니저가 당장 그만두라고 할 텐데요." - "아! 그 매니저는 곧 은퇴할 거예요. 지금 하던 일을 그만둘 생각이 전혀 없을 겁니다. 그렇지 않으면 그는 다른 건설 현장에서 새 일자리를 받게 될 테고 다시 한 번 자리를 옮겨야만 하니까요. 아마도 우리는 가까스로 이 상황을 모면하게 될 겁니다. 고객들이 이 경쟁자들을 찾지 못하기만을 바라야죠."

이 숨 막히는 비전문성은 도대체 어디서 나오는 것일까? 기업들은 업무에 전력을 다 하고 있으며 몇십 년 전부터는 갈수록 과도한 성과 위주의 경영이 심화되고 있는 형편이다. 사원들은 결코 탈출할 수 없는 천편일률적인 일상에서 스트레스를 받으며 일하고 있는 것이다. 그들은 변화, 변천 혹은 이노베이션에 약간의 도움을 줄 수는 있겠지만 애당초 의욕이 없으며 낮은 자존감으로 좌절하는 경우가 허다하다. "거기서는 아무런 타개책도 찾을 수가 없기 때문입니다. 힘들게 노력해야 하는 이유가 무엇인가요?" 실제로 혁신가들과 창안자들은 기업 내의 다양한 관심들을 조율하지 못한다. 그들은 이러한 다양한 갈등을 아예 모르고 있거나 무시하기 일쑤다. "사장님 말씀이 여러분들이 나를 반드시 도와주셔야 한다는 겁니다." 이렇게 창안자들은 말할 테지만 그들의 말은 너무 천진난만하게 들린다. 거의 멍청하다고 할 정도로. 언젠가는 좌절한 창안자들이 해당상관에게 찾아가 불만을 털어놓을 것이다. 협조해주는 사람이 아무도 없다고. 그들은 집안에서 배우자에게 자주 했던 것과 똑같이 보스의 호령을 요구한다. "이젠 뭐라도 행동으로 보여주셔야죠. 제발 힘 있게!" 하지만 보스는 창안자를 위해 한시도 시간을 내주지 않는다. 더 심각한 경우 창안자는 제일 높은 상관에게 불만을 늘어놓는다. 경영진에서는 다음과 같은 말이 알려져 있다. "영웅은 울지 않는다." 일을 스스로 관철시킬 수 없기에 '우는' 사람이 있다면 그는 더 이상 영웅이 아니며 아마도 능력 있는 혁신가도 아닐 것이다. 경영진 앞에서 불만을 토로하는 사람은 스스로 무능력자임을 시사하는 것이다.

영웅적인 기업가 – 또는 이노베이션 매니지먼트?

원래 이노베이션은 경영인의 일이라고 할 수 있겠다. 유명한 천만장자들은 '자신들의' 이노베이션을 열정적으로 진행했다. 지속적으로 도취되기도 하고 열광하기도 하면서. 그들은 꿈을 현실화시킨 전설적인 기업가로 성장했으며 미국에서는 '셀프메이드 맨(Selfmade〈wo〉)men, 아메리칸 드림과 비교할 수 있는 개념으로 자수성가한 사람을 의미함_옮긴이)'이 '아메리칸 드림'을 이룬 것이라고 일컫기도 한다. 이러한 특별한 사람들은 이노베이션이나 모든 변화를 막는 기업 내의 장애물들을 극복할 수 있다.

부동산의 가치를 평가할 때는 옛날부터 자주 언급되는 중개인 덕목이 있다. 중개인이 주택에 투자할 때 특히나 가장 중요하게 생각해야 할 세 가지 요소다. 위치, 위치 그리고 세 번째로도 위치. 이러한 포인트는 누구나 잘 알고 있는 일이다. 거의 누구나 알고 있을 만큼 이 얘기는 자주 언급되고 있다. 위치가 핵심 포인트이고 나머지 다른 것은 설비하거나, 리모델링하거나 꾸미면 된다.

이와 같은 포인트는 이노베이션에도 해당된다. 나는 뉴욕의 어떤 벤처-자본가로부터 이 같은 말을 처음 들었다. "이노베이션을 이루려면 무엇을 중요하게 생각해야 할까요?"-"첫째로는, 열정을 다해 이노베이션을 전문적으로 추진하는 사람입니다. 두 번째로는 열정을 다해 이노베이션을 전문적으로 추진하는 사람이죠. 세 번째로도 열정을 다해 이노베이션을 전문적으로 추진하는 사람이에요." 혹은 "기업가(Entrepreneur), 기업가, 기업가입니다."

벤처-자본가들은 아무 아이디어에나 자본을 투자하는 것이 아니라 열정을 다해 전문적으로 밀고나가는 사람의 아이디어에 투자하는 것이다. 아이디어 자체가 핵심 포인트가 아니라 아이디어는 개선되고 변화되고 다듬어져야 한다. 내가 이 점에 대해 알게 된 시기는, IBM회사의 지포트 핀초트 3세(Gifford Pinchot III, 20세기 전환기에 설립된 미국 삼림청 초대청장의 후손, 1세는 의회로부터의 일상적인 개입에서 벗어나 관료적 자율성을 확보하면서 삼림청을 성공적으로 이끌었음_옮긴이)로부터 '기업 내 사업가(Intrapreneur)'가 되기 위한 교육을 받았을 때였다. 핀초트도 자신의 이노베이션 저서의 제목으로 '인트라프리너링(Intrapreneuring, 소사장제이며 대기업 내에 사업가를 많이 두는 경영방식. 회사가 잘되기 위해서는 중간 관리층의 경영참여를 늘리고 이익관리에 사원이 기여해야 한다는 것, Why You Don't Have to Leave the Corporation to Become an Entrepreneuer, Berrett-Koehler 출판사, 2판, 샌프란시스코 1985_옮긴이)'이란 단어를 사용했다.

나도 책을 저술하도록 제안 받은 다음부터 가능한 한 폭넓게 작업에 몰두했다. IBM-센터에서의 학습 과정은 나의 직업 체험들 중에 가장 뛰어난 체험에 속한다. 나는 실질적으로 뭔가를 추진하기 위해 얼마나 많은 힘과 용기와 신중함을 지녀야 하는지와, 더불어 기업에 대해서는 얼마나 많은 올바른 편견 타파와 입장 표명이 필요한지 경험했다. 그 당시에 지포트는 '이노베이션의 차이' 혹은, 계획이나 번창하는 사업과 아이디어 간의 미개척지를 설득력 있게 알려주었다. 우리 모두가 각자의 아이디어를 가능한 어려움 없이 기업과 고객의 세계 속으로 파고들 수 있도록 배우고, 배우고 재차 배워야 하는 장소는 창안과 이노베이션 비즈니스 사이에 위치한 미개척지인 것이다. 핀초트는 "현실에 빠르게 적응하라."고 강조하였는데, 이는 아이디어가 모든 분야에 가능한 빠른 속도로 그리고 실험적으로 적응되어야 한다는 의미다.

나는 워크숍의 진행 과정을 정확히 기억하고 있다. 각 참가자는 자신의 새로운 비즈니스-아이디어를 프레젠테이션 했다. 그런 다음에 우리 모두는 메모지를 한 장 작성해야만 했는데, 거기에는 각자의 작업에서 '성가신 일'을 몇 퍼센트나 참아낼 수 있을지 적어내는 것이었다. 그리고 우리는 우리의 비즈니스를 부자로 만들 수 있다는 자신감을 0에서 5까지의 등급으로 표시해야만 했다. 그 당시에 나는 나의 수학적 극대화 비즈니스로 학습 과정에 참여했는데 "내가 참을 수 있는 성가신 일의 정도는 55퍼센트"로 "자신감은 4.5"였다. 그런데 이때 나와 다른 참가자들의 정신을 번쩍 들게 하는 일이 있었다. 핀초트는 자신의 질문들에 대해서 오로지 한 가지 정답만 바라고 있었던 것이다. 100퍼센트와 5점. 그는 내게 빌트힐스바흐(Wildhilsbach)에 있는 내 집을 팔 생각이 있는지 물었다. 그 당시 가격으로 200,000유로 정도가 자산으로 확보될 수 있을 거라 말하면서. 투자자로서 그가 백만 유로를 투자하면 우리 둘 다 부자가 될 것이라고 했다. 이 말에 나는 머리를 긁적였다. 집을 판다고? 나는 머뭇거리며 말문을 열었다. "난 그……다지 확신은 없어요. 모든 게 잘 돌아갈지도 모르겠고 내 아내의 반응도 상상이 돼요."

나는 그의 질문들과 나의 주저하는 대답에서 열정과 참여가 무엇이고 불과 불꽃이 무엇을 의미하는지 차츰 이해할 수 있었다. 아마도 독자들은 이 점에 대해 눈치챘으리라 생각한다. 우리는 대부분 자비가 아니라 회사 돈으로 프로젝트를 이행하는 경우가 많으며 자주 실패를 맛보기도 한다. 이럴 때마다 우리의 마음은 좀 아프지만 그다지 뼈저리게 속상하지는 않는다. 내가 자택을 팔아서 그 돈으로 프로젝트를 이행한다면 어떻게 될지 상상해보자. 우리가 애당초 회사의 돈이나 국가보조금에 대해서 얼마나 소홀하게 취급하는지도 한번 생각해보자. 우리는 번거로움이나 주저하는 행동 없이 보조받은 돈들을 소모할 것이다. 우리는 각자 본인의 재산으로는 결코 이런 일을 하지 않는다. 우리의 통장은 주식 판매보다도 더 중요하다.

우리 자신의 위험을 감행할 것인가? 차라리 하지 않는 게 좋을 것이다.

수많은 이노베이션들이 첫 단계에서 목표하는 것은 무엇일까? 바로 지포트 핀초트의 말대로 정말로 열정을 다해 착수하는 기업 내 사업가(Intrapreneur)·사업가(Entrepreneur) 또는 투자자를 찾는 것이다. 교훈서들은 세계를 변화시키고 움직이게 하는 영웅들을 과장되게 기술하는 경우가 많다. 그들은 시지푸스(Sisyphos, 고대 그리스 신화의 인물로서 코린토스 시를 건설한 왕. 영원한 죄수의 화신_옮긴이)처럼 일을 해야 하면서도 모든 저항에 대해서도 성공리에 추진하는 것으로 그려진다. 이러한 능력 발휘는 아무런 문제없이 영웅이 등장해야 가능할 수 있을 것이다. 유감스럽지만 이러한 영웅은 아주 희귀하며 우리의 교육 시스템으로는 우리를 영웅으로 만들기보다는 영웅주의를 내몰고 있다. 우리 주변에 어떤 영웅도 없다면 우린 어떻게 해야 할까? 우리는 대체물을 생각할 테고 창안자를 자칭 기사로 급조할 것이다. 물론 이들은 어떤 이유들로 인해 실패하는 경우가 대다수이다. 그 이유들에 대해서는 본 책의 두번째 부분에서 더 정확히 기술하도록 하겠다.

영웅이 없다면 우리는 어떻게 할까? 우리는 이노베이션 매니지먼트의 변화된 모습 속에서 매니지먼트의 기존 방법을 찾을 것이다. 대체로 컨설팅 회사들과 계약을 맺을 것이다. 그들은 '아이디어인식 매니지먼트', '대화 중재', '시장분석', '경쟁 분석'을 판매하고 페이스 북에서 고객 설문조사를 한다. 이것이 요즘 가장 많이 사용되는 방법이다.

이러한 출발은 조야한 현실 속에서는 그다지 더 좋은 해결책이 되지 못한다. 왜냐면 혁신가도 (대체로 그럴 자격이 없는데도) 일종의 영웅이 되어야 하기 때문이다. 이노베이션의 매니지먼트는 정말로 탁월해야만 하는데, 만약 그렇지 못한다면 성공하지 못한다. 이 점에 대해서도 나중에 상세하게 설명하고자 한다.

매니지먼트는 새로운 것을 올바르게 관리하지 못했음을 상담사들의 도움을 받고 나서야 한참 뒤에 인식하는 경우가 비일비재하다. 초반에 매니지먼트는 새로운 것을 시도하되, 잘 진행하지는 못한다. 그래서 새로운 매니지먼트는 상담사들을 통해 좀 더 확실하게 잘 돌아갈 수 있는 이노베이션 매니지먼트를 다시 한 번 조직하게 된다. 기대감은 엄청나게 솟아오른다. 상담사들을 철썩같이 믿고 있기에.

한편으로는 과도한 부담감을 지닌 창안자가 일을 그럭저럭 시작하지만 목적을 달성하진 못한다. 또 다른 한편으로는 재차 희망에 부푼 매니지먼트가 한 가지 안건을 주물럭주물럭 제작하게 되는데, 여기서 새로운 것은 벨트컨베이어에서처럼 뚝딱 쏟아져 나온다.

이때 벌어진 틈, 즉 '이노베이션의 갭(Gap of Innovation)'이 발생한다. 이는 이론과 사업 사이에서 잘 알지 못하는 곳 어디에서인가 생긴 것이다. 이러한 미지의 세계에 대해 나는 독자들과 함께 하나씩 기술하고 싶다. 나는 이와 같이 관심을 끌지 못했던 지형도를 알게 됨으로써 이노베이션에서는 기적과 같은 일이 거의 일어나지 않기를 바란다.

확산(Diffusion, 액체 중 고체의 용해나 석출 등의 물질이동 현상_옮긴이)과 '이노베이션의 캐즘(The Chasm of Innovation, 처음에는 사업이 잘되는 것처럼 보이다가 더 이상 발전하지 못하고 마치 깊은 수렁에 빠지는 것과 같은 심각한 정체 상태에 이른 것_옮긴이)'

척박한 현실 속에서 많은 매니저들과 특히나 창안자들이 지닌 수많은 좋은 아이디어들이 미스터리하게도 사멸해왔는데 그에 대해 지난 몇십 년 동안 서서히 밝혀지고 있다. 그동안에 에버렛 로저스와 제프리 무어의 중요한 인식들은 전반적으로 자리를 잡았다. 이것에 대해서는 다음에 간단히 서술하도록 하겠다. 로저스와 무어가 사용한 개념들은 오늘날 이노베이션 전문가의 핵심에 속하지만 아쉽게도 여전히 일반적인 사고에는 편입되지 못하고 있다. 이 개념들은 반드시 필요할 것이다. 혁신가만이 이노베이션에 대해 이해하고 있다면 이것만으로는 충분하지 않다. 그의 주변 사람들에 대해서도 훤히 알고 있어야만 할 것이다. 이러한 주변 사람들을 위해서는 이해하기 좋은 사고모델들이 중요하며 나는 이것에 대해 지금부터 설명하고자 한다.

로저스는 1962년 저서《이노베이션의 확산(Diffusion of Innovation)》이라는 책에서 이미 주민들의 이노베이션 확산에 대해 연구했다. 먼저 창안자의 아이디어나 비전이 제시되면 그 다음으로 혁신가들은 첫 번째 프로토타입(견본)을 제작하게 된다. 견본은 이미 제일 처음 기술적으로 관심이 있었던 것들 중에 선택되고 이용된다. 이러한 첫 번째 이용자들은 본인들 스스로 혹은 건설적인 비판을 통해 첫 번째 프로타입들을 개선한다. 그 결과 새로운 창안물은 서서히 형태를 갖추게 되고 마침내는 진취적으로 생각할 수 있는 '제일 처음 절반의' 사람들이 유용하다고 느낄 만큼 그 성능이 좋아진다. 이제야 비로소 창안물에서 현실적인 혁신이 이루어지게 되는 것이다. '프래그머틱스 (Pragmatics, 환경에 따라 좀 더 적절한 의미를 부여하는 어용론(語用論)_옮긴이)'는 혁신 그 자체를 유용한 것으로 수용했다. 절반의 보수적인 사람들은 좀 더 시간이 지난 뒤에나 아니면 한참 뒤에야 이노베이션에 친밀해진다. 그 나머지 사람들은 아마도 전혀 받아들이기 힘들 것이다. ("나는 50년이 흐른 지금까지 TV가 없어요. 얼마나 자랑스러운지 모릅니다.")

로저스의 저서는 수년이 흐른 뒤에야 비로소 폭넓게 알려졌다. 위키피디아에 따르면 그의 저서는 20세기 중반에 사회학 분야에서 두 번째로 많이 인용되는 책이 되었다. 이노베이션을 이루려는 사람은 누구나 적어도 '얼리 어답터'라는 개념을 알고 있다. 물론 독일어권에서도 같은 표현을 사용하고 있으며 영어 개념들은 결코 독일어식으로 바뀌지 않았다. 이노베이션의 확장을 나타낸 분포곡선은 모든 전문가들의 두뇌 속에 굳게 자리 잡았다.

분포곡선은 우리에게 깊은 인상을 심어주었다. 아마도 얼리 어답터가 10에서 15퍼센트를 차지하고 있으며 어쩌면 약 40퍼센트가 얼리 프래그머틱스(Early Pragmatics)와 레이트 컨설베이티브스(Late Conservatives, 후기 보수주의자_옮긴이)일 것이다.

미국인 제프리 무어는 이노베이션에 대해 근본적으로 잘 이해하고 있다. 1991년에는 오늘날 이미 '고전'으로 손꼽히는《크로싱 더 캐즘: 주요 고객들을 상대로 한 하이테크상품 마케팅과 판매(Crossing the Chasm: Marketing an Selling High-Tech Products to Customers, 옮긴이: 캐즘 마케팅)》가 출판되었다. 여기서 무어는 일부 초기 이용자들이 이미 오랫동안 이용하고 있는 창안에 대해 절반의 진보적인 사람들에게 어떻게 흥미와 관심을 일깨울 수 있는지 첨예하게 다루고 있다. 무어는 '캐즘' 그리스어로는 '차스마(Chasma, 협곡)'라는 주요 개념어와 더불어 첫 번째 이용자들과 첫 번째 대량 시장 간의 가장 중요한 문제점을 아주 인상적으로 기술하고 있다. 여기서는, 바로 생존의 문턱이 존재한다. 다시 말해서 창안이 오로지 '전문가들을 위한 장난감'으로 남을 것인지 아니면 실제로 대중에게 사용될 것인지가 결정된다. 창안은 널따란 해구를 뛰어넘어야 하거나 깊은 협곡을 극복해야만 한다. (학자들은 화성에 있는 깊은 해구를 '캐즘'으로 규정하고 있다.)

나도 IBM-연구에서 몇몇 이노베이션을 이루고 시장에 내놓았다. 언제나 그랬듯이 실질적인 돌파구는 '일반적인 고객'이 뭔가 새로운 것을 일반적인 가격으로 구입할 수 있을 때에야 비로소 달성되었다. 뭔가 너무 새 상품이라면 고객들은 먼저 한 번쯤 시험적으로 사용해보거나 선물 받고 싶어 한다. 그들은 이마를 찡그리며 혁신가에게 질문을 던진다. 언제나 같은 내용에 대해. "이 신상품을 어느 정도 사용해본 적이 있는 일반인들을 몇 명 소개시켜줄 수 있을까요? 그분들과 전화 통화로 그 경험담을 듣고 싶어서요. 이곳에는 오로지 창안자와 열광자들만 있군요. 분명 당신은 이 상품에 열광하고 있을 거예요. 하지만 난 다른 일반인들의 경험만을 듣고 싶어요. 내게 만족할 만한 체험 고객들을 보내주세요." 우리는 이 질문을 이해할 수 있을까? 어떤 일반인도 첫 번째 고객일 수는 없다. 왜냐면 일반인들은 다른 일반인들이 상품을 구입해야 비로소 구입하기 때문이다. 결국 엄격한 의미에서 보자면 첫 번째 일반 고객을 찾는다는 건 논리적으로 불가능해 보인다. 초기에는 체험 고객들이 없기 때문이다. 이 점에 대해 여러분들은 내가 다음에 설명하고자 하는 복잡한 문제점들을 미리 맛볼 수 있을 것이다. 일반인들 사이에서는 협곡이나 차스마를 건너뛸 수 없기에 창안물들은 사멸하거나 협곡의 가장자리에서 장벽의 꽃으로 살아남게 된다 - 사이드에서.

한 가지 예를 들어보자. 내가 어렸을 때만 해도 우리 모두는 헝겊 손수건을 들고 다녔다. 시간이 지나자 언젠가부터 작은 템포(Tempo) 휴지가 선전되기 시작했다. 나는 농가에서 자랐는데 부모님들은 거의 정신 나간 듯한 휴지 낭비에 대해 불평하셨다. 60년대 중반에 견진성사를 받은 나는 두서너 개씩 묶은 헝겊 손수건 50묶음 정도를 선물로 받았다. 일부 손수건에는 낙관도 찍혀 있었다. 나는 너무도 실망했다. 하지만 헝겊 손수건은 많은 돈을 쓰고 싶어 하지 않았던 마을 사람들의 일반적인 선물이었다. 언젠가 '헝겊 = 비위생'-분파에 대항하는 '휴지 = 낭비'-정당의 전선이 등장했다. 나의 부모님이 연세가 드셨을 때였다. 어머니는 그녀의 인생에서 아주 뒤늦게 쩨바스(Zewas, 물론 종이 한 장을 수차례 사용하셨다) 휴대용 휴지를 이용하셨고 아버지를 위해서는 전통적인 헝겊 손수건을 그가 돌아가실 때까지 지하 세탁실에서 세탁하셨다. 그는 평생 동안 쓸 수 있는 비축물을 가지고 있었는데, 그 이유는 내 누이와 내가 견진성사 때 받은 손수건들을 사용하셨기 때문이다. 그동안에 수십 년이라는 시간이 흐르고 이노베이션은 지속적으로 이루어졌다. 즉 실제로 아주 위생적인 화장실 휴지인 물휴지가 등장했다. 이 휴지는 아직도 대량으로 이용되지 못하고 있다. 휴대용휴지는 널리 보급된 반면에 화장실물휴지는 그렇게 되지 못한 이유가 무엇일까? 아마도 다음의 예에서 설명될 수 있을 것이다. 템포 휴지는 '간편하고' 세탁하지 않아도 된다. 화장실물휴지는 너무 비싸기 때문에 비행기에서나 고속도로에서는 자유롭게 사용되지 못할 것이다. 우리가 어느 곳의 화장실에 들어가건 기본적으로 1유로씩 지불하는 데 익숙하다면 어떤 일이 발생할까? 그렇다면 우리는 물휴지를 요구하지 않을까? 우리가 그렇게 된다면? 만약 그럴 가능성이 없다면 그 이유는 무엇일까? 일본의 화장실 문화가 우리와 다른 이유는 무엇일까?

실용적이거나 진보적인 사람들을 설득하는 것은 대단한 일이다. 혹은 그들이 뭔가에 흥미를 갖도록 애를 쓰거나 그들에게 낯선 상품을 사용하도록 권하는 것도 대단한 일이다. 이런 경우에는 대부분 혁신가가 나선다. 한번 생생하게 상상해보자. 누군가 내 부모님의 농가에서 휴대용휴지를 선전하고 권했다면 어떤 일이 발생했을까! 혹은 오늘날 전철에서 노인들에게 헤드폰으로 음악을 듣도록 권해보는 것은…….

가트너의 하이프 곡선과 눈물의 계곡

이노베이션-사이클에 대한 다른 관점은 1995년에 책을 출판한 재키 팬(Jackie Fenn)을 통해 유명해졌다. 이 시기 이후로 가트너 그룹(Gartner Group)은 신기술의 완숙도를 나타내기 위해 하이프 곡선(Hype-Cycle, 제키 팬은 가트너에서 일했다)을 이용했다.

컨설팅 기관인 가트너 Inc는 그녀가 인포메이션 기술과 커뮤니케이션 기술의 신상품에 대해 분석하면서 세계적으로 유명해졌다. 그러므로 뉴욕 증시에서 가트너에 대한 증권 기호는 간단히 'IT'로 표기된다. 가트너는 전산망과 컴퓨터에서 모든 새로운 기술들에 대한 여러 가지 정보를 정규적으로 제공하고 있다. 예를 들어 신기술들이 하이프 곡선에서 얼마만큼 진전되었는지, 다음과 같은 표를 통해 어떻게 볼 수 있는지에 관해서다. 미국과의 관계가 반영된 이러한 곡선은 오늘날 상담가의 일반지식에 속한다.

곡선은, 새로운 아이디어나 창안물에 관하여 얼마나 많은 하이프가 장기간 지속되는지 또는 하이프 업(hype up)에 대한 '미디어소란'이 얼마나 오래 나타나는지를 기록한 것이다. 어떤 창안자가 새로운 기술 ('테크놀로지-트리거Technology Trigger')을 선전하면 이에 대해 신문이 보도한다. 여기서 많은 아이디어는 지속적으로 전파되고 널리 보급될 수 있을 것이다. 그러고 난 뒤에도 더 많이 그리고 더 자주, 더 자랑스럽게 언급된다. 그리고 얼마 있지 않아 부자 사업가들로부터 과연 러브콜을 받을 수 있을지 추론 작업에 들어간다. 하이프는 급속도로 상승한다. 다들 열광으로 급변한다.

이는 뭔가 새로운 것에 대해 드디어 보도할 수 있어서 아주 기뻐하는 신문기자들 때문에 자주 생기는 일이다. 그들은 새로운 것에 탐닉하며 하이프를 상승 곡선으로 끌어올린다. 이를 통해 신문을 보는 독자들과 청중들은 호기심을 갖게 된다. 다들 이에 대해 더 많은 정보를 얻고 싶어 하면서! 이제 편집자들과 불로거들은 손가락이 부르트도록 글을 작성한다. 하이프는 정점에 도달하게 된다. '팽창된 기대감의 피크', 부풀려지고 지나치게 상승된 기대감이 정점을 이룬다.

이제 독자들은 새로운 상품을 정말로 한번 보고 싶어 할 것이다. 새로운 상품이 정말로 그렇게 좋을까? 새 아이패드는? 새 아이폰은? 탐탐(TomTom) 내비게이션은 어떨까? 한번 써본 첫 번째 사람들은 끊임없이 흠을 잡을 것이다. "새로 산 내비게이션이 보행자 방식에서 작동을 잘 못하네요. 시내에서 방향을 바꿔야 하는데 자꾸 '직진'이라고 말해요. 난 정말 미쳐버리겠네요. GPS가 10분이나 지나서야 인공위성을 찾을 수 있어요. 내가 낯선 시내 주차장에서 나와서 다시 집으로 차를 몰고 가려고 하면 매번 그런 일이 있다니까요." 우리는 새 상품에 대해 기대한 것만큼 미치지 못한다는 것을 알게 된다. "그것에 비해 물건 값이 너무 비싸요!"라고 우리는 투덜댈 것이다.

이런 상황에서 하이프는 눈에 띄게 그리고 아주 드라마틱하게 하강곡선을 그린다. 신문기자들은 다른 하이프에 몰두하게 되고 미디어들은 더 이상 보도하지 않는다. 고객들은 환상이 깨질 테고 생산자들은 실망감을 감추지 못할 것이다. '환멸의 굴곡'은 눈물의 계곡인 것이다.

이제 생산자들은 이노베이션을 어떻게 구제할 수 있을지 열성을 다하여 배워야만 한다. 그러고 나면 '이해도의 상승(재조정기)'에 대한 희망이 보일 테고 결국 그들은 뭔가 정말로 유용한 것을 제작하게 될 것이다. 이때 신문사들은 전혀 눈치채지 못한다. 왜냐면 이 모든 일은 조용히 그리고 서서히 발생하며 아무도 더 이상 그 과정을 주시하지 않기 때문이다. 드디어 첫 번째 고객들은 새 상품을 구입하게 된다. 눈에 띄지 않게 상품들은 더 좋아지고 더 저렴해졌다('생산성의 고원'). 마침내 상품은 여러 시장에 보급된다.

가트너의 관점에 따르면 정말로 힘든 일은 환멸을 느낀 시기와, 새로운 것을 우리 삶에 잘 부합할 수 있는 방법이 무엇인지 서서히 인식해나가는 시기 사이다. 명성과 신문사 관심은 최초의 이노베이션보다 훨씬 전에 혹은 실용주의자들의 욕구에 새로운 것이 부합하기 한참 전에 확산된다.

티핑 포인트

새로운 기술 개발에 관한 가트너의 견해에서 볼 때 눈물의 계곡은 수많은 저항을 힘들게 겪는 단계라고 할 수 있다. 즉 기술적인 면일 수도 있고 ("배터리 시간이 길지 않다") 혹은 막연한 두려움에서 발생될 수도 있다 ("페이스북은 중독되게 만든다"). 근본적으로 새로운 것을 실행하려면 번거로운 일과도 한바탕 싸움을 치러야 한다.

하지만 일반적인 하이프가 완벽하게 충족되는 이노베이션들도 있다. 우리에게도 이미 잘 알려져 있어서 자주 인용되는 예가 바로 레드불 에너지드링크(Red-Bull-Energydrink)다. "레드 불은 날~개를 달아준다!"는 광고는 성공에 일조했다. 갑자기 '모든 사람들이' 소위 마음의 문을 연 사람들이 광고로 인해 혹은 감동적이면서도 스펙터클한 사건들로 인해 신상품을 구입하게 됐다. 그래서 무어(Moore)가 의미하는 눈물의 계곡 또는 이노베이션의 차스마(협곡)는 뜻밖에도 극복됐다.

여기서 우리는 수년 전부터 '티핑 포인트(어떤 사회에서나 일어날 수 있는 급격한 변화 또는 놀라울 정도로 급속하게 일어나는 사람들의 반응들_옮긴이)' 혹은 터닝 포인트에 관해 언급하고 있다. 이에 대해 소개한 책으로는 말콤 글래드웰(Malcom Gladwell, 옮긴이: 캐나다의 작가)의 《티핑 포인트 Tipping Point – How Little Things Can Make a Big Difference》가 유명한데, 2000년도에 처음 출판되었다. 글래드웰은 아주 소소한 시스템 변화들이 얼마나 자주 눈사태를 발생시키는지 수많은 예들을 제시하고 있다. 이러한 예들은, 유행병의 확산이나 '설득력 있는 아이디어'가 유포되는 현상들 혹은 리차드 도킨스(Richard Dawkins, 영국의 생물학자_옮긴이)가 말하는 밈(Meme, 도킨스가 1976년 출간한 저서 〈이기적인 유전자 The Selfish Gene〉에서 만들어 낸 용어. 복제 기능을 하는 문화요소를 함축하는 한 음절의 용어를 그리스어 '미메메mimeme'에서 찾아내어 밈을 만들어냄. '모방'의 뜻_옮긴이)과 연계 선상에서 설명되고 있다.

물론 자신이 원하는 뜻대로 세상을 낚아 올릴 수 있는 그런 방법을 발견할 수 있다면 그것은 모든 혁신가의 꿈일 것이다. 티핑에 관한 책들은 새로운 아이디어가 어떻게 보급되고 정착되는지를 차후에 연구하고 서술한 것이다. 그레트헨의 질문(괴테의 《파우스트》에서 유래된 단어로 여주인공 그레트헨이 파우스트에게 던진 질문, "당신은 종교와 어떤 관계를 맺고 있습니까?" 여기서 연유되어 '결정적인 질문'이란 뜻을 의미_옮긴이)은 언제나 확산의 기적이 사전에 계획되고 산출될 수 있는지에 관한 것이다. 이것이 가능할까? 만약 가능하다면 어떻게 해야 할까?

그래드웰은 다음과 같은 세 가지 성공 요소들에 대해 논의하고 있다.

• 소수의 법칙(The Law of the Few): 실제로 소수의 사람들이 소식을 퍼

트리는 데 용이하다. 그래드웰은 특히 전문가, 중개자 그리고 판매자를 예로 들었다. 혁신가들은 새로운 것을 위해 결정적인 역할자들을 끌어들여야 한다.

- 고착성(stickiness): 어떤 메시지가 그대로 보존될까? 어떤 메시지가 영향을 줄 것인가? "흡연은 당신의 목숨을 앗아간다." 혹은 "햄버거는 비만을 초래한다."와 같은 문구들은 세계적으로 퍼져 있으며 일반적으로 다 알고 있는 일이다. 하지만 이런 메시지들의 영향력은 제한적이다. 혁신가들은 긍정적인 영향을 주고 오랫동안 보존될 수 있는 메시지를 전달해야 한다.

- 콘텍스트의 힘(The Power of Context): 콘텍스트가 달라진다면 갑자기 모든 것이 급변하는 경우가 자주 있다. "흡연은 당신의 목숨을 앗아간다."는 문구는 흡연자들에게는 별로 자극을 주지 않지만 간접흡연을 통해 다른 사람들을 죽일 수 있다는 비난은 영향을 준다. 이제 흡연자는 더이상 (우리가 용서해줄 수도 있는) 자살자로 간주되는 것이 아니라 아주 고약한 악질범죄자로 취급되는 것이다. 혁신가들은 첫 번째 구매자들이 자발적으로 그들의 논리를 따를 수 있도록 장점이 많은 콘텍스트로 신상품을 표현해야 할 것이다.

오늘날에 와서는 티핑 포인트를 위해 실마리를 찾을 수 있는 전문적인 이노베이션을 기대하는 경향이 있다(티핑 트리거를 찾는 방법, how to find a tipping trigger). 이는 현실에서는 전혀 발생하지 않으며 대부분의 시도들은 비참하다. 대기업에서는 경영인들이 다음과 같이 설교하는 경우가 비일비재하다. "매일같이 고객들에게 우리들의 새로운 혁신에 대해 말합시다!" 많은 부모들은 다음의 시도를 감행한다. "공부를 잘해야 인생에서도 성공한다." 이는 오늘날 다른 사람들에게 영향을 줄 수 있는 아마추어식 방법일 것이다. 유감스럽지만 그들은 담뱃갑 문구 "흡연은 당신의 목숨을 앗아간다."와 같은 영향을 미칠 것이다. 즉 변화에 전혀 영향을 주지 못한다는 뜻이다. 우리가 메시지들의 영향력에 대해 얼마나 집중하지 않는지 현기증이 날 정도다.

나는 이러한 문제점에 대해 지속적으로 언급할 것이다. 이는 아주 중요한 문제점이기 때문이다. 우리는 우리들의 메시지들 속에서 매우 일반적인 인포메이션과 진실에 집중하고 그 진실이 실행될 수 있도록 기대해야 할 것이다. 우리는 우리의 커뮤니케이션이 어떠한 영향을 주는지에 대해서는 전혀 신경 쓰지 않고 있다. 우리는 우리 자신들이 아무런 성과도 없이 설교하는 편협함에 대해 불평해야 할 것이다. 예를 들어 "시금치 먹어라!"라고 엄마는 좋은 뜻을 담아 말하지만 영향력은 전혀 미치지 못한다. 하지만 베로나 푸스(Verona Pooth)가 우스꽝스러운 광고에서 시금치를 칭찬했다면 시금치는 많은 아이들이 좋아하는 음식이 될 것이다. 여기서 우리는 티핑 포인트를 어떻게 찾을 수 있을까? 비위를 거스른 푸른 음식에서 가장 맛있는 음식으로 거듭날 수 있는 터닝 포인트는 어떻게 찾을 수 있는 걸까?

파괴적인 이노베이션

우리는 '수반되는' 멤(Mem) 혹은 '고착된 밈(sticky meme)'에 대해서도 생각해볼 수 있을 것이다. '파괴적인 이노베이션'의 개념은 이미 모든 혁신가들에게 잘 알려져 있다. 이 개념은 1995년에 클레이튼 M. 크리스텐슨(Clayton M. Christensen, 하버드 경영 대학원 교수_옮긴이)과 조셉 L. 보워(Joseph L. Bower, 하버드 경영 대학원 교수_옮긴이)

의 선구적인 논문에서 처음으로 등장했다. 제목이 〈파괴적인 테크놀로지: 흐름잡기(Disruptive Technologie: Chatching the Wave)〉로 하버드 비즈니스 리뷰(Harvard Business Review)에 게재되었다. 이 모델은 특히나 크리스텐슨의 다음번 저술로 1997년에 출판된《혁신가의 딜레마: 신기술로 인해 위대한 기업이 실패할 때 (The Innovator's Dilemma: When New Technologies cause Great Firms to fail)》를 통해서도 유명해졌다.

파괴적인 이노베이션이란 대체로 저급한 품질로 자리 잡은 신상품들을 뜻하며 차츰 전체 시장을 잠식하다가 기존의 콘체른(Konzern, 법률상으로 독립되어 있으나 경영상 실질적으로 결합되어 있는 기업결합상태_편집자)들과 산업조차도 붕괴시키거나 위협을 가한다.

파괴적인 이노베이션의 제작자들은 오늘날 잘 알려져 있는 바와 같이 보통 차고에서 작업을 시작한다. 그들이 만드는 신상품들은 근본적으로는 아주 좋은 물건일 수도 있으나 기존의 품질 기준과 비교해볼 때 '전혀 쓸모없는' 것일 수도 있다. 청년사업가들은 조롱을 받는다. 하지만 그들은 초기 단계에서 소수의 사람들에게 수용되고 살아남을 수만 있다면("이게 최고네요!"), 혹은 인내심 있는(!) 투자자들을 찾을 수만 있다면 (드물다!) 차츰 용기를 내어 일할 것이다. 그러다 보면 물건의 품질도 점차 향상될 테고 서서히 시장을 파고들게 된다. 이는 최고 품질을 제공하는 사람들로부터 끊임없는 경멸을 받는 경우가 많다. 이로 인해 처음에는 기존 상품이 고수되지만 마침내는 옛것이 파괴되고 만다.

그에 대한 예들은 다음과 같다.

• 디스카운터상품('노네임')은 기존거래시장과 메이커제공자들로부터 오랜 기간 동안에 경멸받아 왔다. 오늘날에 와서는 디스카운터가 성행되고

있는데, 백화점들은 망하고 메이커들은 겨우 살아남고 있다. 독일 제과회사 발센(Bahlsen)은 수십 년 전부터 판매했던 찜트슈테르네(Zimtsterne, 계피가루 별비스킷_옮긴이)나 렙쿠헨헤르젠(Lebkuchenherzen, 독일전통과자_옮긴이)을 더 이상 생산하지 않겠다고 공표한 바 있다. 하지만 요즘 발센은 슈테르네와 헤르젠 과자들을 디스카운터 가격으로 판매하는 일에 반대하지 않는다.

- '값싼 디지털카메라'의 낮은 상품성에 대해 오랜 기간 동안 악의적인 비난이 있었다. 이는 약 2005년 혹은 2006년까지 지속되었다. "화면이 굴욕적이에요!" 이러한 비난으로 인해 정말로 중요한 것에 대해서는 인정되지 못했다. 예를 들어 수많은 취미 사진작가들은 더 비싼 카메라를 사용하더라도 더 좋은 사진을 찍지 못한다는 것, 결국 디지털카메라 사용으로 만족감은 더 크다는 점이다. 게다가 사진현상을 따로 하지 않아도 되므로 아무리 많은 사진을 찍어도 추가적으로 돈이 들어가지 않는다는 점도 있다. 2012년에 코닥은 파산신고를 했다.

- 카메라에는 플래시 저장장치가 (이는 USB스틱 속에도) 사용되었다. 저장장치는 일반 하드디스크 드라이버보다 엄청나게 비쌌다. 오늘날에 와서는 64GB 플래시 저장장치의 가격이 2TB 하드디스크와 거의 비슷하다. 하지만 플래시 저장장치는 근본적으로 전기소모가 적고 기계 내부에서도 자리를 거의 차지하지 않는다. 플래시 저장장치는 스마트폰에도 장착될 수 있는 반면에 하드디스크는 너무 많은 에너지를 필요로 한다. 수년 전부터 플래시 저장장치는 하드디스크를 밀어내고 최근에는 이미 초각형 울트라북(Ultrabook)에도 사용되고 있다. 여기서 주안점으로는 삼는 것은 저장의 크기보다는 배터리 소요시간이다. 옛 기계들은 - 데스크톱 컴퓨터와 무거운 랩톱 - 사장되었다 (크리스텐슨의 저서에서는 플래시 저장장치의 특별한 발전에 대해 주로 다루고 있다).

- 통신 회사들은 오랜 기간 동안 모바일 통화의 나쁜 음질에 대해 비웃었

다. 그들은 모바일 시장에 뛰어들기까지 몹시 주저했다. 인터넷전화도 그들은 좋아하지 않았다. 그들은 오랜 기간 동안 옛 기술에 집착하다가 언젠가부터 뛰어들기 시작했다. 그들은 다른 사람들이 열정을 다해 신기술을 만들어놓은 분야에서 망설이고 주저한 것이다.

• 은행들은 오랜 기간 동안 인터넷뱅킹에 대해 우습게 생각했다. "나쁘고 불안전하기 때문에 안내할 필요가 없습니다!"최근에 게재된 연구 논문에서 살펴보면 인터넷뱅킹이 은행뱅킹보다 안내 기능이 더 좋은 것으로 밝혀졌다. 왜냐면 웹사이트만 잘 읽으면 은행 창구에서 설명해주는 것보다 더 명쾌하기 때문이다.

• 브록하우스(Brockhaus)와 두덴(Duden) 사전은 위키피디아(Wikipedia)를 신뢰하지 않았다. 최근에 브록하우스는 책 판본을 중지하고 온라인으로만 검색할 수 있다. 그렇다고 뭐가 달라진 것이 있을까? 우리들은 질적인 면에서 위키피디아보다 더 우세한 브록하우스에서 자료 검색을 하고 있는가? 어린이들은 옛날의 명예로운 이름 '브록하우스'를 거의 모르고 있다.

이와 같이 비웃던 기업들이 사멸하는 경우가 아주 빈번했음을 과거의 예들에서 알 수 있다. 우리는 이러한 변화 과정을 지금까지 마음속에 잘 간직하고 있는가? 정말로? 진심으로? 이제부터 나는 오늘날의 웃음거리들에 대해 소개하고자 한다. 경멸과 조소에 대한 예들은 다음과 같다:

• 전자책(eBook)이나 패드(Pad)와 스마트폰의 트렌드가 급격하게 증가되고 있어서 종이책들이 소멸하고 있는 형편이다. 거실 공간이 좀 더 여유 있게 됨으로써 대형 TV나 인터넷 모니터가 설치되었다. 우리는 인터넷으로 전자책을 볼 수 있어서 버스 안에서도 태블릿을 본다. 아니면 컴퓨터

나 대형스크린으로도 가능하다. 내가 어디에 있든 간에 모든 내용을 바로 읽을 수 있다. 나 자신도 저서를 전자책과 종이책자로 출판하도록 하고 있다. 종이책값이 20유로일 경우에 내가 받는 보수는 2유로이며 6유로인 전자책에서는 내가 받는 보수가 3유로이다. 이 경우에 당신이라면 내게 어떤 출판물을 권해주겠는가? 이래도 당신은 비웃고만 있을 것인가?

• 우리는 집에서 모든 기구를 자동으로 작동할 수 있는 하우스작동시스템을 설치하게 될 것이다. 우리는 스마트폰의 디지털카메라를 통해서 집 아래층에서 초인종을 누르는 사람이 누구인지 알 수 있다. 그뿐만이 아니라 우리가 집 가까이 도착하면 커피머신의 스위치를 작동할 수 있거나 휴가 중에도 다리미의 작동을 멈출 수 있다. 집을 비워둘 때에 불안감을 감추지 못하는 사람들이 많은 게 사실이다. 카메라를 통해 우리는 어느 곳에 가더라도 각자의 집을 한눈에 들여다 볼 수 있다. 나는 아들 요하네스 (Johannes)의 말에 폭소를 터트린 적이 있다 (미안하지만 나도 비웃었던 것이다). "아빠, 나는 침대에 누워서 핸드폰으로 아래층 불을 끌 수 있어요. 그리고 스위치 작동하려고 더 이상 안 일어나도 돼요. 아! 멋지지 않아요? 이런 물건이 있으면 사고 싶어요!" 이 말에 누구나 나와 함께 웃음이 나올 것이다. 아니면 이러한 소망에 대해 당황할지도 모른다. 왜냐면 일반적으로 우리는 얼리 어답터는 아니기 때문이다. 언젠가는 이런 소망이 현실화되지 않을까? 하우스작동시스템이 전기를 관리하고 지하주차장의 자동차배터리를 충전하거나 인터넷을 모든 물건의 시스템에 연결할 것이다. 그렇다면 통신회사와 에너지공급업체가 망하게 될 지도 모른다. 왜냐면 그들은 오로지 '성과만 생각하기' 때문이다. 구글(Google)과 비슷한 종류의 기업이 오랜 비웃음 속에서도 밑바닥에서부터 서서히 모든 역할을 수행하게 될 것이다. 솔직히 말하자면 나는 이렇듯 비웃고 있는 기업이 독일 기업이 아닐까 하는 생각에 두려울 뿐이다. 독일인들은 다른 나라 사람들보다 더 오랜 기간 동안 비웃고 있으며 더 심하게 경멸을 보

내고 있기 때문이다.

- 고가의 자동차들은 오늘날 안티-크래쉬-시스템(Anti-Crash-System)을 장착하고 있다. 이 시스템은 생쥐나 다른 자동차가 접근할 경우에 우리에게 소리로 경고해준다. 가까운 미래에 자동차는 비상브레이크를 달게 될 것이다. 예를 들어 우리가 깜짝 놀랄 일을 간과했을 경우에 사용될 수 있다. 좀 더 먼 미래에는 자동차들이 그 어떤 충돌도 일으키지 못하게 될 것이다. 자동차들이 서로 의사소통을 하고 사고가 없도록 모든 것을 조절한다. 다음과 같은 생각도 해본다. 자동차들이 자동으로 어떠한 사고도 유발하지 않는다면 운전자 없이 스스로 작동하게 될지도 모른다는 것. 구글 기업은 이러한 자동차를 이미 구상했다. 위에서 언급했듯이 이러한 아이디어를 낸 기업은 독일 생산자가 아니라 구글이었다. 자동차들이 자동으로 작동된다면 자동차의 개인소유를 포기하고 자동차를 호출택시로 대치하는 게 훨씬 좋을 것이다. 스마트폰으로 주문하면 곧바로 달려오는 식으로. 그렇다면 우리는 이런 것도 생각해볼 수 있을 것이다. 모든 자동차들이 택시처럼 이용된다면 한계 용량까지 이용될 수 있는 그런 택시들이 수도 없이 많아질 것이라는 점. 요즘의 자동차들은 거의 한계 용량대로 다 사용되지 못하고 있다. 지금 이 책을 집필하고 있는 바람에 나는 자가용을 36시간 동안 사용하지 않고 있다. 내 자동차는 5년 동안 120,000킬로미터를 달렸으니까 아마도 평균적으로 시간당 80킬로의 속도로 운행되었을 것이다. 그러므로 실제로는 1500시간 사용된 셈이다. 하지만 5년을 계산해보면 43,800시간이고 그 절반이 낮이다. 모든 자동차들이 자동으로 운행되는 택시가 된다면 우리는 몇 대의 자동차들을 필요로 할까? 우리가 원하는 바를 한번 상상해보자. 반대 의견을 내는 사람들도 있을 것이다. 오늘날 사용하는 자동차 주차장과 비교해보면 10분의 1만 필요로 할 것이다. 그렇다면 우리는 얼마나 적은 주차장과 도로를 필요로 할 것인가? 주차타워나, 자동차보험이나, 운전사 등은 거의 필요 없어진다.

그렇다면 무슨 일이 일어날 것인가? 아직은 보험사, 자동차생산자, 교통 표지업체, 주차장운영자, 도로공사업체가 이러한 상상에 비웃고 있을 것이다.

- 오늘날 선두적인 교수들은 (가장 유명한 사람으로는 스탠포드 교수 세바스찬 스룬Sebastian Thrun - 그는 자동으로 움직이는 구글-자동차를 개발했다 - 그리고 칸 아카데미 설립자 살만 칸Salman Khan) 특별히 잘 준비한 강의들을 녹화하여 인터넷에 올리기 시작했다. 누구나 다 공짜로 볼 수 있도록. 전 세계의 많은 학생들은 이 강의들을 보고 있으며 스룬의 학생들도 더 이상 강의실에 오지 않는다. "우리는 집에서 반복해서 볼 수 있어요!" 그리고 우리는 스룬을 아프리카에 가서도 볼 수 있다. 나도 사람들이 좋아하는 아이템들을 어떻게 하면 인터넷에서 가장 잘 설명할 수 있을지에 대해 곰곰이 생각해본다. 이는 강의 내용에 대한 것은 아니다. 강의실과는 대조적으로 인터넷에서는 '100명의 수두 환자들'이나 마른기침 소리가 어떻게 들리는지 '100번의 음향테스트'를 예로 보여줄 수 있을 것이다. 오늘날 학업을 마치고 교수가 된 사람들은 인터넷에서 무슨 말을 할까? '품질은 강의실 강의가 훨씬 좋습니다." 언젠가는 시험담당 교수들이 필요하게 될 것이다. 학생들은 온라인으로 배우거나 페이스북과 같은 기구를 이용하여 혼자 학습할 것이다. 그들은 인터넷에서 유명한 연구가들에게 질문을 던지고 기업가들과 토론할 것이다. 학생들은 모든 지식이 충분하다고 생각할 때 시험 보러 대학에 가거나 대학 졸업을 위해 평가에이전시를 찾아갈 것이다. 대학은 여기에 적응할 수 있을까? 아니다. 대학은 여전히 공룡시대에 머물러 있다. 파괴적인 혁신이 있어야 할 학교에서도 아직도 답보 상태에 있다.

나는 약간 화가 난 상태로 이번 단락을 쓰고 있다. 한 사람으로서 나는 이미 오랫동안 요란한 웃음소리와 "너 미쳤지."라는 식의 반쯤 의아한 눈빛을 체험하고 있다. 1994년 내가 일하던 하이델베르크 IBM-연구서의 부서는 창고 플래닝을 위해 최적화 프로그램을 생산했다. 이 프로그램에 최초의 디지털 시가 지도가 사용되었다. 여기에는 얼마나 많은 오류가 있었는지! 지도는 수만 유로였고 2GB-지도를 칩으로 장착해야 되는 컴퓨터는 십만 유로 정도였다. 하지만 우리는 최상의 루트플랜을 세웠다. 자랑스러운 마음으로 나는 대표 매니지먼트들이 모인 자리에서 계획에 대해 발표했다. "곧 우리는 자동차에 내비게이션을 장착하게 될 겁니다!" 매니저들은 누가 그렇게 많은 돈을 낼 수 있는지 물었다. 내비게이션이 자동차보다도 훨씬 비싸다면. "곧 내비게이션은 1000유로 아래로 떨어질 겁니다!" 그랬더니 그들은 그런 일이 도대체 가능한지와, 그 경우에 IBM이 얻는 이득이 있을지에 대해 물었다. 내 머릿속에서는 새로운 생각이 떠올랐다. "내 생각으로는 주유소와 패스트푸드 레스토랑, 그 밖에 모든 기업들과 의사들, 모든 학교와 개인들이 내비게이션에 이름을 등록하려고 가입비를 낼 수 있을 겁니다." 이 말로 인해 나는 아주 이상한 사람으로 취급되어 프레젠테이션을 끝내라는 요청을 받고 말았다. 나는 실패자가 된 듯이 비틀거리며 밖으로 나왔다. 화가 치밀어 오르고! 욕이 나오고! 이 책에서 나는 이러한 체험들에 대해 몇 쪽이라도 가득 채울 수 있을 것이다. 물론 독자들은 지난번 책들에서도 나의 예측들을 찾을 수 있을 것이다. 오늘 나는 미래를 아주 잘 내다볼 수 있다는 걸 알고 있다. 미래를 내다보지 못하는 사람이 누가 될지 분명하다. 왜냐면 그런 사람은 비웃고만 있기 때문이다.

오늘 나는 남의 말을 듣고 믿는 것이 얼마나 어려운 일인지도 알게 되었다. 나도 그 당시에는 아무런 성과 없이 호소하기만 했다. "흡연이 목숨을 앗아간다!"는 말과 마찬가지로. 게다가 나는 아무런 영향도 주지 못했다. 그렇다면 내가 얻은 것은 무엇일까? 언제나 시류를 거슬러 생각하고 실천할 줄 아는 사람, 역발상자(독일어로는 Querdenker, 영어로는 Contrarian)가 되어 의심스러운 외침을 듣는 것이다. 본 책에는 '젊은 매니저'로서 나의 고난사와 지난 15년 동안 터득한 배움의 역경도 담겨 있음을 말하고 싶다. 혁신가로서 나는 남의 비웃음에 마음 상해서는 안 된다는 걸 깨달아야만 했다. 나는 그 비웃음을 이겨내야만 한 것이다. 힘든 작업을 통해서 차츰 비웃음을 극복해야만 하는 것이다.

하이브리스-곡선 혹은 "변화는 강제적 의무다"

'하이브리스(Hybris) 곡선', 즉 '교만-곡선'이라는 단어는 '하이프(Hype, 과대광고_옮긴이)곡선'과 비교하여 내가 새롭게 사용한 개념이다. 이 개념은 아직 일반 사전에 편입되지는 못했다. (우리가 그 점에 대해 비웃을 수 없는) 이유가 무엇인지 독자들은 이미 잘 이해하고 있으리라 믿는다. 기존의 탄탄한 기업들이 파괴적인(disruptiv) 변화를 통해 붕괴되거나 붕괴 직전까지 치달을 수 있는 이유가 과연 무엇인지에 대해, 나는 분명히 하고 싶다. 다시 말하자면 "당신이 이룬 지금까지의 성공은 대기업의 핵심 문제입니다. 즉 아직까지 심각한 위기를 경험하지 못했다는 것이지요." 나는 또 다른 요인을 내 자신의 경험에서 이미 기술한 바 있다. 다른 요인이란 디스카운트-방법을 시도하여 대기업을 자극한 '초보자들'을 비웃었던 데에 있다.

거대한 골리앗이 작은 다윗을 조롱한 것이다. 골리앗은 자신이 패배할 때까지 조롱을 멈추지 않았다.

어떤 창안자가 신상품에 대해 열정을 다해 설명한다면 그는 먼저 미쳤다는 소리부터 듣게 될 것이다. 다음번 단계로 모든 신문과 블로그에서 신상품에 관한 하이프가 발생하게 된다. 기존의 기업이나 상품은 여기에 아주 신경질적으로 반응할 텐데 그 어떤 전문가 평가로도 꿈쩍하지 않던 기자들의 순진한 열광을 비난할 것이다. 처음에는 그저 망연자실하다는 듯이 비웃음으로 표현하다가 이제 악의적으로 변질된다. 눈물의 계곡에서 모든 문제들과 부작용들이 두드러지면 신문사들은 이번엔 무차별하게 조롱하기 시작할 것이다. 처음엔 구세주라는 듯이 떠들어댔는데도. 이 단계는 기존 기업이 절대적으로 승리하는 시간이다. "인터넷뱅킹은 불안전해서 암호가 쉽게 누출될 수 있죠!" "디지털카메라는 사진이 형편없어요!" "내비게이션은 정확하지 않아요. 그래서 내비게이션이 있는 트럭은 영국과 프랑스의 해협을 횡단하라고 알려줄 겁니다. 컴퓨터에서는 유로 터널이 고속도로로 표시되었거든요!"

우리는 이러한 공포 영화 같은 이야기를 알고 있는가? 이러한 이야기는 기존 기업의 자만심을 최고조로 끌어올린다.

실제로 수많은 신상품이나 새로운 것은 좌절되고 만다. 중요하지 않은 것으로 취급되어 사라지고 마는 것이다. 한 가지 예를 들어보자. 몇 달 동안 가상의 세계 '세컨드 라이프(Second Life)'는 대형 테마였다. 이 가상의 온라인 세계에 우리는 모두 함께 할 것이라는 예측도 나왔다. 그런데 오늘날은 어떠한가? 아주 조용하다. 다른 신상품은, 예를 들어 인터넷 쇼핑, 인터넷뱅킹, 디지털 포토그래픽 혹은 내비게이션은 서서히 조롱의 늪에서 빠져나오기 시작했다. 어떤 때에는 실용주의자들의 신상품 수용 속도가 아주 느리다가 어느 순간에 갈수록 그 속도가 빨라진다. 우리는 스마트폰과 태블릿에서 진짜 티핑 포인트나 터닝 포인트를 찾을 수 있다.

이제 기존 기업의 비웃음은 갑자기 멈춘다. 새로운 흐름에 반응해야만 하기 때문이다. 고객들은 이렇게 말한다. "인터넷뱅킹은 그렇게 좋진 않지만 저렴합니다." "디지털카메라는 그렇게 좋진 않지만 저렴하죠." "인터넷에서는 더 저렴하게 구입할 수 있는 물건들이 많아요. 판매자가 믿음직스럽진 않지만요. 이미 여러 번 물건을 샀어요. 덕분에 속임수라는 느낌도 극복할 수 있었고요."

옛것을 고수하는 기업은 이렇듯 '아직 믿음직스럽진 않지만 저렴한' 신상품에 대해 처음에는 자신들의 신뢰 캠페인으로 대응한다. "우리 회사에서는 당신이 왕입니다. 하지만 그곳에서 당신은 싸구려로 취급될 테죠!"

더불어 그들은 멋진 프리미엄급 상담과 관리를 제안한다. 이와 동시에 옛 기업에서는 신상품과의 가격경쟁에서 부질없이 망하지 않기 위해 가격 제동이 걸리기 시작한다. 은행들은 수수료가 없는 통장을 제공할 테고 대대적인 할인을 비롯하여 다들 가격경쟁이 안 될 만큼의 예측 불가능한 '전체 패키지'를 감행할 것이다. 모두들 조직을 최적화하고 효율과 가격 조종에 최선을 다할 것이다. 가능한 한 많은 일자리를 없애거나 직원들에게 낮은 임금을 주려고 할 것이다. 다시 말하자면 그들은 아래로부터 파괴적으로 위협하고 있는 디스카운터의 적과 이제는 위에서부터 접근하며 싸워야 한다. 그들은 절대적인 고품질을 포기하고 자신들의 생산품들을 더 저렴하게 제공한다.

예를 들어 은행들은 스타상담사를 채용하지 않을 테고 단기간 교육받은 시간제 인력들을 둘 것이다. 이들은 자력으로 생각하여 상담하기보다는 전산화면에 버젓이 있는 자료를 보여주는 것으로 끝낼 것이다. 만약 어떤 고객이 좀 더 고품질의 상담을 받고 싶어 하면 그곳에서 30킬로미터 떨어져 있는 VIP-상담실로 보내게 될 것이다. 이것도 그리 만족을 주진 못한다. 왜냐면 그동안에 고객은 이미 인터넷에서 정보를 얻었기에 고품질의 상담은 더 이상 필요 없게 된다.

그뿐만 아니라 고객들은 프리미엄 상담을 받기 위해 수수료를 지불할 생각이 없다는 것도 분명해진다.

다음과 같은 다양한 문제점들이 발생한다.

- 고객들이 신상품을 좋아하게 되면 옛것에 대해서는 예전처럼 높게 평가하지 않는다. 옛것의 강점은 더 이상 평가되지 못하고 스스럼없이 구매되진 않는다. 어떤 경우에도 돈이나 인정을 받지 못하게 되는 것이다.
- 옛 상품이나 기업은 효율성을 높이고 가격을 낮추기 위해 자신들의 강점을 버리는 경우가 비일비재하다. 이로써 그들은 신상품에 접근하려고 하지만 위에서부터 다가선다. 반면에 새것은 옛것에 아래에서부터 접근한다.
- 옛것은 새것의 강점들을 그대로 모방하거나 제 것으로 만들려고 허송세월을 보내는 경우가 잦다. (예를 들어 대기업의 인터넷뱅킹은 최초의 인터넷 은행들의 뱅킹만큼 좋지 않다.)

이 모든 것은 기존 기업의 옛 정신을 완전히 바꾸어 놓고 있다. 하이브리스가 최고점을 도달한 뒤에는 반쯤 마비된 채로 위기에서 벗어나게 된다. 이제 우리들도 한때 정말로 존경받았던 은행 직원들이 하던 일을 할 수 있다고 상상할 수 있다. 규격에 맞는 컴퓨터에 의지하여 '평면 화면 뒤에 앉아 상담'해야만 하는 은행 직원들과 동일하게. 이제 우리는 성급하게 치료해야겠다는 압박감 속에서 일하는 의학박사처럼 정보를 수집할 수 있다. 전문가들의 생각이 바뀐 것이다. 마치 실직자가 '자신의 교육 정도(=품위)'에 맞는 일자리를 수용하겠다며 일을 거부하고 이로써 '현실을 인정하지 못한 채' 거세게 항의하는 것과 같은 셈이다.

처음에 옛것은 새것에 대해 큰 소리로 비웃었다. 그 다음엔 미워

했고 결국은 새것의 승리로 인해 '모든 것이 무엇 때문에 더 좋아지는지'에 관해 질문을 던져야 했다.

이는 스트레스를 자아낸다. '스트레스'라는 단어는 두 가지 의미로 사용된다. 낙관적 상태 + 스트레스의 조합으로 유스트레스(Eustress, 긍정적인 좋은 스트레스_옮긴이)로 규정할 수 있다. 이는 높은 압박감에서도 분위기를 승리로 기약하거나 시간을 잊을 정도로 즐겁게 일하는 것을 말한다. 새것은 이런 분위기에 있다. 새것은 서서히 시장에 발을 들여놓게 되고 이노베이션의 차스마가 극복된다. 새로운 모든 것은 이제 풍부해질 것이다. 하지만 파괴적이고 불안감이 팽배하며 숨이 턱 막힐 듯한 스트레스는 디스트레스(Distress)라고 말한다. 디스트레스는 우리로 하여금 터널 같은 좁은 시야와 지옥 같은 정신 속에서 소모적으로 반응하게 만들거나 정신적으로나 육체적으로 초죽음이 되도록 마비시킨다. 새것은 유스트레스 속에서 이 세상을 정복한다면 옛것은 디스트레스 속에서 자신의 영역을 사수할 것이다. 나는 다음과 같이 포스터의 글귀로 정리해보고자 한다.

- 새것은 유스트레스 속에서 이노베이션을 축하하고
- 옛것은 새것 때문에 어쩔 수 없이 변화되어야 한다고 말한다
- 디스트레스 속에서!

그리고 다시 한 번 포스터의 문구로 말해보자.

이노베이션은 의지의 산물이고, 변화는 강제적 의무다.

인터넷 은행은 비용절감을 위해 개인 상담을 시대에 뒤떨어진 것으로 만들고 싶어 하고, 은행은 VIP-센터에서 최고의 상담을 받도록 유도해야만 한다. 인터넷 은행가들이 유스트레스 속에서 환호성을

지르고 있는 동안에 일반 은행원들은 비용 절감을 미워하며 디스트레스에 빠져 있다. 아마존 인터넷서점에서 일하는 물류 담당 직원들은 그렇게 많은 돈을 벌지는 못한다고 신문에서 종종 밝히고 있다. 하지만 그들은 매우 자부심이 강한데 그 이유는 아마존에서 일할 수 있기 때문이라고 밝혔다. 서점 상인들의 수입도 좋지는 않다. 왜냐면 자신들의 직업을 지금까지 좋아해왔고 아직도 좋아하고 있기 때문이다. 그들은 슬픔을 느끼기 시작할 것이다. 이것은 지금 당장 느끼는 승리감과 앞으로 느끼게 될 패배감 사이의 간극 때문이다.

대규모 기업들은 살아남기 위해 온힘을 다 쏟고 있다. 혁신 리더들(Change Agents)은 변화를 요구한다. 직원들에게는 긍정적인 메시지가 넘쳐난다. 변화가 얼마나 좋으며 필요한지, 또한 얼마나 불가피한 것인지도. 톱매니저들은 다가올 변화를 제발 긍정적으로 봐달라고 명령하기도 하고 애원하기도 한다. 변화에는 언제나 새로운 기회도 찾아올 거라고 맹세한다. 혁신 매니저들은 직원들이 광포한 디스테레스를 책임감 있는 정신 변화로, 유스트레스로 받아주도록 요구한다. "우리는 모든 것을 긍정적으로 보아야만 합니다! 우리가 해고하려고 든다면 여러분들은 누구나 지금 있는 일자리를 더 지키려고 하겠죠. 그 점에 대해 기뻐하십시오!"

매니저들은 디스트레스 탓에 불가피한 변화가 일어나지 않는다는 것을 느끼고 있다. 그들은 직원들의 두뇌를 지적으로는 설득시킬 수는 있을 테지만 디스트레스는 여전히 각자의 몸속에 남게 된다. 매니저들은 디스트레스 때문에 실패한다. 그러면 옛것은 사라지게 된다. 이노베이션이라는 예술은 하고자 하는 의지력 속에서 작업할 수 있다. 바로 유스트레스 속에서. 나는 이 점에 대해 앞으로도 좀 더 자세하게 설명하고자 한다.

이노베이션과 변화에 대한 간단한 심리학

심리분석학자 프리츠 리만(Fritz Riemann, 독일의 정신 분석학자_옮긴이)은 1961년에《두려움의 근본 형태들(Grundformen der Angst)》이란 제목으로 유명한 서적을 출판했다. 이 책은 이미 고전으로 자리 잡았다. 나는 나의 저서《전문적인 지식인층(Professionelle Intelligenz)》에서 인용한 바 있다. 리만의 저서는 수많은 독자 리뷰에서도 존경을 받았다.

리만은 인간이 지니고 있는 근본적 두려움을 분류하여 이에 따라 네 가지 타입을 연구했다.

- 변화에 대한 두려움 (강박 성격)
- 어쩔 수 없이 모든 것이 그대로여야만 한다는 것에 대한 두려움 (히스테리 성격)
- 자기화에 대한 두려움 (우울성 성격)
- 친밀함에 대한 두려움 (정신분열적 성격)

그의 이론이 타당한가? 변화 앞에서 근본적으로 두려움을 갖으며 변화를 그저 당연하게 디스트레스로 받아들이거나 공포증으로 반응하는 사람들이 있다. 또 다른 사람들은 모든 게 그저 그대로여야만 한다는 것에 두려움을 느낀다. 모든 것이 전통과 사업 과정에 따라 영원히 비슷하게 진행되어야만 한다면 지루해서 몸살을 앓는 사람들이다. 나는 이와 같은 두 가지 극단에 대해, 즉 강박적 성격과 히스테리성 성격에 대해서만 일반심리학적으로 기술하려고 한다. 이를 위해 루돌프 슈폰젤(Rudolf Sponsel)의 저서〈프리츠 리만의 두려움의 근본형태들에 따른 네 가지 기본구조들(Die vier

Grundstrukturen nach Fritz Riemann's Grundformen der Angst)〉을 바탕으로 설명할 것이다.

강박 성격: 이러한 성격의 사람들은 정의와 질서, 진실과 잘못이 무엇인지를 중요시하며 모든 질문마다 올바른 대답을 추구한다. 이들은 컨트롤, 힘과 지배를 좋아한다. 모든 게 완벽해야만 한다. 이들은 양심적이고 공명심이 있으며 끈기가 있고 완강하며 깨끗하고 객관적이다. 이들이 추구하는 바는 안전과 소유물이기에 매사에 조심스럽고 절약한다. 이들은 토착적인 성향이 강하고 보수적이며 시종일관 똑같으며 신뢰를 중요시한다.

히스테리 성격: 이러한 성격의 사람들은 완전한 변화와 모험을 즐기는, 흥분되고 재미있고 긴장감이 넘치는 삶을 살고 싶어 한다. 이를 위해 위험도 감수한다. "위험하지 않으면 재미도 없어요!" 이들은 충동적이고 사업욕이 강하다. 이들이 좋아하는 것은 쇼, 타인으로부터 주목받는 것과 이로 인한 박수갈채이다. 이들은 타인과의 만남, 열광적인 순간, 새로운 아이디어를 갈망한다. 동시에 이들은 변덕스럽고 피상적이며 항상 새로운 것을 추구한다.

이는 다음과 같을 것이다.

• 히스테리의 원칙은 새로운 미래, 변화, 이노베이션 그리고 새로운 기쁨을 갈망하는 것이다. 강박적 사고는 부지런히 노력함으로써 자신이 좋아한 과거를 더 완벽한 미래로 만드는 것이다.

강박적 행동은 변화를 두려워하며 근본적으로 신경과민이 되어 디스트레스로 느낀다는 것이다. 단순한 ('공허한') 단어들을 사용하여 강박적인 것을 히스테리적인 것으로 바꾸려는 시도는 그 의미가 몹시 제한적이다. 하지만 이러한 장황한 시작은 대기업에서는 중요한 전략으로 중시된다. 커뮤니케이션 부서들은 주체할 수 없는 수사학적인 열광을 뿜어내면서 변화를 마치 영혼의 구원으로 칭찬한다. 하지만 대다수 직원들은 이러한 변화의 암시를 위협이라고 보게 될 것이다. 그리고 변화를 일반적으로 긍정적으로 보는 이런 모든 암시는 결국 자신들의 강박적 정신과는 상반된다.

이 점에 대해서 대기업의 매니저들은 전혀 이해하지 못하거나 상황을 받아들이거나, 둘 중 하나다. 후자의 경우에 매니저들의 바람은 무엇일까? 절반의 직원들이 지금 막 '히스테리'를 느끼고는 있으나 그런 이유로 변화를 기회로 보고 격렬하게 희망하며 기쁘게 받아들임으로써 결국 강박적 동료들을 감동시키는 것이다. 하지만 이런 경우는 거의 발생하지 않는 편이다.

점점 성장하면 할수록 대기업은 안정성과 신뢰할 수 있는 공정의 본고장으로 변모하게 된다. 즉 일반 일자리에서 안전하게 보장 받기를 바라는 새로운 직원들의 집합장이 되는 것이다. 위험 요소가 없고 깜짝 놀랄 일이 없는 그런 곳으로. 결국 대기업들은 강박적인 사람을 우선적으로 선발한다. 모험가, 기업가, 시류를 거슬러 생각하고 실천하는 역발상자(Querdenker), 창안자, 연구가 또는 세계 발전을 도모하는 사람을 고용하지 않는다. 그들은 예측 가능하게 기능할 수 있는 직원들을 원한다. 기업들이 어느 정도의 규모를 넘어선다면 결국 전체 분위기는 강박적으로 변모된다. 거의 모든 기업들이! 결국 그들은 내적으로 모든 변화를 거부하게 된다. 조직은 경직되고 만다.

설교자들은 더 이상 도움이 되지 못한다. 이들의 설교는 다음과 같은 목록에서 내가 기술한 것과 유사하다. "그렇게 해서는 안 됩니다 - 그래야 합니다!" 기본적으로 그들은 이렇게 설교한다. "히스테리를 부리지 말고 강박적이어야 해요!"

- 오류를 피하세요! - 시험해보고 경험해보세요!
- 통일성이 있어야 합니다! - 다양성이 중요합니다!
- 다른 사람과 같이 행동하세요! - 특별해야 합니다!
- 훈련되어야 합니다! - 열정을 다해야 합니다!
- 당신에게 초점을 맞추세요! - 어떤 일에나 관심을 가지세요!
- 기존의 것에 집중하세요! - 새것에 집중하세요!
- 당신이 정한 목표들을 이루도록 하세요! - 당신은 새로운 목표를 세워야 합니다!
- 경험자에게 물어보세요! - 독립적으로 행동하세요!
- 1년에 3개월은 압박감을 느낀다. - 미래를 중시한다.
- 동일한 것을 더 중요하게 생각하세요! - 뭔가 다른 것을 생각하세요!
- '강박적인 것' - '히스테리적'
- 성인 - 어린아이, 다음 세대
- 경영관리의 가르침 - '창출(Kreation) 학문'

여러분들은 서로 반대되는 목록을 보고 이미 눈치챘을 테지만, 여기서 나는 한 가지 점을 다시 분명히 하고 싶다 ("스트레스입니다!").

- 경영관리의 가르침은 철저히 강박적인 학문이다.

경영관리의 가르침을 히스테리와 관련하여 꼼꼼히 설명한 사람은 아직 없다. 아마도 기업가 정신(Entrepreneurship)에 대해서도 그렇지 않을까? 이 분야는 많은 대학에서 연구되고 있긴 하지만, '히스테리적' 기업가가 강의를 해야 한다. 인간을 경제적 인간(Homo Oeconomicus)으로 보고 강박적으로, 이성적-계산적인 것으로 간주하는 '강박적인 경제학자들'이 하는 강의는 이제 뒷전이 되어야 할

것이다. 이익을 극대화하려는 경제적 인간(호모 외코노믹스)이 혁신적
이 아니면 무미건조한 존재라고 솔직하게 말해주지 않기 때문이다.

이노베이션은 저항과
면역반응에 부딪친다

면역시스템과 'Never Change a Winnig Team'에 대하여

성공적인 것은 당연히 존속해야만 한다. 여러 번 승리를 거둔 스포츠 팀이 있다면 우리는 그들이 변함없이 그대로 있도록 노력할 것이다. 최고의 스포츠 팀은 한동안 자주 부상을 당하게 된다. 그러다가 승리를 거듭하면서 다시 건강해진다. 우리는 이 팀에 전력을 다해야 할까? 그러지 않는 게 낫다! 팀은 자신들의 권리와 능력을 주장하기에 불화가 잦기 때문이다.

이러한 원칙은 복잡한 IT-시스템을 운영하는 데이터 센터에서 이와는 좀 다른 변형된 형태로 나타난다. 그들은 언제나 이렇게 말한다. "잘 진행되고 있는 시스템은 절대로 바꾸지 마세요(Never change a running system)". 여러분들도 이런 경험을 했을 것이다. 소유하고 있는 스마트폰과 컴퓨터는 어떠한가? 갑자기 더 이상 기능하지 않는 것들이 많을 것이다. 이는 '그전 시스템과 완전히 호환되지 못하는' 새 소프트웨어버전을 설치했기 때문이다.

모든 게 잘 돌아간다면 우리는 지금까지 기능하는 대로 그대로 내버려둘 것이다. 이것은 완전히 이성적인 원칙이다. 특히나 강박적인 사람들을 위해서는 더 그럴 것이다. 하지만 히스테리성의 사람들은 지루해할 테고 자꾸만 새로운 것을 테스트해볼 것이다. 아무런 이유 없이 그냥 그렇게! 새로운 것을 테스트해본 사람은 화가 난다. 변화 속에서는 언제나 크고 작은 문제점들이 발생할 수 있음을 알게 되기 때문이다. 그러므로 그들은 새로운 제안들에 크고 작은 알레르기성 반응을 보이게 된다.

핀초트는 자신의 저서 소사장제(Intrapreneuring, 인트라프리너링 1985년 출판)에서도 이미 '기업의 면역시스템'에 대해 간단히 다루고 있다. 한 시스템에서 뭔가를 움직이려고 하는 사람은 시스템 담당자에게 방해자나 적으로 보여서는 안 된다. 즉 이런 일이 발생된다면 시스템은 방해를 하지 못하도록 적들을 제거하려고 노력한다. 당시에 핀초트는 우리에게 설득력 있는 조언을 해주었다. "당신이 할 수 있는 만큼 언더그라운드에서 일하십시오(Work underground as long as you can)."

예전에 나는 미처 알지 못했던 일이었다. 이런 조언을 듣기 전에 나는 이노베이션을 창안해내자 마자 곧장 열광적으로 세상에 선전했다. 특히나 '낡은 옛것'에 대해 승리감조차 느꼈다. 나는 먼저 시스템의 저항력을 활성화시킨 뒤, 다시 그 구성원으로 편입되었다.

좋은 시스템은 아주 효과적으로 디자인되고 아주 순조롭게 기능한다. 모든 것이 절대적으로 완벽하고 믿을 만하다. 시스템은 물 흐르듯이 돌아간다. 어떤 시스템이 더 잘 기능하면 할수록 변화는 오히려 문제가 있는 것으로 간주된다. 시스템은 이런 기회를 변화로서 인식하지 않고, 있어서는 안 되는 '예외'로 받아들이게 된다. 예외란 무질서의 표현이기도 하다. 이때 시스템에서는 곧바로 '예외 처리(exception handling)'가 시작된다. "누가 이것을 허락했을까요? 계획되지 않은 일입니다. 여러분들은 다음의 질문에 답해주시기 바랍니다." 좋은 시스템들은 모든 것을 규칙에 따라 자동적으로 돌아가기를 원한다. 이런 시스템에서 예외를 생산해내는 사람들은 큰 원칙에 어긋나게 된다. 왜냐면 이런 예외들은 하나씩 '손수' 규정되어야만 하기 때문이다. 결국 예외들은 가능성에 따라 모든 권력과 싸워야 하는 경우가 잦다. 특히나 시스템의 강박적인 사람들은 예외라는 것을 마치 '이탈' 경우에 따라서는 '죄악'이라고 생각하기도 한다. 규칙을 지키지 않는 사람은 적이나 마찬가지다. 다음과 같이 말하는 교육 설교자들이 있다. "당신이 한번 허물어지면 방자함과 무질서의 문을 열어주는 것입니다."

이러한 의미로 기업이나 시스템은 자연스럽게 면역시스템을 형성하게 된다. 모든 예측할 수 없는 상황은 방해 요소로 취급하는 그런 구조로.

이노베이션, 변화와 모든 변천은 면역시스템에 의해 면밀하게 체크된다. "친구입니까? 아니면 적입니까?" 여전히 인내심으로 견딜 수 있는 것은 무엇이고, 그렇지 않은 것은 무엇인가? 우리 인간들도 예를 들어 질병박테리아들을 막아주는 면역시스템을 지니고 있다. 물론 유용성이 있는 수백 만의 장박테리아들은 면역시스템을 괴롭히지 않는다. 만약 우리들이 아주 다른 박테리아들이 출몰하는 낯선 나라를 여행한다면 대부분 설사병으로 면역시스템에 적응해야만 한다. 우리의 몸이 적응할 수 없다면 죽거나 심각한 손상을 입어야만 할 것이다.

기업의 입장에서 볼 때도 좋은 면역시스템을 갖는 것은 매우 중요하다. 면역시스템은 통례적으로 잘 기능해야만 하지만 변할 수도 있고 적응할 수도 있다. 이때 시스템 담당자는 가능한 한 외부의 영향에 저항할 수 있는 강한 면역체계를 갖길 원한다. 이와 반대로 혁신가들은 시스템을 변화시키거나 개발하고 싶어 한다. 극단적인 경우에는 새롭게 구상하기도 한다. 그들은 시스템을 유연하고 융통성 있게 만들고 싶은 것이다. 가장 바람직한 것은, 우리가 서로 현명하게 이해하도록 중간 입장을 취하는 것이다. 유감스럽지만 이런 일은 전혀 발생하지 않는다. 현명한 이해와 소통 대신에 대체로 다툼이 일어나는데, 여기서도 권력자들이 승리하는 경우가 비일비재하다. 이들은 거의 언제나 기업 수호자들이다. 기업은 지배적인 강박관념을 억압으로 느끼는 혁신가를 자극한다. 유감스럽지만 새로운 것을 내세우는 사람은 너무나 미숙하게도 싸움을 스스로 걸게 된다. 위에서 이미 말한 바와 같이 나도 싸움을 모의하는 경향이 있었다. 지포트 핀초트가 시스템을 너무 자극하지 말아야 하고 가장 바람직한 것은 절대로 자극하지 않는 게 좋다고 조언해주기 전까지만 해도 그랬다. "입 다물고 일을 추진하세요!"

저항모델

이노베이션 이론의 초점은 아이디어를 세상에 내놓고 마케팅을 통해서 모든 지구상의 사람들에게 가장 잘 판매할 수 있도록 하는 것이다. 히스테리성과 강박적 구상에 관한 나의 설명에서 우리는 애당초 모든 이노베이션과 모든 제안된 변화에서는 부분적으로 유쾌하지 않은 일이나 적어도 악의가 있는 반대자가 있기 마련이라는 걸 알게 되었다. 예를 들어 정치에서는 강력한 저항이 없는 개혁안은 결코 존재하지 않는다. 왜냐면 매번 반대편은 반사적으로 대항하는 말을 해야만 할 것 같은 의무를 느끼며 반대자의 모든 제안들에 대해서는 일단 과감하게 반격부터 하기 때문이다. 이것이 원칙이라며! 지속적으로 반대하는 비판은 결국 더 많은 유권자와 권력을 얻게 된다.

예를 들어 어떤 사람이 이노베이션을 선전했는데 신문에서 논의되었다고 치자. 그 사람은 역풍을 맞게 된다. 이번에도 거의 원칙 때문에! 세금을 올릴 것이냐, 내릴 것이냐? 반대편이 있다. 부자들의 부담을 덜어줄 것인가, 줄일 것인가? 반대자들은 욕을 한다. 개인의 무기소유는 없애야 할 것인가? 자신의 무기소유를 주장할 용기는 내지 못하지만 침묵은 지킨다. 침묵은 결국 아무것도 변화시키지 못한다. 여성들을 최고 경영인으로 채용할 수는 없는 걸까? 이번에는 다들 시끄럽게 한 목소리를 내지만 그렇게 유능한 톱클래스 여성들을 당장 구하기 어렵다고 생각한다. 이때도 아무런 일도 일어나지 않는다. 시스템의 고집은 상상외로 끈질기다. 90퍼센트의 사람들이 지지하는 어떤 일이라도 반드시 실현되는 것은 아니다.

마찬가지로 모든 톱매니저들은 이노베이션에 대해 작열하는 립서비스를 하게 될 것이다. 하지만 개별 사례에서는 어떻게 반응할까? 적극적으로 참여할까? 아니면 호의만 가지고 발전에 대해 관망하고 있는 것은 아닐까? 다수의 상관들은 반대하지 않고 '찬성할' 것이다. 이로써 그들은 이노베이션을 방해하고 싶지 않다는 뜻을 나타냈다. 그렇다고 그들이 위험을 무릅쓰고 혼신을 다해 이노베이션을 보호하지는 않는다. 단순한 호의로 관망하는 것은 면역시스템에 진로를 열어주는 셈이 된다. 면역시스템은 새로운 것에 저항력이 있다. 경영진의 호의적인 눈빛 속에 설명하기 어려운 분위기가 연출되면서 새로운 것은 난관에 부딪치게 된다. 호의만으로는 이노베이션이나 변화가 달성될 순 없다. 이 점에 대해 수많은 혁신가들은 이해하기 어렵다. 호의를 표하는 사람들을 만난다면 혁신가들은 기쁠 테지만 이를 추진하려는 에너지도 필요하다. 그들은 호의만으로도 지금 당장 일을 진척시키려고 생각한다. 에너지가 없는 호의는 옹호의 표시이긴 하지만 원칙적으로는 아무런 결과도 창출해낼 수 없다. 한 예로 럭셔리자동차나 사우어크라우트(Sauerkraut, 소금에 절인 양배추)

다이어트가 좋은지 알려면 자동차를 사거나 다이어트를 해보지 않고서 우리가 어떻게 알 수 있겠는가? 에너지가 턱없이 부족할 경우엔 한 조직의 면역시스템은 새로운 것에 절대로 공격적으로 저항하지 못할 것이다. 애당초 반대자들은 뭔가 에너지 없는 것을 옹호하기도 할 테고, 에너지가 없다면 저절로 사라지고 말 것이다. "다수의 여성들이 높은 자리에 올라야 한다."는 주장을 단순히 옹호하는 것은 이미 저항의 표시다. 에너지를 쏟지 않는 것은 저항이나 마찬가지다. 예를 들면 다음과 같다.

- "예, 하지만 내가 시간이 없어서요."
- "예, 하지만 지금 자금이 턱없이 부족하네요."
- "예, 하지만 XY가 먼저 차례를 기다리고 있어서요."
- "예, 하지만 왜 그래야만 되는지 난 아직도 이해가 되지 않네요."
- "예, 하지만 지금은 다른 일이 우선시 돼야 합니다."

모든 이러한 저항 메커니즘들의 속내를 혁신가는 알아야만 한다. 강력한 반대편에 서서 뚜렷하게 "아니오."라고 말하는 사람들은 에너지 없이 찬성을 표시하는 (옹호만 하는) 예스맨들보다는 더 쉽게 파악될 수 있다. 어떤 경우에나 혁신가는 여러 가지 강력한 저항 메커니즘들에서 결론을 이끌어낼 수 있으며 가치 있는 것을 터득할 수 있다. 나는 에버렛 로저스의 이노베이션 모델들을 변형하여 다음과 같은 모델을 제안하고 싶다.

이 모델에서 나는 아이디어 주창자와, 이에 대해 각기 상이한 강력한 이유로 인해 변화하지 못하거나 거부하거나 에너지를 다해 싸우려고 하는 다른 세 팀들을 살펴보았다.

- 이노베이션의 주창자들,
- "만약 그런 장점이 있다면" 이노베이션을 좋게 생각할 수도 있는 오픈 마인드들 - 만약에!
- 신상품에서 거의 단점만 보고 "어떤 사람도 그런 걸 필요로 하지 않아요."라며 머리를 절레절레 흔드는 클로즈 마인드들,
- 신상품에 대해 적극적으로 그리고 근본적으로 싸우려는 ("확실치 않아요! 위험해요! 비도덕적이에요!") 적대자들.

　나는 위의 네 가지 부분들을 다시 한 번 도표로 나타내고 바로 연이어 이에 대한 질문과 설명을 하고자 한다.
　오픈 마인드들은 새로운 것을 거의 가능한 기회로 보고 이 기회가 얼마나 클 것인지 다방면에서 평가한다. 새로운 것은 유익할까? 도움이 될까? 이미지는 얻고 있는가? 기쁨을 주는가? 가격이 비싼가? 일반적으로 "예, 하지만……."이란 말부터 나온다. 오픈 마인드들은 신상품을 구매하겠다고 결심하는 일이 잦다. 단, '가격이 100유로라면' 혹은 '이미 많은 사람들이 사용해보았기 때문에 그 물건에 대해 물어볼 수 있다면' 가능하다. 매니지먼트의 오픈 마인드들은 먼저 소개받을 수 있는지 물어본다. 신상품이 성공리에 판매되고 있는 곳은 어디인가? 금전적인 이익이 얼마나 되는지? 만약 주창자들이 확실히 더 나은 미래라며 단순하게 소개할 경우에는 그들은 '불분명'한 것으로 보고 동의하지 않는다. "이것은 내가 눈으로 직접 확인하고 싶은 개발이네요. 만약 뭔가 구체적인 것이 있다면 인포메이션을 전달해주시면 감사하겠습니다. 눈으로도 확인 가능할 정도의 이익이 있는지 말이죠." 만약이라는 조건이 충족된다면 오픈 마인드들은 특별한 개별적 상황에서도 기회를 보고 확인할 수 있을 것이다. 언제나 그들은 자신들을 위한 이익을 최우선으로 하고 있다.

클로즈 마인드들은 먼저 자신들의 온전한 세계를 방해하는 신상품에서 단점부터 본다. 일반적인 초기 반응을 회상해보자. "도처에서 끊이지 않고 핸드폰 소리가 울리면 우리는 도대체 어디로 가라는 말입니까?" 클로즈 마인드들이 항상 묻는 말이다. 신상품은 건강에 좋은지, 교육적으로 가치가 있는지, 유용한지, 허용된 것인지, 바람직한지, 규정을 어기지 않은 것인지, 등등. 가령 '인터넷'이 선전된다면 그들은 호기심을 보이기보다는 어떤 결과가 초래될지를 생각한다. 누구나 인터넷을 사용하게 될 경우에 어떤 일이 발생할지에 관해서 우려하는 것이다. 그들은 분명 이렇게 물을 것이다. "이 모든 사람들이 재정적으로 감당할 수 있을까요? 사회가 이런저런 부류로 분리되는 것은 아닐까요? 어떤 불균형도 발생하지 않도록 하려면 우리가 어떤 규칙을 세워야 할까요? 인터넷은 안전한가요? 법을 어기지 않고 있나요? 인터넷에서 우리가 해도 될 것과 그렇지 않은 것에 대해 세부적으로 규정하고 있나요? 어떤 사람이 나에 대해 인터넷에서 헛소리를 퍼트리게 된다면 어떤 일이 발생할까요?" 클로즈 마인드들은 근본적인 단점을 발견하려고 한다. 그들은 모든 걸 일반적인 관점으로 바라본다. 이노베이션이 삶 속으로 파고들어 규칙을 변화시킨다면 이를 배제하고 싶어 한다. 이렇듯 강박적인 사람들은 아직 잘 모르는 상황 속에서 신상품을 사용할 정도로 어떠한 예외 규정들을 원치 않는다. "내가 신상품을 한 번 허락한다면 아이들은 계속 사용할 겁니다. 그렇다면 둑이 무너지겠죠. 신상품이 쏟아져 들어올 거예요. 한 손자를 위해 한 번 스마트폰을 허락하면 모든 손자들에게 계속해서 스마트폰을 허락해야 하겠죠. 우리는 우리 삶에서 어떤 결과를 초래하게 될지 분명히 해야만 합니다. 식사 중에 이메일을 체크해도 될까요? 되나요, 안 되나요? 갈수록 나도 스마트폰을 쓰고 싶어지지 않을까요? 제발, 날 붙잡아주세요." 클로즈 마인드들은 새로운 것을 보면 위험성을 제일로 많이 생각한다. 특히나 그들은 개인적인 결과들을 두려워한다. 그들은 이 점에 대해서 드러 내놓고 말하진 않지만 새로운 것으로 인해 해를 입은 사람들이 있다 고 말한다. 다시 말해서 그들은 '약자들의 이름으로' 변론을 펼치면 서 새로운 것을 압박한다. 예를 들어 나는 대중들의 우수 교육을 주 장하는 주창자들 중의 한 사람이다. 내 의견에 반대하는 많은 사람 들은, 약자들이 지금보다도 더 예속될 거라고 말을 내뱉는다. 개인 적으로 자기 자신이 교육을 계속 받아야 된다는 생각에 마음이 편치 않다고 말하는 사람은 절대로 없다.

적대자들은 제안된 이노베이션을 근본적으로 반대한다. 그들은 두려움을 퍼트리고("스마트폰의 전자파는 위험해요."), 윤리적인 것과 신 성한 것을 호소한다(줄기세포 연구 혹은 낙태). 또는 새로운 것을 비문 화적이라며 욕하기도 한다("TV는 사람을 바보로 만드는데, 인터넷은 아예 더한 것 같아요!"). 그들은 아예 반대하는 입장을 취하고 있으며 호전 적인 적대자들이며 새로운 것에 대해 적극적으로 투쟁한다.

위의 도표에서는 아이디어가 이노베이션으로 창출될 수 있을지 없을지 결정되는 순간에 네 가지 서로 다른 견해를 나타낸 것이다. 이노베이션은 신세계의 문이 열리는 것과 같다. 그곳에 첫 번째 정 주민들이 투입된다면 아마도 우유와 꿀이 흐를 테고 주창자들은 열 광할 것이다. 오픈 마인드들은 첫 번째 정주민들을 목격할 때까지 기다린다. 실제로 그들은 눈앞에서 우유와 꿀을 보고 싶어 한다. 클 로즈 마인드들은 좀처럼 마음을 바꾸고 싶어 하지 않는다. 지금까지 의 나라는 오래전부터 잘 가꾸어왔으며 양질의 삶을 제공했다고 생 각한다. 적대자들은 섬뜩한 일이 발생할까봐 두려워한다. 삶을 유희 하는 미친 탐험가들이 야생동물들, 무법천지와 질병을 고대하고 있 다고 간주하기 때문이다.

두 번째 장애물 – 이노베이션에서 일반 문화로

거의 모든 이노베이션 연구와 노력은 새로운 생산품이 일반 시장에서 수용되도록 하는 것이다. 이노베이션의 두 번째 장애물을 통과할 경우 신상품은 거의 표준이 된다. 이것은 저절로 발생되거나, 자주 암시되는 바와 같이 기다림을 통해서 이루어진다. 바로 이것이 장애물이다. 오픈 마인드에서 클로즈 마인드로 넘어가는 일은 실제로 언급되지 않고 있다. 나는 어떤 경우에도 그런 얘기를 들어본 적도, 읽은 적도 없다. 그래서 나는 이노베이션 토론에서는 바로 이러한 중요한 점을 많이 살펴볼 것이다.

우리는 휴대전화를 예로 들 수 있다. 90년대에 휴대전화는 허풍선이들을 위한 과학기술이었다. 그들은 레스토랑에서, 길거리에서 또는 기차에서 주변 사람들로 하여금 자신들의 평범한 삶에 끼어들게 만들었거나 엿듣고 있는 주변 사람들 옆에서 아주 큰 소리로 중요한 전화에 대답했다. "장관님, 당신이 우리한테 오신다고요? 저는 기쁩니다. 하지만 우리 약속을 약 20분쯤 연기해야만 합니다. 왜냐면 제가 피트니스 스튜디오에 갔다 와야 하거든요."

핸드폰-주창자들이나 얼리 어답터들의 시간이 상당히 흐른 뒤에 오픈 마인드들은 핸드폰을 유용하다고 생각하기 시작했다. "지금 너 어디 있니? 우유 좀 사다줄 수 있어?" 이런 식으로 휴대전화는 우리의 삶에 들어왔다. 이제 핸드폰을 좋게 생각하는 사람은 하나가 되었다. 시간이 흐르면서 오픈 마인드들은 편리한 신상품에 적응하고 있다. 이제 그들은 핸드폰으로 누구한테라도 전화를 걸 수 있다. "아버지, 정말 화가 나서 미칠 지경이에요. 우린 애타게 아빠를 찾고 있다고요. 오늘 아침부터요! 이젠 제발 핸드폰을 구입하세요!" 오픈 마인드들 중 많은 사람들이, 이젠 누구나 새로운 기술을 이용해야만 할 때라고 생각한다.

클로즈 마인드들은 이런 생각을 하지 못한다. 그들은 자신들의 라이프 스타일을 고집한다. "나는 항상 연락 가능한 상태로 있고 싶진 않아요. 난 경비원도 응급 의사도 아니니까요." 그들이 즐겨 하는 말이다. 다들 자신들을 옹호하기 위해 말하는 경우가 많다. 그들은 항상 연락이 되어야 한다는 점에 스트레스를 느끼고 있기에 부정적인 정신적 피해를 경고한다. 오늘날 대부분의 사람들은 핸드폰을 가지고 있지만 실제로는 항시 사용하는 것은 아니다. "지금 길이 막혀요!" 핸드폰은 모든 사람들의 일상생활에서 다 사용되는 것은 아니다. 클로즈 마인드들은 오픈 마인드들의 요구로 인해 자신들의 라이프 스타일에 방해를 받고 있다고 민감하게 느낀다. 그들은 '항상 온라인 상태로 있고' 싶어 하지는 않는다. 그들은 마지못해서 순응하고 이제 핸드폰을 소유하게 되었지만 '규칙을 엄수하며' 이용한다. 즉 그들은 자유로운 커뮤니케이션을 거부하는 것이다. 그들은 계속해서 저항하거나 소극적인 저항을 나타내고 있다.

물론 적대자들은 핸드폰을 전혀 소유하지 않고 있다. 그들이 새로운 상품에 대해 미친 듯이 화를 내면 낼수록 신상품은 우리들의 생활에 더 깊숙이 파고들고 있으며 신상품의 사용은 더 당연한 것으로 여겨지고 일반화되고 있다.

2012년, 오늘에 와서도 두 번째 장애물에 봉착하고 있는 또 다른 기술들이 있다. 그 예가 E-메일과 홈페이지다. 오늘날 링크를 하거나 사진을 보낼 수 있는 E-메일-주소가 없는 사람이 있다면 오픈 마인드들은 화를 낼 것이다. "이젠 컴퓨터에서 은행 계좌를 사용하세요. 그러면 비용이 전혀 들지 않아요!" - "하지만 난 컴퓨터가 없는 걸요. 앞으로도 갖고 싶진 않아요. 당신이 나에게 강요해도 말이죠." 가게나 단체가 영업 시작이나 자동차 진입로를 알려주는 홈페이지를 개설하지 않았다면 오픈 마인드들은 화를 낼 것이다. "당신네는 왜 웹사이트가 없는 거죠?"-"웹사이트는 누구나 원하면 할 수 있지만, 우리는 원하지 않습니다. 결단코 하지 않을 겁니다." 지금 페이스북도 이러한 두 번째 장애물에 봉착해 있다. 오픈 마인드들의 바람은, 원하는 사람들은 누구나 페이스북을 하고 누구나 E-메일 주소나 핸드폰을 갖는 것이다. 페이스북에 대해서는 오늘날도 여전히 반대하는 클로즈 마인드들이 있다. TV-방송들은 사생활 누설에 대해 비방한다. 핸드폰은 주로 연락용으로 사용하지만 페이스북은 지속적으로 보고 있도록 만든다. 적대자들은 페이스북을 중독의 지옥이라고 설명하고 있으며, 의학자들은 페이스북 없이 하루도 견디지 못하여 금단 치료를 요하는 환자들에 대해 말한다. 이러한 모든 반발이 두 번째 장애물이다. 페이스북이 두 번째 장애물을 넘지 못한다면 다시 허물어지고 말 것이다. 소셜 미디어로 두 번째 장애물을 경험하게 되는 또 다른 기업이 나타나면 곧바로 사라질 것이다.

나는 위에서 이미 금연에 대해 언급한 바 있다. 금연은 두 번째 장애물을 이미 넘었다. 오픈 마인드들은 건강상 치명적이라는 이유로 인해 흡연을 포기했다. 그들은 건강 주창자들에 의해 서서히 흡연을 포기하게 되었다. 하지만 클로즈 마인드들은 계속해서 담배를 피웠다. 흡연이 치명적이라고 해도 개의치 않았다. 적대자들은 자신의 몸에 대한 인간의 자유를 주장했다. "자살은 금지되어서는 안 됩니다." 결국 더 많은 클로즈 마인드들은 흡연자한테서 좋지 않은 냄새가 나며 강요된 간접흡연으로 인해 자신들의 건강에 나쁜 영향을 받는다는 사실을 알게 되었다. "자살이 허락되는 것은 좋지만 당신들이 우리들의 생명을 앗아가서는 안 됩니다." 이것이 두 번째 장애물을 넘는 데 결정적인 논거가 되었다. 흡연자가 범죄자가 된 것이다. 이로써 클로즈 마인드들은 흡연을 제한했고 금연 반대라는 아이디어에 대해 더 이상 저항하지 않는 계기가 되었다.

지금까지의 내용을 다음과 같이 요약할 수 있겠다. 수많은 인프라 구조 테크놀로지와 문화적인 관례들은 그대로 사용하는 것이 공동의 삶을 위해서는 더 유용할지도 모른다. 단, 동일한 문화영역에 있는 모든 사람들이 사용하고 있거나 그러한 새로운 규칙들에 따라 생활하고 있을 경우에 해당된다. 이 경우 클로즈 마인드들이 마침내 새것을 수용함으로써 모든 보편 문화가 생성되기 전까지 오픈 마인드들이 그들에게 화를 내는 경향이 있다. 이러한 보편 문화에서는 다른 사람들도 보통 E-메일을 사용하고 있으며 모든 사업자나 모든 자영업자들이 웹사이트를 가지고 있다고 기대할 수 있을 것이다. 또한 핸드폰으로 주변 사람들과 연락을 취하거나, 적어도 메일 박스에 메시지를 저장해 놓을 것이라고.

그렇다면 좁은 의미에서 이런 장애물 극복이 이노베이션과 어떤 관계가 있는지 내게 묻는 사람들이 있을 것이다. 왜냐면 이들의 관점에서 보자면 이런 중간 지점에 있는 테크놀로지는 엄밀히 말해서 새로운 것이 아니라 클로즈 마인드들에 대한 오픈 마인드들의 압박으로 인해 증가한 것이기 때문이다. 나는 이런 생각에 완전히 동의할 수는 없다. 이노베이션이 인프라 구조 변화를 초래할 때 아주 단순한 테크놀로지로 성공하는 경우가 빈번하기 때문이다. 이러한 단순 테크놀로지로 클로즈 마인드들조차도 어느 정도는 기꺼이 기술적인 신세계로 들어간다. 이런 예는 바로 오늘날에도 찾아볼 수 있다. 컴퓨터라면 머리카락이 곤두섰던 수많은 클로즈 마인드들이 이제는 완전히 받아들이거나 태블릿까지 아주 유용하게 사용하고 있는 것이다. 이런 제품을 이용하여 구글링도 하기 시작하고 아마존 인터넷 서점에서 책도 구입하거나 이베이에서 물건을 주문한다. 이 업체들은 클로즈 마인드들의 마음을 사로잡았으며 마침내 두 번째 장애물을 뛰어넘었다. 이러한 인프라 구조를 형성하는 테크놀로지나 이노베이션은 자신들의 혁신가들을 억만장자로 만들고 있다.

세 번째 장애물 - 표준에서 통용되는 규칙으로

교육 분야에서 이노베이션은 각 주정부들의 생각에 따라 통일적으로 도입되어야만 한다. 두 번째 장애물이 극복되고 클로즈 마인드들도 서서히 새로운 구조에 익숙해진 상태라면 이를 성공적으로 도입할 수 있을 것이다. 결국 그들이(좀 더 강박적인 것으로써 느끼면서도) 어쩔 수 없이 그 어떤 것에 익숙해졌다면 일반적으로 통용되는 새로운 생활 규칙이 되기를 바랄 것이다. 하지만 적대자들은 아주 극단적으로 아우성칠 것이다. 왜냐면 지금까지 그들은 어느 정도 객관적으로 새로운 것에 대항하는 논지를 펼쳤지만 이제 와서 그들조차도 새로운 것을 거의 강압적으로 받아들여야 할 형편이기 때문이다. 이제 그들은 전투적이 될 것이다.

교육 분야의 이노베이션은 좋은 예라고 할 수 있다. 교육 혁신은 일반 혁신보다도 더 오랜 기간 동안 저항에 부딪혀왔다. 이도 마찬가지로 세 번째 장애물을 극복해야만 하기 때문이다.

세 번째 장애물까지 넘어갔다면 국민의 90이나 95퍼센트가 이미 통용되는 혁신 아이디어로 생각하든 하지 않든 전혀 상관없는 일이다. 마지막 적대자들은 어차피 상급법원에 상정할 것이다.

우리는 더 이상 흡연을 하지 않게 될 테지만 원칙적으로 흡연을 금지할 수 있을까? 한판 전쟁이 벌어질 것이다. 우리는 무기 개인소유에 대해 공식적으로 다수의 사람들로부터 반대를 끌어낼 수는 있을 테지만 금지할 수는 없을 것이다. 가톨릭신자들은 (내가 믿기로는)

대부분 피임구들을 사용하지만 공식적인 허락을 받진 못하고 있다.

교사용 교재들이 인터넷상에서 오로지 파일로 모든 사람들에게 무료로 제공될 수 있는 것은 언제일까? 인터넷 투표는 언제 가능할까? ("가능하지 않아요! 난 인터넷 연결을 하지 않았거든요. 앞으로도 전혀 원하지 않고요.") 슈투트가르트(Stuttgart) 기차역 주변에서 한편의 드라마를 관심 있게 본 사람들이 있을 것이다. 그곳에서 국민투표의 결과 소위 S-21-프로젝트(1997년부터 계획되어온 프로젝트, 슈투트가르트 중앙역 모든 기차선로를 지하로 옮기고 위에는 큰 상가 지구를 만들 계획. 하지만 이 프로젝트가 발표되자 곧바로 반대 모임이 결성되자 바덴-뷔템베르크 주는 투표를 실시한다고 공표_옮긴이)에 대해 다수의 찬성이 있었다. 반대자들이 패배하자 대부분의 클로즈 마인드들은 민주적인 결정을 받아들였다. "지금은 그냥 그래요. 우리가 원래 원하는 바는 아니지만 새로운 상황에 익숙해지고 있습니다." 하지만 적대자들은 별일 없었다는 듯이 계속해서 반대 작업을 할 것이다. 이로써 프로젝트는 잘 돌아가지 않게 될지도 모른다. 적대자들은 상당한 초과 비용을 유발할 것이다.

수많은 혁신가들은 용서할 수 없는 오류를 범한다. 그들이 새로운 것을 창안해냄으로써 수도 없이 많은 적대자들을 만들기 때문이다. 페이스북은 "어쩌라고?"라는 식으로 데이터 보호 문제에 관해 말한다. 데이터관리가 완벽하게 보장되지 않더라도 새로 개발된 제품이 오픈 마인드들을 그렇게 자극하지는 않기 때문이다. 하지만 저항하는 다른 편의 공격은 거세다. 페이스북은 이러한 공격에 대해 의아하게 생각한다. 그들은 고객도 아니면서 외부에서 공격하는 것은 정당하지 않다고 생각한다. 우리도 한번 상상해보자. 만약 딸기요구르트를 먹지 않는 사람들이 딸기요구르트 반대캠페인을 벌인다고 한다면 어떠할까? 우리는 그런 행위를 이해하지 못하더라도 만약 이 요구르트를 의무적으로 반드시 섭취해야 한다면 당장 캠페인을 기대할 수 있을 것이다.

　모든 사람들에게 해당되는 일이라면 언제나 이러한 공격은 쉽게 나타난다. 예를 들어 우리는 날이 갈수록 검색의 머신, 구글을 이용하게 된다. 구글은 우리에게 이용할 기회를 점점 더 많이 제공하고 있으며 이를 통해 일반적인 기준이 되었다. 구글검색을 반드시 해야한다는 구속력은 없지만 구글은 '사실상(de-facto)'-기준이 되었다는 것도 사실이다. 하지만 요즘 구글의 새로운 모든 제공에 대해 저항이 일어나고 있다. 왜냐면 이제는 구글이 더 이상 그전과 같이 단순히 서비스를 제공하거나 변화를 주는 것이 아니기 때문이다. 구글에서의 변화는 동시에 우리 삶을 직접적으로 파고들기 때문이기도 하다. 이 점에서 우리는 과거를 돌이켜 보아야 한다. 이와 유사한 공격은 인터넷 시대 전에 이미 윈도우 시스템을 '강요했던' 마이크로소프트 회사에 가해졌다는 것. 최근에 우리는 애플사가 우리에게 강요하는 것이 있기에 두려움을 금치 못하고 있다. 세 번째 장애물 쪽으로 가고 있는 모든 이노베이션들이 기존의 구상들을 변화시키려면 아직 격분하지 않고 있는 적대자들을 아주 조심스럽게 상대해야만 할 것이다. 이를 통해 그들은 우리의 모든 삶을 변화시킬 수 있으며 '사실상'-기준 변화에서 우리는 어떤 선택권도 없다. 우리는 이러한 변화를 그저 '삼켜야' 한다. 우리는 최고의 상품을 원하지만 낯선 규정은 원하지 않는다.

다수의 장애물이 동시다발적으로

　수많은 혁신가들은 정말로 비참한 생각을 하고 있다. 왜냐면 그들이 일하고 있는 (대부분 규모가 큰) 기업들은 새로운 아이디어에 배타적이며 외부의 고객들과는 맞서 싸우고 있기 때문이다. 고객들이 기업의 신상품이 어디에 있으며 가격은 얼마나 하는지 물어보기 위해 찾아오는 경우가 자주 있을 것이다. 물건이 언제 배달될 수 있는지도 알고 싶기도 할 것이다. 이러는 동안에도 기업은 새로운 트렌드로 옮겨가야 할지 말아야 할지 아직도 결정을 못하고 있다. 유선전화 기업은 모바일전화 시장에 투자해야만 할까? 기업 종사자들은 유선전화의 고품질에 대해 상당히 자신감이 있기에 모바일전화의 장점을 제대로 받아들이지 않고 있다. 그들은 모바일전화가 자신들의 기업을 완전히 변화시키고 어쩌면 약화시킬까봐 두려워하고 있는 것이다. 과연 어떤 일이 일어날까? 머릿속에서는 옛것이 더 낫다고 확신하면서도 몸으로는 두려움을 느끼고 있다. 그들은 클로즈 마인드들이다. 기업 관리자들은 옛 시스템에서 얻을 수 있는 높은 수익만을 생각한다. 그들은 투자란 불투명한 것으로 본다. 기업 내부의 혁신가들은 이렇게 비방한다. "우리 기업은 항상 앞서야 합니다. 뒤에서 숨어서는 안 돼요. 우리 기업은 아직 갈 길이 멉니다."

우리의 의견은 이렇다. 오픈 마인드로 가는 장애물이 극복되고 고객의 입장에 선다 하더라도 기업이 새로운 아이디어나 이노베이션에 문을 활짝 열었다는 의미는 아니라는 것. 기업은 여전히 클로즈 마인드이거나 적대자로 남아 있는 경우가 빈번하다. 결국 신상품이 기업의 구상품을 위협할 때 - 이미 말했듯이 - 이노베이션을 통해 자신의 기업 생산품들이 고사당할 경우에 특히나 그렇다.

출판사들은 덮어놓고 e-Book을 생산하려고 들지는 않는다. 은행들은 인터넷서비스를 제공하지 않으며 학교 출판사들은 인터넷에서의 인터액티브형(interaktiv, 상호 교환) 교육을 싫어한다. 고정상거래자들은 인터숍(Intershop, 동독 정부에서 운영하는 가게였는데 상품 구매를 위해 동독 마르크가 아닌 경화만 이용할 수 있음. 처음에는 외국 관광객을 위해 세워졌으나 나중에는 동독 사람들도 서유럽의 상품을 구매하기 위해 이용했음_옮긴이)을 선호하지 않으며 컴퓨터 생산자들은 스마트폰을 좋아하지 않는다. 또한 코닥과 같은 기업들은 고사되기 직전에도 신상품이 자신들을 밀어낼 수 있을 거라고는 결코 생각지도 않았다.

"종이책으로 글을 읽으면 촉각을 느낄 수 있지만 e-Book은 아니에요!"-"고객들은 조언해주고 싶어 합니다. 그런데 인터넷에서 하고 싶어 하지는 않아요."-"누구나 다 인터넷을 사용할 순 없지요. 하지만 교과서는 국가가 지불할 수 있어요!"-"옷은 입어봐야 합니다. 인터넷만 보고는 살 수 없지요."-"개인 상담은 중요한 일이며 직접 만나서 해결해야 할 일입니다. 단순히 구글에서 전문가의 의견을 찾아보고 조언을 요구할 수는 없어요."

IBM의 최고기술경영자(Chief Technology Officer)로서 나는 오랜 기간 동안 이러한 반대 의견을 들어왔다. 나는 사무실 가구, 은행 지점 실내 설비, 사무실 부동산, 복사기, 책, 도서실조직, 헤드헌팅(Headhunting, 기업의 최고 경영자, 간부, 고급 기술 인력 따위의 전문 인력을 확보하여 기업에 소개해 주는 것_옮긴이)에 종사하는 수많은 업체들의 연합 회의에 참석한 적이 있었다. 이들은 인터넷으로 짧은 정체 기간을 겪은 뒤에 각기 자신들의 분야에서 황금기를 증명했다. "이것은 하이프(Hype) 곡선이에요. 곧 지나가게 될 겁니다." 이렇듯 나 자신도 장례식 설교를 하듯이 의례적인 말투를 반복하며 슬피 산업체에 경고하기도 했다. 이에 대해서는 본 책의 앞부분에서 이미 언급한 적이 있다. 나도 비웃음을 당했거나 하이브리스(Hybris) 곡선에 대해서도 엄청난 조소를 받기도 했다. 특히나 탄탄한 기업들조차도 고객들이 그렇듯이 마음을 쉽사리 열지 않는 경우가 자주 있다. 고객들 중에 오픈 마인드들은 이미 신상품을 사고 있다면 대기업들은 여전히 클로즈 마인드들에 속한다. 과거에 집착하는 기조연설자들 (Keynote-Speaker)은 열렬한 적대자로서 사수하자는 구호를 외치게 되는데 이로써 연합단체로부터 우레와 같은 박수갈채를 받게 된다.

이러한 경우에 당연히 혁신가는 시장에서보다도 자신의 기업에서 훨씬 더 많은 저항에 직면하게 될 것이다. 그는 기업이 고객들의 새로운 소망에 전혀 관심이 없음을 알게 될 것이다. 왜냐면 클로즈 마인드로서 기업이 오픈 마인드-고객을 이해하지 못하기 때문이다. 촉각학에 따라 ("책을 보면서 느낄 수 있는 종이의 질감이 참 좋아요!") 책의 장점을 주장하는 사람이라면 eBook-고객이 원하는 바를 통감하지 못할 것이다. 내가 저술한 책들 중에 어떤 책은 몇 년 전에 최악의 평가를 받은 적이 있다. 아마존 출판사의 고객 평가에서 별 한 개(별 다섯 개가 최고_옮긴이)를 받았다. 어떤 독자가 전문 출판사의 eBook으로 내 책을 구매했던 것이다.

- "……하지만 킨들(Kindle, 책 · 잡지 · 신문 및 다른 기록물을 읽는 하나의 새로운 도구로 아마존닷컴에 의해 2007년에 처음 선보임. '전자종이, electronic paper'라고 불리는 화면 기술을 이용하여 종이 위에 인쇄된 문자와 유사한, 선명한 화면 이미지를 제공_옮긴이)판은 무리한 요구예요. 가격 면으로 봐서는 합당하겠지만요! 글자 화면은 희미하고, 분철은 여과과정을 거치지 못했어요. 포맷은 문단 정렬 방식이고요. eBook에 문단 정렬이라니? 나는 아직 킨들 판본의 포맷에 대해서는 정통하진 않지만 여기서는 pdf파일의 표준 eBook-reader를 사용하고 있어요. (모든 결점을 다 지니고 있는 셈이죠!) 당신은 창피한줄 아세요!(출판사)"

내용적으로 볼 때 위의 독자는 eBook의 형식은 달라야 한다는 것을 주장하고 있다. '책을 단순히 pdf 파일로 저장한' 출판사의 처사를 금방 이해하지 못하겠다는 뜻이다. 출판사가 아무런 수고도 들이지 않고서 가장 많이 팔리고 있는 eBook-reader로 새로운 전자책을 보게 만들었다는 것. 실제로 이렇게 독자가 비방한다면 출판사 대표의 생각은 어떨까? 책 교정은 전문가에 의해 정확한 독일어로 구성되었으며 정서법에 정확히 들어맞는다고 생각할 것이다. 출판사에서 아무리 이해하려고 해도 이런 상황에서는 쉽지 않다. "이 글은 분명히 제대로 교육받지 못한 젊은이가 쓴……."

결국 혁신가는 자신의 생산품이나 새로운 업적을 구매하게 될 고객들의 편에서 오픈 마인드들의 도움을 얻으려고 해서는 안 된다. 혁신가는 반드시 클로즈 마인드들과 적대자들도 돌봐야 한다. 그는 모든 장애물에 대해 특별한 추론 고리와 접근 방식을 준비해두어야만 한다. 앞에서 언급한 바와 같이 자신의 CEO조차도 적대자가 되는 경우가 빈번하다. "새로운 것을 지지하는 사람은 배신자입니다 - 그런 자는 우리 회사에 속하지 않습니다!" 이런 말로 인해 혁신가가 놀라서도 안 되며 무릎을 꿇고 곧장 항복해서도 안 된다.

그리고 이러한 두 명의 (고객들과 매니지먼트보다도) 더 많은 전쟁터가 있다. 여기서는 기업의 종사자들이 동조하려고 하지 않는다. 근로자 협의회는 거부적 태도를 취한다. 감독관들과 투자자들은 재정지원을 언제 할 것인지, 어떻게 조절해 나아가야 할지 기본 생각을 갖고 있다. 저항과 면역시스템으로 가득 차 있으며 모든 일이 일률적인 공정으로 매끄럽게 기능하도록 준비되어 있다. 이노베이션과 같은 더 큰 '예외들'에 대해서는 받아들일 수가 없는 것이다.

이노베이션이야 말로 "시시포스(하데스에서 언덕 정상에 이르자마자 굴러 떨어지는 무거운 돌을 다시 정상까지 거듭 밀어 올리는 벌을 받은_옮긴이)가 해냈다!"는 식이라는 것을 우리는 다시 한 번 깨닫게 된다.

혁신가 자신의 저항

앞에서 언급한 "성가신 일을 100퍼센트 참아야 한다."는 말에서 100이라는 숫자를 머릿속에 기억하고 있는가? 이노베이션을 성공리에 이루려면 그렇게 많은 빗장을 제거해야 하며 그렇게 많은 장애물을 뛰어넘어야 하고 '의도하지 않았던' 문제들로부터 복잡한 소란을 막아야만 한다. 그래야 혁신가는 혼자서도 '자신이 낳은 아이'를 위해 최선을 다하게 되고 심리적인 부담을 감당할 수 있게 될 것이다. 기업의 경험 많은 매니저들은 누군가 진심을 다해서 합당한 전문성으로 이노베이션을 추진할 수 있는 시점이 언제인지 정확히 알고 있다. 혁신가들은 특히나 자신들의 이노베이션을 분명하게 행동으로 옮겨야 할 것이다. 만약 그렇지 않다면 경영진으로부터 실질적인 관심과 존중을 받지 못할 것이다. 이러한 존중을 얻으려면 기업가(Entrepreneur), 사내 기업가(Intrapreneuer) 혹은 혁신가는 자신의 일로 승부를 거는 것이 아주 당연한 일이다.

이노베이션 과제를 위임받은 직원들이나 경영진들, 혹은 자신의 아이디어를 이제 실행으로 옮기고 싶은 창안자들은 광채와 같은 빛을 발산하게 된다. 유감스럽게도 이는 뭔가 아이디어를 제시했다는 이유만으로 그들만이 특별하다는 생각에서 나오는 광채다. 이것은 그들이 정작 발산해도 되는 성공이라는 광채는 아니다. 이는 일반적으로 존중되는 명백한 사명 의식과 같은 것도 아니고 남보다 눈에 띄게 나서려는 것으로 보인다. 이는 주변인으로부터 좋지 않은 인상을 받게 된다.

저항이 사라지면 혁신가들은 힘든 작업환경들에 대해 서로 논의하고 정당한 방법으로 좀 더 공정한 기업 문화를 요구하게 된다. 혁신의 주창자로서 그들은 다음과 같은 원칙들을 재차 강조하게 된다.

- 이노베이션은 '몰입(Flow)' 속에서 작업에 대한 기쁨과 에너지가 있어야만 이룰 수 있다.
- 이노베이션은 자발적으로 동기부여가 되어야만 하는 것이지 인센티브의 압력하에서는 발산될 수 없다.
- 기업 내에서 혁신가는 대부분의 다른 사람들보다는 자체 결정권을 좀 더 지니고 있어야 한다. 왜냐하면 그의 결정이 현명하고 빨라야 하기 때문이다.
- 이노베이션에서는 역발상을 할 줄 알아야만 한다.
- 이노베이션에서는 오류가 허락되어야만 한다.
- 이노베이션은 '젊거나', 혹은 젊은 사람들의 손에서 잘 이루어진다.

이 말은 다 옳다. 하지만 이러한 조건들은 누구에게나 다 적용될 수는 없다. 이는 굉장한 낭비일 것이다! 좋은 아이디어는 이미 실행되어야 하고 어려운 시기를 철저히 극복해야 한다.

어떤 혁신가는 온힘을 다하여 자신의 프로젝트에 몰두하고, 그의 길을 가로막는 문제들을 모두 이겨낼 때에만 거의 정규적으로 성공할 수 있다. 100퍼센트! 그가 그렇게 하지 못한다면 (원하지도 않고 할 능력도 없다면) 아무것도 이룰 수 없을 것이다. 혁신가라고 해서 주변 사람들에게 자신을 아주 조심스럽게 대우해주길 바랄 수는 없을 것이다. 또한 자신이 '일할 때 기쁨을 필요로' 한다며 이해해달라고 요구할 수도 없을 것이다.

혁신가가 기업 내에서 거부반응을 보이는 일은 아주 빈번하다. 마치 모든 매니저들이 보너스협상에서 가혹한 목표를 받아드릴 수 없는 것과 같다. 실제로 '실패했을 경우에는 석 달치의 월급 삭감까지도' 받아들여야 할 판이기 때문이다. 일반적으로 우리는 한 매니저가 얼마나 많은 일을 성공적으로 완성할 수 있으며 이 양을 한 해의 목표로써 혹은 1분기의 목표로서 정할 수 있을지 예상할 수 있다. 목표에 부합하지 못한다면 결국 기존의 월급은 받지 못하게 되고 경우에 따라 삭감되거나 상향 조정될 것이다. 이노베이션에서 우리의 예상은 상당히 빗나갈 수도 있을 것이다. 이는 갈등의 원인이 된다. 각각의 경우마다 이러한 갈등을 잘 조절해야 하며, '허풍을 떨고 호언장담해서는' 안 될 것이다. 자신이 혁신가로서 예외적인 경우라는 식으로 떠드는 것은 금물이다.

나는 혁신가로서 독자들에게 다음과 같은 부탁을 하고 싶다. 어떤 상황에서라도 자기 자신에 대해 너무 많은 예외를 만들거나 요구하지 말아달라고. 모든 예외 상황은 조직의 건강한 면역시스템에 일조한다. 우리들은 예외를 원하는 경솔한 태도를 보여서는 절대로 안 될 것이다. 우리가 아무리 오랫동안 규칙을 지키려고 신중하게 노력했더라도 결국에는 매니저들이 자신의 의견에 따라 예외를 만들거나 만들고 말 것이다.

이는 융통성을 더 많이 내기 위한 '자체 결정권'에도 해당된다. 우리들은 그러한 광채를 발산할 때 조심해야 한다. 또한 우리들이 역발상을 해내더라도 이러한 사고가 모든 사람들로에게서 환영받도록 요구해서는 안 된다. 우리들은 오류를 범하더라도 두려워해서는 안 된다. 상대방이 비전문가라고 평가하는 것에 대해 무서워해서는 안 되는 것이다. 그러므로 우리들은 오류가 사전에 사라졌다는 확신을 처음부터 떠들고 다녀서도 안 되는 것이다.

우리는 유일한 예외가 되도록 해야만 한다. 단 하나밖에 없는 것으로. 이렇듯 유일한 경우에 우리는 존중받을 수 있을 것이다. 공동 사죄(개별 고백이 불가능한 비상시에 한 번에 여러 사람들의 죄를 사하는 것. 고해성사 참조_옮긴이)를 요구해서는 안 될 것이다. 우리는 할 수 있는 일은 다 해야 한다. 이때 다른 사람들이 도움을 주지 않더라도 너무 많이 비방해서는 안 될 것이다. 우리가 뭔가 새로운 것을 작업하고 있다는 이유만으로 자신이 특별한 존재라는 생각은 절대로 해서는 안 된다. 우리 자신에 대해 자랑스러울 만한 계기가 되면 우리의 업적을 갈망하는 사람들이 기업 내에 충분히 있을 것이다. "우리 기업은 혁명적인 테크놀로지 분야에서 중요한 이정표를 초과했습니다." 기업 내부의 모든 사람들은 이러한 말을 할 수 있기에 기뻐할 것이다. 하지만 이노베이션은 그 자체만으로도 언제나 기업 내에서 클로즈 마인드들과 적대자들을 만나게 될 것이다.

'열광 자체는' 면역시스템에 활력을 준다. 그리고 실제로 성공적인 기업 내에서만 다음과 같은 네 가지 의견들이 있다.

1. 주창자들 : "이노베이션은 삶에서 중요하며 많은 에너지를 요구한다."
2. 오픈 마인드들 : "우리는 우리의 이노베이션이 자랑스럽다. 그리고 우리 자신에 대해서도. 처음에 참여해서 정말 좋다."
3. 클로즈 마인드들 : "이노베이션은 우리에게 많은 것을 요구한다. 이노베이션이 좋은 경우에 한해서는 오케이다. 유감스럽지만 이노베이션은 많은 무질서를 가져다주기에 절대로 존재해서는 안 된다."
4. 적대자들 : "이노베이션은 너무 뜨거운 감자와도 같다. 우리는 많은 상품에 대해 새로운 것이라며 불을 붙인다. 술통은 옛 것인데 와인은 매번 새로운 것이 나온다. 우리의 발전이 더디다고 해서 뭐가 어떤가? 너무 심하게 과장된 행동뿐이다."

'혁신적인 기업에서'도 이노베이션 자체에 대한 신중한 태도는 있다. 그리고 이는 방만하게 선동되어서는 안 되는 방어력을 형성하고 있다.

"천둥의 신 토르는 타인의 충고를 적대시한다."

새로운 아이디어의 주창자는 모든 의견들을 경청해야만 한다. 모든 것을! 그는 적대자들을 바보라고 해석해서는 안 된다. 또한 클로즈 마인드들을 시대에 부합하지 않는 것으로 간주하거나 의심이 많은 사람이라며 무시해서도 안 된다. 만약 그렇게 행동한다면 이들은 아주 자연스러운 반응을 보일 텐데 아이디어의 주창자를 도박꾼, 미친 사람이나 공상주의자라고 부를 것이다. 가능한 많은 사람들이 새로운 주창자의 의견을 자신들의 생각으로 받아들여야만 한다. 그들은 고객들이 원하는 바가 무엇이며 경영진이 고대하는 바는 무엇인지 이해해야만 한다. 또한 투자자들이 어떤 두려움을 갖고 있는지와 감독관이 어떤 위험성을 헤아리고 있는지도 이해해야만 한다.

모든 단체들은 오픈 마인드들, 클로즈 마인드들 그리고 적대자들을 내포하고 있으며 혁신가는 이들에 관해 많은 점을 이해하고 배울 수 있을 것이다.

전문가들은 남의 말을 경청해서 듣고 진심으로 받아들인다. 우리는 다른 사람들이 원한다고 그대로 해서는 안 된다. 경청과 이해는 '복종'을 의미하는 것은 아니기 때문이다. 우리는 다른 사람들이 원하는 바가 무엇이며 대체 그 이유가 무엇인지에 관해서 알아야 하는 것이다. 기업 내에서 혁신가들은 상당히 자주 다음과 같은 말을 듣는다. "우리 기업은 이제는 달리 생각하고 행동하고 있습니다. 하지만 이 경우는 아니랍니다." 경영진들 중 클로즈 마인드들은 자신들이 새로운 것에 대해 적대적이라고 반드시 말하지는 않는다. 그들은 대부분 혁신가의 의견에 대놓고 반대하지는 않는다. 그들은 '안 된다'는 것을 알고 있으며 이는 기업 구조를 내부적으로 잘 알고 있기 때문이다. 기업 내에서는 뭔가 새로운 것은 거부된다는 점을 잘 알고 있는 것이다. 그리고 그들은 오랜 경험에서 그런 이유로 인해 자신들조차도 동참하지 못한다는 것을 알고 있다. 왜냐면 그들의 참여가 시간 낭비가 될 수 있기 때문이다. 혁신가는 기업 내에서 적대시되는 경우가 자주 있다. "당신은 집요하게 괴롭히는군요! 어차피 될 일도 아니에요. 우리는 경험상 잘 알고 있어요."

혁신가가 여기서 경험할 수 있는 가장 형편없는 일은 모욕당하는 일이나 스스로 경멸하며 뒤로 물러서는 일이다. 당연히 그는 자신이 이해해야만 하는 수많은 장애물들과 저항에 부딪히게 된다. 하지만 그는 적대자로 간주되자마자 그 자신도 자신과 다른 생각을 갖고 있는 사람들을 적으로 취급하기 시작한다. 바로 그가 대항해서 싸워야만 하는 적으로. 여기서는 실제로 항상 존재하는 클로즈 마인드들과 적대자들의 저항일 것이다. 다른 생각을 지닌 사람들을 적대자로 간주하는 행동은 보편화되어 있다. 이는 외부의 영향에 대항하는 노이로제와 같은 내부저항의 표현이기도 하다.

하이델베르크 변두리에 위치한 슈베칭엔(Schwetzingen) 궁전을 방문할 때면 나는 언제나 슐로스가르텐(Schloβ garten, 궁전의 정원_옮긴이)에 있는 이슬람 사원의 비문 앞에서 전율을 느낀다. "천둥의 신 토르는 타인의 충고를 적대시한다."

'토르'는 내부 면역 시스템을 지니고 있는 것이다. 이는 비판에 반응하는 것이 아니라 비판자를 적대자로 생각하고 가능한 면전에서 멀리 떼어놓기 위함이다.

이러한 의미에서 혁신가가 토르처럼 행동한다면 이미 모든 것을 잃을 것이다. 혁신가는 이러한 면역시스템을 부수고 변화시켜야만 한다. 그조차도 자신의 면역시스템을 통해 상당한 장애를 초래하기 때문에 초장부터 바로 모든 것을 파괴해서는 안 된다.

나조차도 창업자들에게서 자주 질문을 받았다. 그들의 새로운 서비스나 생산품에 대해 어떻게 생각하고 있는지! 대체로 창업자들은 본 책의 진행 과정에서 내가 설명하고 싶은 장애물들에 대해서는 잘 이해하지 못했다. 그들은 고객들이 어떤 생각을 하고 있으며, 시장이 어떻게 반응할지에 대해 거의 이해하지 못한다. 그들은 자신들의 창안물에 대해 분명하게 설명하지 못하거나 아주 매력적으로 드러내지도 못한다. 그뿐만 아니라 그들은 이 모든 것을 누가 구매해야 할지나 물건의 가격을 얼마로 책정할지에 대해서도 알지 못한다. 그래서 나는 절대적으로 미비한 점들에 대해 가능한 조심스럽게 알려준다. 나는 그들이 직면하고 있으며 건너야 할 절벽을 가르쳐주는 것이다. 유감스럽지만 나는 다음과 같은 말을 하는 편이다. "당신이 도대체 무엇을 판매하려고 하는지, 난 전혀 이해할 수 없군요." 왜냐하면 새로운 광고에는 신상품이 세계를 개선할 것이라는 문구만 있을 뿐이고, 그 밖에 구체적인 내용이 전혀 드러나지 않기 때문이다. 이에 상응되는 좋지 않은 예로는 과학 잡지에 기술적으로 논증하는 방식이다. 이는 '뜨거운 감자'나 '이해할 수 없는 쓸데없는 일'로 여겨진다. 그래서 나는 조언 받고 싶어 하는 혁신가들이 가끔 한 번씩은 "아하!"라고 말하며 경청해주길 바란다. 내가 하는 말이 다 옳지 않을지라도 들을 만한 말이기 때문이다. 나는 나와 전화 통화하는 사람한테서 종종 나지막한 신음 소리를 들을 수 있다. "뒤크도 반대하고 있군요."라고 말하면서. 그런 다음에 그들은 자신들의 생각을 끈질기게 옹호하며 내게 설명해준다. 그들은 이미 오랜 기간 동안에 작업해왔으며 지금으로써는 아주 우수한 것으로 생각한다고. 그들의 말에 나는 질문을 던진다. "당신은 이미 다른 곳에서 공감을 받고 있나요? 당신은 투자자를 구했나요? 뭔가를 판매했습니까?" 이 말에 그들은 이렇게 대답한다. "나는 여기저기서 밀려나기만 합니다. 아무도 내 말을 들으려고 하질 않아요." 그러면 나는 이제야 남의 말을 경청할 시간이 됐다고 설명해본다. "자, 당신은 지금도 내 말을 듣지 않고 있군요. 이게 무슨 말인지, 내가 뭘 하려고 하는지 이해하지 못하고 있어요. 다들 날 반대하더라도 말이죠." 그리고 잠시 뒤에 나는 슬픈 마음으로 전화를 끊는다. 토르는 타인의 충고를 적대시하는 것이다.

여기서 우리는 이혼당할 위기에 처해 있는 사람에게 조언해보자. 위기에 처해 있는 사람은 조언을 받아들이지 않을 테고 오로지 위로를 원할 것이다. 그러므로 우리는 그를 위로만 해주고 어떤 조언도 해주지 않는다. 과체중인 사람이 불평하거나 흡연자가 자신의 병든 폐에 대해 괴로워하고 신음한다면 그들은 위로를 원할 뿐 어떤 결정적인 제안을 원하지는 않을 것이다. 누군가 주저하며 내게 찾아와 매니저가 되고 싶다고 말한다면 그는 동의를 원하지 조언을 원하지는 않을 것이다. 이러한 모든 사람들이 조언을 받는다면 그들은 화를 낼 테고 조언자를 적으로 간주할 것이다. "당신도 내 의견에 반대하는군요!" 우리는 도대체 어찌 해야 할까? 그냥 위로해주어야 하는 걸까? 이는 한순간 긴장감을 해소해줄 뿐이다. 하지만 위로를 받고자 하는 사람은 여전히 문제를 해결하지 못하고 있다. 이는 그의 운명이며 그의 악순환인 것이다. 이노베이션에서의 이러한 운명은 식욕부진증, 우울증 혹은 시험 공포와는 다른 것이다. 위로해줄 사람이 아무도 없다는 것! 혁신가가 위로받아야 한다고는 그 누구도 용인하지 않을 것이다. 우리는 그에게 조언해주고 도와야 할 것으로 생각한다. 그리고 거의 모든 다른 경우들과 마찬가지로 우리가 동정심을 갖고 위로해준다면 혁신가는 그다지 편안히 경청하진 못할 것이다.

그럼 다음과 같은 말을 들어보자.

일반적으로 이노베이션의 장애물은 아직 알지 못하고 있는 것을 잘 알려주는 것이다. 그러므로 우리는 아직 알지 못한 것에 대해 화를 내고 받아들이지 않으려고 하기보다는 호기심으로 연구해야 할 것이다.

그리고 나는 여러분에게 모든 장애물 코스를 통과하고 나를 따라오기를 간곡히 부탁하고 싶다. 이노베이션을 이루려는 혁신가는 이러한 장애를 뛰어넘어야 한다. 재차 여러 번!

가장 큰 장애물은 언제 나타날까? 아직 전체적으로 '엉뚱한' 이노베이션이 순조롭게 진행되는 분업과정에 순탄하게 적응하지 못하면서 나타난다. 보통의 경우 장애물은 생명력을 얻으며 시스템적으로 볼 때 모든 변화와 예외에 저항한다. 각 직원들과 기업 부서들은 자신들의 미니-우주에 대해 명백한 책임감을 갖고 있다. 오로지 혁신가만이 모든 것을 상호 연결하여 실행으로 옮겨야 한다. 그가 적절한 때에 사람들로 하여금 그들의 편협한 개별 관심과 믿음에서 벗어날 수 있도록 하려면 어떻게 해야 할까? 이미 앞에서 간단하게 설명된 문장에서 여러분들은 수많은 장애물들을 보게 될 테고 어떤 장애물들이 있는지도 분명히 알게 될 것이다 (장애물들은 다음과 같이 특히나 '오로지'라는 단어와 함께 한다.).

- 학자는 오로지 명성만 꿈꾼다.
- 마케팅 담당자는 오로지 관심만 요구한다.
- 커뮤니케이션 매니저는 오로지 긍정적인 이미지만 원한다.
- 매니저는 이윤이 상승될 때에는 주로 서열을 원한다.
- 상담자는 삭제 과제를 예측하기 위해 단점만을 찾는다. 혹은 이노베이션 매니지먼트를 제품으로 판매한다.
- 고객을 이해하는 것은 어렵다. - 우리는 누구의 말을 경청해야만 할까?

새로운 것을 낙관적으로 반기는 고객들 중에 주창자들의 말을 경청해야
하는 걸까? 혹은 애당초 개방적이고 잠재적인 구매자들의 말을 경청해야
하는 걸까?

• 거의 모든 미래주의자들은 새로운 아이디어를 위해 먼저 인프라 구조부
터 성장시켜야만 한다는 것을 이해하지 못한다(자동차들은 도로 없이는
이용할 수 없으며 스마트폰은 전선설치가 없으면 안 될 것이다). 그러므
로 미래를 꿈꾸는 사람들은 오랜 기간 동안 너무나 많이 기다려왔다. 너
무 빠른 속도로 전부 다 이루어지도록…….

• 투자자들과 주주들은 꿈을 기대(기다림)라고 부른다.

• 기업 종사자들은 새로운 것을 직면할 때 기득권 공포를 느낀다.

• 혁신가는 모든 것을 다 관리할 수 없다는 것을 알고 있다.

위 문장들에서 우리는 이노베이션이나 혁신가가 극복해야만 하
는 높은 장애가 존재하며 쉽지는 않다는 것을 알 수 있다.

2부

특별한 이노베이션-
장매물들

이제부터 나는 새로운 것을 창출하고 싶어 하거나 해야만 하는 기업 부서로 여러분들과 함께 여행을 떠나보려고 한다.

특히나 대기업들은 효율적으로 조직되어 있으며 오랜 기간 동안 여러 차례에 걸쳐 작업부서의 원칙을 개선했다. 모든 작업은 콘베이어벨트에서처럼 워크플로(Workflow, 회사·공장 등의 각 사업부서 또는 종업원 간의 작업의 흐름_옮긴이) 혹은 공정과정에서 진행된다. 각 종사자들은 생산과 상품 서비스 노선의 일부이며 톱니바퀴의 한 바퀴인 것처럼 가능한 신뢰할 수 있도록 '자신의 일을 해'야만 한다. 각자 자신의 작업에서 역할을 충실히 해야만 하는 것이다. 정확히 각자의 역할을! 이노베이션에 더 나쁜 것은, 기업들이 갈수록 직원들에게 과중한 부담을 지속적으로 주는 경향이 있다는 것이다. 그래서 그들은 이미 협소한 작업 영역에서 스트레스를 받고 있으며 뭔가 다른 일을 하거나 다른 부서의 일을 도와줄 시간이 없다. 과도한 스트레스 속에서 각각의 직원들은 자신의 작업을 해야 한다. 특히나 더이상 다른 일을 할 시간이 없다.

이러한 상황에서 이제 뭔가 새로운 것이 생성되어야만 한다. 뭔가 새로운 것이 가능하기나 한 걸까? 거의 모든 이노베이션들은 다양한 기업 부서의 강요에 좌초되고 마는데, 이런 부서들은 뭔가 새로운 것을 생성할 수 있도록 시간을 낼 수 없기 때문이다. 그럼에도 불구하고 어떤 변화가 있을 수 있다면!

나는 이제 다양한 기업 분야나 작업 분야를 살펴볼 작정이다. 여기서 나는 새로운 것의 이정표로서 그곳에서 무엇을 찾아내게 될지 제시하려고 한다. 새로운 것에 대한 의무, 필요조건, 사고방식, 작업방식 그리고 정신적 태도에서 무엇을 찾게 될 것인지 언급할 것이다. 우리가 개개의 작업분야들이 어떻게 '돌아가는지' 알게 된다면 여러 가지 역경에도 불구하고 새로운 것을 발전시켜나갈 수 있는 길을 찾을 수 있을 것이다. 각 분야들마다 잘 파악해야만 한다.

나는 학자들 중에서 아이디어를 가진 사람들부터 언급하려고 한다. 이들은 '상아탑에서 벗어나야' 하며 그들의 아이디어와 견본을 박람회에서 선보여야 하고 (마케팅으로) 선전해야 한다. 그런 다음 예를 들어 판매주문 때문에 박람회를 방문하는 잠정적인 고객들에게 물건을 테스트해보도록 해야 한다. 그러면 매니지먼트가 조금씩 움직이기 시작할 것이다. 호기심 어린 눈빛으로 그들은 신상품에서 이익을 창출할 수 있는지 물어볼 것이다. 어느 순간 갑자기 감독자, 재정 전문가, 계약 전문가가 현장에 나타나 상당한 도움을 주게 될 것이다. 결국 너무 많은 사공이 배를 산으로 가게 할 수도 있다. 이런 방식으로 성공을 거두지 못할 경우에는 외부 상담가에게 자문을 구할 것이다. 그러면 이들은 창의적 사고 기법인 브레인스토밍(Brainstorming)으로 다시 시작해볼 것이다.

우리들은 일반 기업의 효율적인 작업 분류가 오히려 새로운 것을 방해하고 있음을 알게 될 것이다. 전체적으로 효율적인 작업 분류는 무질서에 대항하는 거대한 면역시스템처럼 작용하며, 모든 새로운 창안물은 일단 이러한 무질서로 취급된다.

학문이라는
상아탑에서

면역시스템과 학자의 경력

학자들은 인류에게 특히 새로운 인식, 방법 그리고 관점에 대해 알려주어야 하며 창안해내고 발견해야만 한다. 학문은 (내 견해에 의하면) 아마도 너무도 가혹할 정도로 방법론을 요구할지도 모른다. 모든 새로운 것은 출판 전에 세심하게 추론되고 증명되어야 한다고 보기 때문이다. 학자들은 즉흥적인 의견을 표출해서는 안 되며 아직 불완전한 것을 토의해서는 안 된다. 또한 아직 엄격하게 확인되지 않은 것을 적용해서도 안 된다.

'진실을 추구하는' 학자의 내적 자세는 '이노베이션을 생산하기 위해 아이디어를 판매하는' 행동에는 익숙하지 않다. 진실 찾기와 사업하기는 전통적으로나 일반적인 개개인에 의해서나 서로 대립되는 것으로 간주되고 있다. 그러므로 학자는 비즈니스를 오히려 기피한다. 최근 들어 고전적인 학자의 자세는 순수한 창안으로 혁신을 요구하는 사회 연구와 서로 조화를 이루지 못하고 있다.

사회는 학자의 생각에 동의하지 않는다. 그러므로 사회는 몇 년 전부터 더 강력하게 강요하고 있다. 학자는 진실이라는 상아탑에서 시장으로 나와야 하며 여기서 혁신적인 창안물을 판매해야 한다고. 동시에 이러한 사회는 순수 학문을 추구하는 경력 시스템을 통해 연구 분야에서 이노베이션이 생성되는 것을 방해하고 있다. 우리는 대학교수의 의무를 다음과 같이 살펴볼 수 있을 것이다.

- 자신의 전문분야에서 학생들을 위해 수업을 해야 한다.
- 학문적인 후학을 교육해야 한다 - 대학원생, 박사과정생, 조교 그리고 대학 강사를 '제자'로서 교육해야 한다.
- 연구해야 한다.
- 자신의 발전이나 기업과의 협력 혹은 국가 제단과의 협력을 통해 이노베이션을 이루어야 한다.

우리는 어떻게 교수가 될까? 우선 학자가 되려면 박사과정을 마쳐야만 하고 박사 학위를 취득하고 난 뒤에는 교수가 되기 위해 몇 년 동안 동료나 조교로 지속적인 연구를 해야만 한다. 혹은 높은 가치를 인정받을 수 있는 연구 업적을 이루어야 할 것이다. 교수 과정(Habilitation)은 일반적으로 교수를 채용할 때 주로 요구된다. 교수 과정을 마치기 위해서는 박사 학위부터 탁월한 연구업적이 제시되어야 한다. 이 과정에 대해 잘 알고 있지 않은 사람들이 많을 것 같기에 나는 여기서 대략적으로 설명하고자 한다. "교수 과정은 박사과정을 다섯 번 정도 한 것과 비슷하다." 그렇다고 한 사람의 교수 인정 과정이 우리가 단순히 생각할 수 있는 것처럼 시간적으로 볼 때 '다섯 번의 박사과정'만큼 걸리지는 않는다. 왜냐면 박사 학위 취득 후에 연구 분야에서 일하면서 훨씬 효과적인 결과를 산출시킬 수 있기 때문이다. 그럼에도 불구하고 학자들이 교수 과정을 마치려면 오랜 기간이 걸린다. 인터넷에서 우리는 1995년, 2000년과 2005년도의 교수 과정에서 평균나이를 찾아볼 수 있다. 이에 따르면 시험을 보는 나이가 약 40.5세 정도인데, 자연과학·수학 분야에서는 39세로 좀 더 일찍 마치게 된다. 수의사의 경우에는 약 42세로 좀 더 늦다. 차이는 전문 분야마다 그리 크지는 않다.

교수 과정을 마치기 위해서는 다른 것에 대한 능력, 예를 들어 가르치는 능력은 전혀 중요시 되지 않는다. 조심해야 할 (잘못된) 편견은 다음과 같은 것이다. "연구에서 좋은 성과를 내는 사람은 장점을 분명히 들러낼 수 있을 만큼 똑똑할 겁니다." 특히나 이는 연구 업적에서 나타난다. 평균적으로 40세 이후에 마침내 교수가 된다고 하더라도 사회는 그에게 '아주 갑작스러운' 요구를 할 것이다. 즉 그가 해야 할 일은 기업과의 협력 작업뿐만 아니라 경제/ 산업의 이노베이션을 통해서도 학교를 위해 돈을 벌어다 주어야 한다고. 그는 혁신적이 되어야 하고 자신의 업적을 시장에도 판매해야만 한다. 대학에서 흔히 하는 말이 있다. 교수는 제3의 자본을 얻어내야만 한다는 것. 그렇다면 우리는 이런 질문을 던질 것이다. 그가 지금 제3의 자본을 구할 수 있을까? 그는 자신의 연구 분야와 관련된 곳에만 관심을 갖고 있는 것은 아닐까? 실제로 '학문연구가 인간적인 맥락에서 볼 때 투쟁적인 판매 행위와 대립된다면' 교수는 잘 이행할 수 있을까?

우리는 한 학자의 연구 경력을 좀 더 정확하게 들여다보도록 하자. 예전에는 노벨상 수상자의 조교가 된다면 아주 좋은 일이었다. 이는 오늘날에도 여전할 것이다. 이런 곳에서라면 교육은 최고일 것이다. 그런데 자신의 연구 작업은 다른 사람의 연구 작업에서 높은 명성을 얻게 된다. 노벨상 수상자와 함께 일한다고 하면 애당초 큰 시험은 합격한 것이나 진배없다. 결국 노벨상 수상자는 학자의 구직지원서에 좋은 말을 써줄 것이다. 이미 완벽한 사람이라는 식으로! 이와 같은 일은 오늘날 점차 달라지고 있다. 연구자의 학문적인 업적은 숫자를 통해 '객관화되고' 있다. 학자가 얼마나 많은 논문을 출판했는지, 이 논문이 저명한 저널지에 게재되었는지 그리고 연구자의 논문은 얼마나 자주 다른 연구자들에 의해 인용되는지에 따라 한 연구자의 가치가 '측정되는' 셈이다. 저명한 저널지란 무엇인가? 이는 오로지 좋은 논문들만 게재하는 그러한 곳이다. 젊은 연구자가 그곳에 논문을 게재하게 되면 그의 작업이 좋다는 것을 증명하는 것이다. 잡지가 좋은 논문들만 출판하는지, 우리는 무엇을 보고 알 수 있을까? 이것도 다시 객관화되었다. 우리는 잡지의 논문들이 또 다른 잡지들에 평균적으로 몇 번이나 인용되는지를 측정한다. 만약 다른 곳에서 매우 빈번하게 인용된다면 이 잡지는 좋은 논문만 출판하는 것으로 증명된 셈이다. 모든 잡지는 양적인 측정 크기로서 소위 '임팩트-포인트(Impact-Point)'를 얻게 된다. 젊은 연구자의 모든 논문은 이러한 영향 요소와 함께 그 가치가 높아진다. 이에 우리는 연구자의 논문수를 함께 모아 계산하여 연구자의 '개인적인 가치'를 '임팩트-포인트'를 통해서 양적으로 증명할 수 있다. 임팩트-포인트는 오늘날 교수 지원에서 중요한 영향력을 행사하고 있다. 게다가 우리는 젊은 학자의 논문이 얼마나 빈번하게 인용되고 있는지도 확인할 수 있다. 이를 위한 최고의 자료는 '사이언스 웹(Web of Science)'이며 우리들은 패스워드가 필요할 것이다. 구글은 이러한 서비스를 '구글 학술 검색(Google Scholar)'으로 제공하고 있다. 이곳에서 찾고 싶은 이름을 컴퓨터에 입력하면 인물의 모든 작업들이 인용 횟수와 함께 제공된다.

오늘날 학자에게 중요하거나 결정적인 평가 요소가 되는 측정 결과들은 개인적으로 나를 화나게 한다. 측정 결과들은 그다지 정확하지 않은 데다가 쉽게 조작될 수 있기 때문이다. 학자 자신이 자신의 논문들을 인용하거나 다른 사람들과 서로 인용해주기로 협약을 맺을 수도 있을 것이다. 그뿐만이 아니라 나쁜 논문들을 출판하고 잘못된 인용을 너무도 많이 하는 새로운 학술지에 논문을 개제할 수 있을 것이다. 그리고 새로운 가치도 없는 개괄적인 논문을 집필하여 자주 인용하도록 만들 수도 있다. 우리가 좋은 논문에 잘못된 글을 올릴 경우에는 다른 사람들이 인용하면서 여기저기서 올바르게 교정할 것이다. 이를 통해 학문은 다들 흥분제를 복용하는 자전거 경기와 같다. 학자들은 성실하게 연구하고 모든 것을 출판해야만 한다. 그들은 좋은 임팩트-포인트 등으로 나타내기 위해 전략적으로 머리를 잘 짜도록 행동해야만 한다. 그러면 어처구니없는 특별 포인트들이 생겨나게 될 것이다. 예전에 나는 저자이름을 기입할 때 언제나 'G. 뒤크(G. Dueck)'라고 썼다. '군터 뒤크(Gunter Dueck)'가 아니었다. 하지만 지금은 어떠한가? 약자 표기는 이미 오해의 소지가 될 수 있을 것이다. 구글 학술 검색에서 '한스 슈미트(Hans Schmidt)'를 찾으면 어떤 일이 발생할까? 누군가 개명을 한 상태로 결혼한다면 어떤 일이 일어날 것인지?

나도 논문 한편을 (이 논문은 내 글들 중에 가장 인용횟수가 높았으며 지금까지 거의 900번 인용되었다. 공동 저자는 토비아스 쇼이어 Tobias Scheuer이다.) 별 생각 없이 전산물리 분야 학술지(Journal of Computational Physics)에 제출했다. 그 당시에는 IBM에서 일하고 있었는데 그곳에서 관심 있는 많은 독자들로부터 호응을 얻을 수 있을 거라고 생각했기 때문이다. 나와 공동 저자는 독자들을 생각했다. 극단적인 경우에 이것 때문에 내 경력이 망가질 수도 있었다. 당연히 나는 저널지를 찾아야만 했다. 먼저 내 논문을 받아줄 곳부터 찾고 두 번째로는 모든 이런 종류의 저널지들 중에 최고의 임팩트-포인트를 지니고 있는 곳을 찾아야만 했을 것이다. 그 당시에 이런 점을 주의하지 않았기 때문에 오늘날 나는 연구자로서 분명히 하찮은 측정 숫자밖에 얻지 못했을 수도 있다. 그런데 놀랍게도 이 논문

은 가장 인용 횟수가 높았으며 벌써 909번이나 인용되었다. 이런 일
이 어떻게 일어날 수 있을까? 나의 저술은 1990년에 출판되었고 아
주 오랜 기간 동안에 100에서 200번 정도 인용되었다. 여기에는 분
명히 인플레이션이 발생해야만 하거나 인용 거품이 생겨야만 하지
않을까? 또 다른 주장이 있다. 나는 13년 동안 격월로 전산학 잡지
(Informatik-Spektrum)에서 오랜 기간 동안 고정란에 글을 개제했다.
이 잡지는 전산학 관계자를 위한 회원 잡지이다. 시장연구조사에 따
르면 나의 글은 평균적으로 8000명의 독자들이 읽었다(한 발행 부수
에 25000명 정도가 구독하고 있다). 이 숫자는 아주 많은 편이다. 하지만
전산학 잡지는 임팩트-포인트에는 등록되지 않았다. 그러므로 나는
점수에 따라 빈손으로 시작했다. 나는 이점을 극복해냈고 마침내 교
수 과정을 마쳤다. 하지만 더 젊은 연구자들은 더 이상 전산학 잡지
에 글을 개제하지 않으려고 한다. 그들의 글이 도처에서 읽혀질 수
는 있어도 유감스럽지만 점수가 없기 때문이다. 점수 없이는 좋은
일자리도 없다. 오늘날 이미 젊은이들은 '오로지' 점수가 중요시되
는 학사학위가 끝날 때까지 이런 행동을 되풀이 하고 있다.

이 모든 것으로 나는 이런 말을 해주고 싶다. 직장 지원 때문에
연구 점수가 너무 과하게 중요시되었다는 것. 모든 연구자들은 세
계적으로 많은 사람들과 가혹한 비교 경쟁 속에 처하게 되었다. 유
감스럽게도 측정 숫자는 아주 쉽게 조작할 수 있어서 젊은 사람들
은 꼼꼼한 출판 매니지먼트와 인용 네트워킹에 힘쓰고 있을 정도다.
"머릿속에는 오로지 임팩트-포인트들뿐이다!" 왜냐면 임팩트-포인
트로 인해 자신의 경력이 빛을 볼 수도 있거나 망할 수도 있기 때문
이다.

가장 인용 횟수가 높은 나의 저술은 수학적인 최적화 과정에 대
한 것이다. 이것으로 여행 계획, 비행기 승무원 배치 혹은 전선줄에

서 칩으로 옮겨갈 경우, 엄청난 개선을 이룰 수 있을 것이다. 내 저술은 연구자로서 내게 좋은 숫자를 제공하고 있다. 하지만 이 속에 있는 내용은 분명히 적용될 수 있는 것이다! 몇 쪽씩 되는 알고리즘(수학 계산법)을 출판하는 것뿐만 아니라 이런 방법을 실제로 일상의 현실적 문제에서 테스트해볼 수 있을 것이며 인류에게 진정한 가치가 있는 이노베이션을 선사할 수 있을 것이다. 나는 이러한 과정을 IBM에서 경험했으며 몇 년 동안 일했다. 만약 내가 대학에서 연구자로 일했다면 어떠했을까? 몇 년 동안에 '임팩트-포인트 없이' 가능했을까?

그 당시에 나의 IBM-연구소팀은 고객 사업을 위해 가치 있는 최적화 결과들을 산출할 수 있도록 자금을 요구하기 시작했다. 우리는 해마다 수백 만에 이르기까지 매상고를 올렸다. 이는 대학에서는 거의 사악한 일로 간주되었다 ("그들은 이제 학문은 하지 않는군요."). 그리고 IBM-연구실 내부에서조차도 아주 미미하게나마 불만의 소리가 들렸다. "군터, 돈을 버는 것은 좋아요. 그게 당신에게 기쁨이 된다면 나도 기쁘답니다. 하지만 여파가 아주 클 거예요. 당신은 우리와는 딴판인, 돈 벌어다 주는 학자들을 원하게 되겠죠. 우리 같은 사람들은 너무 이론적인 연구를 하고 있어서 돈하고는 거리가 멀어요. 우리는 돈을 벌고 싶지도 않지만 그렇게 대놓고 해서도 안 돼요. 우리는 연구자이지 사업가가 아니니까요. 이쯤되면 우리는 차분히 생각해보고 싶어요. 물론 당신이 온 세계를 다 휘젓고 다니면서 어떻게 판매하는지, 협상한답시고 밤에는 호텔에서 무슨 일을 했는지에 대해서는 결코 알 바가 아니랍니다. 우리는 연구소에 취직했어요. 그러니까 우리의 인생 계획을 바꾸고 싶지는 않아요."

학자들의 저항

학자들은 자신들의 행동에서나 생각으로 볼 때 혁신가는 아니다. 닦달하며 추진하는 혁신가의 전형적인 정신은 사려 깊고 조심성 있는 연구자의 정신과는 사뭇 다르다. 나는 일반적인 심리적 모델에서 이 점을 규명하고자 한다.

우두머리 숫양과 이것과 함께 연상되는 동물들의 서열에 관해 살펴보자. 동물 무리는 서열이 가장 높은 동물이 이끈다. 이는 주로 수 컷이거나(황소, 은빛고릴라) 또는 한 쌍을 이루거나(론영양, Hippotragus equinus), 또는 암컷도 다수 포함되어 있다(머플론종, Mufflons). 사람의 경우에는 모두 세 가지 변형이 있지만 잘못된 분배과정에서 남성이 주도적인 서열을 차지했다. 동물들의 서열 질서에 대한 연구는 매니지먼트 트레이닝이나 팀 형성에서 유익한 개념을 만드는 데 일조했다. 동물들의 자연적인 행동에서 최적의 미팅-개최에 대해 뭔가 배울 것이 있는 게 아닐까? 우리는 다이내믹한 분류에서 다음과 같이 구분할 수 있을 것이다.

- 알파(Alpha) 동물은 우두머리 동물과 같다.
- 베타(Beta) 동물은 '상담가' 혹은 '회교도 군주 옆에 있는 대변인'과 같다.
- 감마(Gamma) 동물들은 일하는 무리를 나타낸다.
- 오메가는(알파에서 오메가까지) 혁명적인 충돌요소를 형성한다.

이러한 네 가지 종류에 대해 여러 가지 상이하게 기술되고 있다. 알파 동물들은 잔인한 경우가 많고, 베타 동물들은 아는 체한다. 감마동물들만 무리를 이룬다고 하고 오메가 동물들은 소송가와 불평가들인 경우가 잦다. 나는 여기서는 이 점에 대해 다시 논쟁할 생각은 없다. 내가 하고자 하는 것은 학자들을 분류하는 것이다.

알파 동물들(안정적인 권력)은 우두머리이다. 그들은 핵심에 위치하고 있으며 '힘'을 지니고 있다. 그들은 목표를 구실로 삼아 일을 배분한다. 그리고 용기가 있으며 이상적인 경우에는 카리스마도 있다. 다양한 변형들이 있는데, 기술 만능주의적이거나 보호력이 있기도 하다. 로마 황제 카이사르(Caesar)나 실력자들이 여기에 속한다. 알파 동물들은 안팎으로 전체의 가치와 문화를 대표한다. 우리는 실패로 인해 권력을 상실한 정당대표들을 떠올릴 수 있다.

베타 동물들(매우 견고한 이성)은 ('권력'이 아닌 '업적이나 성취감'으로 인해) 목표 달성에 더욱 치중한다. 그들은 전문가로서 상담일에 참여하며 자신의 일에 충실하다. 자신들의 지혜를 증명하고 싶어 하고 이상적인 경우에는 현명하다. 그들은 싸움을 중재하고 알파 동물들 뒤에서 모든 다른 동물들을 진정시킨다. 그리고 그들이 오랜 기간 동안 심사숙고하여 해결책을 찾는다. 독일의 여자 수상은 전형적인 알파 동물이고, 연방 대통령은 일반적으로 베타 동물이다.(현재의 수상 메르켈Angela Merkel은 베타 동물처럼 행동하는 경우가 빈번해서 이 점이 좋지 않게 평가된다. 현재 대통령 요아힘 가우크Joachim Gauck는 알파 동물의 성격을 지니고 있어서 사람들로부터 두려움의 대상이 되거나 역시나 좋지 않은 평가를 받기도 한다.)

감마 동물들(한결같은 협력)은 일반적인 직원들이다. 자신들에게 주어진 역할을 정확히 수행한다. 그들은 질서를 지키고 기분이 좋은 편이며 곤경에 처한 '친구'를 돕는다. 이는 그들이 완전히 눈에 띄지 않는 초라한 존재가 아님을 의미한다. 영화배우 버드 스펜서(Bud Spencer)는 영화에서 선량한 감마 동물의 성격으로 등장하여 수많은 사악한 권력자들로부터 몰매 맞는 나약한 인간을 돕는다. 그는 가장 강한 사람이지만 지도자는 아니다. 그리고 가장 좋은 어머니도 감마 동물에 속하는 경우가 더 많다.

오메가 동물(변화)은 자신의 의견이 있다. 이들은 상대방을 솔직하게 비판하며 대립을 꺼리지 않는다. 이런 성격의 사람들은 모든 것을 혁명적으로 바꾸고 싶어 하며 이에 대해 알파 동물과 개인적으로 이성에 부합하게 대화를 나눌 수 있다. 오로지 대표와 대화를 나누고자 하는 급박한 요구는 불손한 것으로 이해된다. 주변의 대표들은 복잡하게 연루되는 것을 두려워한다. 왜냐면 오메가는 지도부에게 공개적인 반대도 각오하고 있기 때문이다. 알파 동물과의 모든 의견 차이에도 불구하고 잘 지내는 건설적인 오메가는 유익한 영향을 준다. 너무 많은 (너무 강하거나 아주 정당한) 반대에 부딪치는 오메가는 '소란을 피우려고' 시도한다. 그런 다음에 오메가는 모든 다른 사람들에게 쉽게 치명적인 영향을 주게 되고 그의 위치는 곤란해진다. 오메가들은 많이 활동하고, 올바른 것을 청할 수 있다. 그들은 '궁중의 익살 광대'로 사랑받을 수 있거나 극단적인 역발상자로서 비판적으로 예의주시될 수 있다. 알파 동물과는 반대로 오메가들은 전체의 가치를 정확히 대변하는 것이 아니라 그들은 다른 가치를 원한다. 다시 말해서 많은 것에 대해 의문을 제기한다. 변화의 비옥함과 진짜 말다툼 사이를 가르는 가느다란 분리선을 인지하며 줄타기를 하는 것이다.

이 책을 읽는 독자들은 내가 무엇을 말하려고 하는지 이미 눈치 챘을 것이다. 학자는 대체로 베타 타입에 속한다는 것. 특히나 개인으로서뿐만 아니라 전체에 대한 이해가 베타 타입의 근거가 된다는 것이다. 이 세상이 가장 잘 구성될 수 있는 방법이 궁금하다면 차라리 지도자들에게 조언 받고 싶을지도 모르겠다. '현자의 조언'을 듣는 것은 일종에 꿈일 것이다. 알파 동물은 베타 동물에게 조언을 얻으려고 찾아올 것이다. 그리고 모든 감마 동물에게 조언을 실행하라고 명령할 것이다. 베타 동물은 당연한 일로 받아들이는 감마처럼 스스럼없이 일하진 않는다. 베타 타입들은 모든 일을 원칙적으로 진행하려면 어떻게 해야 할지와 모든 일을 가장 잘 끌고 갈 수 있는지 그 방향성만을 말한다. 그들은 어떻게 진행되는지 알고 있는 것이다. 이와 반대로 알파 타입들은 모든 것을 완성하고 모든 것을 바꾸어 놓는다. 알파 타입들과 베타 타입들 사이에는 거대한 차이가 생긴다. 알파 타입들은 인간에 대한 권력을 얻기 위해 투쟁한다. 하지만 베타 타입들은 모든 것에 대한 객관성 부여에 가치를 두고 싶어 한다. 그들은 지식의 테두리 안에서는 지도자이다. 알파와 베타는 아주 다른 왕국의 황제라고 할 수 있다. 그러므로 베타 타입들이나 학자들은 권력 행사자의 역할에서 거의 제외된다. 알파 타입들은 거리낌 없는 명령을 내리는 반면 그들은 명령 내리고 싶어 하지 않으며 사람들에 대해 가혹한 일을 저지르고 싶어 하지 않는다.

오메가들은 변화하고 싶어 하지만 반드시 지배하고 싶어 하진 않는다. 그들은 세계를 다른 방법으로 보고 싶어 하며 알파 타입들에게 엄격하게 요구함으로써 대립 관계를 이룬다. 그들은 창조적이고 틀에 박히지 않으며 호기심이 많다. 또한 지적이고 깨어 있는 경우가 많다.

그리고 이노베이션에 대한 본 책에서 나는 애당초 처음부터 끝까지 한결같은 질문을 던지고자 한다. 가장 최고의 혁신가는 도대체 누구인지? 기업가로서 오메가는 상상해볼 만한 타입이다. 알파 타입도 그렇다. 베타 타입은 어떠한가? 결코 아닐지도 모른다. 베타 타입은 아마도 아주 정확하게 대처하거나 착수하지 못할지도 모른다. 그런데 나 자신도 언제나 베타 타입이다. 새로운 사업을 진행하는 과정에서 이러한 성격은 모든 종류의 과정을 최적화시키도록 변화되었다. 나는 아주 새로운 사업에 대해 계획했고 다들 나의 아이디어를 높게 평가했다. 하지만 그들은 다양한 이유에서 내 계획을 실행으로 옮기는 데에는 반대했다. 그것으로 말미암아 나는 갈수록 오메가 지역 속에서 성장했으며 결국 나의 첫 번째 저서들에서 교육 시스템과 매니저먼트 시스템에 대한 기본적인 비판을 하게 되었다. 나는 역발상자로서 도처를 돌아다니며 소개되었다. '와일드 덕(Wild Duck)'(미국적인 역발상자)으로. 나는 이노베이션이 다른 사람들에게는 변화와 변천을 의미한다는 것을 경험했다. 그들은 자신들만의 클로즈-마인드-안경을 통해서 날 적으로 보고 개인적으로는 나와 싸우려고 했다. 이론적으로 알았던 바를 언젠가는 실행으로 옮기려고 했기 때문에 나는 오메가 역할의 부담을 어쩔 수 없이 지게 되었다. 하지만 나는 애당초 타고난 베타 동물이다. 만약 다른 견해를 갖고 있는 사람들이 있더라도 이것은 정말이다. 나는 아직도 예민하고, 이노베이션을 위해 필요한 알력과 불화를 두려워하고 있다. 그래서 그런지 저녁이면 거의 초죽음이 되는 편이다. 베타 타입으로서 나는 누군가 높은 사람이 내게 질문을 던져줄 때까지 하염없이 기다리고 싶지는 않다.

나는 많을 것을 배웠다. 나는 지난 몇 년 동안에 언제나 살펴보는 편이었다. 긴밀한 팀 내에 날 도와 엄격한 권력 행사를 도맡을 알파 동물이 있는지를. 만약 있다면 나는 한 알파 동물의 책임자로서 일을 진행한다. 나는 해야 할 일을 말하고 알파 동물은 그것을 실행으로 옮긴다. 언젠가는 알파 동물이 나보다 더 고무되는 경우도 생겨날 수도 있을 테지만 지금까지는 모든 게 잘 돌아갔다.

학자들은 팀을 이끌 수 있는 알파 동물들을 쉽게 찾지 못한다. 왜냐면 대학에 있는 거의 모든 학자들은 베타 타입들이기 때문이다. 다들 잘 알고 있을 것이다. 그들은 알고는 있어도, 실행력을 갖추지 못한 것을 실행할 수 있는 누군가를 필요로 할 것이다. 학자들은 임팩트 포인트들이 없는 일에 대해서는 기꺼이 작업하고 싶어 하지 않지만 원한다 하더라도 베타 동물로서는 할 능력이 없다. 이보다 더 심각한 일이 있다. 이노베이션을 시장에 보급하려는 사람은 소프트웨어 프로그래머와 작업 능력이 있는 생산 엔지니어를 필요로 한다는 것. 모든 과제들을 말끔하게 처리할 수 있는 용감한 감마 타입들을 요구하는 것이다. 하지만 이런 사람들은 연구소에서는 전혀 찾아볼 수가 없다. 이곳에서는 다들 연구해서 유명한 베타 타입이 되려고 한다. 감마는 자신의 일만 할뿐, 화려한 교수 경력과 같은 야심찬 계획은 안중에 없다.

결론적으로 한번 정리해보기로 하겠다. 심리학적으로 봤을 때 베타 타입들은 연구 분야에서 우선적으로 성공한다. 그래서 출판물 요구라든지 연구자 경력의 조건에서는 뛰어난 발전을 이룬다. 인간에 대한 권력은 대학에서는 그다지 중요시되지 않는다. 권력 다툼을 시작한 사람은 이곳에 적합하지 않은 것으로 간주되며 울며 겨자 먹기 식으로 그냥 묵인되고 만다. 감마들은 스스로 연구할 필요가 없으며 하지도 않는다. 하지만 이노베이션을 위한 좋은 아이디어를 실행으로 옮겨야 할 때에는 참여해야만 한다. 누군가 자동차를 혼자 창안해낼 수는 있겠지만 혼자서는 실제 생산품을 만들어낼 수 없다. 빌 게이츠(Bill Gates)는 윈도우를 창안해냈지만 윈도우 95를 혼자서 프로그래밍하지는 못했다. 학자들 중에 오메가들은 급진적으로 새로운 것을 원하지만 입증되는 일이 그렇게 많지는 않다. 왜냐면 그들은 혼자 일하고 있어서 대세인 다른 사람들의 눈에 잘 띄지 않기 때문이다.

연구소들과 개개의 학자들은 학문적인 목표와 이에 상응하는 심리적인 입지를 지니고 있으나 이 속에서는 구체적인 이노베이션이 잘 성사될 수 없다. 결국 임팩트-포인트를 위해 명성을 쫓는 창안에만 집착하게 된다. 아이디어가 '임팩트-포인트' 능력으로 발전될 수 없다면 결국에 가서는 연구자들에 의해 더 이상 연구되지도 않는다.

학자들은 '평범한 작업'에 저항한다

이미 언급했듯이 거의 모든 학자들은 박람회에서나 이노베이션 워크숍에서 프로토타입에 따라 새로운 아이디어를 제시할 수 있다면 자신들의 일은 끝났다고 생각한다. "자 이렇게 하면 되는 거예요. 보세요!" 한 번 상상해 보자. 누군가 처음으로 내비게이션의 초안을 제작했다(우리는 90년대에 IBM에서 다루었다). 이 프로그램은 대형 컴퓨터로 작동되었다. 왜냐면 연구자들이 이 컴퓨터를 잘 다룰 수 있었기 때문이다. 연구자들은 프로토타입용으로 가장 좋은 디지털 지도를 사용하지 않았다. 디지털 지도를 더 저렴하고 쉽게 설치할 수 있는데도. 물론 프로그램은 잘 작동되었다. 우리는 오픈마인드들에게 이 프로그램을 보여주었다. 그들의 반응은 이렇다. "투어플래닝(Tourenplanung)은 우리 집 SAP프로그램으로 작동될 수 있나요?" 불가능하다. "단지 큰 컴퓨터나 PC에서만 이 프로그램이 작동되나요?" 그것도 아직 불가능하다. "더 나은 지도를 사용할 수 있나요?" 원칙적으로는 가능하다. 다만 모든 프로그램을 다시 짜야만 할 것이다. "외국에서도 작동되나요?" 불가능하다. "우리가 이 물건을 판매하려면 연구소가 전화서비스를 시작해야 하고 일주일 내에 오류를 고쳐주도록 보장해야 합니다. 더구나 3년 동안의 보증기간이 필요하고 그 뒤로도 이 프로그램은 10년 동안 지속적으로 관리되고 업그레이드될 수 있도록 보증되어야 할 것입니다. 가격은 1000유로 이상인가요? 목록은 다양한 언어로 작동되나요?"

이 정도가 처음 질문 받은 내용들 중 5분의 1일 정도다. 여러분들이 이러한 질문들을 단순히 머릿속으로만 생각한다면 그 대답을 잘 생각해낼 수 있을 것이다. "언젠가는 보충해야만 할 겁니다." 하지만 고객들은 모든 것을 지금 당장 원한다. 그렇지 않으면 그들은 새로운 프로그램을 실제로 사용할 수 없을 것이다. 우리는 여러 가지 문의를 통해 알게 된 고객 요구에 대해 다음과 같이 정리할 수 있다. "당신은 그 아이디어로 이성적이고 프로다운 기업을 세울 수 있나요? 좋은 생산과 판매, 상담, 재정 지원과 서비스를 할 수 있는 그런 기업 말입니다."

당연히 연구자들에게는 불가능한 일일 것이다. 그들은 세심하게 프로토타입들을 고안해냈으며 스스로를 아주 자랑스럽게 생각할 것이다. 덕분에 그들은 고객들의 정당한 질문들을 강박적이고 지속적인 트집 잡기로 여기고 고객의 현실적인 질문에 대해 대답을 잘 해주지 않을 것이다. 다음의 두 가지 문제에 대해서는 거의 이해되지 않는다.

- 프로토타입에서 점검과 서비스와 지속적인 개발로 생산품을 만들어내기 위해서 우리는 많은 자금을 투자해야 하고 오랜 기간 동안 매일같이 힘들게 일해야만 한다(연구하는 게 아니라 일해야 하는 것이다).
- 프로토타입에 대한 추가 작업, 즉 모든 고객 요구에 대해 보충하는 것은 절대적으로 학문적인 작업이 아니다. 이는 연구라는 의미에서 '오로지' 정상적이고 평범한 직업 활동이다. 전형적인 경력쌓기용 점수를 마련하는 것도 아니고 임팩트-포인트를 쌓기 위해 출판에 도움이 되지도 않는다.

유명한 사업가 아우구스트-빌헬름 쉐어(August-Wilhelm Scheer, IDS-Scheer 회사 SAP와 비슷한 분야의 툴셋Toolset과 소프트웨어 판매)는 다양한 강연에서 자신이 연구를 통해 프로토타입을 이노베이션으로 이끌었다고 보고했다. 여러 번에 걸쳐 그는 각각의 프로토타입 개발에 얼마나 많은 인력비가 들어갈 것인지 처음부터 계산하고 미리 조목조목 따지도록 했다고도 말했다. 그런 다음 그는 경험상 처음에 예상했던 액수의 7배에서 11배가량 추가적으로 투자해야만 시장에서 판매될 수 있는 물건을 만들 수 있다고 얘기한다. 또는 좀 더 간단히 말하자면 아주 명백하다. 이노베이션은 프로토타입의 상태보다 10배의 돈이 들어간다는 소리다. 이는 소프트웨어에서 알게 된 경험이다. 예를 들어 의학 분야에서 효과적인 뭔가를 발견한 사람은 추후에 엄청난 자금이 있어야 마침내 허가된 약품으로 약국에서 판매될 수 있다.

프로토타입에서 이노베이션으로 옮겨가려는 사람은 기본적으로 개발하고 생산하고 시장을 형성하고 서비스를 제공하고 판매할 수 있는 기업을 세워야만 한다. 어떤 연구소는 이와 같은 업적을 전혀 달성할 수 없었다. 왜냐면 프로토타입을 제작한 뒤에 작업의 90퍼센트나 그 이상이 '아이디어'나 학문과 아무런 관련을 갖지 못했기 때문이다. 학문적 의미에서 보자면 '단지 평범한 작업'이며 학자의 건방진 관점에서 보자면 '통속적인 작업'이거나 '저급한 작업'이 되는 것이다. 학자조차도 이런 작업을 받아들이지 않으려고 한다. 그리고 이미 언급했듯이 그가 이러한 비학문적인 작업을 수행하지 않았음에도 오히려 그의 연구 경력은 해를 입게 된다.

사실상 연구 기관과 국가 지원 부서의 매니지먼트는 이러한 기준 수치를 알고 싶어 하지 않는다("생산하기까지 적어도 열 배 많은 자금이 들어갑니다."). 그들이 요구하는 것은 규모 큰 연구 자금을 들여 이노베이션을 아주 완벽하게 이루도록 하는 것이다. 교수들은 최선을 다해도 불가능하다는 것을 알게 된다. 그들은 많은 수의 박사과정생들('연구자')을 채용한다. 이들은 대부분의 시간을 박사 학위에 몰두하지 못한 채 방법을 개발하고 시간을 들여 프로토타입들을 이노베이션으로 증폭시켜야만 한다. 그런 뒤에 비싼 학자들이 생산발전 작업에 투입되는 일이 일반적인 현상이다. 왜냐면 일반적인 평범한 협력자에게는 한 푼도 지불되지 않기 때문이다. 수많은 박사과정생들은 연구실에 있거나 소프트웨어를 개발한다. 그들은 학문과는 전혀 상관없는 일을 하고 있다. 박사 학위 논문을 완성할 시간은 갈수록 멀어지게 될 것이다. 평범한 작업에 참여했기에 학자의 경력은 나빠질 거라고 생각하기 시작한다. 그들은 학문에 더 흥미를 가지고 있을 테지만 한 교수를 위해 이렇게 오랜 시간 동안 학문과 관련 없는 실용적인 일에 몰두해야만 할 것이다. 그들이 이러한 상황하에서 이노베이션을 좋아하게 될 수 있을까? 아마도 아닐 것이다. 아마도 그들은 그의 예속 관계가 박사 시험으로 종결되자마자 곧바로 순수 학문으로 돌아갈 것이다.

또는 앞 단락의 심리학적인 소개에서 기술한 바에 따르면 전도유망한 베타 타입들은 오랜 기간 동안 평범한 전문 작업자로, 연구원으로나 프로그래머로 악용되고 있다. 3년 동안 감마 타입들은 특히나 입장료만 받고 악용되고 있는 것은 아닌가? 이것이 희망을 품은 사람을 위한 좋은 발전 계획일까?

학자들은 교수들처럼 되고 싶어 한다. 하지만 동시에 그들은 자금, 기업 구조, 동료를 제공받지 못한 상태에서 혁신가가 되어야만 한다. 그들은 모든 것을 '어떻게든지 스스로 만들어야 한다.' 이는 가능하지 않기에 거의 모든 일이 좌초되고 만다. 우리는 다음과 같이 쉽게 말할 수는 있을 것이다. "학자들이여! 상아탑에서 나오시오!"

이는 아주 정당한 일이지만 상아탑을 빠져나온 연구자들은 도대체 어디로 가야만 할까? USA에서 일한 거의 모든 학자들은 대체로 독일의 연구소 조건들에 대해 소스라치게 놀란 나머지 다시 돌아오려고 하지 않는다. 이 나라에서 사는 우리들은 'USA에서의 후원이 더 엄청납니다.'라고만 생각한다. 하지만 이는 이곳 독일에서 생각하더라도 지금과는 거의 관련이 없다. 이는 인식의 문제다. '그곳 USA에서는' 이노베이션에 대해 훨씬 잘 알고 있다. 특히나 대학의 프로토타입과 시장의 생산품과는 엄청난 차이가 있다는 것도. 그러므로 독일은 사색가와 아이디어의 나라고 USA는 이노베이션의 나라라고 할 수 있다. 이는 일반적으로 알고 있는 사실이며 항상 유감스러운 일이다. 하지만 이 같은 사실은 여전하다.

현실감각이 없는 연구자들

신상품이나 서비스는 아직 준비되지 않은 세계에 들어오게 된다. 수많은 사람들은 물건을 다 둘러보고 짧은 시간 내에 생각해본 다음에 머리를 내젓는다. "문제점들은 너무 많은데 장점은 별로 없네요." 신상품은 '현실성'이 없는 경우가 잦다. 너무 비실용적인 데다가 신중한 생각을 거치지도 않은 경우가 많다. 수많은 센세이션한 부엌용품들은 언뜻 보기에는 아주 사용가치가 높아 보이지만 일단 사용해보면 그전에 소요된 시간보다 훨씬 긴 시간 동안 세척해야만 했다. 이러한 기이한 신상품을 자주 구매한 사람이라면 어느새 신상품에 대해서는 더 이상 구매력을 느끼지 못하게 될 것이다. 상품 개발에 대해 잘 알려진 두 가지 오류들을 다음과 같이 소개하고자 한다.

- 새것은 거의 사용가치가 없다. 왜냐하면 사용해보면 개발자가 한 번도 생각해보지 못한 수많은 문제점들이 드러나기 때문이다.
- 새것은 아주 비쌀 뿐 아니라 '아무도 이해하지 못할 만큼' 너무 많은 사용 기능이 고안되었다(아주 작은 디지털카메라는 모든 특별한 경우들을 대비하기 위해 230개의 모티브 프로그램이 장착되어 있다. 그러므로 우리는 열심히 암기한 세 자리 숫자를 입력해야 한다). 혹은 모든 사람들이 이미 단순한 생산품을 사용하고 있는데도 상품이 너무 늦게 시장에 나오기도 한다.

결국 상품은 현실성과는 전혀 무관하거나 또는 너무 현실적으로 개발될 수 있다. 오늘날에는 모든 기업들이 아주 성급하게 상품을 내놓고 있으며 그 바람에 초를 다투어 발전을 촉구하고 있기에 오히려 첫 번째의 경우가 발생할 확률이 더 많다. 실제로 생산품은 그다지 면밀하게 검토되지 못하고 있다.

내가 연구하던 부서에서 투어플래닝(Tourenplannung) 소프트웨어가 개발되었다고 앞에서 이미 언급한 바 있다. 그 당시에 우리 팀은 함께 일하고 싶어 하는 고객들을 몇몇 알게 되었다. 결국 우리는 소프트웨어를 시험 삼아 사용해보았다. 소프트웨어에 필요한 것은 무엇일까? 배달 서비스가 어디로 어떤 소포를 보내야 하며 이를 위해 어떤 짐차가 이용되어야 할지에 관한 인포메이션이다. 그리고 프로그램의 계산에 따라 어떤 소포가 언제, 어디로, 어떤 순서로 배송되어야 할지 결정된다. 마침내 출발! 먼저 우리는 농가에서 우유를 가져올 수 있도록 프로그래밍했다. 유감스럽지만 낙농업에는 우리가 프로그래밍했던 것보다 아주 많은 시간이 소요되었다. 이유는 다음과 같다.

메클렌부르크-포어포머른(Mecklenburg-Vorpommern) 주 농가의 내비게이션 주소는 국도 근처였기 때문이었다. 실제로 우유차량은 농가에 이르기까지 더 멀고 아름다운 가로수 길을 달려야만 했다. 우리는 디지털 시가 지도를 변경해야만 했다. 그 다음으로는 와인을 가져오도록 테스트해 보았다. 좁은 모젤 강가의 마을들에서는 더 큰 차량은 꼼짝달싹하지 못한다는 것을 확인했다. 왜냐면 좁은 길 때문에 쉽게 방향을 바꿀 수 없기 때문이다. 그 뒤에 우리는 일간지를 매점에 배급했다. 신문이 너무 무거운 바람에 짐차의 중간높이 정도로만 실어야 했다. 우리가 만든 최적의 투어 소프트웨어는 우리의 테스트 사용자가 실제로 사용했던 것보다 훨씬 형편이 없었다. 이유는 다음과 같다. 운송 회사는 허용된 양보다 훨씬 많은 양의 신문을 짐차에 실은 것이었다. 과적한 상태로 그들은 먼저 중앙역까지 아주 조심스럽게 가서는 정말로 많은 양의 신문을 내려놓았다. 그 뒤에는 다시 정상적으로 작동되었다. 우리는 새로운 가구들을 여러 곳으로 배달하도록 프래그래밍했다. 가구 운송에서는 배달된 가구의 약 1퍼센트 정도를 운전자에게 보수로 지급했다. 우리의 투어 소프트웨어로 인해 동료들 사이에서는 소위 전쟁이 발생했다. 예를 들어 안락의자만 배송하는 약삭빠른 운전자들이 많이 나왔기 때문에 또 다른 사람들은 장롱만 설치해야 했다. 장롱을 설치하는 동안에 안락의자는 아주 빠른 시간 내에 세워두기만 하면 됐다. 결과적으로 '의자를 세워둔 사람'은 '장롱 조립자'보다 훨씬 많은 보수를 받았다. 우리의 컴퓨터는 도무지 무슨 일이 벌어지고 있는지 알 턱이 없었으며 융통성 없이 최적조건(Optimum)을 계산해냈다. 이는 센세이션이 되었다.

또 한 가지 예를 들어보자. 우리는 맥주공장에서 통맥주를 주문한 음식점에 맥주배달을 하기로 하고 최선을 다했다. 이는 쉽지 않았다. 왜냐면 상당히 무거운 맥주통들이 너무 많았으며 골목마다 꼬불꼬불 뒤엉켜 있는 음식점들도 많아서 조수가 꼭 필요했기 때문이다. 하지만 어떤 음식점에서는 운전자 혼자도 넉넉히 해내기도 했다. 그렇다면 배달과정을 어떻게 계획해야 할까? 이 경우에 우리는 투어플래닝이 전혀 필요 없다는 것을 곧바로 알게 되었다. 배달할 때 대부분의 시간은 돈 계산하는 데 들어갔기 때문이다. 약간의 운행 시간은 별 상관없었다. 또 한 가지 우리가 배우게 된 것은, 맥주통 배달은 매번 현금으로 계산되어야만 한다는 것이다. 이 점에 대해서 우리는 아는 바가 전혀 없었다. 왜 현금으로 지불해야 하는 걸까? 왜냐면 '절반의 음식점들은 계속해서 주인이 바뀌기' 때문이다. 하지만 현금양도가 그렇게 오랫동안 지속되는 이유는 뭘까? 그렇게 하기로 서로 흥정하는 경우들이 너무 빈번하다. "맥주 한 통 주세요, 그런데 딱 한 통만요. 신용카드로 계산할게요."라고 가정해보자. 배달 간 곳에 커다란 개가 있다고도 생각해보자. 개가 몇몇 안 되게 좋아하는 소수의 운전자들을 반갑게 맞이한다면 그들도 계산할 시간이 있을 것이다. 반면에 개가 좋아하지 않는 다른 운전자들을 '물려고' 한다면 운전자들은 가게 안으로 들어오지 못할 것이다. 그리고 고객들이 무척이나 신뢰하는 운전자들도 있다. 덕분에 그는 음식점 열쇠를 받을 정도다. 결국 이런 운전자만 가게 오픈시간이 되기 전에 투어를 시작할 수 있을 것이다.

이렇듯 - 나는 문제점들을 "조목조목 서술했다". 이것은 '단순히' 몇 가지 주문만을 짐차로 배달하는 경우에도 여러 가지 복합적인 일이 발생할 수 있다는 걸 잘 모르는 일반인들을 위해서다. 단순한 소프트웨어는 완전히 '현실과 동떨어지게' 진행된다. 우리는 어떤 고객을 위해 혹은 어떤 문제점을 해결하기 위해 우리의 소프트웨어가 필요로 할지부터 밝혀내야만 했다. 이 일은 매우 고달팠지만 흥미롭게 배울 수 있는 시간이 되었다.

우리가 대학에서 일했다고 한다면 이 모든 일에 대해 과연 경험할 수 있을 것인가? 대학 연구소에서 연구자는 현실에 대한 폭넓은 조망을 어디서 얻을 수 있을까? 우리가 그 당시에 그랬던 것처럼 그가 열정적인 기업가답게 삶 속으로 뛰어든다면 현실에 대해 알 수 있는 기회가 주어질 것이다. 하지만 대부분의 학자들은 이렇게 시도하지 않는다. 일반적으로 그들은 박람회에 자신들의 소프트웨어를 내놓는다. 하지만 이곳에서의 현실은 그렇게 녹록치 않다. 처음으로 우리와 투어플래닝에 대해 대화를 나누었던 고객들조차도 시내 백화점 앞에서의 짐차 상태나 보행자 전용도로의 교통제한이나 무는 개에 대해서나 모든 짐차-운전자의 희망사항에 대해서는 전혀 아는 바가 없었다. 그래서 점심시간 때면 모든 투어 차량들은 '뜬금없이' '우시의 스테이크 식당' 옆에서 모이게 된다. 박람회 고객들은 현실을 잘 알지 못한다. 이점에 대해서는 당연히 혁신가가 잘 알고 있기를 기대하고 있을 것이다. 그렇지 않다면 도대체 누구와 상담하겠는가? 그런데 정작 박람회에서는 거의 잘 모르는 사람들이 아주 단순한 세계 모델들에 대해서 서로 얘기를 나눌 뿐이다.

"이 소프트웨어는 15퍼센트 벤진을 절약합니다."

"아! 그래요. 그런데 벤진 가격이 상승한다면 나는 돈을 더 많이 아낄 수 있겠군요. 아주 좋아요!"

이론적으로는 고객들이 이노베이션에 대해서 마음을 여는 시기는 다음과 같이 단순하다.

- 새로운 것은 전체적으로 장점이 많아야만 한다 - 더 예쁘고 더 저렴하며 더 쓸모가 있어야 할 것이다.
- 지금까지 사용하던 물건과 접목할 수 있도록 호환성이 있어야만 한다.
- 단순해야 한다 - 작동 원리를 이해할 수 있어야 하고 세척이나 사용이 편해야 한다.

- 쉽게 테스트 해볼 수 있어야 한다 (예를 들어 새로운 온돌바닥과 같은 것이 아니라 새로운 차Tea 종류로).
- 새로운 상품이 성공하려면 눈에 띄게 만들어져야 한다 (세탁물이 난데없이 21퍼센트나 더 새하얗게 된다면 이노베이션은 아주 빠른 시간 내에 보급된다 - 내 생각에는 이 점에 대해서는 누구나 잘 알고 있을 것이다).

수많은 창안자들은 새로운 상품의 장점이 조금만 보여도 이미 행복을 느낄 것이다. 하지만 새로운 상품을 옛것과 호환성 있게 만들기 위해 현실에 대해 (지나치게 많이는 필요 없고) 어느 정도는 알고 있어야만 한다. 뭔가를 간단히 개발하려면 수많은 사용자들과 고객들과 사람들을 알아야만 하며 취급이 간단한 물건을 희망하는 그들의 의견들을 진심으로 받아들이고 평가해야만 한다. 그렇다면 새로운 것이 성공한다는 것은 무엇일까? "절약 가능성이 있군요!"라고 관리자는 환호성을 부른다. "하지만 내가 이것으로 일해야 한다니요."라며 전체 차량 담당자가 투덜거린다. 여기서 이론은 너무 소박하다. 아무도 현실을 알지 못하고 있다. 그리고 마지막으로 혁신가는 (그가 아니면 또 누가 할 수 있을까?) 현실에 대한 성공적이면서도 효율적인 방법을 알아야만 한다. 만약 그렇지 않다면 그는 곧잘 좌초하고 말 것이다. 학자들은 이러한 현실에 '대학 밖에서 적응하기는' 앞으로도 계속해서 어려울 듯 싶다. 이 점에 대해 좀 더 잘 이해할 수 있도록 나는 투어플래닝에서 여러 가지 다양한 예들을 설명했다. 누가 이 모든 것에 대해 잘 알고 있을까? 우리는 이러한 경험을 어디서 얻을 수 있을 것인가?

여기서 분명한 것은 무엇인가? 앞으로의 학문적인 공적이 예상되지 않더라도 스스로 적극성을 보여야 성공할 수 있다.

이로써 내가 설명한 바는, 새로운 것을 이성적으로 현실과 접목시키는 것은 아주 어렵다는 것이다. 이는 많은 작업을 의미하는데 학문적으로는 아니다. 뿐만 아니라 우리는 현실과의 거리를 인식하고 이를 제거하려고 하더라도 이노베이션에 장애가 된다는 것도 이해할 것이다. 그렇다면 이제는 다음과 같은 진짜 문제가 나타날 것이다.

일반적으로 연구자들은 이미 현실에 대해 잘 알고 있다고 믿고 있다는 것. 그러므로 새로운 물결의 주창자들은 언제나 이 세상이 **빠른** 시일 내에 변화되어야만 한다고 지나치게 확신하고 있다. 특히나 학자들은 다음과 같은 우리의 질문에 화를 낸다.

- "이것이 더 좋은 상품인가요?" - "장기적으로 봐야 합니다. 우리는 인내심을 지녀야 해요."
- "이것은 호환성이 있나요?" - "옛것은 완전히 폐기 처분될 겁니다. 그러므로 새로운 상품은 호환될 필요가 없죠. 당신네들은 다들 사고방식부터 완전히 바꾸어야 합니다."
- "사용법이 간단한가요?" - "나는 그 점에 대해서 이미 오랜 기간 동안 작업했습니다. 지금은 나도 아주 쉽게 사용할 수 있습니다. 물론 아직도 남아 있는 작은 결함들을 알고는 있어야겠지요."
- "쉽게 테스트해볼 수 있나요?" - "예." - "내가 프로그래밍을 해야 하나요?" - "예. 물론 당신이 못하지는 않으시겠죠?"
- "성공할 거라 생각하시나요?" - "이미 그럴 징조가 보여요."

위의 짧은 대화에서는 동일한 것이 표출되고 있다. 즉 창안자와 오픈 마인드들 사이에서 이노베이션의 차스마(협곡)가 드러난다는 것. 창안자들은 이노베이션 장애들을 보고 이해하지 못한다. 그들과 그 점에 대해 논의하려고 해도 그들은 귀담아듣지 않고 있다. 그들

대부분은 화를 낸다. 왜냐면 고객의 입장에서 반드시 필요하다고 여기는 의식 변화에는 함께하려고 하지 않기 때문이다. 그들은 사람들이 거의 반사적으로 새로운 것에 부정적으로 반응하는 이유에 대해 설명하지 못하고 있다.

상아탑이라는 개념은 학문적인 작업의 순수성과 동일하게 해석되고 있다. 이곳에서는 바깥세상의 다채로운 삶에서도 탁해지지 않는 신성한 원칙들과 분명한 진실이 연구된다. 상아탑에서 밖을 내다보는 사람은 불순, 비이성 그리고 죄악의 한가운데에서 세상을 인식하게 된다. 겉으로 보기에 상아탑은 거의 현실과 동떨어져 있는 것처럼 보인다. 학자들이 양쪽 세계를 이해하고 처세에 능하게 살아간다면 제일 좋을 것이다. 하지만 상아탑이 창안자의 머릿속에 있는 경우가 비일비재하다. 이러한 탑에서 벗어나지 못하는 창안자는 우리 모두에게 인식 변화를 요구한다. 대부분의 사람들에게. 우리가 그의 의견을 따라야 하는 걸까? 대부분은 아닐 것이다.

연구자들은 마케팅과 판매에 어떻게 행동할까?

학자가 아이디어를 이노베이션으로 잘 발전시킬 수 있도록 프로토타입을 제작했다면 이 아이디어를 '판매하러 나서야' 한다. 그는 새로운 것의 주창자로서 앞장서야만 하는 것이다. 오픈 마인드들을 설득시켜서 자신의 편으로 끌어들일 수 있도록. 그렇다면 학자는 무엇을 해야 할까?

이제부터 그의 과제는 다른 사람들의 폭넓은 세계를 답사하고 탐구하는 것이다. 우리가 새로운 것을 사용하는 이유는 무엇일까? 새로운 것은 어떻게 사용되어지나? 일반적인 오픈 마인드들은 그 점에 대해서 어떻게 생각하고 있을까? 클로즈 마인드들이 알려고 들지 않고 마음의 문을 닫는 이유는 도대체 무엇일까? 박람회나 창안자 회의에서 자신의 프로토타입을 소개함으로써 많은 사람들에게 관심받을 수 있다. 그로 인해 학자는 자신의 아이디어를 가능한 빨리 개선할 수 있을 테고 그때가 되면 오픈 마인드들은 구매하고 싶은 생각을 갖게 된다. 이들은 어떤 물건이 새로 생산될지에 관해서 많은 질문을 하다가 더 이상 묻지 않는다. 이제 그들이 알고 싶은 것은 신제품을 이미 구매할 수 있는지에 관한 것이다. 도대체 가격이 얼마쯤 하는지?

마침내 상품 테스트를 위해 (첫 번째 주창자들 이후에) 오픈 마인드들이 구매하고 사용해본 뒤에 좋은 평가를 내려준다면 커다란 성과가 있다. 그 다음에는 첫 번째로 만족하는 추천 고객이 생겨날 것이다. 이는 새로운 것이 호응을 얻었다는 확실한 증거다. 이제부터 학자는 완전히 태도를 바꾸어야 한다.

일반 가격으로 새로운 것을 구매한 최초 고객이 만족했다면 탐구 단계가 마케팅-'트롬본'-단계로 넘어가는 것이다. 이제는 더 많은 새로운 고객들을 얻기 위해서 트롬본을 불어야 한다. 이제 새로운 것은 주창자들과 오픈 마인드들 사이의 협곡을 건너뛰어야 할 것이다.

고객들이 실제로 프로토타입에 관심을 보이며 거의 구매의사를 눈짓했다면 대부분의 학자들은 아마도 예민해질 것이다. 그들은 프로토타입을 이미 거의 생산품으로 간주하지만 (이것은 아주 잘못된 것이다), 첫 번째 구매의사를 듣는 순간에 학자들은 프로토타입이 대량생산된 물품이 전혀 아니라는 것을 깨닫게 된다. 그전까지만 해도 그들은 프로토타입 소개에서 경탄하는 소리를 향유하며 만족해했다. 하지만 진중하게 관심 갖는 고객이 정말로 가격을 물어보는 순간에 갑자기 떠오른 것이 있다. 자신들의 프로토타입이 이미 '아주 훌륭하지만' 여전히 '대강 마개를 막거나' '서둘러 맞춰 놓았기에' 이러한 빈궁한 상태에서는 절대로 타인에게 넘겨줄 수 없다는 것. 새로운 프로토타입은 불만으로 반품될지도 모른다.

갑자기 10명 혹은 100명의 고객들이 프로토타입을 사겠다며 옆에 서 있는 바로 그 순간에 학자들은 거의 겁을 먹는다. 그들은 당황하고 만다. 도대체 어떻게 해야 할까? 대체로 그들은 대량생산에 대해서나 조직적인 서비스에 대해서는 아직 꿈도 꾸지 못한다. 그렇다면 도대체 누가 생산해낼 수 있을까? 서비스는 누가 담당할 것인가? 전문가들은 충분히 있을까? 그들은 어디서 오는 걸까? 학자들은 상상해볼 것이다. 애플사가 처음에는 아이패드 열 개를 박람회에 선보였다가 갑자기 1억 명의 사람들이 동일 상품을 원했을 때를 떠올릴 것이다. 그때와 유사한 상황이 자신들에게도 일어난다면! 그렇다면 어떻게 해야 하는 걸까?

나는 종종 다음과 같은 말을 듣곤 했다. "이봐요, 군터 씨. 당신이 새로운 것을 우쭐대며 칭찬하면 당신 말은 조심성이 없는 거예요. 한번 상상해보세요. 사람들이 이 물건을 서로 사겠다고 한다면……."

나는 이렇게 말한다. "그건 럭셔리한 문제군요! 당신은 완성되지도 않은 모델을 갑자기 너도나도 사겠다는 말을 들어보았거나 본 적이 있나요?"

"하지만 그런 일이 있을 수 있잖아요." 실제로 나는 모든 새로운 것에 대해 이러한 대화를 했다. 하지만 이런 일은 여태껏 일어난 적이 없다. 고객들이 떼로 몰려와서는 프로토타입을 서로 사겠다고 하는 일들은. 그와 반대였다. 처음에 상품은 오픈 마인드들의 현실에는 상응하지 못했다. 그들은 사용, 호환성, 보증기간, 가격뿐만 아니라 일반적으로 아직 생각지도 못한 부가 기능까지 질문했다.

창안자는 박람회에서 자신의 신제품에 대해 자랑스러워한다. 그의 명성은 널리 퍼질 것이다. 하지만 그는 전적으로 불안감을 지니게 된다. 그가 제시하고 있는 물건을 실제로 당장 판매할 수 있을까? 그는 자신의 상품이 완벽하지 않는 한 고객을 두려워한다.

창안자들은 박람회에서 자신들의 명성을 드높이려고 시도한다. 이를 위해 물건이 아직 생산할 단계가 아니라는 사실을 드러내서는 안 될 것이다. 게다가 그는 물건이 '아직 진행 중'이라는 비난을 두려워한다. 그래서 그는 가능한 모든 것을 완벽하게 설명한다. 하지만 이로써 그는 자칫하면 위험에 빠지게 된다. 어떤 고객이 당장 물건을 구매하려고 한다면, 그럼 그는 진땀을 흘릴 것이다.

물론 박람회에서 창안자는 비슷한 진열대를 방문할 것이다. 여기서 그는 다른 창안자들이 자신의 것과 동일하거나 더 좋은 물건을 개발했다고 보고 현실적인 불안감에 휩싸이게 된다. 그런 제품을 발견할 경우에는 그의 심장은 뛰기 시작한다. 그리고 그는 화가 난 상태에서 '다른 제품들이 이미 훨씬 앞서 있는지 어떤지' 물어볼 것이다. 그리고 그는 벌겋게 타오르는 얼굴빛으로 최악의 경우에는 자신의 개발을 폐기처분해야만 하는 것은 아닌지 비교한다. 불쾌한 심기에서 그는 다른 사람들이 비슷한 아이디어를 갖고 있더라도 근본적으로 좋다고는 보지 않는다. 만약 우리가 아무도 흉내 내지 내지 못할 아이디어를 단독으로 가지고 있다면 아마도 오픈 마인드들은 창안자를 정신병자로 간주하게 될 것이다.

창안자들은 유사한 아이디어를 지니고 있는 다른 창안자들에게 사로잡힌 것처럼 보인다. 이들은 그의 적이다. 이들은 그의 작업을 파괴할 것이다. 또한 그를 염탐하며 자신들의 작업을 위해 그에게 속임수를 쓸 것이다. 이렇듯 상상 속에서 위협을 느낀 창안자는 다른 주창자들을 집요하게 응시한다. 그가 신경 쓰는 사람은 오픈 마인드들이 아니다. 하지만 실제로는 오픈 마인드들이 그를 파괴하고 만다.

다른 창안자들이 비슷한 아이디어를 제공한다면 잃어버릴 것이 아무것도 없다. 양조법이나 찾기-프로그램보다 더 다양한 것이 있다. 하지만 문제는 고객에게 다가설 수 있도록 이노베이션의 장애를 뛰어넘을 수 있느냐 하는 것이다. 프로토타입들은 아직도 여러 가지로 제작될 수 있다. 이제 필요한 것은 오픈 마인드들의 말을 탐색하며 경청함으로써 중요한 것을 캐내야 한다. 그러나 창안자는 다른 창안자들을 두려워하기 때문에 고객의 말에 귀 기울이지 않고서 자신의 프로토타입 때문에 걱정하느라 다른 소리를 듣지 못한다. 그는 마음속으로 정당화시키기 시작한다. "나는 많은 자금을 보유하고 있는 대기업의 만큼은 해낼 수 없을 겁니다." 또는 "그들의 디자인은 더 형편없어요. 우리 것과는 달리 두 번째 버튼이 없군요. 우리 물건은 그들 것보다 몇 주 먼저 나왔어요. 그들이 먼저 나온 우리 제품을 보지 못하도록 막아야만 할 겁니다. 그렇지 않다면 우리 것을 그대로 베낄 테니까요."

동시에 박람회에서 창안자는 자신의 진열대에 다른 학자들의 방문을 받는다. 그들은 모든 것을 있는 그대로 아주 정확하게 알고 싶어 한다. 그들은 성가실 정도로 그에게 묻는다. 아무것도 살 생각은 없다. 정말로 아무것도. 그들이 원하는 것은 가장 새로운 진열대를 경험하고 싶은 것뿐이다. 그들도 신상품의 주창자이며 아마 같은 분야도 연구하고 있을 것이다. 창안자는 또다시 우쭐함과 불안감을 같이 느낄 것이다. 그는 다른 창안자들과 교수들 앞에서 재능을 발휘하고 싶어 하지만 또 다른 한편으로는 어떤 비밀도 누설하려고 들지 않는다. 다들 그에게 감탄하겠지만 아무것도 그대로 베낄 수는 없다. 그는 내심 자신의 명성만 신경쓰다보니 정작 박람회에서 해야만 하는 자신의 비즈니스에 대해서는 그다지 신경 쓰지 못한다.

그렇다면 그가 정확히 해야 할 일은 무엇일까? 그는 자신이 만든 창안물의 가능성을 측정하기 위해서 가능한 많은 주창자들에게 진열품을 보여주어야만 한다. 그는 오픈 마인드들의 여러 가지 소소한 이의 제기들을 메모해두었다가 나중에 애착을 가지고 테스트해보아야 한다. 오로지 그렇게 해야만 그는 훗날 만들어질 생산품의 실질적인 사용 가능성을 느껴볼 수 있을 것이다. 그는 클로즈 마인드들의 단어들을 아주 정확히 들어야만 한다. 아주 정확히! 클로즈 마인드들이 박람회를 방문하는 일은 빈번하지 않다. 한 번쯤 다른 편의 얘기를 들어볼 기회는 그렇게 많지 않은 것이다. 개발의 첫 단계에서 주창자들은 아주 의기소침해 있다가 나중에 불친절한 비판들을 받아들여야만 할 경우에는 깜짝 놀라게 된다. 오늘날 데이터보호 문제 때문에 대중들 사이에서는 페이스북에서 거의 전쟁이 일어난 정도다. 여기서 사람들은 이런 질문을 한다. 페이스북의 톱매니저들은 이러한 논쟁이 언젠가 발생한다는 것을 알지 못했던 걸까? 모든 임의의 클로즈 마인드들은 데이터 비공개의 문제에 대해 암시했을 것이다. 우리도 한번 상상해 보자. 우리가 환상적인 땅콩크림을 창안해냈다고 치자 ― 예를 들어 누텔라(Nutella)잼. 누텔라를 어린이들('주창자들')에게 시음하도록 한다. 아마도 어린이들은 열광할 것이다. 그럼 우리는 누텔라를 시장에 내놓을 텐데 이미 냉담한 바람이 불 것이다. "누텔라는 칼로리가 너무 높아서 치아에 좋지 않아요."

이런 반응쯤은 나올 것이라고 예상할 수 있지 않을까? 우리는 창안자로서 비판적인 목소리를 들어야만 한다. 아마도 창안물을 정치적으로 죽이려고 드는 적대자들도 있을 것이다.

나도 이미 이러한 창안물을 만들어냈다. 나는 (고용인 IBM에 대해서) 특허를 신고했다. 내가 만든 콜라, 꽃 또는 감자튀김 자동판매기의 가격은 자판기에 물건이 얼마만큼 남아 있느냐에 따라, 그날 날씨에 따라, 혹은 공휴일이냐에 따라 변동된다. 만약 저녁 무렵에 꽃 자동판매기에 꽃이 가득하다면 꽃이 시들 테니 꽃을 버려야만 할 것이다. 그래서 자동판매기의 가격은 내려간다. 만약 콜라 자동판매기가 더운 여름 날씨에 거의 비어 있다면 자동적으로 가격은 올라간다. 이와는 반대로 겨울에 콜라를 원하는 사람이 아무도 없다면 가격은 자동으로 내려간다. 나는 이 창안물에 대해 특허를 신고할 때까지는 모든 게 순조로웠다. 그리고 몇 달이 지난 뒤에 한델스블라트(Handelsblatt) 신문에서 대형 음료 회사에 대해 전면으로 보도되었다. 이런 종류의 자동판매기가 이미 제작된 바 있어서 미국 관청으로부터 가장 격렬한 비판을 받게 될 것이라는 것이다. 그러므로 이러한 시도는 당장 중지되어야만 한다는 말도 덧붙였다. 결국 적대자들은 '나의' 창안물을 완전히 무용지물로 평가했다. 그렇지 않다면 오늘날 나는 정말 부자가 되었을 것이다. 이러한 결론을 - 나는 항복했다! - 나는 전혀 예상하지 못했다. 그 당시에 나는 완전히 당황했다. 다른 창안자가 있었는데 그는 정치적으로 비판적인 판매가격을 변동시키지 않고 단순히 콜라 냉각에 소모되는 전기 값만 달리 책정했다. 겨울에는 그렇게 찬 콜라를 원하지 않을 것이다. 한밤에도 그럴 것이다. 이러한 발상을 통해 전기값이 내려가면 자동판매기가 자동으로 변동 가격을 정할 수 있었다. 이러한 다른 창안자는 아마도 부자가 되었을 것이다. 이 얘기를 듣는 사람은 아마도 내가 잘

못 생각했다고 볼 것이다. 전기 값을 아끼자는 의견에는 아무도 반대하지 않았다.

지금까지의 서술에 대해 요약해보자. 창안자들은 배워야 하고, 배워야 하며, 자신들에게 가능한 입장에는 어떠한 것이 있는지 다시 한 번 배워야 한다. 먼저 가장 중요한 것은 배움의 문제이다. 자기 인식이나 직업의식도 아닌 것이다. 자신의 업적을 보이는 것도, 자랑스러워하는 것도 그리고 임팩트 포인트를 쌓는 것도 아닌 것이다.

박람회는 일반적으로 어떻게 막을 내릴까? 창안자는 다음과 같이 상황을 정리한다. "우리는 박람회에서 123명에게 질문을 받았습니다. 그들은 안내서를 받고 싶어 했어요. 우리는 당장 보냈습니다. 그때는 좀 흥분되더군요. 하지만 안내서를 받은 사람들 중에 다시 연락한 사람은 한 사람도 없었어요. 구매에 대해 물어보거나 다시 이것저것 물어보려고 전화해야 하는데 말이죠. 사람들은 항상 뭔가 요구는 하는데, 박람회가 끝나고 나면 다시 잊어버리고 말죠. 그들이 받고 싶어 했던 광고와 설명서를 아예 버리고 말아요. 우리는 정말 믿을 수가 없습니다. 내 생각에는 사람들이 방해받고 싶지 않은 것 같아요. 내가 123명에게 전화를 걸면 정말 민망한 일이 발생합니다. 내가 부담을 줬다고 생각하는지 그들은 날 무시해버리거든요."

대부분의 전화에서 "시간 없어요!"라는 말로 끊어버릴지도 모른다. 하지만 고객이 다시 대답해주는 곳도 20곳 정도는 나올 수 있다는 것을 창안자들은 전혀 생각하지 못한다. 창안자는 배우고, 배우고, 다시 배워야 한다. 나는 젊은 창안자들에게 여기저기 전화해보라고 용기를 주었다. 그럼 그들은 뭐라고 말할까? "당신은 나의 프로토타입에 대해 헐뜯기만 해요. 언제나 거의 비슷하죠. 결국 전화를 끊어버리도록 만들고 나를 녹아웃시키고 말아요."

문제점 요약하기

창안자는 주창자의 입장에서만 생각하게 되고 이는 너무 편파적
이 된다. 여기서 그는 창안자로서 존경받고 싶어 한다. 특히 다른 주
창자들에게. 그는 여기서 명성과 임팩트 포인트를 받게 된다. 그는
오픈 마인드들과 아주 미미한 정신적인 연대감을 갖게 될 뿐, 이를
적극적으로 추구하지는 않는다. 나머지 다른 사람들에 대해서는 완
전히 낯설다. 그는 자신에게 가로놓인 협곡을 스스로 뛰어넘으려고
하지 않으며 그저 넘겨다보기만 한다.

- 학자의 경력은 이노베이션의 차스마 앞에서 완전히 길을 잃는다.
- 차스마 앞에 놓인 세계를 위해 그는 학자로서의 인생 설계를 고안해낸다.
  (밖에는, '산업체에서는' 너무나 거칠게 진행된다.)
- 그의 베타 타입 정신은 이러한 인생 설계와 잘 부합되며 이는 근본적으로
  심오한 이유가 있다. 그의 정신은 직업 선택과 밀접한 연관성이 있다는
  것이다. 그는 스스로를 주창자로서 느끼며 연구소에 남아 있기를 원한다.
- 이노베이션을 이루기 위한 창안 작업은 지적으로는 저급한 작업이기에
  일반적인 사람들도 실행할 수 있는 것이다. 학자란 오로지 그가, 대가만
  이 할 수 있는 뭔가를 실행으로 옮길 수 있기에 존경받는다. 누구나 실행
  으로 옮길 수 있는 일들은 오히려 그를 정신적으로 힘들게 만든다. 이런
  일에 대해서는 아무런 흥미를 느끼지 못한다.
- 베타 타입은 인정을 받고 싶어 한다. 다름 아닌 다른 베타 타입들이나 당
  연히 알파 타입들로부터 (이런 일은 드물게 나타나며 그에겐 가치 있는
  일이다.). 감마의 칭찬은 그를 당황하게 만든다. 만약 감마 타입이 "당신
  은 수학을 아주 잘하는 군요!"라고 말한다면 그는 괴로움을 느낀다. 그러
  므로 베타 타입은 자신의 고객이 되어야 할 오픈 마인드들의 칭찬도 그

렇게 원하지 않는다.

- 베타 타입은 자신한테 적이 있다는 것을 (클로즈 마인드들, 적대자들) 정신적으로 받아들이지 못한다. 특히나 그가 잘 알고 있는 전문분야나 세계를 개선하고 싶은 분야라면 더욱더 그럴 것이다. 거부에 대한 두려움은 그를 억압한다. 그에게 아무런 의미도 없는 사람들로부터 거부되는 것도 마찬가지이다.

활발한 활동력으로 현실세계를 여행하며 알아내고 싶어 하는 창안자는 성공적인 이노베이션을 추구한다. 그들은 지속적으로 미래의 고객들과 대화하고 배워야 하며, 배움으로써 재차 현실 세계에서 더 개선된 프로토타입을 제시해야만 한다. 이노베이션이 가능할 때까지. 이런 일을 좋아하지 않는 혁신가들도 빈번해서 마케팅과 판매일을 하는 동료들과 같이 오랜 기간 동안 도움을 주고 있는 고객들과 대화하고 싶어 한다. 하지만 그들도 이노베이션을 어떻게 이루어야 할지 실제로는 익숙하지 않다. 이는 다음번 장의 테마로 다루려고 한다.

마케팅과
판매지원으로 인한 봉쇄

판매자는 창안자의 고객 방문을 두려워한다.

본인의 창안물을 고객에게 판매하지 못한 창안자들은 좌절한 상태에서 도움을 청하는 일이 거의 일반적이다. 그들이 대기업에서 일한다면 당연히 마케팅과 판매 분야의 동료들에게 도움을 청하도록 지시받을 것이다. "판매자가 고객을 알고 있습니다!"

그렇다면 이제부터 판매자는 창안자를 도와야 할 것이다. 그는 예를 들어 주창자이거나 오픈 마인드들인 고객에게 창안자를 소개시켜준다. 이런 고객들에게 혁신가는 많은 것을 배울 수 있다. 어차피 그들은 기업의 좋은 고객이다. 또한 박람회 진열장에서 알지도 못하고 전혀 관계도 없는 스쳐가는 사람들보다는 훨씬 호의적이다. 이러한 좋은 고객들에게는 대체로 배울 것이 많다. 제일로 좋은 것은 (내 경험에 의하면) 고객에게 신상품을 한번 사용해보도록 제공해보고는, 이때 고객이 어떤 표정을 짓는지 자세해 관찰해보는 것이다.

유감스럽지만 현실에서는 배움이 그리 쉽지는 않다. 굉장한 오해가 시작되기 때문이다. 판매자는 판매를 위해 여기에 서 있는 것이므로 오로지 물건에 대해서만 알고 있을 뿐, 아이디어나 프로토타입에 대해서는 아는 바가 거의 없다. 현실적으로 혁신가도 판매자에게 잘 설명하지 못한다. 즉 그는 판매자가 아직 완벽하지 못한 새로운 물건에 대해 알게 될 경우 그로부터 도움을 받지 못할까봐 두려워한다.

여러분들은 또다시 장애물이 서서히 생겨나고 있음을 짐작할 수 있을 것이다. 하지만 현실적인 문제점은 훨씬 더 심각하다.

창안자들과 혁신가들이 무엇보다도 명성, 관심 그리고 임팩트 포인트들에 몹시 집착했듯이 판매자의 눈앞에도 특정한 목표가 있다. 유명한 당나귀가 그 앞에 놓인 홍당무를 목표로 삼는 것과 마찬가지다. 판매자는 임팩트 포인트들에 따라 임금을 지불받지는 않는다. 그는 개인적으로 위탁받은 고객에게서 얻은 자신의 매출 중에 아주 보잘것없는 액수를 받는다. 어떤 판매자는 판매 목표를 받고 있는데 소위 할당이다. 할당이란 보너스를 받기 위해 그가 꼭 달성해야하는 매출 지수다. 이러한 지수를 할당이라고 부르는 이유는 무엇일까? 판매 매니저는 그렇게 많은 매출을 올리기 위해 상사로부터 주문을 받게 된다. 이렇듯 그의 부서에서 요구된 전체매출을 판매매니저는 각각의 판매자들의 목표로 분할한다. 결국은 각각의 판매자나 판매 관리자는 전체매출의 일부를 자신의 목표로 지정받은 것이다. 이것이 그가 받은 '할당'이다.

오늘날의 매니지먼트는 가능한 모든 혹은 더 많은 액수를 직원들에게서 확보하려고 시도한다. 그러므로 심한 작업 스트레스와 압력속에서 너무도 높은 작업 목표를 판매직원들에게 부가하는 일이 거의 원칙이 되어버렸다. 그래서 매니지먼트 자체도 아주 단호하게 말한다. 그들은 '도전적인 목표'를 정하여 거의 무자비한 부당 요구를 달성하도록 강요한다. 그러므로 어떤 기업에서는 애당초 모든 판매 관리자들이 - 경우에 따라서는 대체로 모든 직원들이 - 이미 엄청난 부담을 갖고 있어서 타인에게서 도움 요청을 받을 경우에는 화를 내며 반응한다. 그들은 모든 요청에 대해 이렇게 물어본다. 그 일이 내 일에도 도움이 되는 건가요? 아니면 내가 이타주의에 익숙해져야 하나요? 혹은 이 같은 부차적인 일이 내게 해가 되는 것은 아닌가요?

여기서 판매 직원들의 경우를 살펴보도록 하자. 그들은 기업의 많은 고객들을 돌봐야 하며 일반적인 경향에 따라 과도한 부담을 주는 판매 할당을 지시받게 된다. 이러한 할당은 그를 겁먹게 만든다. 주어진 할당을 채우지 못한다면 돈을 받지 못하게 된다. 수많은 기업에서는 판매자들이 오로지 반액 기본급만을 '고정급'으로 받게 된다. 그리고 달성한 매출액에 따라 나머지를 받게 되는 것이다. 실제로는 반액 봉급으로 끝나는 경우가 자주 발생한다. 다른 제공자가 '고객의 발길을 돌리게' 하면 판매자는 곤경에 처하게 된다. 고객은 신 모델이 출시될 때까지 기다릴 수 있으며 신 모델은 심각한 재정 위기 때처럼 모든 것에 피해를 줄 수 있다. 판매자는 적어도 연초에 '기가 꺾이는' 것을 느끼게 된다. 때문에 '멋진 시간 속으로의 새로운 출발을 위하여' 회사 시무식에서 정신적인 자극을 받는 경우가 비일비재하다. 그들은 임무를 쫓아 달려야 하고 완전히 최선을 다해야 한다는 식으로!

학자들은 판매자들의 내적인 심정을 이해하지 못한다. 다음과 같은 것은 연구자들의 일반적인 비하발언에서 알 수 있다. "아이고! 판매자들은 오로지 돈밖에 몰라요. 얼마나 질 낮은 인간들인지! 탐욕적이죠." 하지만 우리는 이와 같은 말을 이해하기 힘들다. 그리고 임팩트 포인트들에 따라 중상 모략하는 것은 그렇게 도덕적인 일은 아니지 않을까?

결국 판매자는 무서울 정도로 높은 할당을 받게 되기에 발돋움해야만 한다. 그러므로 그는 가능한 자주 고객들과 만나도록 시도한다. 이는 신상품에 열광하도록 만들어 판매하기 위한 것이다. 나는 여기서 한 가지 극단적인 예를 제시하려고 한다. 의사들에게 특정

약을 판매해야만 하는 약품 중개인에 대한 것이다. 이를 위해 그는 의사들과 시간 약속을 정하고 그들을 방문해야 한다. 하지만 의사들 중에 약속 시간을 내줄 의사가 없다. 당연히 전화 통화도 하고 싶지 않아 한다. 왜냐하면 의사들은 (어떤 경우든지 간에 엄청난 부담감을 갖게 된다) 환자들이 가득한 대기실의 압박감 속에서 일사천리로 신속하게 일해야 하기 때문이다. 약품 중개인은 접수대에서 거의 울다시피 구걸해야만 한다. 그리고 난 뒤에 그는 작업을 개시한다. 의사들은 미리 협의한 약속 시간을 지키지 않는 경우가 다반사다. 왜냐면 약품 중개인이 찾아오는 시간에 그들은 환자를 치료 중이기 때문이다. 결국 그는 하염없이 기다려야 한다. 때가 되면 마침내 의사가 대기실로 나올 테고 그제야 기다리고 있는 중개인을 쳐다본다. 그리고 스트레스로 인해 껌벅거리는 그의 눈은 기다리는 환자 쪽을 배회한다. 의사는 신음하듯 이렇게 말한다.

"좋아요. 나 때문에 기다렸군요. 하지만 빨리 합시다. 내 입장에서 가장 좋은 것은 문제의 약과 설명서를 여기다 놔두고 가는 거예요. 내가 시간이 없거든요."

스트레스 만발로 인해 참을 수 없는 5분 동안 그는 약품 중개인과 대화를 나누며 접수처에 서 있다가 그를 조용히 밖으로 내쫓는다. 우리는 그 당시에 IBM에서도 약품 중개인을 위한 투어플래닝을 개선했다. 거기서 알게 된 바로는, 그들은 하루에 평균적으로 의사들과 72분 대화를 나눈다는 것이다. 나머지 대부분의 시간은 그들이 기다리다가 약속 시간을 협의하거나 주차장을 찾는 시간이다. 이러한 숫자(72분)에 대해 나는 얼마 전에 어떤 제약회사에서 한번 언급한 적이 있었다. 그곳에서 나는 웃음거리가 되었다. "72분만 해도 좋은 시절 때의 얘기입니다." 요즘 중개인이 의사와 대화하는 시간은 하루에 고작 30분 미만일 것이다. 의사들은 이렇게 말한다. "입구에

테스트약품을 놔두고 가세요. 감사합니다. 안녕히 가세요."이는 뭔가 슬픈 '일용직 신세'의 비애라고 할 수 있다.

그리고 이제 상상해보자. 스트레스 상태에 있는 판매자에게 창안자가 고객 방문 때 함께 데려가줄 수 있는지 부탁할 수 있다는 것. 이것은 상상을 뛰어넘는 새로운 프로토타입을 설명하기 위한 것이다. 창안자들은 시간을 내서 일반적으로 연구소, 개발 부서와 대학에서 이러한 설명회를 연다. 그들은 대체로 '실제 삶 속에서' 어느 정도 시간 압박에 시달리게 되는지 상상도 하지 못한다. 여기서 판매자는 악몽을 꾸게 된다. 왜냐면 창안자가 고객 방문에 동반할 경우에 계약을 맺기 위해 초를 다투어 시간을 사용해달라고 말해야 하며 그래야만 하기 때문이다. 한 시간 동안 본론으로 들어가지 못하고 빙빙 돌려서 말하면서도 별것 아니라고 생각하는 '학자가 그곳으로' 함께 가려고 하고 있다!

그러므로 판매자는 혁신자들을 동반하고 싶어 하지 않는다. 가장 최상의 목표는 고객과의 만남에서 시간을 헛되이 쓰지 않는 것이다. "고객과의 시간은 돈입니다. 내 돈이라고요."

시간문제뿐만 아니라, 모든 종류의 이노베이션을 판매할 때에는 늙은 토끼의 자유로운 경험들이 있다. 늙은 토끼들은 '이노베이션'이란 단어를 경멸조의 말투로 말한다. 오리지널 톤으로 한번 살펴보자. "기업이 내게 준 할당량은 달나라에 가라는 것과 같습니다. 이는 내가 절대로 채울 수 없는 양이랍니다. 생산품들은 예전보다 그렇게 완벽하지 못해요. 우리는 고객을 예전보다 더 집요하게 설득해야만 합니다. 더구나 요즘은 물건 값이 더 저렴하지요. 그 말은 더 많이 판매해야만 한다는 소리에요. 그래서 예전보다 시간도 더 필요하죠. 나는 이 빌어먹을 기업에게서 다시 한 번 이 빌어먹을 물건들을 기다려야 해요. 금방 구운 빵을 팔듯이 하나씩 판매해야 하는 것이죠.

나는 고객에게 장시간 설명해야 할 정도로 까다로운 물건은 어떤 것
도 싫습니다. 고객이 그것 때문에 괴로워해서는 안 됩니다. 그도 그
가 원하는 물건에 대해 구체적으로 상상하고 있을 겁니다. 그리고
이러한 어려운 상황 속에서 기업이 등장하는 것이지요. 기업은 거의
매주 착상이 좋은 부가 상품들과 플러스 옵션들을 창안해낼 테고 나
는 이런 물건들을 추가적으로 내 할당량에 따라 판매해야 하겠지요.
하지만 일은 쉽지 않습니다. 내가 고객들에게서 더 많은 시간 약속
을 받아내기란 어렵기 때문이에요. 나는 아주 적은 양이라도 좋으면
서 쉽게 팔 수 있는 물건들을 제공하고 싶어요. 그렇게 요구해보지
만 기업은 이해도 안 되는 이상한 헛소리를 내게 끝도 없이 해대면
서 추가 매출을 올리라고 요구합니다. 그리고 아직도 모든 것이 조
롱당하고 있습니다. 지금도 나는 창안자들을 동반해야 합니다. 그들
이 고객에게 뭔가를 제공할 수 있도록 말이죠. 이러한 창의적인 사
람들을 알고 있습니다. 그들과는 좋지 않은 사이로 끝났죠. 그들이
내 고객을 망쳐놓거든요. 어떤 퍼즐 귀재는 이해할 수 없는 하찮은
것에 대해 말하는가 하면, 또 다른 몽상가는 자신들이 2년이나 10년
내에 방금 고객이 구매하고 싶어 하는 물건보다 더 좋은 것을 제공
할 수 있다고 주장합니다. 이런 사람들은 내 울타리 속으로 더 이상
들어올 수 없습니다. 나는 그의 신상품에 대한 모든 인포메이션을
내 이메일에서 삭제하지요. 그런 사람들의 물건은 하나도 팔 수 없
거든요."

결국 시간이 부족하다는 것이다. 그리고 판매자들은 '이노베이
션'과 '혁신가'로 인해 좋은 경험을 하지 못한다 (조롱적인 어투에 의
해). 하지만 판매자들은 창안자들이 도와달라는 부탁을 쉽게 거절할
수 없다. 왜냐면 기업은 '상관들부터' 어떤 식으로든지 그것을 원하
고 있기 때문이다. 그것 때문에 판매자들은 신개발품의 판매를 비인

간적으로 높은 할당량으로 책정하도록 요구하고 나선다. 즉 그들은 제시된 생산품을 판매하기만 한다면 보너스를 받을 수 있다. 그리고 이 후보자 명단에는 창안자는 올라와 있지 않다. 판매자들은 할당된 양만큼 신제품을 많이 판매할 경우 보너스에 대해서도 분배받고 싶어 한다.

이 점에 대해서는 창안자도 좋은 생각이라고 본다. 그는 '판매 책임자'의 매출이 보너스에 책정될 수 있도록 중재에 나서게 된다.

이제부터 일반적인 파국에 대해 두 가지로 나누어 살펴보자. 일반적인 파국은 판매 과정에서 이노베이션이 실제로 이미 판매되었던 것이 아니냐는 오해로 인해 발생하게 된다. 하지만 이것은 아직 사실이 아니다. 아직 판매된 것은 아무것도 없다. 만약 판매자가 이노베이션을 받아들인 상태라면 아무것도 체결된 계약은 없기 때문에 아직은 그다지 심각하지 않다. 상황은 여전히 변한 게 없이 동일하다. 하지만 이런 이유로 인해 판매 책임자는 매번 더 좋은 생각을 해낸다. 그는 새로운 창안물을 반드시 판매하도록 판매자들에게 추가적으로 의무를 주고 이와 동시에 그들의 할당량을 높인다. 판매 책임자는 다음과 같이 논증하고 있다. 이노베이션은 추가 상품을 의미하며 덕분에 판매자는 그전보다 더 많이 제공할 수 있다는 것이다. 그러므로 그는 갑자기 더 많은 매출을 올릴 수 있는 멋진 기회를 갖게 된다. 특히나 그 이유가 그가 일을 더 잘해서가 아니라 기업이 이노베이션으로 더 많은 기회를 제공해주기 때문이라는 것.

이제 판매자는 정말로 화가 난다. 그는 더 높은 할당량을 받았기에 이제부터는 정말로 신중하게 신상품을 관리해야만 한다. 이 물건을 어떻게 판매하면 좋을까? 그래서 그는 창안자에게 물어본다. 창안자는 처음부터 자신의 아이디어에 대해서만 피드백을 원하고 있다. 자신의 '물건' 값은 얼마나 되는지, 언제 배달될 수 있는지, 어떤 물건번호를 붙여야 할지 등등. 여기서 창안자는 한참 꾸물거리다가 자신의 프로토타입이 '아직 완전히 완성된 것은 아니라고' 고백한다. 이 점에 대해 늙은 토끼는 어차피 다 알고 있다. 요약해보면 판매자는 더 높은 할당량을 받았지만 더 많은 기회를 얻은 것은 아니라는 것이다. 그의 봉급은 줄어들었다는 것을 암시한다. 그는 귀찮은 일을 저지른 창안자에게 노발대발하며 호통친다. 그리고 다시 한 번 판매 책임자에게 사정을 설명하고 제시된 할당량을 낮추어달라고 말한다. 그럼에도 판매자들은 자신들의 할당량이 줄어들 경우에는 오히려 언제나 비통해한다. 그러므로 판매 책임자는 할당량을 내려달라는 주장에 면역력이 있다. 그들 때문에 그는 참지 못하고 화가 난다.

판매자들은 결코 설명할 필요가 없는 확실한 물건만을 더 판매하고 싶어 하죠. 이노베이션의 측면에서 보자면 그들은 클로즈 마인드들에 속합니다.

이러한 불편한 상황은 어디에서 생겨나는 걸까? 판매자의 도움이 필요할 경우 창안물은 완성품으로 내놓아야 한다는 잘못된 상황에 빠지게 된다. 창안물은 너무 성급하게 '추가 매상'과 연결된다. 이는 혁신가도 반드시 피해야 할 점이다. 물건은 완성되어야 판매되는 것인데 아직은 아니다. 창안자와 혁신가는 절대로 현혹되어서는 안 된다. 그들이 아주 분명하게 말해야 할 것은 고객에게서 신상품에 대한 반응을 경험하고 오픈 마인드들의 시각에서 프로토타입의 맹점이 무엇인지를 배우기 위해서 고객을 찾는다는 점이다. 창안자는 판매자들과 함께 오픈 마인드 고객들을 세심하게 선택해야 하고 그들 중에도 새로 개발한 물품에 대해 관심 있을 것 같은 고객들만을 방문해야만 한다. 그곳에서 그는 흥미를 유발할 수 있도록 말하고 고객의 관심을 끌며 더불어 상대방의 말에 귀 기울여야 한다. 아주, 아주 잘 들어야 한다. 하지만 대부분의 창안자들은 시간약속을 받아내고도 '고객에게 너무 전문적인 어려운 말로 설명하고' 지나친 강요를 하게 된다. 그들은 너무 복잡하고 어렵게 말하므로 고객을 실망시킬 뿐만 아니라 고객의 말에는 전혀 귀 기울이지 않는다. 고객에게서 많은 것을 경험할 수 있으며 많은 것을 배울 수 있는데도! 창안자들이 정말로 애를 써서 그들 앞의 신세계를 정말로 잘 탐색하는 일은 상대적으로 드문 일이다. 그들은 평지 사람이 너무도 천진난만하게 아무것도 모르는 채로 또다시 산으로 올라가고 있는 것과 마찬가지인데도 이 상황을 전혀 이해하지 못하고 있다. 새로운 아이디어를 소개받을 때 고객은 줄곧 머리를 절레절레 흔들며 이렇게 말하게 된다. 창안자한테는 아주 다른 현실이 존재하는 것 같다거나 노하우가 부족하다는 식으로. 혹은 등산과 비교해서 표현하면 다음과 같을 것이다. 고객은 3차원으로 현실을 바라본다면 창안자는 여전히 2차원적으로 바라보고 있는 것이다. 그러므로 그는 평지 사람이 그렇듯이 실제로 존재하는 것보다 훨씬 단순하게 모든 것을 생각한다. 창안자가 현실에 대해 아직도 반쯤 눈을 감은 채로 고객을 찾으면서도 박사 학위로 인해 높은 자신감과 우월감을 드러낸다면 그곳에서 그는 뼛속까지 웃음거리가 될 것이다. 약속 시간에 함께 동반한 회사 판매직원은 몹시 부끄러워하면서도, 맘속으로는 어렵게 얻어낸 자신의 약속 시간을 망쳤다고 악담을 할 것이다. 그리고 실패를 경험한 판매 직원은 모든 판매 직원들에게 '그 사람과는' 고객 방문을 하지 말라며 미리 경고할 것이다.

이뿐만 아니라 간과할 수 없는 또 하나의 문제가 있다. 애당초 아주 생소한 고객에게 판매되어야만 하는 창안물인 경우가 빈번하다는 것이다. 그렇다면 그다음엔? 나는 투어플래닝의 예로 다시 언급하도록 하겠다. 그 당시에 우리 팀은 고객 방문 때 데려갈 수 있는지 IBM에 청했다. 하지만 IBM은 IT는 판매하면서도 정작 투어플래닝은 판매하지 않았다. 그런 이유로 IBM의 '고객'은 사실상 고객 회사의 IT매니저인 셈이다. IT매니저는 투어플래닝에는 관심이 없었으며 아는 바도 거의 없었다. 그는 이 창안물을 구매하고 싶어 하지 않았으며 개인적인 만남 때에도 그다지 오래 이 물건에 대해 언급하지 않았다. 결국 고객에게 먼저 선보인다고 해도 아무런 의미가 없었다. IBM의 판매부가 기껏해야 물어볼 수 있는 것은 고객회사에 유명한 논리 계산 매니저와 전체 차량 매니저가 있는지에 관한 것이었다. 하지만 고객기업의 IT매니저는 더 이상 알고 싶어 하지 않았다. 만약 1995년에 갑자기 투어플래닝 소프트웨어를 구매하고 싶어 하는 사람이 이 세상에 나타났다고 상상해보자. 그가 하이델베르크에 있는 나에게 전화를 걸어왔더라면?

아이디어로 새로운 고객들을 매료시켜야 하는 사람은 이 새로운 사람들에게 접근할 수 있는 방법이 무엇인지에 관해 숙고해야만 한다. 새로운 만남을 성사시킬 수 있는 방법은 무엇일까? 새로운 고객 타입은 피드백을 통해 지속적으로 도움을 줄 수 있을까? 훗날 상품화된다면 잘 진척될 수 있을 것인가? 다음과 같은 문제점들도 예측해야 한다. 이러한 새로운 고객들 중에는 아마도 결정 권한이 있는 판매 담당자가 없을지도 모른다는 것. 혹은 새로운 고객들한테는 상품에 대한 기획이나 진행의 문제가 발생할 수 있다. 이에 대해 누가 결정 권한이 있는지, 고액의 판매 보너스를 받는 사람은 누구인지 오랜 기간 동안 내부적인 논의가 있어야 할 것이다. 여기에 혁신가가 지지할 수 있을지 근본적인 문제에 봉착하게 될 것이다.

그 당시에 우리는 이 문제에 대해 이런저런 생각을 해본 끝에 마침내 결정을 내렸다. 투어플레닝의 최적화 대신에 기업으로부터 빌린 데이터 접속선을 최적화하는 것으로 옮겨가자고. 더 혹독하게 말하자면 투어플래닝은 매장된 것이다.

우리는 다른 문제에 집중했다. 텔레콤 회사에서 우리가 어떤 데이터 고속도로 네트워크를 빌려야 가장 저렴한 비용이 발생할지였다. 수많은 데이터가 계속해서 증가할 경우에 우리가 이 접속선을 어떻게 빌려야 전략적으로 유리할 것인가?

이러한 문제는 각 기업의 IT-CEO들도 갖고 있었다. 그 당시에 우리는 고객인 IT-CEO들을 방문할 수 있었다. 이것으로 우리는 판매부의 늙은 토끼들을 열광하게 했다. 그들은 고객에게 이렇게 말했다. "이보세요, 고객님! 우리는 아주 탁월한 물건을 가지고 있습니다. 이것 때문에 당신은 돈을 절약할 수 있을 테고 더 많은 컴퓨터를 구매할 수 있을 겁니다." 이날의 만남은 대단히 훌륭하게 진행됐다. 왜냐면 판매부 담당자는 우리와 함께 고객을 찾은 덕택으로 좋은 인상을 줄 수 있었기 때문이다. 이로써 그는 우리 없이도 더 많은 시간 약속을 받아낼 수 있었다. 결국 우리는 판매 문제 때문에 우리의 상품에 변화를 주었고 고객의 마음도 움직일 수 있게 되었다. 이것은 결과적으로는 성공을 거둔 것이지만 창안자의 마음으로 볼 때는 뼈저린 아픔이었다. 진정한 혁신가라면 그래도 기뻐해야 할 것이다. 나 자신도 아직 그 정도 단계에 이르지는 못했다. 나는 나의 아이디어가 매장된 것에 슬퍼하기 때문이다.

마케팅과 커뮤니케이션은 평범하지 않은 것에 저항한다

마케팅 담당자들은 모든 다른 직업인들과 마찬가지로 임금을 받을 수 있는 일에 종사하려고 한다. 일정 시간 동안에 마케팅 종사자들은 많은 사람들 사이에 여러 가지 광고를 널리 퍼트리고, 설명서의 내용을 정하고 배치하는 일반적인 과제를 수행한다. 이뿐만 아니라 박람회전시장을 운영하고 자체광고를 위해 회의를 열기도 한다. 최근에는 이에 상응하는 활동들이 페이스북이나 일반적으로 '소셜미디어(Social Media)'에서 어떤 식으로 전개될 수 있는지 열정적으로 궁리되고 있다. 누구나 기업과 그들의 생산품들을 '비교해야(liken)' 할 것이다.

수치만 중요시하는 매니지먼트가 만연할 경우 마케팅 부서는 '전혀 돈을 벌 수 없으며' '고객들에게 이상한 선물들만 나누어주고' 있다는 의혹에 빠질 수 있다. 도대체 마케팅은 어떤 일을 해야 할까? 이러한 질문은 ("마케팅은 어떤 일을 해야 할까요?") 지난 수십 년 동안에 기업의 모든 분야 매니지먼트가 해온 것이다. 직접적인 이익 분담을 헤아리기 어려운 커뮤니케이션 분야들과 연구 부서도 이에 해당된다. 판매자들의 입장에서는 다음과 같은 일은 더 간편하다. 즉 완판을 목표로 할 경우에 얼마만큼의 순수 이익을 얻을 수 있는지, 그중에서 얼마를 자신의 봉급으로 받을 수 있을지를 계산하는 것이다.

그렇다면 기업블러거, 신문사 대변인 혹은 박람회 전시장 대표는 무슨 일을 해야 할까? 이런 직업일 경우에는 지난 몇 년 동안에 성공의 기준이 분명해졌기에 이 기준에 따라 그들의 업적이 측정될 수 있다. 다시 말해서 독자의 수, 기업 인지도의 상승, 박람회 방문자의 수, 혹은 강연회의 방청객수, 마케팅행사를 위한 평가 설문조사에서 고객의 점수 등을 예로 들 수 있다. "당신이 우리가 맘에 들었다고 생각하셨다면 제발 말씀해주십시오. 우리는 이런 계기로 많은 것을 배우고 싶습니다. 또한 당신을 위해 좀 더 발전할 수 있도록 노력하겠습니다." 이는 모든 회의 주최자들이 하는 말이다. 그리고 이것은 부분적으로는 옳은 말이기도 하다. 왜냐면 데이터들은 평가 근거로써 담당 부서장에게 제시되기 때문이다. 그들이 이벤트 조직자로서 얼마나 성공적으로 작업했는지 알기 위해서다. 이 결과에 따라 부서장은 행사의 성공 유무를 평가하게 된다. 모든 '성공데이터'는 성공 보고서로 작성되고 매니지먼트 미팅에서 발표하게 된다. 그런 다음에 분기마다 극도의 압박을 받고 있는 또 다른 매니저들은 마케팅 부서가 '너무 많은 자금을 소진했다며' 여전히 거칠게 책망한다. 그리고 그들은 이렇게 질문한다.

"이건 절대로 저렴한 가격이 아니에요? 인원이라도 적었나요? 우리가 뭘 절약할 수 있을까요?"

혁신가는 마케팅 담당자들이 엄청난 압력을 받고 있으며 동시에 의무 할당도 받았다는 것을 잘 알고 있어야만 한다. 그래서 그는 그들의 도움을 받아들여야 하며 자신의 마케팅 동료들이 성공적인 결과 덕택에 플러스 점수를 획득할 수 있도록 애써야만 한다. 그가 이러한 노력을 달성한다면 마케팅 분야에서는 명예로우면서도 또 한 명의 동료로서 협력하게 되는 셈이다. 그렇다면 그는 언제나 최고의 환영을 받을 수 있을 것이다. 하지만 그의 아이디어가 플러스 점수를 획득하지 못할 것을 두려워하고서 아무런 노력도 하지 않는다면 마케팅 담당자들은 그를 배척할 게 뻔하다.

기업의 일반적인 마케팅 캠페인에 더 가까이 정착할 수 있는 아이디어들은 전체 표상에 더 잘 어울리고 더 좋은 기회를 얻게 될 것이다. 최적화에 대한 나의 일반적인 예를 위해 우리 팀은 다음과 같은 노력을 했다. IBM의 투어플래닝-마케팅을 본사가 그렇게 좋아하지는 않았지만 IT-네트워크를 극대화할 때에는 더 많은 잠재력을 보았다. 혁신가의 아이디어가 종횡무진 나타날 경우에, 예를 들어 평범하지 않거나 혁명적일 경우에 전체 기업에 잘 부합하지 않는다면 마케팅 부서와 커뮤니케이션 부서는 새로운 아이디어를 받아들일 수 없다. 그들은 기능, 이미지, 전체상과 기업능률의 '메시지'를 대중과 고객에게 밝은 빛으로 보여주어야만 한다. 아이디어가 있는 혁신가가 이러한 빛을 흐린다면 지원받기 어려울 뿐만 아니라 앞으로 제지받게 된다. "그 아이디어는 전체 전략을 방해합니다. 우리는 지금 막 기존상품 X를 판매하기로 결정했습니다. 당신은 이제 우리 단골들의 마음을 끌어주십시오. 당신이 아직 진전을 보이지 못하고 있는 새구상들을 논의의 장으로 내세우려면 말입니다. 지금 우리는 여러 부서에서 거래 체결 직전에 있는 일이 있습니다. 고객들의 관심을 다른 쪽으로 돌리고 싶지는 않습니다." 마케팅과 커뮤니케이션은 방해에 대해 확실한 면역 시스템을 구축하고 기능을 유지해야만 한다.

실제로 이는 혁신가를 아주 화나게 만든다. 너무 부당하게도 "사업은 계속 돌아가도록 해야 합니다. 이것이 규칙이에요."라는 말을 듣게 된다. 혁신가로서 자신의 아이디어가 선전되는 것을 보고 싶은 사람이라면 이러한 제한과 보류에 대해서도 뭔가 매력적인 것을 창출해내야만 한다. 혹은 진척을 보이고 있는 구상이나 생산품을 선보일 수 있을 때까지 마케팅 부서와 함께 잠시 시도를 멈추어야 한다. 당신이 만약 새로운 아이디어를 가지고 있는 데도 보류된 상태라면 마케팅과 기업 커뮤니케이션의 중요한 1차적 과제가 무엇인지를 생각해보아야 할 것이다. 그곳 동료들은 원치 않을 테지만 해야 할 중요한 과제가 있을 것이다. 특히나 이상야릇한 새로운 아이디어의 보급이라면 참고 해야만 하는 과제는 무엇일까? 모든 혁신가는 진심으로 '거울 앞에 서서' 스스로에게 질문을 던져야만 한다. 그가 프레젠테이션으로 발표할 것이 있을까?(그리고 그는 해내야 한다.) 전체 기업의 별자리를 좀 더 밝게 밝힐 수 있는 것은 무엇이며 또 그렇지 못하는 것은 무엇인가? 고안된 이노베이션이 기업을 위해 정말로 이득이 되는 일인가? 예 혹은 아니요로 답해보자. 정성을 다해서 대답해보아야 한다. 우리가 이 모든 것을 다 해야 하는 이유를 이 과정에서 터득할 수 있을 것이다. 아마도 새로운 아이디어와 함께 자신도 중요해지기 위해서다. 상대방으로부터 감탄받았는가? 경력에 도움이 되었는가? 그리고 시스템이 혁신가의 아이디어에 대해 정말로 저항하고 있다면 그는 해가 되는 박테리아처럼 제거될 것이다. 제발 한 번만이라도 위에서 언급한 질문들에 대해 생각해보아야 할 것이다. 대답이 분명하지 않다면 모든 것은 오로지 에너지 낭비로 전락하게 되고 실망감으로 끝나게 될 것이다.

기업의 면역시스템은 새로운 것에 얼마만큼 확고하게 저항하고 있는 걸까? IBM은 새로운 아이디어 창출로 유명한 대규모 연구소들을 소유하고 있다. 그곳에서 일하는 것은 정말로 자랑스러운 일이다. 나는 그런 점을 지금도 알고 있으며 오랜 기간 동안에 하이델베르크 연구소에서 일했다. 새로운 아이디어로 대중 앞에 나타난 우리팀은 우리의 평범하지 않은 구상으로 인해 IBM이 거의 모든 생활 분야들에서 거의 선두에 있다는 것을 재차 나타내게 되었다. 그래서 우리는 정말로 새로운 아이디어를 잘 선보였기에 전체 기업의 의미에서 임무를 완수할 수 있었다. 연구 실험실들은 비밀 개발을 위해 차단되지 않았고 중요한 공개 기능을 수행했다. 내가 항상 만족스럽게 느꼈던 것은, IBM이 그렇게 강력한 면역 시스템을 형성하지 않았다는 것이다. 나는 수없이 이런 질문을 받았다. "뭐……라고요? 그 일을 허락받았다고요?" 나는 다양한 부서에서의 교육시스템이나 주주-가치-매니지먼트에 대한 기본 비판을 저서로 출판한 것으로 알려져 있다. "뭐……라고요? 그런 내용을 출판하도록 허락받았다고요? 우리 같으면 곧바로 잘립니다. 그들이 당신을 CTO로 삼을 생각인가봐요." 기업은 자신의 시스템을 얼마나 강력하게 만들 것인지 심사숙고해야만 할 것이다. 여기서 쟁점이 될 만한 일이 있기에 나는 본 책의 서술 과정에서 다시 한 번 언급하기로 하겠다.

미팅의 잘못된 관행 - 광고지를 제시해야만 하는 것!

혁신가들은 기업의 후원을 필요로 한다. 이를 위해 그들은 당연히 상관에게 의지하고 의논한다. 상관은 아마도 탄식하듯 말할 것이다. 동료가 다시 새로운 아이디어를 냈는데 그의 과제를 100퍼센트 확신하진 못하겠다고. 상관은 음식 값의 일부를 (당연한 듯이) 개인적으로 계산해야겠다고 느낀다. 이노베이션은 그야말로 재원을 꿀꺽 삼킨다. 그리고 같은 부서의 동료가 시간의 일부를 이노베이션에 바친다면 그것은 사업 과정에서 부서의 성공을 낮추게 될 것이다. 이것으로 이노베이션은 상관의 임금 상승을 위태롭게 할 테고, 상관은 또다시 어떤 목표나 할당을 정해야 할 것이다. 이러한 사정으로 아주 소수의 창안자들만이 다시 앞으로 나선다.

"회장님 말씀으로는 우리가 창안해야 한다고 하셨습니다. 왜냐면 그것이 전체를 위한 길이기 때문입니다. 다른 분들과는 반대로 나는 그대로 수행할 겁니다. 이제 나는 상관이 내게 자유로운 길을 열어주기만 기다리고 있을 겁니다."

그는 도덕적인 의무감을 갖고 전체를 위해 행동할 경우에만 위와 같이 할 것이다. 통상 사례로 볼 때는 그렇지 못하다. 전체를 위해서가 아니라 자신의 명성과 자신의 임금 인상을 위해 일하는 경우가 잦은 창안자한테는 있을 수 없는 일이다. 상관은 고기음식 냄새를 느끼며 코앞에 닥친 자신의 임금 인하로 창안자의 임금을 지원해야 한다는 생각을 하게 된다. 결국 창안자는 거절되고 만다.

하지만 창안자는 공식적인 거절의사를 전달받지는 않는다. 왜냐면 원칙적으로 기업이 이노베이션을 지원하고 싶어 하기 때문이다. 그때 그는 다시 좋은 아이디어를 떠올리게 될 것이다. 다시 한 번 자신의 상관에게 지원을 부탁하는 식으로. "제발 계획된 이노베이션에 대해 한 번만 들어주세요. 나는 이번 계획이 아주 좋다고 생각합니다. 우리는(우리란 단어를 유념할 것!) 언젠가는 한번 결정해야만 할 겁니다. 당신이(당신이란 단어를 유념할 것!) 여기에 투자해야 할지 어떨지 말입니다."

실제로 주요부서장은 '창안자들에 대해' 어떤 흥미를 지니고 있지 않다. 왜냐면 창안자들에게서 언제나 일방적으로 들볶인다는 느낌을 받고 있기 때문이다. 또한 그들은 설명하는 과정에서 항상 그가 모르는, 중요한 기술적 세부 사항에 대한 예비지식을 전제로 하고 있기 때문이다. 그는 또다시 괴로운 만남이라는 것을 잘 알고 있는 것이다. 그러므로 매번 그는 매니저 미팅에서 아이디어를 프레젠테이션 해야 한다고 창안자에게 제안하게 된다. 그것도 4주 내에!

"그때 우리가 겨우 시간을 낼 수 있습니다. 우리 기업에도 신선한 사고들이 있는지 한번 볼 수 있다는 게 좋군요."

주요 부서장은 별 군소리 없이 이러한 미팅을 관리해야만 한다. 그는 새로운 아이디어에 대해 시간낭비를 하지 않는다. 그는 새로운 분야들에서 기술적으로 능통하지 않다는 것을 부끄러워하지도 않을 것이다. 다른 매니저들은 방어적 입장을 취할 것이다. 미팅에서 프레젠테이션을 해야 하기에 창안자는 곧장 4주를 몽땅 잃어버리게 되는 셈이다. 이것은 우리가 생각하는 것보다 실제로 더 끔찍한 일이다. 이는 특수한 경우가 아니며 여기서는 이노베이션에 대항하는 자체 면역 시스템이 발동하고 있는 것이다. 시스템은 이미 처음부터 약속 시간을 억지로 잡는 바람에 많은 중요한 부분을 간과해버렸다. 하지만 훌륭한 혁신가라면 이를 놓치지 않는다. 그는 개별 면담을 요구할 것이다. 곧바로. 하지만 일반적으로 그는 약속시간을 받아들이고 이것으로 인해 발생되는 기타 문제점들이 무엇인지 생각해본다.

우선 그는 프레젠테이션을 해야만 한다는 것!

프레젠테이션은 기본적으로 뭔가 구체적인 것을 전해야 한다. 이는 가르침, 인식, 규칙, 상부의 새로운 명령과 결정, 행동 규칙, 성공, 과거의 수량 혹은 앞으로의 전진을 위한 제안 등이다.

하지만 미래의 혁신가는 상관의 본심을 알아내려고 하거나 더 잘 알아차려야만 할 것이다. 매니지먼트의 분위기를 탐색하고, 의견을 제기하고, 가능한 기회들에 대해 충고를 받아들인다. 또한 자신의 분야에서 더 많은 권력과 더 높은 지위의 매니저를 알기 위해 새로운 만남을 소개받는다. 뿐만 아니라 그를 도와줄 수 있는 전문가들의 이름을 수집하는 일도 수행하게 된다. 이를 위해서는 공개적인 대화 모임(특히 한 사람이 돌아가면서 발표하는 형식으로)이 안성맞춤일 것이다. 여기서는 다시 한 번 생각할 시간을 가질 수도 있으며 창안자에게 정말로 도움이 될 수 있도록 시도할 수 있을 것이다. 프레젠테이션은 여러 사람들 앞에서 순식간에 끝날 것이다. 일반적으로 창안자 혹은 혁신가는 자신이 설명할 물건에 대해 이미 준비해온 상태다 (이는 본인 의견을 반영한 아이디어다). 이를 통해 그들은 경영진을 감동시키려고 노력할 것이다. 하지만 (언제나!) 다음과 같은 질문이 발생한다.

- "당신은 아주 쉽게 설명할 수 있습니까? 짧고 명확하게 할 수 있나요?"
- "당신은 우리에 대해 구체적으로 무엇을 알고 있나요? 우리가 무엇을 해야 하는 거죠?"

- "당신한테는 당신의 아이디어를 양으로 표시할 수 있는 수치가 있습니까? 당신이 설명한 대로라면 너무 애매모호하게 들리는데요. 나는 당신 말을 아직도 이해할 수 없군요."
- "우리가 그것에 대해 관심을 가질 경우 바로 여기에 있는 우리에게 유용한 것은 무엇인가요? 다음번 분기 결과에서도 도움이 될 만한가요? 만약 그렇다면 얼마나요?"

이러한 질문의 의미는 무엇일까? 아이디어에 대한 프레젠테이션은 (아마도 모든 프레젠테이션) 성공적이지 못하다는 것이다. 실패다! 이제 매니지먼트는 창안자라는 사람이 조직적으로 생각하지 못하며 구체적인 사고도 하지 못한다는 것을 알게 된 것이다. 내적으로는 유보적 상황에 부딪히게 된 것이다. 만약 제시된 질문에 대해 설명할 수 있다면 다시 기회를 잡을 수 있을 것이다. 결국 창안자는 다음과 같은 과제를 받게 된다.

- '짧고 명확하게'라는 핵심 주장에 대해 세 가지로 작성한다면 모든 것이 "바로 이해될 수 있다."
- 창안자가 필요하다고 생각하는 행동에 대해 정확하게 리스트를 만든다. 또한 그가 매니지먼트의 즉발적인 행동으로 기대하는 것을 모두 리스트로 작성해야 한다. 이를 위해 시간 계획과 상황에 대한 설명이 제시되어야 한다.
- 시장연구 혹은 어떤 통계를 통해 자신의 아이디어가 언젠가는 이익을 가져다줄 수 있음을 숫자로 증명한다. 이익이 얼마 정도 생길 수 있을까?
- 외부인, 예를 들어 고객이 - 이 물건이 도대체 무엇인가? - 라는 질문을 하게 된다면 우리가 도처에서 보여줄 수 있는 광고지를 만들어야 한다.

혁신가는 원래 자신의 아이디어에 대해 관심이나 칭찬과 도덕적인 지원을 원하면서도 근본적으로는 의논과 실제적인 도움을 바란다. 사실상 그가 매니지먼트 미팅을 마치고 자리에서 일어설 때에는 그 스스로 해결해야만 하는 산더미 같은 과제를 떠맡게 된다. 이것은 그가 원하는 미팅이 아니다. 이것은 애당초 엉뚱한 길로 빠진 것이다. 그의 생각으로는 부서장들이 한 번이라도 한두 시간쯤 자신을 위해 시간을 내주어야 한다. 하지만 매니지먼트는 그런 배려를 하지 않는다. 매니지먼트는 자신들의 역할을 일거리 분배의 장소나 결정의 회전대로 이해하고 있다. 창안자가 받은 과제의 의미는 무엇일까? 이는 다음과 같은 분명한 문장으로 나타낼 수 있다. "아직 결정을 내릴 수 없을 정도로 모든 것이 애매하군요. 다음번에 우리는 결정을 내릴 수 있을 것 같군요." 매니지먼트가 미팅에서 결정을 내리기는 하지만 아무것도 '도움 되는 일은' 없다. 그런데 바로 이러한 점을 창안자는 기대했으며 그런 이유로 그는 실패할 수밖에 없다. 그는 모든 과제들을 해결한 뒤 광고지를 들고 다시 찾아올 것이다. 그러고 나면 경우에 따라서 그는 매니지먼트로부터 원칙적으로 '그런 어떤 것'을 위한 자금이 없다는 대답을 들을지도 모른다. 하지만 이는 첫 미팅을 한지 서너 달이 지난 뒤에야 비로소 발생하게 된다. 이미 너무 많은 시간을 낭비했기에 어디선가 다른 창안자들이 자신보다 더 서둘러 상품을 출시할 수 있다는 불안감에 휩싸이게 될 것이다.

더 큰 기업의 경우에 전단지 또는 작은 아이디어 설명서는 마케팅 부서와의 협상에서 공식적인 인쇄물로 준비되어야만 한다. 이 부서는 오로지 공식적인 자료만을 작성할 권한이 있다. 이 점은 혁신가한테는 특히나 한편의 드라마가 된다. 그의 아이디어가 광고문구로 퇴색하여 애매하게 표현되는 것이다. 그의 시각에서 볼 때는 완전히 의미가 왜곡되어 있다. 내용은 알맹이가 없이 다방면으로 언급된 듯하다. "투어플래닝은 기업의 효율성 증강에 결정적인 발자취입니다. 당신은 곧 시장에서 최초로 제공하게 될 전문적인 해결방안으로 수백만의 자금을 절약하십시오. 당신은 레퍼런스(Referenz)파트너가 되지 않겠습니까? 이곳으로 전화해주세요. 마케팅 부서 전화번호는……." 나는 도를 넘어선 한 편의 드라마로 작성하기 위해 약간은 과장된 설명을 하고자 한다. 광고지에 대해 다음과 같은 반응들이 있을 수 있을 것이다.

- 창안자: "이건 아주 좋아 보이는 군요. 내가 광고지를 나누어 드릴게요. 언뜻 보기에는 당장이라도 몇백만을 절약할 수 있을 것 같군요. 이건 옳지 않은 일이지만 다들 광고지가 있어야 된다고 말하지요. 광고지에 정확히 어떤 내용이 들어가야 하는지 하루 종일 마케팅 담당자들에게 설명을 하면서도 나도 실망하고 맙니다. 지금 내가 알 수 있는 것은, 그들이 광고지 문구 속에서 투어플래닝보다는 지식경영(knowledge management, 조직구성원 개개인의 지식이나 노하우를 체계적으로 발굴하여 조직 내 보편적인 지식으로 공유함으로써, 조직 전체의 문제해결 능력을 비약적으로 향상시키는 경영방식_옮긴이)이란 단어만을 강조하고 있다는 거죠."
- 마케팅: "우리는 이 순간에 광고지 생산량을 드높였으며 동시에 기업가치의 향상에 기여했습니다."
- 창안자의 부서장: "자, 한번 보세요. 이것 이미 좋아 보이지 않습니까? 이제 마침내 구체적으로 보이네요. 우리가 이제는 수백만을 절약할 수 있다고 얘기할 수 있을 것 같아요. 무엇 때문에 당신이 이 얘기를 프레젠테이션에서 언급하지 않았나요? 당신이 이미 고객을 찾고 있다는 것도 사전에 말하지 않았지요! 그때 우리는 할당을 올릴 수 있을 겁니다. 제발 다

음번에 다시 한 번 프레젠테이션 해주시고 당신의 아이디어가 성공적이라는 것에 대해서도 보고해주세요."

이미 말한 것처럼 위의 글은 극단적으로 서술되었다. 이 글이 쓰디쓴 조롱이라는 것을 누구나 눈치챘을 것이다. 나 스스로도 혁신가라는 존재 속에서 나의 좌절감들을 아직도 마음속 깊이 담고 있는 것이다. 대체적으로 나는 이번 단락에 대해서 이렇게 말하고 싶다. 매니저 미팅이란 잘 기름칠 된 사업공정 속으로 기업 직원들이 편입되는 장소라는 것이다. 모든 것이 서서히 그곳으로 흘러간다. 창안자는 미팅에서 도움을 받는 경우가 드물다. 아니, 그는 이러한 느린 흐름 속에 순응하게 되고 사업 공정에서 말끔히 정렬된 상태로 함께 헤엄친다. 이로써 그는 면역시스템에 의해 휩쓸리게 되고 아마도 이미 좌절되고 말 것이다. 매니저들이 이노베이션에 반대하는 것은 아니지만 그들은 (디스코텍-수위처럼) 때때로 결정해야만 하는 순간에만 생각한다. 입장해도 되는 사람과 입장할 수 없는 사람을 구분하듯이. 그곳에서 입장하지 못하는 이유를 묻는 사람은 결정적인 대답을 듣게 된다. 이와 관련하여 책의 앞부분에서 인용했던 지포트 핀초트의 인상적인 충고를 여기서 다시 한 번 떠올리고 싶다. "당신이 할 수 있는 만큼 언더그라운드에서 일해주세요(Work underground as long as you can)."

우리는 반드시 가야만 하는 그런 매니저 미팅에만 참석해야 한다. 다시 말해서 순조롭게 통과될 수 있다는 유일한 목적이 있을 때에만 참석하라는 뜻이다. 그리고 제발 실제 결정에 대해서 질문하지 말고 도움을 청해서도 안 된다. 이러한 모든 불가피한 일에 대해서는 개별상담에서 수행해야만 한다. 거의 무대 뒤에서. 무대 위에서는 작품만 상연해야 된다. 우리는 이 점을 절대로 간과해서는 안 된다. 하지만 작품은 무대 위에서는 집필되지 못한다는 점도 잊어서는 안 된다.

진정한 혁신가라면 이미 자신이 의미하는 대로 모든 것이 결정되어 공포되어질 때 비로소 매니저 미팅이라는 무대 위로 올라간다. 그러면 더 지위가 높은 매니저가 그를 불러서 이렇게 말할 것이다. "내가 이 새로운 사업 분야를 재촉하도록 XY 씨께 부탁했습니다." 이것은 매니지먼트의 의미에서는 '조직적이고 구체적이라는' 뜻이다. 혁신가의 작업은 이미 실행되고 있는 것이다. 다음 장에서는 개별적인 양상에 대해서 살펴보자. 먼저 혁신가가 겪게 되는 함정들에 대해 서술할 것이다.

컨퍼런스와 뜨거운 감자-저항

비전 제시자들이 서로 만나 의견을 교환하는 컨퍼런스에서 혁신가는 아이디어를 발표하려고 시도한다. 이곳에서 그는 많은 얘기를 듣고 배울 수 있다. 그는 자신의 분야에서 가장 최신의 발전에 참여하고 있다. 그는 수많은 다른 기업들의 진열장을 방문하고 인포메이션을 받는다. 본인의 프로토타입들을 진열대에서 소개할 수 있으며 인쇄해온 여러 부수의 공고지를 대규모 박람회에서 배포할 수 있다.

박람회 진열대와 프레젠테이션은 페이스북과 같은 기능을 하게 된다. 당사자들은 다른 사람들에게서 자신의 아이디어에 대한 생각을 들을 수 있는 것이다. 그들은 다른 사람들의 아이디어는 얼마나 진전되고 있는지 알기 위해서 경쟁자들의 진열대를 유심히 관찰한다. 만약 그들이 이러한 관점하에서 모든 노력을 목격하고 자신도 그렇게 하려고 노력한다면 이것은 아주 가치 있는 일이다. 여기서 그들은 다른 모든 사람들이 컨퍼런스에서 하는 일은 무엇이며 그 이유는 무엇인지를 알아야만 할 것이다.

컨퍼런스에서는 긍정적인 것과 새로운 것만 전달하며 그렇지 못한 것들은 기회가 없다. 한 컨퍼런스의 비망록은 다음과 같은 내용을 제공하고 있다.

- 비전: "이번 여행은 어디로 향하나요?"
- 경험: "나도 이러한 구체적인 혁신을 이루었기에 지금은 행복합니다."
- 워크숍: "우리는 첫 번째 체험('hands-on')을 실습합니다. 그러면 몇 시간 지나지 않아 당신은 이미 풍부한 경험을 갖게 될 겁니다."
- 판매진열대: "이 모든 것을 빨리 봐주세요. 그리고 이게 얼마나 좋은지도 봐주세요. 그런 뒤에 당신은 우리에게 방문카드를 꼭 주시기 바랍니다 (그 대신에 당신은 페퍼민트 한통과 장난감 야광공을 받으실 수 있습니다). 그리고 우리와 개별약속을 잡아주세요. 당신은 VIP-고객이 되시기에 평생 동안 광고지를 받아보실 수 있습니다." 이 모든 것은 최근의 통용어로 '잠재고객 발굴(lead generation)'을 뜻한다.
- 스폰서 모집

스폰서들은 행사의 상당 부분에 대해 자금을 지원한다. 이를 위해 그들은 진열대를 전시해도 된다. 그리고 보통은 수많은 연설을 하게 되는데 컨퍼런스에서 누가 연설할 것인지 임으로 정해도 된다. 박람회의 주최자들이 진열대의 가격을 지불하고 참여자들은 회의 비용을 지불한다. 아마도 약간의 국가 지원이 있기 때문에 어느 한 장관이 후원자의 자격으로 오프닝을 선언하게 된다. 선거 때에는 장관들이 헤아릴 수 없이 많이 참석한다. 결국 대부분의 강연들은 강연자가 소속되어 있는 기업에서 지불하게 되는데 이는 그의 기업과 여기서 설명할 상품을 마케팅하기 위한 것이다. 이미 누구나 구매하는 상품들을 연설에서 설명할 필요는 없다. SAP-프로그램 혹은 워드를 설명하려는 연설은 여기서 적합하지 않을 것이다. 기업들이 컨퍼런스개최를 위해 지불하고 여기서 아주 새로운 상품에 대해 설명하는 것은 지극히 당연한 것이다. 하지만 어떤 상품을 소개할 것인가?

가장 바람직한 것은, 지금까지 어떤 고객도 구매하지 않았으며 아직 구체적인 사용자 경험이 제시되지 않은 어떤 것이어야 한다. 그렇다면 우리는 새로운 상품을 공짜로 받아 시험적으로 사용해본 주창자 고객 한 명을 찾을 것이다. 그 고객은 '수년간 만족스럽게 사용한 뒤에 추천고객의 성공 사례로' 물건에 대한 경험을 판매할 수 있다.

실제로는 적합한 경험이 없으며 대체로 첫 번째 시도만을 언급한다. "우리는 아직 시작 단계입니다."라는 문구에서도 잘 나타난다. 혹은 "우리는 이 상품을 어제부터 가동하고 있습니다. 그래서 상당한 절약효과에 대해 지금까지 약속해왔듯이 우리는 앞으로도 계속 우리 상관에게 약속을 지킬 것입니다. 실제로 이러한 약속이 현실화될 수 있는지 지켜보아야만 합니다." 혹은 "우리는 새로운 서비스 모델에 관해 아주 많은 것을 약속했습니다만 여기서 구체적인 숫자를 지칭할 수는 없습니다. 우리가 그 숫자를 알고 있음에도 일정기간동안은 비밀로 작업하려고 합니다. 왜냐면 다른 기업보다 상당한 우위를 차지하고 싶기 때문입니다."

이러한 의미에서 대부분의 회의들은 얼리 어댑터들과 오픈 마인드들이 교차되는 지점에서 정착된다. 얼리 어댑터들은 새로운 상품들을 이미 사용하고 있지만 아직도 오랜 경험들에 대해서는 잘 알지 못한다. 또한 이를 통해서 어떤 피해가 발생하게 될지 그리고 이를 어떻게 대처해야 할지도 알지 못한다. "이것은 정확히 무엇을 이용하고 있나요? 이것은 안전한가요? 사용이 간편한가요? 연속적인 피해나 부작용은 없나요?"와 같은 오픈 마인드들의 질문들은 아직도 분명하게 해명될 수 없다. 이에 대해 의문점을 표현하는 사람은 그 대응책으로 곧바로 대표 주창자의 방문을 제공받게 된다. 이로써 모든 것에 대안 의문은 개인적인 답변으로 받게 된다.

기업의 얼리 어댑터들은 즉시 대체하고 싶은 새로운 것을 전면에 내놓기로 결정하고 이에 대한 격려를 얻기 위해서 참여자로 참여한다. 기업의 오픈 마인드들은 실제로 이미 확증된 것이 무엇인지를 설명하려고 한다. 회의에 참석한 많은 사람들은 소규모 상담업체의 직원이거나 사장이다. 이들은 오로지 최신의 트렌드를 쫓고 있으며 이러한 최신의 것에 대한 지식을 고객에게 전문가의 지식으로 다시 판매한다.

참여자들은 대체로 컨퍼런스에서 실망감을 감추지 못한다. "왜냐면 새로운 것은 아무것도 없기 때문이다." 그들은 자주 컨퍼런스에 참석하고 있기에 새로운 것은 드물다. 그 어떤 것도 그리 빨리 변하지는 못한다. 얼리 어댑터들과 주창자들은 둘 중에 누가 더 먼저 나설지 서로 엿보고만 있다. "별다른 게 없군요." 오픈 마인드들은 자주 절망한다. 새로운 것은 아직 구체적이지 않기에 그들이 분명한 행동 지침을 세우고 판단할 수 없기 때문이다. 예를 들어 가격이 얼마인지 그리고 무엇을 이용하는지? "아직 뜨거운 감자랍니다. 지난해에는 전부 다 미완성이었기에 나도 구매하고 싶은 생각이 들지 않았죠. 올해에도 변한 것은 없어요. 이곳에 참여할 필요는 없는 것 같아요. 생산자는 언제나 변함없이, 아직 완성되지도 않은 제품을 매번 새로운 모토로, 유행어로 그리고 구원 약속의 슬로건으로 프레젠테이션하지요. 하지만 그때마다 새 술통에 아직 발효되지 않은 와인을 담고 있는 실정입니다."

컨퍼런스 개최자들은 어떻게 해서든지 참여자들을 열광시키기 위해 유명한 키노트-스피커(Ketnote-Speaker)를 초대한다. 저녁 행사와 쉬는 시간에는 유쾌한 일이 끝도 없이 펼쳐지는데, 멋진 여인과 코미디언 혹은 호텔식 요리가 참여자들의 경험을 드높여준다.

기본적으로 컨퍼런스는 일종에 놀이마당이라고 할 수 있다. 이곳에서 주창자들은 오픈 마인드들이 새로운 것을 수용하도록 구미를 당기게 한다. 이러한 이유에서 오픈 마인드들은 컨퍼런스에 모여드는 것이다. "여기서 만나지 않는 사람은 현재의 발전에서 동떨어집니다." 하지만 대체로 몰려드는 것은 주로 주창자들이다. 그들은 자신들의 기업에서나 기업을 위한 상담자로서 언제나 정보를 잘 얻을 수 있다. 하지만 오픈 마인드들은 주로 다음과 같은 인상을 받고 집으로 귀가하는 경우가 허다하다. 여기서는 "오로지 하이프(Hype)뿐이군요." 그리고 아직 "뜨거운 감자에요."라고. 뭔가 새로운 것이 차스마 혹은 장애물을 뛰어넘어야 한다면 바로 이것이 전형적인 분위기이다.

이러한 컨퍼런스에서 혁신가로서 자신의 신제품에 대해 말하기를 원하는 사람은 목표를 세심하게 숙고해보아야만 한다. 그가 오픈 마인드들과 만날 수 있는 기회가 있을까? 혹은 몇몇 자유 기고가들이 자신의 말에 솔깃하여 하이프를 지속적으로 퍼트릴 수 있을 정도로 그렇게 그가 엄청난 하이프를 발생하게 할 수 있을까? 그의 강연이나 그의 프로토타입이 '뜨거운 감자'라는 인상을 남긴다면 어떻게 될 것인가? 이것은 그를 매장시킬 수 있다. 왜냐면 '뜨거운 감자'라는 말이 퍼지기 때문이다.

"회의는 어땠어요?"

"글쎄요, 너무 심했어요. 우리가 아직 사용할 필요가 없는 것들이에요. 적어도 한 가지는 이제 확신할 수 있답니다. 우리가 지금까지 이러한 새로운 방향에서 한 게 아무것도 없어도 우린 놓친 것도 없다는 거예요."

그리고 매번 혁신가는 자신의 혁신제품에 대해 가능한 오픈 마인드들의 자세한 비판을 받으려고 노력해야만 한다. 그는 아직도 방해가 되는 것이 정확히 무엇이며, 오픈마인드들이 모든 것을 곧바로 받아들이지 못하는 방해 요인은 무엇인지, 새로운 것이 특별한 제품이라는 한결같은 평가를 아직도 받지 못하는 이유는 무엇일까에 대해 경험해야만 한다. 이에 대해 그는 정말로 착실하게 그리고 영감을 주도록 프레젠테이션해야만 하고 공감을 일으켜야만 한다.

사실상 프레젠테이션들은 완전히 너무 기술적이거나 개념적으로 너무 부족하다. 근사한 포장지로 포장만 하고 내용은 아주 빈약하다. 대체로 참여자들은 키노트-스피커의 연설이나 저녁 행사를 제외하고는 지루해한다. 이미 오래전부터 나는 이 점에 대해 이상하게 생각하고 있다. 나의 아들 요하네스는 언제나 나를 너무 비판적이라고 생각해왔다. 이제는 그도 컨퍼런스에 찾아가보고 평가도 내리게 되었다. 그의 평가는 내가 이미 아주 빈번하게 들어왔던 말이었다. "컨퍼런스들 중에 정말로 영감을 얻을 수 있는 것이 하나만 있어도 좋은 회의라고 생각됩니다."

혁신가에게 중요한 것은 이러한 영감을 제공할 수 있느냐이다. 그렇다면 그는 피드백을 받게 되고 많은 것을 배울 수 있게 된다. 하지만 그렇지 않다면 컨퍼런스를 오랫동안 준비했는데도 많은 시간을 허비만 한 셈이다. 특히나 비판적인 경우들은 혁신가가 정말로 영감을 불어넣지 않았는데도 평균 이상일 때다. 여태까지 자체 기업의 평균적인 성과에 대해 굉장히 절망하고 있던 마케팅 부서가 너무 찬란한 생각을 하기 때문이다. 이렇듯 평균을 웃도는 아이디어를 스폰서하고 있는 모든 컨퍼런스에서 소개하겠다는 식으로. 덕분에 혁신가는 자신을 명예롭게 생각할 테고 어이없게도 이미 성공을 거두었다고 느낄 것이다. 하지만 이러한 행동은 아무런 도움이 되지 않는다. 오픈 마인드들은 이렇게 반응할 것이다. "이 사람이 또 이곳 컨퍼런스에도 왔군요. 그는 안 다니는 곳이 없어요. 어쩔 수 없나보군요. 그의 기업이 다른 대안이 없으니까요."

혁신가는 이러한 컨퍼런스들을 전투지로 생각해야만 한다. 이곳에서 그는 오픈 마인드들의 의견을 수용함으로써 승리를 거둘 수 있을 것이다. 싸움터에서도 그는 아직도 부족한 것이 무엇인지를 상당히 많이 배울 수 있다. 다른 사람들의 말을 경청하기 위해 많은 사람들과 접촉을 시도할 수 있을 것이다. 대부분의 혁신가들은 함께 싸울 수 있다는 것만으로도 성공을 자신하지만 이는 시간 낭비일 뿐이다.

혁신가는 다음과 같은 질문들을 진심으로 받아들여야만 할 것이다. "나 자신도 대부분의 컨퍼런스에 대해 부담스럽고 우습다는 생각을 합니다. 뿐만 아니라 지루하고 기술적으로 너무 이해하지 못하는 경향이 있으며 자화자찬이 가득하고 지나치게 밀어붙이거나 신빙성도 없이 과장되게 선전됩니다. 나는 이들과 다른 예외가 될 수 있을까요? 다른 사람들이 나와 다르다면 그것은 어떤 점일까요? 나는 오픈 마인드들에게서 어떤 피드백을 받게 될까요? 나는 어떤 만남을 이어나갈 수 있을까요? 여기서 나는 어떤 수준을 기대할 수 있을까요? 내가 경쟁자의 영감에 대해 정말로 열린 맘으로 대할 수 있을까요? 나는 시장에 나온 다른 모든 아이디어 상품들에 대해 무시하는 행동을 하지 않을 수 있을까요?"

일반적으로 이노베이션의 차스마 또는 장애물 앞에서 컨퍼런스 행사들이 개최되고 있다. 그곳에서는 주창자들이 자신의 아이디어들을 협의한다. 하지만 혁신가는 지속적으로 해야만 할 것이 있다.

컨퍼런스가 오히려 그를 방해하고 있는 것은 아닌지 질문해야 한다. 컨퍼런스는 하이프로 인해 기대감을 불러일으키지만 그 뒤에는 매번 눈물의 협곡이 현실로 나타나게 된다는 것!

나는 한 가지 고백하고 싶은 일이 있다. IBM연구소에서 퇴직할 때 나는 수많은 서랍을 정리해야만 했는데 집에는 그 많은 양의 물건을 보관할 곳이 없었다. 그 당시에 그 모든 것은 – '나의' 광고지들과 당시에 아무도 원하지 않았던, 옛 학창시절의 계획서 더미였다. 뿐만 아니라 아무런 요청도 받지 못했던 학문 작업들의 복사본 더미도 있었다. 컨퍼런스 서류철들도 몇 톤은 됐을 법한데, "이 중에는 퇴직 뒤 고향 사무실에서 다시 한 번 훑어볼 만한 것은 별로 없었다." 또한 모든 프레젠테이션들이 담겨 있는 CD들도 있었다. 나는 정말 엄청난 양이라고 생각했다. 나는 하루 종일 파쇄기를 이용했는데 먼지로 인해 기침을 할 정도였다.

문제점들 요약

새로 출시된 자동차와 같은 완제품들을 위해서는 당연히 북을 치며 떠들어댈 일이다. 그 소식에 대해 더 많은 사람들이 들으면 들을수록 자동차는 더 많이 판매되기 때문이다. 모두 이곳으로 오세요! 한번 시운전해보세요! 오늘도 계약할 수 있습니다! 판매자들은 물밀듯이 몰려와서 주문서를 모은다. 곳곳에 플래카드와 광고지들이 돌아다닌다. 더 많은 플래카드가 나올수록 매상은 더 많아진다. 하이프가 많으면 많을수록 이익도 더 늘어난다.

이노베이션은 먼저 생성되어야만 하고 그 자체로써 수용되어야만 한다.

오늘날 기업현실은 '아직 완성되지 않은' 일반적인 생산품이나 혹은 '아직은 조금 더 노력해야만 하는' 완성된 서비스와 같은 이노베이션들을 취급하는 경향이 있다. 특히나 서비스에서나 새로운 사업 과정에서는 반드시 필요한 인프라구조들이 완전히 부족하다는 점을 전혀 알지 못하고 있다. 왜냐면 아직 완성되지 않은 상태에서도 이미 판매자들이 파견되고 설명서들이 인쇄되기 때문이다. 또한 요란하게 프레젠테이션을 하기 때문이다. 이는 곧바로 매상으로 이어져야만 한다는 생각으로 이어지는 것 같다. 이때 이노베이션은 여전히 생산단계에 머물러 있다. 프로토타입에서 생산품이 나와야만 한다. 그런데 그러려면 시간이 걸린다. 처음부터 성공을 자축하며 연이어 매상으로 연결될 것이라는 잘못된 판단으로 인해 일반적으로 매니지먼트는 완전히 단순하면서도 절대적인 기대감을 꿈꾼다. 이러한 기대감은 실제로는 절대로 이루어질 수 없다. 절대로!

그러므로 프레젠테이션과 광고지-복사 탓에 결국 자체 매니지먼트에 대한 혁신가의 신용이 떨어지게 된다. '뜨거운 감자'라고 부서장들은 말한다. 그래서 그의 마케팅은 요란한 선전을 구경했던 오픈 마인드들을 결국 실망시키고 만다. '뜨거운 감자!'라고 너도나도 말한다. 만약 진정한 생산품에 실제로 본질이 존재하지 않는다면 마케팅도 정말로 '뜨거운 감자!'인 것이다.

그런 이유로 인해 너무 공격적인 마케팅은 이노베이션을 방해할 뿐만 아니라 저항을 일으킨다. 또한 좋지 않은 경우에는 혁신가가 실제로 사장될 수 있다. 게다가 혁신가가 파워포인트-프레젠테이션과 매니지먼트-미팅에만 전력한다면 가장 딱딱한 바닥에 무덤을 파는 셈이다.

명백함을 추구하는 모든 것은 여러 번 인용된 바 있는 다음의 원칙에 따라 숙고되어야만 할 것이다. "당신이 할 수 있는 만큼 언더그

라운드에서 일하세요 (Work underground as long as you can)." 혹은 "당
신이 그 본질을 보여줄 수 있을 때까지 입 다물고 있어야 합니다."

매니지먼트는 규칙을 만들고
이노베이션을 방해한다

아무것도 경영해서는 안 된다

폴 와츨라위크(Paul Watzlawick, 1921 - 2007, 호주-미국계 치료학자, 심리학자, 커뮤니케이션 이론가, 철학가_옮긴이)의 유명한 말이 있다. "우리는 커뮤니케이션을 할 수 없다." 그의 말은 그 내용을 제쳐 놓고도 멋진 말이다. 그가 말하려는 것은, 커뮤니케이션을 전혀 하지 않는 사람들이 있으며 이는 자체적인 의미를 지니고 있다. 침묵하는 사람들은 도개교를 높이 들어올렸다. "내가 아주 큰 소리로 말하고 싶었던 말을 침묵으로 들어보세요." 달변의 침묵에 대해 라틴어의 개념에서 한번 살펴보자. 키케로(Cicero, 106-43 B.C. 고대 로마의 정치가 · 웅변가 · 저술가_옮긴이)는 "침묵할 때 그들은 외치는 것이다 (Cum tacent, clamant)."라고 말한 바 있다. 수많은 부부 관계들에서도 이에 해당되는 것이 있다.

매니지먼트와 연관 지어 볼 때 위의 문장과 몇 가지 상이한 점이 있는 문장이 있다.

아무것도 경영해서는 안 된다.

장인들은 도구를 가지고 있다. 이것으로 그들은 모든 것을 만들고 수리하지만 예를 들어 오페라를 작곡할 수는 없다. 화가는 색과 붓을 지니고 있지만 이것으로는 물고기를 낚을 수는 없을 것이다. 모든 도구들은 특정한 목적을 지니고 있다.

겉보기에 보편적으로 사용할 수 있는 매니지먼트 방법은 예외다! 매니저들은 매니지먼트를 다목적방법으로 간주한다. 이는 거의 신성한 것으로써 취급된다.

> 행동으로 옮길 수 있는 모든 것은 매니지먼트를 통해서 더 개선된 방식으로 이행될 수 있다.

이는 매니지먼트 아이디어의 핵심이다. 엄격하게 조직된 방법을 통해 매니지먼트는 제시된 과제를 가장 좋은 방법으로 처리한다. 매니지먼트는 A에서 B를 향하여 목표점을 정할 뿐만 아니라 A에서 B로 가장 효과적인 길을 택한다.

여기에서 다음과 같은 결말이 나올 것이다. 경영되지 않은 것, 결국 A에서 B와 같은 조직된 행동이 아닌 모든 것은 실제적으로 상황을 주시하지 않고는 자동적으로 효과를 낼 순 없다. 효과적으로 A에서 B로 가는 것이 과제라면 매니지먼트 없이는 불가능하다. 당연히 목표를 효과적으로 달성하는 것이 매번 더 낫다.

우리는 논리적으로 이렇게 결말짓는다. 매니지먼트 방법 없이는 어떠한 목표도 이성적으로 도달될 수 없다고. 따라서 매니지먼트의 가장 상위의 규칙은 다음과 같은 것이다.

> 아무것도 경영해서는 안 된다.

이는 내가 여기서 한 번쯤은 '매니지먼트주의'라고 말하고 싶은 정신상태의 기본원칙이다.

이러한 논리적인 결과에서는 한 가지 결점이 있다. 이는 눈에 뛰지 않기에 대부분의 매니저들은 매니지먼트주의를 올바른 것으로 간주한다는 것이다. 그리고 이 속에서는 이노베이션의 핵심문제도 있다.

나는 다음과 같은 제한으로 논리적인 연결 고리를 만들었다. "행동으로 옮길 수 있는 모든 것은 매니지먼트를 통해서 더 개선된 방식으로 이행될 수 있다." 우리가 무엇을 어떻게 할 수 있을지 이미 알고 있다면 매니지먼트를 통해서 아마도 이를 개선할 수 있을 것이다. 분명하다! 하지만 어떻게 성공할 수 있을지 아직도 알지 못한다면? 해야 할 일이 새로운 일이라면? 아직 낯선 일이라면? 알지 못하는 것이라면? 새롭게 이주해야만 하는 나라가 아직도 탐색되지 않았다면?

그러면 나는 내 자신에게 혹은 이 책을 읽는 독자에게 이런 질문을 던지고 싶다. 우리가 절대적으로 모르는 것을 조직적으로 다룰 수 있을까? 우리가 그것을 해야만 하는가? 어떤 경우라도 조직화된 방법은 직감적이고 본능적인 시도보다 더 많은 효과를 이룰 수 있을까? 금융 관리자는 일종의 모험가로서 원시림을 통해 더 좋은 것을 발견할 수 있을까?

이노베이션의 의미는 무엇일까? 저항에 대항하여 거대한 아이디어를 개발하고 열정으로 눈물의 모든 계곡들을 통과하며 모든 하이프들을 무색하게 하고 새로운 것을 위해 '밖에 있는' 모든 사람들을 수용하는 것이다. 이것은 혼란과 원시림 속을 헤치고 나아가는 것이다. 여기에서는 모든 것이 아주 신속하게 변화되기 때문에 구조들이 다소 좌절된다. 경험 있는 혁신가로서 나는 세계를 향해 큰 소리로 외치고 싶다. "당신은 이곳에 어떤 혼란이 지배하고 있는지 보지 못하는가? 우리가 이곳에서 규칙을 발견한다면 비로소 규칙은 매니지먼트를 통해서 완성된다. 하지만 우리는 새로운 규칙 앞에서 어떤 상상력과 비전을 가지고 있어야만 할 것이다."

매니저의 입장에서 볼 때 혼란은 매니지먼트의 부재와 같은 것이다. 즉 혼란은 무질서, 불순종, 노동 거부이자 죄악과 같은 것이다. 그러므로 매니지먼트는 반드시 우리가 시작하는 모든 것이 매니지먼트 방법에 따라 시작되기를 원한다. 혁신가가 매번 불평만 토로하면 기업가답게 행동하지 못할 것이다. 이는 위에서 기술한 바와 같은, 오로지 규정된 방법으로만 모든 일을 처리하려는 문제점을 또 다르게 표현한 것이다. 매니지먼트는 그들의 방법으로도 잘 해결되지 않는 과제들도 있음을 아직까지도 모르고 있다. 그러므로 조직화된 방법들을 사용하는 것은 거의 보편적으로 의무화되고 있는 것이다.

하지만 그들의 방법으로 이노베이션이 성공적으로 성장할 수 없다면 이노베이션은 장애물에 봉착하게 되거나 완전히 저지되고 만다. 오늘날 우리는 수많은 기업에서 이러한 실패한 상태에 이르렀다. 이들 기업들은 한결같이 아주 엄격한 매니지먼트로 움직였다. 엄격하게 조직된 매니지먼트가 열망하는 것은, 이노베이션이 이성적인 과정에 따라 다양한 단계에서 생성되고 경영될 수 있는 것이다. "당신의 머리에 떠오르는 것은 맘대로 처리해서는 안 됩니다. 여기서는 그 모든 것이 정식으로 처리되어야만 합니다." 무엇이 정식인가? 그것은 계획에 따라 진행되는 매니지먼트 방법이다. 이에 대해 거의 모든 기업들은 '목표를 설정하고' 이노베이션 과정을 도입한다. 상담하이프(Beratungshypes), 다양한 기업들 간의 매니지먼트 교체, 상호간에 보고 따라 하기 그리고 컨퍼런스 파워포인트 그대로 모방하기를 통해 이노베이션 과정은 가는 곳마다 거의 흡사하다.

경영 관리된 이노베이션 공정은 다음과 같다.

1. 당신은 지금부터 진심으로 혁신적이 되도록 결심한다.
2. 당신은 차분히 앉아 사전에 정해진 시간 동안에 새로운 것에 대해 생각해본다. 그리고 모든 아이디어를 모두 목록으로 정리한다.
3. 이를 위해 제시된 시간이 흘러간 뒤에 당신은 아이디어를 정리한다.
4. 사전에 정해진 범주들에 따라 아이디어를 평가한다.
5. 최고의 아이디어를 선별해낸다.
6. 경쟁자 분석과 시장조사를 통해서 아이디어를 구체화한다.
7. 목표, 이정표, 재정에 대한 비즈니스 플랜을 정한다.
8. 당신에게 자본을 줄 수 있는 혁신가를 찾아본다.
9. 플랜을 이행한다.
10. 당신은 정해진 대로 대규모 사업을 진행한다.

위의 글귀에서처럼 이노베이션 물결은 기업들로부터 유발되고 있다. 나 스스로도 수많은 일을 함께 해야만 했다. 나는 그때마다 아주 화가 났다. 난 여기서 논증하고 싶은 바가 있다. "당신은 이러한 공정에서라면 결코 어떤 아이디어도 사업으로 연결되지 않는다는 걸 알고나 있습니까?" 혹은 "대규모 비즈니스가 이러한 구조에 따라 이루어진다는 말을 들어본 적이 있나요?" 지난 몇 년 동안 갈수록 상당 자금이 절약되었다. 그 이유가 무엇일지 아직도 궁금하다. "우리가 멋진 아이디어를 발전시키고 멋진 비즈니스 플랜을 짤 수 있다고 가정해봅시다. 그렇다면 매니지먼트는 기본적으로 그에 대한 자금을 준비하게 될 겁니다. 그렇지 않다면 여전히 절약할 수 있지 않을까요?" 이에 대해 나는 다음과 같은 반박을 해보고 싶다. "나는 수많은 기업에서 이런 방식의 상담가로서 목격해왔습니다. 그들은 어떤 식으로든지 모두 실패하고 말았어요. 당신이 이번에는 성공할 수 있다고 믿고 있는 이유는 무엇인가요? 무엇 때문에 우리 회사에서 성공할 수 있다는 거죠? 오늘날 달라진 것이 무엇인가요?" 대답은 이렇다.

"우리는 반드시 혁신적이어야만 합니다. 당신은 아이디어를 산출해낼 수 있는 좀 더 나은 논리적 구조적인 방법들을 알고 있나요?"

"나는 아이디어를 몇 트럭씩이나 갖고 있습니다. 한번 들어보시겠습니까?" 그렇다면 매니지먼트는 이렇게 답할 것이다. "당신은 어떤 매니지먼트를 갖고 있다는 거죠? 그거 참 대단한 일입니다. 당신은 아이디어에 대해 서류로 작성해보세요. 그리고 기업에 보내주세요. 그러면 그들 중에 가장 좋은 것을 뽑아보겠습니다. 당신이 주장하는 대로 아이디어가 그렇게 좋을 경우에는 당연히 선택되겠지요. 그건 아주 쉬울 거예요. 이노베이션 공정은 당신을 곧바로 지원할 겁니다. 그런데 당신의 아이디어가 선택받지 못한다면 아이디어가 좋지 않아서겠지요. 당신한테는 국물도 없습니다. 우리가 당신을 혁신적이라고 알고 있고 그렇게 평가하고 있습니다. 그러니까 이러한 최선의 공정을 이행해야만 합니다."

유감스럽게도 나는 이러한 게임을 아주 오랜 시간이 지난 뒤에야 이해할 수 있었으며 이 과정을 피할 수 있었다. "당신이 할 수 있는 만큼 언더그라운드에서 일하십시오." 나는 단순히 아이디어 작업에 몰두하기 시작했다. 그저 단순하게 시작한 것이다. 마치 내가 모든 허가서와 충분한 자금을 지니고 있는 것처럼 묵묵히 일했다. 나는 과정의 마지막 단계로 내딛기 시작했다. 퇴직한 뒤에 나는 도와줄 수 있는 동료들을 가능한 오랜 기간 동안에 설득했다. 결국 우리가 뭔가를 제시할 수 있었을 때에는 다행히도 아이디어가 수용되었다. 공정을 밟지 않아도 나중에는 더 많은 아이디어가 수용될 수 있었다. 여기서 나는 누군가 질문 - "공정에 집착하면 오히려 잘 안 되는 이유가 뭘까요?" - 을 던진다면 다음과 같이 대답하고자 한다.

- 이러한 절차는 팀 회의에서 이루어진다. 팀들은 아이디어를 찾고 범주를 결정하며 아이디어를 평가하고 비즈니스 플랜과 재정에 대해 심의한다. 일반적으로 이러한 팀들 중에서 누구도 이노베이션에 대해서는 거의 알지 못한다 (그래서 팀원은 적어도 문제점들에 대해 설명하고 있는 책 몇 권을 읽었으면 좋았을 것이다).
- 거의 모든 새로운 아이디어를 두고 한 팀에는 주창자들, 오픈 마인드들, 클로즈 마인드들 그리고 적대자들로 분류된다. 뭔가 지속적으로 확장될 수 있는 좋은 아이디어들은 한 팀에서 곧바로 적대자들과 클로즈 마인드들을 만난다. 팀의 절반 인원들이 거의 직접적으로 반대 입장을 취하게 되는 셈이다. 나는 이런 일 때문에 수백 번도 더 괴로워했다. "저런, 저런 이건 거의 혁명이나 마찬가지네요. 나는 우리가 혁명적으로 행동하는 데 찬성합니다. 작고 견고한 발걸음으로 개선에 이바지해야 할 테니까요. 이것은 대표님도 분명히 원하실 거예요. 너무 광범위한 아이디어라면 아마도 그는 만족하지 않을 테고 우리는 바보처럼 가만히 있겠죠. 그러니까 우리는 좋은 아이디어를 생산해내야만 할 겁니다. 그렇지 않다면 이 미팅은 아무런 소용이 없어요." 어찌됐든지 간에 적대자들이 있는 좋은 아이디어들은 실제로 결코 다수의 찬성을 얻진 못한다.
- 다수의 찬성을 얻을 만한 아이디어에는 클로즈 마인드들의 강한 반대 의견이 없다. 그렇지 않았다면 다수의 찬성을 얻지 못할 것이다. 미팅 성공이라는 의미에서 볼 때 최고의 아이디어는 메타 아이디어이다. "우리는 어떤 아이디어도 곧바로 버리고 싶지는 않습니다. 각 동료들은 해당 아이디어를 받게 되고 그것에 대해 더 많이 숙고하게 됩니다. 그런 뒤에 우리는 다시 만나죠." 혹은 "우리는 광고지를 만들어요. 그러기 위해서는

177

모든 직원들이 혁신적이어야 하고 우리 팀도 혁신적이어야 하죠. 이를 통해서 우리는 지금 가진 것보다도 더 많은 아이디어를 얻을 겁니다." 또는 "우리가 서로 싸우는 이유는 딱 한 가지입니다. 그건 우리가 언제 좋은 아이디어인지 아닌지 구별할 수 있는 분명한 표준들을 아직도 개발하지 못했기 때문입니다. 결국 우리는 표준들을 개발하고 그다음으로 모든 팀에서 프레젠테이션하도록 각 팀에 일임했습니다. 물론 그 뒤에도 우리는 계속해서 싸우겠죠. 우리가 어떤 표준들을 수용하고 어떤 것은 안 되는지 말입니다. 표준들이 없다면 우리는 체계적인 구조를 갖출 수 없겠죠." 혹은 "우리는 매주 수경시설에 물을 주는 정원사에게 수고비를 지불합니다. 이런 일은 우리 스스로 도맡아야 합니다. 그래야 우리는 돈을 절약하고 우리의 비용 구조를 곧바로 개선할 수 있을 테니까요."

• 그럼에도 불구하고 어떤 아이디어가 보편적인 만족감을 줄 경우에는 적어도 97퍼센트 정도가 아이디어 창안자에게 계속해서 '실행'하도록 맡긴다. 일반적으로 그는 일을 수행하지 못한다. 거의 매번 아마추어인 경우가 많기 때문이다. 낮에는 자신의 원래 일을 해야만 해서 그런 일을 한 번도 시도해본 적이 없다. 그는 본 책에서 계속해서 나열되고 있는 문제점들을 전혀 알지 못한다. 만약 성공리에 일을 시작하고 광고지까지는 완성하더라도 더 이상은 진척시키지 못한다. 혁신가가 되기 위한 교육을 받지 못했으며 그에게 필요한 어떤 자격이나 면접은 전혀 없다. 한 번도 상담을 받은 적이 없는 것이다. 대체로 생초보 혁신가는 아무도 찾지 않으며 혼자서 일을 한다. 다른 사람들은 할당량이 많아서 시간이 없다. 그들은 다시 자신들의 일을 하러 간다.

• 여기서 기술된 이노베이션 공정은 실제로 사전에 책정된 예산으로는 결코 시작할 수 없다. "우리는 한번 이 아이디어들을 살펴봅니다. 그리고 그 뒤에 최종적으로 얼마나 많은 자금이 필요할지에 대해 생각해봅니다." 그런 뒤에 아이디어들이 종류별로 분류되어 평가되더라도 일반적으

로 자금이 없다. 자금은 기업 내부의 '혁신가'가 마련해야만 한다. 어디에서 그리고 어떻게? 이는 아직 명백하게 제시되지 않는다. 기껏해야 아주 윗분의 허망한 말들이 있을 뿐이다. 이제 새로운 공정이 시작되고 이 속에서 아이디어는 매니지먼트, 컨트롤링 등의 상황에서 다른 사람들에 의해 검사된다. 그들의 입장에서 볼 때는 이 아이디어에 대해 잘 알지 못하면서 새로운 반대 의견들만 산더미로 쏟아낸다. "이 아이디어가 전체 전략에 상응하나요? 윗분이 이걸 좋아하실까요? 법적 문제들이 있나요? 이 아이디어가 다른 사람들의 다른 아이디어에 해를 주지는 않나요? 성공적으로 이 아이디어를 시작하더라도 지금 진행 중인 사업에 해를 입히지는 않나요? (은행이 인터넷은행 자회사를 세운 것처럼)" 이 아이디어로 인해 참석한 모든 사람들은 주창자, 오픈 마인드, 클로즈 마인드 그리고 적대자로 나뉜다. 실제 주창자들이 (아이디어를 낸 장본인들) 이번 토론에 전혀 참석하지 않았는데도! 여기서 새로운 아이디어들은 진짜 대표자들 없이도 무자비하게 내동댕이쳐지고 방어되지 못한다. 다시 한 번 '창안자'를 상관들의 매니지먼트 미팅에 불러서 프레젠테이션하도록 하는 경우가 빈번하다. 이때 그는 거의 '부족한 매니지먼트 감각'으로 인해 실패한다. 간부진들을 이해시킬 방법을 배우지 못했기 때문이다. 그는 아이디어에 대해 철석같이 믿고 있지만 윗분들에게는 거의 미성숙하고 소박하게만 보인다.

고전적인 이노베이션 공정은 이렇듯 복잡해진다. 이는 부분적으로는 행동 때문일 수도 있지만 상당부분에 있어서는 공정 자체만이 이노베이션을 이루를 수 있다는 생각 때문일 것이다. 마치 토마토스프봉지의 뒷면에 제시된 요리법이 100퍼센트 토마토스프를 달성하려는 것과 같아서, 요리법을 따라 하는 사람은 토마토스프에 관해 아무 것도 모르는 사람만 만족할 수 있을 것이다.

하지만 이를 위해서는 공정이 너무 형편없이 기술되어 있다. 평가기준들은 분명하지 않다. 기업은 어떤 이노베이션을 원하고 있는가? 일반적으로 기업은 어떤 방향을 원하는가? 이러한 점에 대해 알고 있다면 기업의 차원에서 이노베이션인지 아닌지를 훨씬 쉽게 알수 있을 것이다. 가치평가를 할 때 딜레마는 매번 다음과 같은 질문과 함께 나타난다. "도대체 '좋은' 혹은 '나쁜' 것에 대한 기준들은 무엇인가?" 기준들은 오픈 마인드들과 클로즈 마인드들 사이에서는 매번 전혀 설명되지 않는다. 왜냐면 분명한 전략이 없는 경우가 너무 빈번하기 때문이다. 또한 기업이 전략적으로 시장의 최초기업으로서 또는 관찰자로서, 경우에 따라서는 '팔로워(Follower)'로서 등장하기를 원하는지 분명하지 않다. 모든 이러한 질문들은 소규모 이노베이션 논의에서 다시 새롭게 제기된다. 왜냐면 질문들은 일반적으로 기업 내에서 대답되지 못하기 때문이다. 기업에서는 기본 노선이거의 충분하지 않다. 이러한 기본노선이 없다면 그렇듯 초라한 공정은 작용하지 않는다. 반대로 공정은 악몽으로 변할 것이다. 모든 제안은 기준들에서 정도를 벗어난 논의로 흘러가기 때문이다. 결국 이런 논의는 공동의 방향성 혹은 분명한 이노베이션문화의 부족으로 다시 원점으로 돌아가고 말 것이다.

이러한 논의는 이노베이션에 관해 전혀 알지 못하는 전문가들과 해당 분야 매니저들에 의해 진행된다. 그러므로 우리는 기본 노선이나 기준들 없이는 아무것도 결정할 수 없다. 이노베이션 선두주자라면 혼자서도 더 잘 해낼 수 있다. 왜냐면 그는 언제 이노베이션이 성공을 거둘 수 있는지, 언제 불가능한지 알 수 있기 때문이다.

이제 우리는 전체 공정을 철폐하도록 요구할 수 있을 것이다. 그 대신에 우리는 무엇을 해야 할까? "혁신가들에게 한동안 본인의 아이디어 작업에 몰두하도록 해서 이 중에 어떤 것이 살아남는지 살펴보아야 합니다." 이는 대립적이고 혼란스러운 의견이다. 물론 모든 것이 경영 관리되어야만 한다는 생각을 바탕으로 한다면 다 박살 나고 말 것이다. 나는 언제나 이런 생각에 확신이 있었으며, 지포트 핀초트 3세의 연수에서 좋은 아이디어로 나를 일깨워주었던 사람들을 지지해왔다. 나는 잠재력이 있는 혁신가들을 이노베이션 작업 전에 교육하고 그들이 겪게 될 모든 것에 대해 준비할 작정이었다. 그들은 몇 년 동안 자유 시간을 바칠 준비가 되어 있는가? 그들은 '100퍼센트 힘들게 살 수' 있는가? 우리는 더 지위가 높은 매니지먼트와 교우를 맺으면서 잠재력 있는 혁신가들을 교육할 수 있으며 그들에게 상관의 기대가 무엇인지 알려줄 수 있다.

이러한 일에 대해 나는 본 책의 뒷부분에서 제안하도록 하겠다!

앞에서 말한 바와 같이 나는 자주 화가 났다. 나는 이런 상황에서는 아무것도 창안해낼 수 없다고 미친 듯이 화를 내며 주장했다. 내가 멋진 제안을 가지고 미팅에 참석할 수 있도록 적어도 8주 전에는 브레인스토밍-테마들을 공지해야 하는데도 그렇지 않은 이유는 무엇일까? 소위 기업의 미래가 달린 문제인데 항상 이런 식으로 즉흥 행사들을 여는 이유는 무엇일까? 나는 다음과 같은 대답들을 아주 자주 들었다.

"아! 우리는 이러한 행사들을 개최함으로써 여러 팀들에게 다시 자극을 줍니다. 이노베이션이 중요하기에 절대로 잊어서는 안 된다는 의미를 깨우쳐주자는 겁니다. 아시겠어요? 이러한 아이디어 회합에서는 일터에서는 만난 적이 없는 사람들이 모여 기업의 문제들에 대해 토론하는 경우가 종종 있습니다. 이제 이곳 미팅에서 해당 분야 매니저, 컨트롤러 그리고 인사부 매니저가 반년마다 함께 모여 회의를 엽니다. 비망록에서 강요된 브레인스토밍을 통해 우리가 얻을 수 있는 게 무얼까요? 다시 모여 서로 얘기한다는 것이겠죠. 그들은 언제나 한 가지 결말을 맺게 됩니다. 그들이 팀보다는 더 잘 협동해야만 한다는 식으로요. 미팅에서는 토론을 통해 분명해지는 게 있지요. 누가 어떤 관심을 지니고 있으며 그가 원하는 것이 무엇인지 그리고 그가 원하지 않는 것은 무엇인지에 대해서죠. 여기서 그들은 서로 조금씩 이해해갑니다. 이는 한 번의 미팅으로는 아주 많은 소득입니다. 아주 많지요! 그들은 너무도 참을성이 없어요. 그들은 바라는 게 너무 많죠. 먼저 편안함과 약간의 팀 정신이 필요한 곳에서 언제나 답부터 찾으려고 드니까요."

그럼에도 불구하고 혁신가가 자신의 아이디어를 기업 내에서 이노베이션으로 이끌고 싶다면 어찌해야 할까? 그렇다면 그가 공정을 회피한다거나 '어떤 식으로든지 만족시켜야만' 한다고 사람들은 말한다. 회피한다는 것은 더 쉽지만 용기가 필요하다. 만족시키는 것은 그만큼 위험이 따른다. 아주 많은 돈이 들어갈뿐더러 아이디어는 초토화될 만큼 수많은 크고 작은 절충안을 요구받게 된다. 결국은 분명히 누군가 약간은 조롱 투로 질문을 던질 것이다.

"도대체 여기서 새로운 것이 뭐죠?"

이는 정당한 질문이다. 말투로 볼 때도 그렇다. 공정은 새로운 것을 매끈하게 갈고닦아 광택을 낸다. 기업 내 클로즈 마인드들이 공정에 일치하지 않거나 기업에 일치하지 않는 모든 우툴두툴한 것을 골라내기 때문이다. 고객으로부터 배우고 다시 한 번 배우는 일은 여기서는 나타나지 않는다. 고객은 자신들의 요구대로 이노베이션을 재단하고 만들 권리가 있다. 하지만 새로운 것의 사업 모델에서 대략 타협을 요구하는 재정 컨트롤링은 아닐 것이다.

이러한 기업 내부의 적응 압력들은 이노베이션에 대항하는 면역 시스템의 일부를 형성한다.

아마도 이 책의 독자들은 정치계에서도 소위 '개혁'이라고 불리고 있는 이노베이션도 매끈하게 갈아서 만든다는 것을 알고 있을 것이다. 수년이 지난 뒤에 클로즈 마인드들과 적대자들의 논쟁은 항상 동일한 결과를 초래한다. 다시 말해서 시민들의 이익보다는 정당의 이익에 따라 무언가 만들어지며 신문에서는 '소규모 개혁'으로 조롱받는다. 민주주의에서도 엄청나게 강한 면역 시스템이 영향력을 주게 된다.

경영 관리 이노베이션 공정은 이노베이션에 반대하는 면역시스템을 약화시키고 이노베이션을 활성화할 생각으로 도입되었다. 하지만 이 공정은 오히려 면역시스템이 강화되는 쪽으로 흘러간다. (탑-프로페셔널들과 경험 있는 혁신가들이 없는 데도) 관리 공정을 도입하는 것 자체만으로도 충분하다는 식으로 출발한다면 경영 관리 이노베이션의 비극이다.

남는 것은 무엇인가? 공정을 회피하는 것이다. 혁신가는 공정으로 인해 자신의 업무가 브레이크에 걸린다고 느끼기 때문이다. 이로써 그는 스스로 폭도가 된다. 그리고 그는 어떠한 예외도 허락하지 않는 기업의 면역시스템으로부터 개인적으로 공격받게 된다.

그리고 이는 다음과 같은 결과를 낳게 된다. 혁신가는 집단-역학적으로 오메가-포지션으로 빠져들게 된다. 나는 앞쪽 단락에서 언급한 오메가 부분을 인용하고자 한다.

오메가 동물(변화)은 자신의 의견이 있다. 이들은 상대방을 솔직하게 비판하며 대립을 꺼리지 않는다. 이런 성격의 사람들은 모든 것을 혁명적으로 바꾸고 싶어 하며 이에 대해 알파 동물과 개인적으로 이성에 부합하게 대화를 나눌 수 있다…… 알파 동물과는 반대로 오메가들은 전체의 가치를 정확히 대변하는 것이 아니라 그들은 다른 가치를 원한다. 다시 말해서 많은 것에 대해 의문을 제기한다.

이는 줄타기의 일종이며 오메가 사람들은 언제나 변화의 번식력 혹은 진정한 소음 사이에서 섬세한 분리선을 잘 알고 있다.

그리고 나는 다시 지포트 핀초트를 높이 평가하고 싶다. 다시 말해서 그의 말대로 우리는 혁신가로서 100퍼센트 불편한 곳을 걸어서 통과할 준비가 되어 있어야만 한다. 그리고 우리가 '언더그라운드'에서 일했다면? 우리가 공정매니지먼트의 레이더에서 발견되지 않았기에 면역시스템에서 어떤 반응도 불러일으키지 않는다면? 우리는 더 잘 전진할 수 있을 것이다. 혁신가는 면역시스템을 무산시켜야만 하는가? 우리는 이노베이션을 적대적으로 보지 않도록 기업의 기초를 마련할 수 있는가? 모든 적대적인 박테리아를 죽이고 더불어 건강한 육체를 생각하고 있다. 하지만 우리 육체는 지극히 현명하게도 모든 장박테리아를 죽이지 않고 그대로 둔다. 왜냐면 장박테리아 없이는 생존할 수 없기 때문이다. 그와 같은 일이 기업 내에서도 가능할까? 기업의 면역시스템이 친구와 적 사이를 구분할 수 있을까?

바로 이러한 점에 대해서 매니지먼트는 자주 생각하게 된다. 미팅에서 아이디어 수집이 아무런 결과를 초래하지 못할 때에도, 특히나 기업이 혁신적인 이미지를 상실하는데 일조하고 있다고 신문으로부터 비난받을 때에도 그렇다. 이는 주식시세와 동시에 민감한 문제에도 해당된다. 지금도 이노베이션은 대표 맘대로 만들어지고 있다.

이노베이션 담당 Vice President는 언제나처럼 모든 것을 한다

이러한 위기 상황에서 이노베이션을 담당하는 Vice President(VP)는 아주 빈번하게 임명된다. 그는 대표이사의 직속이다. 이로써 그에게 엄청난 권력이 주어졌음이 분명해진다. 그가 뭔가를 하고 싶다면 CEO와 직접 말한다. 이것이야말로 특권이 아닌지!

이제 이노베이션 VP는 모든 것을 이끌도록 과제를 받는다. 그는 이노베이션을 '도전'으로 받아들이는, 개인적인 개발플랜의 테두리 내에서 직책을 받는 경우가 잦다. 이는 더 높은 존엄성을 보존하기 위한 것이다. 다시 말해서 이노베이션 VP 자리에 거의 나이가 훨씬 젊은 '핵심 인재 매니저(High Potential Manager)'가 인명된다. 그는 정말로 야심과 싸울 태세를 갖추고 있는 사람이다. 그는 누구보다도 출중해야 연이어 승진할 수 있다. 새로운 VP는 비서와 몇 명의 직원들을 데리고 있을 수 있다. 이들에 대해서는 그가 회사에서 자유롭게 선출할 수 있다. 우선 회사가 그에게 바라는 것은, 회사 내에서 이노베이션을 추진할 수 있도록 전체 플랜을 작성하는 것이다. 더 나아가서 그는 회사 내에서 이노베이션을 어떻게 조직할 것인지, '자신의 기병대를 어떻게 편성할 것인지 (멋진 표현이 아닌가요?)' 소개해야만 한다. 그리고 각 분기마다 어떤 목표를 세울 것인지에 대해서도.

이제부터 어떤 일이 생겨날지 상상해보자. 이 책을 손에서 내려놓고서 커피를 마시면서 한번 생각해보도록 하자. 만약 당신이 지금 VP이노베이션의 자리에 임명된다면 이 과제를 어떻게 처리해나가야만 할까? 10명의 직원들을 배치받게 될 것이다. 지금부터 그들이 해야 할 일은 무엇일까? 당신은 첫 번째 분기 내에 (석 달 내에) 어떤 목표를 달성하고 싶은가? 성공적으로 일을 완수했으며 긍정적인 전망이 보였다는 걸 어떤 식으로 증명해야 할까? 당신의 팀이 사용할 수 있는 자금이 기업에 따라 1년에 백만에서 2백만 유로씩 지불된다고 가정해보자. 어떠한가? 커피 한 모금을 다시 들이켜고 생각할 시간을 가져보자.

잠시라도 생각해보았다면 당신은 어떤 결론을 내릴 수 있을까?

아마도 어떤 상황인지에 대해 조망부터 해야 한다고 결정할 수 있을 것이다. 어떤 이노베이션이 필요할까? 이미 작업 중인 이노베이션은 무엇인가? 이러한 모든 것에 어떤 식으로 영향을 줄 수 있을까? 누구에게 영향을 줄 수 있을까? 당신은 그 어떤 것도 거의 할 수 없다는 식으로 결정할 수도 있을 것이다. 회사는 너무 크고 직원들은 다들 힘겹게 일한다. 이제 당신은 새로운 것에 대해서만 목 놓아 부르짖고 있을 수 있을까? "더 많은 이노베이션을 창출합시다!" 그러면 다른 사람들은 무엇을 해야만 할까? 당신은 핵심 인재 매니저로서 절박하게 경력을 쌓고 싶은 마음이 있으며 앞으로 석 달 내에 첫 번째 분기가 다가온다는 것을 유념해야 한다. '오두막이 불타고 있는' 상태를 근본적이면서도 객관적으로 살펴보아야 하는 것이다. 3개월 내에 성공을 증명하고 싶다면 시작부터 이미 성공적이어야 하거나 당신이 없더라도 이미 1년 전에 시작되어야만 한다. 하지만 어떻게? 누가 무엇을 해야 할까? 당신은 회사에서 열 명의 직원을 팀원으로 받는다. 어떤 사람이 좋을까? 이노베이션에 대해 잘 알고 있는 사람이 있는가? 새로운 VP는 거의 아무것도 할 수 없다. 그는 거의 언제나 다음과 같이 시작한다 (이는 매니지먼트에서 일반적으로 나타나는 행동이다).

- 회람문을 돌린다: "내가 이번에 새로 온 이노베이션 VP입니다."
- 모든 매니저미팅마다 프레젠테이션을 한다: "이노베이션은 장려되어야만 합니다."
- 재고 조사(평가): "이노베이션이 이미 있는 곳은 어디인가요? 누가 새로운 아이디어를 갖고 있습니까?"
- 설문조사: "나의 팀에서 최고의 능력자는 누구인가요?"
- 문제점 분석: "우리한테 이노베이션이 충분하지 않은 이유가 무엇인가요?"

- 콘셉트: "우리가 계획적으로, 조직적으로, 구체적으로 더 많은 이노베이션을 달성하려면 그 방법은 무엇인가요?"

더 규모가 큰 기업 내에서는 회람문을 읽는 사람은 거의 없다. 일반 직원들과 혁신적인 전문가들은 매니지먼트에 의해 자신들의 혁신적인 제안들을 버림받았기에 좌절된 상태다. 그래서 그들은 거의 회의적인 말투로 입에 거품을 물 정도다.

"아하! 이제 윗분들은 다시 우리가 여기 밑바닥에서 아무것도 할 수 없다고 생각하시겠네요. VP 한 명이 무슨 소용이 있답니까? 새로운 사람은 아무것도 몰라요."

기업 내에서 최고의 사람들은 VP 팀으로 편입되고 싶어 하지 않는다. 왜냐면 성공은 불확실하며 VP는 1년 뒤면 진급해서 사라질 거라는 것을 알고 있기 때문이다. 게다가 1년을 마무리할 때쯤에는 새로운 과제를 찾아야 하는 문제에 봉착하게 될 것이다. 그들은 새로운 팀원으로 들어가는 것을 거절한다. 하지만 그들이 팀원이 되기를 원할 때에는 사장이 그들을 보내려고 하지 않는다. 유능한 전문가들은 드문 편이고 그 누구도 항의 받지 않고 그를 데려가기는 힘들다. 그러므로 4주가 지났는데도 VP는 팀원들을 한 명도 구하지 못하게 된다. 결국 그는 이사회로 가서는 팀 정신에 대해 문제점을 제기하게 된다. 사장은 각 부서마다 한 명이나 두 명 정도씩 이노베이션 팀으로 소속되도록 명령을 내릴 것이다. 지금 당장! 성급한 회의에 따라 VP는 열 명의 직원들을 배정받게 되는데 이들은 대체로 억지로 떠밀려온 사람들이다. 부서장들은 최고의 능력자들을 보내지는 않는다. "나는 최고의 사람들을 보내고 싶은 마음은 굴뚝같지만 그들 모두 아주 중요한 프로젝트를 진행 중입니다. 그들이 최고인데 말이죠. 그래서 우리는 1주일 내에 이들 전문가들 중에 한 명을 뽑아서 보내기는 힘듭니다." 이때에 이노베이션의 상황이 이렇게 좋지 않은 이유가 무엇인지에 대한 질문에 처음으로 대답하게 된다. 당연히 대부분의 매니저들은 자신들이 잘 돌보지 않은 탓이라고는 말하지 않는다. 이 질문에 대해 섬세하게 대답한다. "우리는 조직적인 이노베이션 사업과정이 없습니다. 경영관리가 잘 되지 않기 때문에 아무 것도 얻는 것이 없습니다." 이 말 속에는 다음과 같은 매니지먼트 기본 문장이 암시되고 있다.

경영관리하지 않는다면 어떤 이노베이션도 발생할 수 없다.

옳은 말이 아님에도 이 기본문은 매니지먼트를 그 자체로 인정하고 있다. 언제나 그랬듯이 VP는 자신이 무엇을 해야만 하는지 이제야 알게 된다. 그는 매니지먼트 과정의 기초를 마련하고 이로써 이노베이션을 뽑아내도록 해야 한다. 그는 이노베이션 분야에서 새로이 활동하게 되므로 어떤 식으로 진행되든지 먼저 '약삭빠르게 행동해야만'('아직 아무것도 모르는 상황'에 대한 일반적인 통용어) 한다. 이노베이션에 대한 수많은 책들이 있다. 여기서 그는 혁신적인 문화, 인터넷을 통한 이노베이션-팀-협업, 새로운 것을 위해 기업-CEO들이 몇 10억씩 투자하기, 사 모으기, 모든 것을 '방향 설정하고 상관에게 보내는 (통용어)' 상담회사 정하기에 대해 읽을 수 있을 것이다. 그는 기업 내 매니저들에게 자신이 무엇을 해야만 하는지 물어본다. 그들은 새로운 과정을 제시해준다. 그는 회사 내에서 더 친분이 있는 베타 동물들에게 자신이 무엇을 할 수 있는지 물어본다. 그러면 그들은 실제로 차분히 작업할 만한 가능성들을 요구한다. 그는 오메가들에게는 물어보지 않는데 이는 정치적인 면에서 두려워하고 있기 때문이다.

VP 입장에서는 이 세상의 모든 가능성들이 열려져 있으나 그것은 원칙적으로만 가능한 일이다. 첫 번째 3개월이 지나면 모든 것에 대해 성공적이라는 것을 보여줄 의무가 있으며 적어도 성공을 위한 플랜이 제시되어야 한다. 그러므로 그는 "나는 혁신가들을 편히 쉬게 내버려 두겠습니다."라고는 말할 수는 없다. 이는 성공이 아니다. 그는 기업 문화를 바꾸려는 시도를 시작할 수 없다. 만약 가능하도록 하려면 그는 아마도 기존의 경영진을 신랄하게 공격해야만 하거나 부분적으로 교체해야만 한다. 이는 순조롭게 진행되지 못한다. 자신의 뜻대로 하기 위해서라면 이노베이션 창출을 위해 나름대로의 과정을 명백히 하도록 해야 할 것이다. 그렇다면 어떤 과정을?

우리는 전형적인 승진매니저를 알고 있는가? 스트레스 상황에서 그들은 어떤 식으로든지 항상 한 가지 동일한 생각을 하게 된다. 그리고 그의 생각은 다음과 같은 것이다. "이노베이션의 문제는 수많은 기업들이 안고 있다. 우리의 문제가 처음은 아닙니다. 여기에는 확실한 것이 있어야만 합니다. 나는 연동장치를 새롭게 창안해낼 필요는 없습니다. 우리 기업 내에서는 이미 예전에 시도들이 있었습니다. 다행히도 우리보다 나이든 직원들이 그것에 대한 파워포인트를 갖고 있습니다."

맞다! 이전에 좌절된 공정들에 관한 옛 파워포인트들은 아직도 있다. 그는 이것을 보내달라고 말할 것이다. 나도 여러 기업에서 다소 신랄하게 물어본 적이 있다. 무엇 때문에 예전에 좌절되었던 공정이 이제 여기에서만 성공적이라는 평가를 받을 수 있는지? 새로 임용된 핵심 인재-VP의 답은 항상 똑같다. 정말로 매번. "이제 내가 여기 있기 때문입니다. 나의 전임자들은 분명히 부족한 데가 있었어요."(이들도 핵심 인재였다.) 그리고 통례적인 미로 과정이 진행된다.

- 아이디어 수집은 기업의 모든 부서에서
- 아이디어의 평가
- 그리고 계속해서 통례적인, 경영 관리 이노베이션 공정

VP한테는 아이디어들로 수북하다. 모든 직원들이 이제 아이디어 하나씩을 보내고 있기 때문이다. 하지만 이 아이디어들은 대체로 아무런 생각 없이 모아진 것이기에 거의 필요한 것들이 아니다. "누구나 한 번씩은…… 보내야만 한다."고 하기에. VP는 좌절하기 시작한다. 밖으로는 필승을 다짐한다. "활동은 엄청난 성공입니다. 나는 이렇듯 아이디어들로 충만해 있는 이 멋진 회사가 너무 자랑스럽습니다. 우리는 이제 모든 것을 평가할 것이고 활동을 시작할 겁니다." 하지만 그는 변화가 전혀 없다는 것을 눈치채지 못한다. 좋은 아이디어들을 위해 그는 자신한테 없는 수많은 자금이 필요한데도…… 이번 분기에서도 없다. 그래서 다음번 해에는 지원받을 수 있기를 원한다.

사장은 자신이 하지 못한 성공을 분기 말에는 볼 수 있도록 간절히 바란다. 이때 그는 기업에 항상 있던 것으로써 이미 그 이전에 그가 없는 상황에서 창안된 옛 이노베이션들을 새로운 이노베이션이라며 부풀리고 이노베이션 정책의 결과라고 열렬하게 축하한다. 이는 모든 좋은 행위는 자신들의 영리한 지원으로 발생한 것이며 모든 나쁜 행위는 전임자들의 잔재라고 주장하는 정치가들의 통례적인 전략이다. 뭔가 추가적으로 새로운 것이 창안되도록 하기 위해 새로운 이노베이션에 대해 VP상과 보너스가 제시된다. 수상자는 10월에 화려한 세레모니로 축하받게 된다. 이때쯤에 그에 대한 지원은 이미 결정 난 상태다.

정말로 희한한 것은, 이노베이션 VP가 이렇듯 반복되는 '마모트

의 날'이 지나고, 결국 실패를 고지받은 뒤에도 불구하고 항상 다시 지원받게 된다는 것이다. 이는 말단 직원들의 입장에서는 절대로 이해될 수 없는 것이고 불만을 증폭시키는 일이다. 나는 다음과 같이 설명해보고자 한다. 핵심 인재는 1년을 아무런 성공도 거두지 못하고 애만 쓰고 지나가는데도 이를 통해서 대체로 기업의 모든 중요한 매니저들을 정확히 파악하게 되고, 사장들이 무엇을 바라고 있으며 어떤 생각을 하고 있고 누구를 신뢰하고 있는지 알게 된다. 그는 이들 중에 한 명, 상관들 중에 한 명이 되는 것이다. 그가 이렇게 되기 위해 이런 직위에 임명된 것이다. 애당초 그에게 진정한 성공을 요구하지 않았던 것이다. 다른 사람들도 그와 다를 바가 없었다. 이것은 여태까지 그 이전의 다른 사람들도 실패했기 때문에 그의 책임이 아닌 것이다.

나는 여기서 자주 관찰되는 경과에 대해 서술하고자 한다. 즉 기업 내에서 저항이 얼마만큼 강하게 일어나는지에 대해서 말하려는 것이다. 기업은 원래 스스로 기운을 차리려고 하지만 통례적인 매니지먼트 원칙들에 따라 어떤 일이 발생하게 되는지는 전혀 상상하지 못한다. 기업은 VP 한 명을 임명하면서 그에게 신속한 성공을 요구한다. 또한 '인센티브'로 그를 유인하여 다시 옛 오류를 저지르도록 만든다. 옛 오류란 이노베이션을 열심히 이루려고 시도하되, 그보다는 파워포인트를 목표로 한다는 것이다.

똑같은 관례적인 반발은 포괄적인 형식으로 발생한다. 회사는 연구소를 건립하게 되는데 (창안자들을 고용한다). 그 뒤로 참을성이 없어진다. 왜냐면 어떠한 이노베이션도 생성되지 못하기 때문이다. 연구소는 매 4주마다 창안물들을 판매하고 있는지에 관해 검사를 받는다. 그들은 다시 하소연하게 되는데 고객이 전혀 없다고 말한다. 이러한 면에 대해 나는 이미 자세히 조명한 적이 있다.

이러한 성공하지 못한 연구소의 게임에 싫증이 난 기업들은 혁신적인 기업들을 사 모으기 시작한다. 이는 다시 실패로 돌아간다. 항상 그런 것은 아니지만 전략적으로 봤을 때 유익하지는 않다. 매니저들은 수수께끼 같은 실패에 관해 이렇게 설명한다.

"각 기업 문화들은 서로 어울리지 않았죠. 새롭게 매입한 회사들이 우리 기업으로 통합되기란 어려웠어요. 우리와 같은 대기업에서는 규칙에 따라 움직여야만 하는데 작은 회사에서는 그보다 훨씬 많은 것이 허용될 수 있을 겁니다. 여기서 우리는 결국 약간의 압력을 가해야만 했죠. 여러분들도 눈치채셨겠지만, 매입된 회사들에서 근무한 최고의 혁신가들은 우리 기업을 떠났습니다. 그 이후로 분위기가 다시 편안해졌어요. 왜냐면 우리가 마침내 우리식대로 기업 문화를 이끌어갈 수 있었기 때문이죠. 기업은 다시 힘겹게 일했습니다. 그럼에도 불구하고 기대했던 만큼의 결과들은 나오지 않았어요. 매입한 기업에 남아 있던 설립자들은 성공할 경우 받게 되는 통합 보너스에 대해서는 이제 꿈도 꾸지 못하게 되었습니다. 이들도 마찬가지로 우리를 떠났죠. 그때부터 기업은 최종적으로 우리에게 익숙한 상태로 운영되었습니다. 하지만 기업은 마법에 걸린 듯이 여전히 성공하지 못하고 있습니다. 인수받은 직원들은 우리를 실망시켰죠. 그들은 우리를 위해 전혀 일하고 싶어 하지 않았어요."

또다시 매니지먼트 과정에 대해 면역시스템이 활성화된다. 면역시스템은 다른 문화들을 받아들이지 않는다. 혁신적인 문화의 대표들은 기업의 창업자들이자 주축이 되는 전문가들이다. 그들은 도망치고 만다. 왜냐면 그들을 매입한 기업의 면역시스템은 그들을 혹은 그들의 자유를 견딜 수 없기 때문이다. 기본적으로 '창의적인 사람들'은 항상 애쓰는 혁신적인 기업의 주춧돌들이다. 이들은 여기서 영웅과 같이 존중 받으며 상당히 인정받은 베타 동물들이다. 또한 이들은 노벨상 수상자나 왕의 지지자인 제다이 기사단(Jedi, 스타워즈에 나오는 가상의 조직으로 은하계의 평화를 지키는 데에 목적을 둠_옮긴이)처럼 느낄 수 있다.

기업이 넘어가면 그때부터 갑자기 인수하는 기업의 허가공정에 따라 새로운 아이디어를 제출하게 되는데, 곧바로 독립적으로 실행하지는 못한다 (인수한 기업은 '독단적인 실행'이라고 말한다). 이를 통해 베타 동물들은 곧바로 오메가 포지션으로 밀려난다. 옛 영웅들은 이를 좋아하지 않기에 그들이 다시 영웅이 될 수 있는 곳으로 가는 것이다. 우리는 인수된 기업을 커다란 몸속에 이식된 기관이라고 상상해볼 수 있겠다. 새로 이식된 기관은 부분적으로만 성장하게 되고 몸은 창의적인 부분들을 거부한다. 결국 나머지 부분만 받아들여지고 동화된다.

결국 다른 곳으로 도망간 수많은 창의자들과 혁신자들은 기업인수로 인한 '통합과정'에서 무엇을 떠올릴까? 만나는 모든 우주의 존재를 '동화시켰던' 스타 트렉(Star Trek)의 외계종족 보그(Borg)를 생각할 것이다. "당신은 동화되었군요! 저항은 의미가 없습니다!" 혹은 오리지널 문장대로 살펴보자. "당신은 동화되었어요, 당신의 문화는 우리에게 도움이 되도록 적응하고 있어요. 저항은 의미가 없습니다!"

조직화된 매니지먼트의 낯선 문화에 순응해야만 한다면 그러고 싶은 마음이 정확히 혁신자들의 속마음이다. 그들은 이노베이션이 존재하지는 않으나 뭔가 힘이 있는 것에 동화되고 싶어 한다.

스타 트렉 에피소드에서 분리 작용에 대한 몇 가지 성공 사례들이 있다. 즉 사건이 거꾸로 일어나는 것이다. 이는 관료주의가 아주 강한 기업주들한테서도 나타난다. 이들은 기존의 기업을 분리 독립시키려고 시도한다. 여기서 앞날이 촉망되는 이노베이션이 기업에서 분리되어 직원들과 함께 자체 소규모 회사에서 다루어지는 것이다.

이는 일반적인 직원들에게는 결정적인 발걸음이다. 이점에 대해서 어떻게 설명해야 이해하기 쉬울까? 스타 트렉에서는 한 생명체가 결국 보그들과 분리되지만 그 이후에 자신의 인격을 수용하는 것이 끝도 없이 어렵게 느껴지고 "내가……"라고 말하기가 어려워진다. 결국 그는 다시 돌아가서 동화된다. 이렇듯 분리 독립된 기업에서도 이 같은 문제가 나타난다. 애당초 대기업에서 일하기 시작했던 직원들은 살아남기 위해 작은 기업에서 투쟁하고 싶어 하지 않으며 자신의 운명을 독립적으로 해결해나가려고 하지도 않는다. 그들은 지금껏 대기업의 면역시스템이 방어해준, 외부 위험들에 대해 두려워하고 있는 것이다.

문제점 요약하기

지금까지 살펴본 바에 따라 우리는 이노베이션에 반대하는 몇몇 매니저들이 고용되고 있으며 특히나 매니지먼트 방법론이 면역시스템을 형성한다는 것을 알게 되었다. 이노베이션을 거부하는 시스템으로 유도하는 요소들은 다음과 같다.

- 배타적으로 조직되고 계획된 일들을 소개한다.
- 도달할 수 없을 정도로 양적으로 많은 분기 목표를 정한다.
- 이노베이션 매니지먼트 소개를 기업의 결정적인 매니지먼트 포지션들 중 하나로 생각하지 않고 '특별한 직업'으로 생각한다.
- 이노베이션과 관련하여 일반적인 아마추어 정신이 팽배하다.
- 매니지먼트 공정에 만족할 뿐만 아니라, 기업 내에서도 이노베이션에 대

해 거의 배타적인 논의가 이루어진다. 이때 필요한 경우에는 시장분석을 위해 고객 참여가 불가피하지만 사용, 이노베이션의 의미나 흥미 그리고 구매에 대해 결정할 수 있는 사람으로서 참석하는 것은 아니다.

- 기업은 이노베이션의 원론적인 면에("우리가 시도해야 할까 하지 말아야 할까?") 대해 계속해서 집착한다. 이는 외부에서 볼 때는 지속적인 자기 발견의 시도처럼 보인다.

처음에 이노베이션은 주로 뭔가 새로운 대륙 탐험과 유사하게 시작된다. 즉 고객들을 연구하고 프로토타입을 논의하는 일이다. 정말로 훌륭한 모든 혁신가들은 '외부'에서 작업하고 배우고, 배우고, 또 배운다. 그들은 무언가를 장점으로 변화시킬 기회를 찾고 있다. 그들은 실험하고 테스트해본다. 여러 번 반복해서.

하지만 배움과 탐험은 매니지먼트 방법들이 방해하는 것이기도 하다.

매니지먼트 방법들이 그럴 수밖에 없는 이유는 무엇일까? 나는 다음 장에서 그 이유들 중에 몇 개를 논의하고자 한다.

상담 방법과 지원 방법이
제 무덤 판다

아무것도 학습될 수 없다

틀에 박힌 매니지먼트의 입장에서 생각해보면 경영 관리할 수 없는 것은 아무것도 없다. 그러므로 모든 것이 학습될 수 있도록 경영하고 관리할 수 있다고 본다. 그래야 모든 것을 배울 수 있다는 것이다. 모든 것이란 수작업을 뜻한다. 모든 것은 훈련되고 연습될 수 있으며 오로지 올바르게 처신해야만 한다는 것이다.

이는 매니지먼트의 기본조건이다. 그러므로 우리가 카리스마, 창의성, 현명함 그리고 성공 시나리오 집필에 대해 배울 수 있는 코스와 워크숍도 있다.

실제로 우리가 특정한 정도까지 모든 것을 배울 수 있고 훈련할수 있다는 것은 당연한 일이다. 도제 수준이나 기능사 수준에 이르기까지 거의 누구나 모든 것을 달성할 수 있다. 하지만 마이스터가되려면 많은 시간을 필요로 할 뿐만 아니라 재능도 필요하다. 특히나 열정도. 최고의 수준은 실제로 가르치기도 힘들고 배우기도 힘들다. 이쯤 되면 예술가, 건축가, 작가, 학자, 탑매니저, 스타투자가 혹은 혁신가는 자기만의 방식을 생각해낸다. 우리는 최고의 스타가 도대체 어떤 사람인지 설명하기 어렵다. 나중이 되어서야 우리는 알수 있다. 예를 들어 살아생전에는 아무한테도 사랑받지 못한 반 고흐(Van Gogh)가 지금에 와서는 그림을 잘 그렸다는 평가를 받고 있으며 그야말로 너무 가난해서 죽은 모차르트(Mozart)는 우리들에게 영원한 존재로 남아 있다.

그럼에도 불구하고 '나도 부자가 되는 방법을 배울 수 있다'라는 제목의 책들을 사고 싶은 욕구가 상당하다. 당연히 '3일 동안의 카리스마' 혹은 '일주일간 해내기'라는 책들도 있다. 이런 책들은 모두 비슷한 의미를 띄고 있다. "자기인식은 배울 수 있다. 우리는 3주 내에 각자 계획에 따라 자기 인식 단계에 도달할 수 있도록 20장에 걸쳐 조목조목 설명하고 있다. 이는 우리가 특허받은 셀프메이드 방법론이다."

나도 고백하자면 몇 년 전에 이런 종류의 책을 비행기장에서 한 권 산 적이 있다. 책 제목은 《좋아하는 일을 하면, 돈은 따라오기 마련 (Do What You Love, The Money Will Follow)》으로 마샤 시네타 (Marsha Sinetar, 미국 심리학자이자 작가_옮긴이)의 책이다. 나는 여태까지 그 책을 책장에 꽂아놓고서 전혀 읽지 않았다. 하지만 제목은 지금까지도 내 마음을 훈훈하게 해준다. 그냥 책장에 꽂아만 놔도 내게 도움이 된다. 나는 앞으로도 차라리 읽지 않을 생각이다.

장인의 노련미에는 결국 재능도 필요하다. 그리고 이렇듯 장인이 되기 위해서라면 10,000시간 규칙도 있다. 이는 특히나 세계적인 경영·경제 사상가이자 베스트셀러 작가인 말콤 글래드웰(Malcom Gladwell)이 보급했다. 그에 따르면 우리는 실제로 세계적인 수준에 이르기 위해서 10,000시간의 연습(예를 들어 10년 동안 하루에 3시간 동안)이 필요하다. 예를 들어 테니스, 오페라노래, 매니지먼트, 요리, 숫자이론, 컴퓨터제작 혹은 이노베이션 분야가 있다. 타고난 재능은 이 기간을 단축시킬 수 있다. 그리고 좋은 선생들도 시간단축에 도움을 줄 수 있을 테지만 재능에도 불구하고 연습은 어떤 식으로든지

해야만 한다. 그래서 나는 '몇 년 동안 100퍼센트 힘들게 살기'를 다시 한 번 권해주고 싶다. 혁신가들도 이에 대해 심각하게 받아들여야 한다. 장인의 노련미는 하늘에서 떨어지는 것이 아니다. 혁신을 이루려면 재능뿐만 아니라 '운'도 도움이 된다. 이로써 서투른 초기 기간을 단축시킬 수 있다.

전체적으로 보았을 때 오늘날 우리 세계에서는 연습에 대해서는 언급되지 않는다. 1,000시간이라도 연습하고 싶은 사람은 누구일까? 이노베이션에 대해서는 전혀 모르면서도 막 임용된 이노베이션 VP는 섣달 뒤에 당장 성공을 보여주어야만 한다. 아직 100시간도 연습하지 못한 상황에 2주 뒤면 이미 첫 번째 분기가 시작된다. 그는 어디서 연습할 수 있을까?

우리는 다음과 같은 현실을 볼 수 있다. 상담가, 코치, 모데라토, 명상가, 트레이너, 고문 그리고 기술자들의 전체 산업에서는 누군가 배우고자 하는 모든 것을 전부 가르쳐줄 수 있다.

우리는 전부 다 배울 수는 없고 전부 다 성공적으로 가르칠 수도 없다. 하지만 우리는 누군가 배우고자 하는 것을 위해 모든 코스를 열 수는 있다.

나는 다시 한 번 비꼬는 투로 말하고 싶다. 나는 위의 말을 내 해석대로 다시 표현해 보겠다.

아주 급하게 가르친 것은 어느 거나 할 것 없이 충분히 숙련될 수 없다.

이렇게 많은 것을 끊임없이 가르쳤는데도 숙련되지 않는 이유는 무엇일까? 우리는 재능을 신경 쓰지 않을 뿐더러 연습도 하지 않기 때문이다. 우리는 어떻게 해야 체중을 줄일 수 있는지, 담배는 어떻게 해야 끊을 수 있는지 수도 없이 배우지만 연습은 하지 않는다. 우리는 모든 것을 알고 있어도 그 다음에는 행동으로 옮기지 않는다.

너무 과도하게 많이 배웠지만 이는 정말로 원했던 것은 아니다.

이는 정작 스스로 연습하고 싶어 하는 것이 무엇인지에 관한 것이며, 새로운 것에 대한 저항이자 면역시스템이 다시 발생하게 되는 것이다. 아무 것도 학습될 수 없다. 아마도 거의 학습되지 못하는 이유가, 우리 내부에서 저항을 느끼기 때문일 것이다.

이러한 저항들은 회사 내 매니지먼트에 의해 가차 없이 무시되고 만다. 매니지먼트는 이러한 저항을 전혀 나타내지 않는다고 스스로 믿는 경우가 빈번하다. "매니지먼트는 힘든 일에 대해서 내적으로 저주하고 있습니다. 마치 책임감 없는 일반사원들처럼요." 매니지먼트는 가령 경력에 도움이 되지 않는 그런 일에 대해서는 또 다른 저항심을 가지게 된다. 매니저들이 자신들의 경력에 대해 상당한 기대감을 갖고 있기 때문에 힘든 일도 마다않고 열심히 일한다는 것을 한번 생각해보자. 과로와 경력이 더 이상 부합하지 않는 상태가 된다면 매니저들도 내적으로 저주하는 마음을 품게 된다. 그럼에도 불구하고 매니지먼트는 공식적으로는 전혀 저항심이 없는 것처럼 행동한다.

상쾌하게 일에 전념하자!

하지만 그 뒤에 일이 잘 진행되지 않는다면 모든 일에 진척이 더디고 행동으로 옮겨지지 않으며 저항심은 아주 강해진다. 미국의 매니지먼트에 대해 다음과 같은 말이 있다.

"잠재력이 대단하고 전략도 세계수준급인데 실행력이 부족하다 (Great potential, world-class strategy, but lacking in execution)."

매니지먼트가 전혀 진척을 보이지 못하면 상담사가 (다시 한 번) '모든 것을 정밀하게 검사하기 위해' 투입된다. 그들은 마치 의사처럼 부름을 받고 나타난다. 그는

- 환자를 검사한다.
- 진단한다.
- 치료방법을 처방한다.
- 치료과정에 참여한다.

이에 따라 그는 환자가 인내심 있게 지속적으로 피트니스 연습을 해낼 수 있기를 바란다. 물을 많이 마시고 절제하는 삶을 살도록. 1,000시간의 연습은 환자의 몫이다. 여하튼 이는 누구에게나 분명한 일인데, 환자보다 의사에게 훨씬 덜 중요한 일이라는 뜻은 아니다.

기업 내에서 상담사들은 의사의 역할을 수행한다. 기업은 환자다. 원래 기업은 지속적으로 건강하게 행동하고 언제나 혁신적으로 유지되어야만 한다. 기업이 이 모든 것을 등한시한다면 병이 들어 부패해지고 결국 상담사를 불러야만 한다. 상담사는.

- 상태를 조사한다 ("현재 상태를 검사합시다").
- 진단한다.
- 치료방법을 처방한다 ("당신은 책임 상태에 도달해야만 합니다").
- '실행'에 동참한다. 즉 책임 상태로 이르도록 참여한다.

만약 당신이 의사를 찾아간다면 대체로 어디가 아파서 가는지 이미 알고 있다. 의사는 확인하기 위해 당신을 검사할 테지만 원래는 그리 필요하지는 않는다. 오히려 검사가 당신을 화나게 만들고 예민

하게 만들기 때문이다. 의사가 당신 자신보다는 검사를 통해서 다른 것을 알아내려고 의도한다면 당신은 화가 나서 싸우게 될 것이고 다른 의사를 찾으려 할 것이다. 결국 의사는 진단을 내리고 (아마도 당신이 생각할 수 있는 진단이 될 것이다) 치료 방법을 처방한다. 당신도 이미 생각했던 처방일 테지만 의사의 상담 없이는 스스로 건강하게 살기 위한 시도를 하지 않을 것이다. 의사는 당신에게 주변의 슈퍼맨들의 예를 보여준다. 이들은 치료를 꾸준히 받았으며 지금도 받고 있어서 완전히 건강해 보인다. 이는 지금 당면해 있는 기나긴 치료에 대한 희망과 열정을 제공해준다. 이제 시작해보자. 첫 번째 이틀 동안 당신은 운동연습을 하고 4리터 물을 마신다. 그다음 날에는 3리터 마신다. 왜냐면 파티 때문에 운동 연습을 하루 잊어버렸기 때문이다.

이와 같이 기업과 상담사들도 시도한다. 상담사들은 먼저 현재 상태를 조사한다. 기업이 자신의 상태가 어떠한지 이미 알고 있지만 상담사들이 말하는 것처럼 그렇게 드라마틱하게 보고 있지는 않다. 그러므로 기업은 의사 때문에 불안감만 증폭된다는 것을 경험한 환자만큼이나 화가 난다. 상담사들은 마침내 진단을 내린다. 즉 "이노베이션이 너무 적다."는 식으로. 그들은 이노베이션으로 완전히 성공한 기업과 기업인들에 대한 괄목할 만한 예들을 보여준다. 그런 다음에 그들은 치료방법을 처방한다. 책임 상태 '더 많은 이노베이션'을 달성하라고! 그들은 책임 상태에 도달할 때까지 기업 치료에 함께 한다. 이제 기업은 연습해야만 한다. 처음 며칠 동안에는 즐겁게 실행으로 옮기지만 결과가 좋아야 하는 분기당 할당량이 뜻밖에도 방해 요소로 작용한다.

일이 제대로 진행되지 않는다면 항상 치료나 의사에게 책임이 돌아간다. 그러다보면 치료나 의사가 바뀌게 되는데 제일 좋은 것은 둘 다 교체되는 것이다. 기업과 상담사도 이와 비슷한 상황이다.

물론 실제 문제는 전혀 파악되지 않은 채로 연습과 이에 대한 저항심만 생겨나게 된다.

일반적인 처방들, 성공 스토리들 그리고 성공 기준들

진정한 뿌리치료(root cause analysis and therapy, 근본원인분석)를 하기 전에 환자들과 기업은 희망을 갖는데 상당 시간을 허비한다.

그들은 책을 읽으면서 빌 게이츠와 워렌 버핏이 어떻게 억만장자가 되었으며 스타들이 어떻게 스타가 될 수 있었는지 알게 된다. 그들은 성공적인 기업들을 분석하기도 한다. 우리는 여기서 무엇을 알게 될까? 매니지먼트, 다양화, 소유관계에 대해 뭔가 알 수 있는 걸까?

대답들은 아주 다양하다. 왜냐면 책들은 아주 다양한 시기에 집필되었기 때문이다. 불황기에는 패밀리 기업이 더 우세했다. 그들은 장기간 맡아서 일할 수 있기 때문이다. 호황기에는 모든 것을 한 번에 건 기업들이 우뚝 섰다(즉 호황이 올 거라는 것을 잘 알고 있을 경우). 어느 때는 은행이 재능 있는 세계 청년들이 열망하는 곳이 되었다. 여기서는 누구나 굳건한 일자리를 꿈꾸지만 그리고 곧바로 (불황이 되면) 동일한 청년 일꾼들은 거의 범죄 조직의 구성원이라는 욕을 얻어먹는다.

이노베이션에 대한 책들은 의학책들과 마찬가지로 읽힌다. 우리는 책에서 설명과 지식을 희망한다.

• 우리는 얼마나 많은 이노베이션을 필요로 하는가?

- 한 기업이 충분히 혁신적인지 아닌지 어떻게 알 수 있을까?
- 선두 주자로서 시장에 나아가는 것이 더 나은 것인가 아니면 처음의 오류에서 터득한 바를 올바르게 고치는 게 더 나은 것인가?
- 이노베이션에는 어떤 새로운 구상이 있는가?
- 이노베이션을 위해 우리의 조건은 아주 충분한가?
- 다른 기업들은 어떻게 하고 있는가?
- 우리는 억만장자들에게서 무엇을 배울 수 있을까?
- 이노베이션에는 얼마나 많은 자금이 들어갈까? 우리는 얼마나 지출해야 하는지 혹은 얼마나 해도 되는지?
- 이노베이션이 성공적인데도 우리가 간과하는 이유는 무엇일까?
- 이노베이션에는 어떤 오류들이 발생하는가?
- 아무도 불평하지 않도록 이런 오류들을 피할 수 있는 방법은 무엇인가?
- 이노베이션 VP가 있어야 하는 걸까? 혹은 모든 것을 그냥 진행되도록 놔두는 것이 좋을까?

그리고 특히 오늘날에는

- 내가 이노베이션으로 고객들의 관심을 돌릴 수 있는 방법은 무엇인가?
- 네트워크에서 이노베이션은 어떻게 발생하고 있는가? 이노베이션 2.0이 있는가?
- 우리는 네츠워크에서 협력하여 이노베이션을 어떻게 이룰 수 있을까?
- 인터넷 공간에서 고객들이 나를 'liken' 혹은 'followen' 중 어느 쪽으로 선택하도록 만들 수 있을까?
- 인터넷에서 이노베이션 질문들을 현상 모집으로 준비할 수 있을까?

이러한 질문들은 매번 다시 제시되고 있으며 기업 내의 수많은 직원들은 이와 관련된 책들을 읽는다. 책들은 다양한 견해들을 제공하고 있기 때문에 기업 내 견해들은 마구 뒤섞여서 나타나게 된다. 각 미팅에서는 이노베이션에 대한 공식성명이 발표되기 마련인데 이때 다시 주창자들, 오픈 마인드들, 클로즈 마인드들 그리고 적대자들이 서로 다른 의견을 나타내게 된다. 여러 번 반복적으로 팽팽한 대치 상태가 발생하게 되면 시스템은 반응하지는 않으나 이로써 저항력을 갖게 된다.

다른 기업에서 성공한 이노베이션을 탐구하는 것은 너무 요원하다. "페이스북이 했던 것처럼 해보세요"와 같은 말은 예를 들어 기계 제작 기업에서는 전혀 도움이 되지 않는다. 그래서 자체 기업 내에서 이노베이션의 예를 찾게 된다.

언제든지 찾을 수 있는 기업의 일상에서 이노베이션은 다시 찾을 수 있다. 한 해 동안 괄목할 만한 창안자들이 상을 받고 이노베이션 스테이지가 개최된다. 여기서 이사회 회장은 더 많은 이노베이션을 요청하고 기업 내 창안자들을 소개한다. 이노베이션은 이를 통해 기업 내에서 가시화되고 장려된다. 이노베이션이 좋다는 것을 누구나 알아야만 하는 것이다. "우리 회사는 이러한 용감한 창안자들과 혁신자들이 없다면 오늘날과 같은 위치에 서지 못할 것입니다. 우리 모두는 당신들을 자랑스러워하고 있습니다."

이는 명예로운 일이며 제대로 되어 가는 것처럼 보인다. 혁신가들은 자신들을 명예롭게 느끼게 되고 나머지 회사 직원들도 그들을 자랑스러워한다. 하지만 이는 다시 이노베이션을 방해한다. 이제 다들 한숨 돌리고 편안한 마음을 갖게 된다. 왜냐면 모든 것이 잘 돌아가고 있기 때문이다. 실제로는 이사회 회장이 혁신가들을 표창만 하는 게 아니라 동시에 수도 없이 많은 것을 그들에게 요구하게 된다. 이는 창안자들을 칭찬할 뿐만 아니라 그들의 아이디어들을 실행하도록 하는 데 도움을 주기 위해서다. 그는 호사스러운 회의에 참석해서 박수갈채를 보내는 것은 물론, 열정적으로 참여하고 모든 것을 정열적으로 관철해야만 한다. 이것은 이노베이션을 위한 실제적인 전력투구일 것이다. 이는 단 한번 발코니에 모습을 드러낸 왕이 국민들에게 윙크를 해서 될 정도의 일이 전혀 아니다. 그가 그 이상의 일을 전혀 하지 않는다면 어떤 식으로든지 손해가 될 것이다.

이는 다음과 같은 이유가 있다. 기업의 창안자들과 혁신가들은 자신의 아이디어들을 자사 박람회에서 프레젠테이션하도록 초대받는다. 이노베이션 VP가 전체적인 것을 편성하게 되는데 이로써 그는 자사 박람회를 분기의 성공 사례로 기록할 수 있다. 프레젠테이션은 창안자에게 상당히 고된 작업이지만 그는 기꺼이 휴일에도 작업을 계속한다. 그는 포스터를 만들고 좋은 설명을 세심하게 생각해보고 파워포인트를 디자인한다. 그리고 마침내 대규모 명예의 날이 열린다. 이사회 회장은 몸소 방문하여 박람회를 둘러보는 10분 동안 내내 창안자의 아이디어를 설명한다. 그는 이 아이디어에서 굉장히 좋은 인상을 받았다고 분명히 말한다. 그는 창안자의 어깨를 두드리며 이렇게 속삭일 것이다. "정말 잘하셨어요!" 그는 이러한 천재를 기꺼이 회사에 데리고 있고 싶다고도 언급한다. 그러고 나서는 곧장 다음번 진열대로 자리를 옮긴다. 창안자는 환호성을 터트리게 된다. 왜냐면 이제 보스가 자신의 이노베이션을 위해 이미 오래전에 신청했던 자원들을 내주게 될 테고 이로써 마침내 꿈이 현실화될 수 있다고 생각하기 때문이다.

하지만 그런 일은 일어나지 않는다. 전혀. 그리고 갑자기 창안자의 마음속에는 두려움이 느껴지기 시작하는데, 이는 모든 것이 쇼였고 지금도 쇼라는 것을 깨닫고부터다. 모든 작업은 세상의 주목을 끌기 위해서이지 자신을 위해서가 아니었다. 즉 기업의 영광을 위해

서였던 것이다. 보스는 자랑스러움을 만끽했다. 하지만 창안자 자신은 아니었다.

보스는 이노베이션 VP를 높이 칭찬할 테고 이제 그는 진급할 수 있을 것이다. 하지만 아이디어는 사망신고를 받았고, 창안자는 마땅하다고 생각한다. 보스에게서 관심을 받았기 때문에 그는 저항하지 않는다. 그의 아이디어는 성공하지 못했지만 그 스스로는 개인적인 성공을 얻은 것처럼 생각할 것이다.

이슈 중심의 문제해결법과 컨설팅

이노베이션 VP의 임명으로도 자가치료시도들이 수도 없이 성공하지 못할 경우에는 일반 기업들은 한번쯤 다른 방법으로 시도해본다. 스스로 여러 방법을 시도하다가 지칠 대로 지친 환자가 뭔가 다른 방법을 시험해보거나 의사를 찾아가는 것과 마찬가지다. 기업 내 이노베이션이 너무나 적다! 이렇게 된 이유가 도대체 무엇 때문일까? 우리는 상담사들('진단자들')을 부른다. 그들은 규격 용법에 따라 이미 생산한 코르셋이나 방법론들과 구상들을 가지고 온다. 이들 중에 하나는 예를 들어 '이슈 중심의 문제해결법(Issue based problem solving, IBPS)'도 있고, 이 밖에 다른 것들도 많다. 여기서 기본적으로 하는 일은, 많은 자금 지출에 반대하는 기업 내 많은 매니저들과 탑 전문가들에 대한 질문들이다(그리고 부분적으로는 이런 질문들이 바로 책상서랍에서 꺼내올 수 있도록 준비되어 있다). 이 질문들은 여러모로 다양하게 제시되고 여러모로 다양한 답변을 듣게 된다. 대답들 중에는 가설도 있으며 다시 전문가들에게 제시되기도 한다. 우리는 문제의 원인들에 대해 오랜 기간 동안 조심스럽게 진단해본다. 이러한 방식은 현재-상태를 분석하는 식으로 진행된다. 상담사는 기업 내 다수의 탑매니저들과 만나게 되는데 이때 분석 임무뿐만 아니라 기업의 장기 치료를 위해 위임권을 획득하려고 한다. 의사들은 환자가 있어야 산다! 특히나 그들이 살아남는 방법은 조사와 연구를 통해서가 아니라 만성 환자들을 치료하는 데에 있다.

나는 잠시 동안 상담방법에 대해 인터넷에서 찾아보았다(내가 링크한 주소는 다음과 같다. http://www.consultingmethodology.com/ consulting_led_selling_de.html).

본 책이 출판된 이후에도 이 링크가 존재한다면 누구나 한 번쯤은 접속해보면 좋을 것이다. 여기서 다음과 같은 내용을 인용해보겠다.

"이슈 중심의 문제해결법은 복잡한 상담위탁업무에서 자유롭게 적용할 수 있는 'open source' 방법이다. 이는 이러한 복잡한 상담위탁업무에 사용될 수 있도록 거대한 데이터를 조망하고 구조를 만들 수 있다. 방법은 신속하고 일목요연하게 조망할 수 있어서 이를 통해 상담위탁업무가 평균적으로 40퍼센트 더 신속하고 효과적으로 진행될 수 있다.

이 방법은 모듈별로 나누어져 있으며 적응하기 쉽게 사용할 수 있다. 여기서는 상담사가 직접 사용할 수 있는 방법들과 구조책을 다루고 있다. 하지만 이러한 방법의 기본은 다른 사고방식에 기초하고 있으며 이로써 모든 상담사를 위한 일반적인 기본가치들을 형성하고 있다."

이러한 방법론은 학습될 수 있으며 '일반적'이어서 도처에 있다. 이노베이션에도 사용될 수 있다. 결국 우리는 이러한 개념을 알아야 좋은 임무를 받게 된다. 더 흥미로운 것은 내가 추천하려고 하는 인터넷 사이트의 이름이다. 그 이름은 'Consulting Led Selling (상담으로 임무획득하기)'이다. 매니지먼트에서 일반적인 공정들과 공정 오리엔테이션이 있는 것과 마찬가지로 상담사들은 일반적인 방법들을 사용한다. 여기서 나는 너무 비아냥거리지 않도록 조심해야만 한다. 하지만 의사와 비교하는 것은 참 멋진 분석이라고 생각한다. 의사에게 환자들이 찾아오는 것과는 달리, 상담사들은 기업이 상담을 청해오도록 기다리지 않고 도처에 찾아다니며 병을 찾아서 치료하기 위해 '공짜 진단'을 제공한다. 이 때문에 이들은 도처에서 '쟁점들'을 찾는다. 당연히 가는 곳마다 쟁점이 될 만한 것들이 있을 것이다.

예를 들어 이런 상담은 어떤 모습을 띠고 있을까? 나는 이에 대해 잠시 언급하되 장황하게 설명하지는 않을 것이다. 우리는 이사회 회장에게 다음과 같은 일반적인 질문을 던져볼 수 있겠다. "당신은 이노베이션에 대해 어떻게 생각합니까?" 이와 관련하여 가능한 문제 목록은 이렇다.

• 기업 내 이노베이션은 통합된 과정으로 정착되는 것인가요?
• 이노베이션 매니지먼트와 이노베이션 VP가 있나요?
• 기업 내에서 이노베이션 전략에 대한 합의가 이루어지고 있나요?
• 이노베이션을 위해 기업에서 얼마만큼의 자금을 지출할 수 있는지 언제든지 알 수 있을까요?
• 모든 이노베이션의 성공이 가늠되고 예측('추적')될 수 있나요?
• 이노베이션들은 효과적으로 달성할 수 있나요('린 이노베이션 Lean innovation')?
• 기업이 이노베이션에 얼마만큼의 이익을 창출할 수 있을까요?
• 전체 생산품들의 포트폴리오에서 혁신적인 생산품들은 얼마만큼 차지하고 있을까요?

- 기업은 이노베이션을 위해 얼마만큼의 직원들을 투입하고 있을까요?
- 이들은 데이터뱅크에 이름이 등록되어 있을까요?
- 혁신가들을 위한 경력 노선이 있을까요? 인센티브 시스템도?
- 이노베이션 문화를 이룩하기 위한 노력이 있을까요?
- 모든 직원들은 자사의 근본적인 이노베이션과 이노베이션 전략을 숙지하고 있을까요?
- 기업 내 가장 중요한 혁신가들에 대해 직원들과 매니저들은 알고 있을까요?
- 기업은 페이스북에서 자신의 이노베이션에 대해 고객과 소통하고 있을까요?

이러한 질문들은 알맞지 않은 것은 아니지만 완전히 악의적이다. 기업 내 아픈 점을 건드렸기 때문이다. 이는 기업이 이노베이션 문제점을 특히 양적으로 해결하려고 하는 것은 아닌지 확인하려는데 주안점을 잡고 있는 것이다. 모든 것은 숫자상으로나 이름으로 알고 있는가? 모든 것이 목록과 도표로 관찰되고 있는 것인가?

몇십 년간의 모든 경험에서 볼 때 나는 자신 있게 독자들에게 말할 수 있다. 기업은 위와 같은 질문에 대답하는 것을 아주 당혹스럽게 느낀다. 이러한 질문에 아주 만족스럽게 대답할 수 있는 어떤 기준이 있어야만 한다면 기업은 한 번쯤 혼이 날 것이다. 누구나 알다시피, 이노베이션은 그렇게 정확히 측량될 수 있는 일이 아니다. 창안자가 공휴일에도 자신의 아이디어를 위해 얼마만큼 작업했는지 알고 있는 사람이 있을까? 창안자가 그것을 문서로 남겨야만 할 것인가? 매주 자신의 발달 사항을 보고해야 하나? 혁신가들은 이러한 상담사의 질문에 완전히 알레르기 반응을 보일 것이다. "이런 질문들은 혼란한 이노베이션 실무를 완전히 모르고 하는 소리에요." 그들은 분노를 참지 못한다.

하지만 매니지먼트는 이러한 질문 자체를 절대적으로 정당하다고 생각한다. 모든 것이 경영 관리되어야만 한다고 믿기 때문이다. 이는 매니지먼트 자체가 지닌 특유의 요구사항이다. 그러므로 가장 이상적인 것은 질문된 모든 문항에서 예라는 대답을 받아야만 된다고 시인하는 것이다. 이는 쉽지 않다. 왜냐면 이노베이션이란 측정하기 어렵기 때문이다. 예를 들어 혁신적인 직원들에 대해 언제나 현실성 있는 리스트가 제시될 수 있는가? 도대체 혁신적인 사람이 누구인가? 이를 위해서는 어떤 기준이 있나? 이러한 질문들에 대해 한결같이 예라는 대답을 하기 위해 매니지먼트는 미팅하는 데에만 몇 달을 보내야만 한다.

상담 방법의 목표는 질문에 대해 '예'나 '아니오'가 아닌 단계적으로 대답하도록 지속적으로 힘쓰는 것이다. 예를 들어 다음과 같이 말할 수 있다.

- 레벨 0: 질문의 문제점이 생소합니다.
- 레벨 1: 질문의 문제점은 잘 알 수 있지만 어떠한 행동도 없군요.
- 레벨 2: 구체적인 행동들에 대해 생각하고 있어요.
- 레벨 3: 질문의 문제점에 대해 처음으로 구체적인 실마리가 있습니다.
- 레벨 4: 완벽한 실행이 시작되고 있습니다.
- 레벨 5: 예.
- 레벨 6: 정말로 훌륭한 실행입니다!
- 레벨 7: 이번 실행은 다른 문제점들의 실행과 맞물려 있습니다 ('통합적').
- 레벨 8: 전체실행은 '세계적인 수준'이군요.

이제 기업 내에서 모든 것을 점유하고 있는 사람들에게, 기업이 이노베이션과 어느 정도 관계하고 있는지 묻게 된다. 동시에 우리는 기업이 어떤 레벨에 해당되는지 중요 인물들에게 질문할 수 있을 것이다. 매니지먼트는 모든 것이 경영 관리되어야만 한다고 생각하고 있기 때문에 레벨 5 혹은 6에 도달하고 있어도 실제로는 레벨 7 혹은 레벨 8에 대한 질문에 대답하려고 할 것이다 (레벨 8은 너무 초월적으로 들리지만 내가 일했던 IBM에서는 비현실적인 것으로 치부되지 않았다). 하지만 기업은 실제로 어디쯤 해당될까? 대체로 2와 3이다.

그렇다면 이제 무슨 일이 일어났는지 상상해보자. 이노베이션 VP가 없을 경우에 곧바로 한 명이 임명된다. 그리고 나서는 레벨 6에 해당되는 대답을 해내야 한다. 이노베이션 VP는 보스에게 보고할 수 있도록 직원들에게 요구한다. 이번에는 한 단계 더 높은 단계의 대답을 해낼 수 있도록. 마침내 회사전체에서 가장 중요한 혁신가들이 소개되는데 이들은 자신의 인생사를 제공하면서 성공 스토리도 덧붙여야 한다. 모든 내용이 페이스 북에도 올라올 수 있도록 디자인-기업이 전체적인 감독을 맡는다. 혁신가들은 '린 이노베이션'을 추진하고 있으며 많은 자금을 지출하지 않는다는 것을 반드시 증명해야만 한다. 그들은 이미 수많은 이익을 목표로 해왔음을 증명해야만 하는데, 이것 때문에 그들은 매우 화가 치밀어 오른다. 왜냐면 그들은 진행 중이기 때문이다. 이러한 활동들은 미팅의 홍수로 빠지게 된다. 언제나 가장 중요한 혁신가들은 '인풋을 제시'해야만 한다. 그것은 그들 이외에는 누구도 할 수 없기 때문이다. 그들은 이제 서류작성과 대답작성을 위해 상당한 시간을 할애해야 한다. 지금 '100퍼센트 쓸데없는 짓'을 할 수 밖에 없는 이 같은 스트레스에 대해 정말로 화가 난다. 그리고 곧바로 다음과 같은 질문이 이어진다. "당신이 목록에 적어놓은 바로는, 프로젝트 X는 좌절되어 이미 끝났거나 사장됐다고 했습니다. 이건 좋지 않아요. 왜냐면 이것은 평균적인 가치들을 총체적으로 끌어내리기 때문입니다. 제발 진행 중인 상태로 기록해주세요. 이건 옳은 일은 아니지만 그렇다고 우리가 완전히 실패했다고 상담사들에게 곧이곧대로 털어놓을 수 없습니다."

우리는 이와 같은 말을 풍자 정도로 생각해서는 안 된다. 이것은 기업 혁신가에게는 쓰디쓴 '리얼 라이프(real life)'이기 때문이다. 기업혁신가는 더 어려운 질문들을 다룰 수 없다는 것을 알고 있다. 만약 그랬다가는 기업은 증상들에 대에서 무조건 고치겠다고 나설 것이다. 안쪽곡선이 붉은 색상이라면 아무도 그에게 자원을 지원하거나 도움을 주지 않을 것이다. 이번 해에도 경력 쌓기는 물 건너 간 것이고 더불어 만족할만한 승진도 없다. 그리고 이제 그는 스스로 '100퍼센트 쓸데없는 짓'을 하기 위해 다양한 성공보고서를 작성해야만 한다. 그가 "방해받고 있다!"고 소리 질러 봐도 (새로운 저항을 만들어냈던) 면역시스템이 다시금 작동하게 될 것이다.

How to innovate – if you must

상담사들은 기업을 '위에서부터' 들들 볶는다. 하부 쪽에 대해서는 대체로 사내에 주둔하는 외부 소속 트레이너들과 코치들이 담당한다. 이들은 직원 수준에 따라 더 많은 이노베이션을 채근한다. 다음과 같은 테마들로 항상 반복해서 워크숍을 진행한다.

워크숍은 참여자들 사이에서 굉장한 아이디어들이 나올지도 모른다는 기대감으로 출발한다. 부서에서나 기업 내에서도 빛나는 성공을 축하해줄지도 모른다는 생각을 갖고서. 이러한 목표는 도달할 수 있는 것이라기보다는 '시장에서 넘버원이 되라는' 요구다. 회의

론자들이나 불평론자들의 입장에서는 창의성 연습의 도구처럼 보인다. 즉 이러한 연습에서 일반적으로 아무도 생각할 수 없는 깜짝 놀랄 만한 해결책이 있다는 것. 이때 참여자들은 동일한 속임수 그림들을 받게 되는데, 이 그림에서는 예를 들어 어떤 사람들의 눈에는 젊은 여자로 보이기도 하고 또 다른 사람들의 눈에는 나이 든 여자로 보이기도 한다. 참여자들은 라비올리 통조림을 위쪽부터 유심히 살펴 보고 난 뒤에 통조림의 둘레를 살펴본다. 그리고 옆면을 살펴본다. 이때야 사각형이라는 걸 알게 된다. 와우! 신기하다. 우리는 물건들을 여러 면에서 살펴볼 수 있다. 그럴 때마다 그 모습은 달리 보인다. 나는 여태껏 살아오는 동안에 이러한 아주 다양한 회합에 참여했다. 여기서 나는 신참자가 "아하! 와우!"라고 외치며 이렇게 많은 영감을 준 코치에게 감탄하는 모습을 대략 100번 정도는 본 것 같다.

수학 이론에서는 다음과 같은 의견이 있다. 수학 공부에서 가장 중요한 것은, 어려운 연습과제를 풀 때 몇백 번씩 혼자서 골똘히 생각해본 뒤에 "아하!"하는 감탄사를 자아내야 한다. 이를 위해서는 몇천 시간이 필요하다. 학생들이 골똘히 생각만 하고 다른 스타 학생들의 해답을 설명 듣는다면 그들은 아마도 "아하!"하는 소리를 낼 테지만 자신의 마음에서 우러나오는 아하는 아니다. 이런 학생들은 연습하지 못한 채로 나중에 해답을 이해한다. 그들은 그때마다 규칙적으로 좌절하고 만다. 상담사의 연습문제 해결은 이와 유사하게 우리한테는 낯설고 우리 자신의 마음속에서 나오지 않는 "아하!"와 같다. 이는 남이 푼 문제를 확인할 수는 있어도 이런 식으로는 아무도 스스로 문제를 풀 수는 없다.

그러므로 아무도 능력을 얻지 못했음에도 불구하고 상담워크샵의 참석자들은 이러한 문제풀이식 연습을 마친 이후에는 다들 기분이 좋아지고 유쾌해져서 야심에 사로잡히게 된다. 이제 (잘못된 방법으로) 별안간 그들은 멋진 아이디어를 이용하여 모든 것을 좋은 방향으로 돌릴 수 있다고 확신하게 된다.

심리학적으로 보자면 이 모든 것은 의도적으로 유토피아 신드롬을 자아내고자 한 것처럼 보인다. 우리는 불가능한 목적들을 ("넘버원이 되자." 혹은 "아무도 따라잡지 못할 만큼 절대적으로 행복한 결혼생활을 하자." 혹은 "나는 아름다워 지고 싶다.") 세우고서 이를 이루려고 시도한다. 여기서는 중요한 규칙 혹은 터부시 되는 것이 있다. 즉 목표달성에 대해서는 더 이상 고려의 대상으로 삼지 않는다는 것이다. 자, 이제부터 일을 하자! 다들 불타는 열정으로 참여하자.

일반적으로 이 모든 세례모니는 다음과 같이 진행된다.

- 이노베이션은 중요하다. 변화로 인해 우리는 언제나 더 나은 것을 획득할 수 있는 기회를 제공받게 된다: 사장 혹은 여성 사회자 (이 직업에서는 아주 열정적인 여성들이 많다)는 인사말에서 이노베이션이 아주 중요하며 기회를 제공해주고 있다고 말한다. 이를 통해 발생된 변화는 언제나 기쁨을 주며 기회로써 이해된다. 변화는 규칙이 된다. 변화는 불가피하다. 히스테리적 원칙은 힘을 갖게 된다. 우리는 항상 변화를 반갑게 맞아야 한다. 왜냐면 문제점을 동반하기는 하지만 총체적으로 세계를 개선하기 때문이다.
- 누구나 중요한 공헌을 할 수 있다: 변화는 개개의 직원들이 없다면 생각할 수 없다. 그들은 활동의 중심이며 기둥이다. 누구나 기여할 수 있도록 호명된다. 각각의 기여는 중요하다. 어떤 아이디어도 곧바로 기각되어서는 안 된다. 누구나 제안해야 하며 누구나 협력해야만 한다. 작은 아이디어들이 모이면 기업에는 형언할 수 없는 가치가 될 것이다.
- 좋은 아이디어들은 너무 많은 자금이 지출되어서는 안 된다: 실제로 좋

은 아이디어들은 무에서 가치를 창출하는 것이다. 절약해도 좋은 아이디어를 달성할 수 있는 번개 같은 아이디어가 나오는 경우가 빈번하다. 여기서는 곧바로 10억을 투자해야 하는 아이디어를 제작하는 곳이 아니다. 이런 아이디어들도 환영받을 만하지만 자체적으로 달성하기 어렵다.

• 깜짝 놀랄 만한 방법들이 자주 있다: 통조림, 그림 그리고 공으로 연습할 때 우리가 분명히 알게 되는 것은, 중요하고 좋은 아이디어들은 새로운 시각에서 발생한다는 것이다. 누구나 깜짝 놀랄 만한 것을 생각해내도록 노력해야만 한다.

• 브레인스토밍: 전체회의는 45분 동안 브레인스토밍을 연습한다. 아이디어들을 모으되, 논의는 하지 않는다. 오로지 모으기만 한다. 아무도 아이디어를 경시해서는 안 되며 자신에게 부합하지 않는 것이 있더라도 그 누구도 얼굴을 찡그려서는 안 된다.

• 브레이크아웃(Breakouts): 아이디어들이 회득되고 그룹으로 분류된다. 여기서 비전과 절약, 과정 개선과 신규 시장이 제시된다. 전체회의는 그룹에 따라 나뉘고 각 그룹은 아이디어분류들 중 한 분야에 대해 논의한다. 그리고 '브레이크아웃 룸'에서 '구체적이면서도 곧바로 진행할 수 있는 활동 제안을' 해야만 한다. 이를 위해 예정된 2시간이 끝날 무렵에 오로지 하나의 아이디어만 프레젠테이션하고 활동을 마무리 지어야만 한다.

• 전체회의에서 그룹 결과물들을 프레젠테이션하기: 프레젠테이션들이 한 곳에 수합되면 사회자와 사장은 커피타임 때 이를 훑어보고 정리한다. 그룹대변인들은 (거의 언제나 핵심 인재로, 특히나 외향적인 사람이나 아주 의무감이 투철한 사람이다) 각 그룹의 결과물를 설명한다. 이때 그들은 예정된 10분을 완전히 초과한다. 이는 미팅의 전체플랜을 송두리째 더럽히고 모든 이들의 신경을 날카롭게 만든다. 이들은 이제 더 이상 귀 기울여 들으려 하지 않는데, 그 이유는 비행장으로 서둘러가야만 하기 때

문이다.

- 실행맹세: 이제 사장과 팀은 그룹의 활동들을 대담하게 실행으로 옮기겠다고 맹세한다. 여성사회자는 이 곳 분위기가 하루 종일 얼마나 행복에 젖어 있는지 기뻐한다. "아주 잘 진행되고 있네요. 여러분들이 피드백-설문지에 최고점으로 표시해주시면 나는 다시 업무를 맡게 됩니다. 그래서 여러분들은 각자 자신의 의견을 질문지에 표현해주셔야 합니다. 그래야 우리는 무엇이 부족한지 알 수 있고 앞으로도 계속 개선해나갈 수 있습니다."

- 최종적인 호소: 사장은 다시 한 번 이노베이션을 상기시키며 모든 것이 얼마나 중요한지 말한다. 그는 직원들에게 부탁한다("나는 부탁하는 것이지 요구하는 게 아닙니다. 왜냐면 초과 업무 시간에는 모든 것이 자유의사에 의해 발생하게 되니까요."). 그리고 그는 뭔가 새로운 것을 성공적으로 그리고 매상에 영향을 줄 수 있도록 생산할 의무를 스스로 느낀다.

위와 같이는 거의 아무것도 발생할 수 없다. 활동들은 쉽게 망각된다. 이는 의지가 나빠서가 아니다. 어느 누구도 일상의 스트레스 속에서는 새로운 '밤근무'를 이행할 시간을 갖고 있지 않다. 이노베이션에서 우리가 받는 인상은, 원칙적으로 모든 것을 구할 수 있다는 것이다. 하지만 결과적으로 실패에 대해 책임 있는 직원들만 있을 뿐이다. 그들은 활동들을 흐지부지 끝나도록 놔두기 때문이다.

이러한 모든 일에도 불구하고 매번 일부 직원들은 이노베이션 워크샵에서 듣는 말들을 진심으로 받아들이게 된다. 그래서 이들은 자신들의 아이디어로 작업할 수 있기를 바란다. 그러고 나서는 다른 직원들의 무관심이나, 이에 대해 전혀 신경 쓰지 않고 있는 사장에 대해 이상하게 생각하며 놀라워한다. 더 나이 든 직원들은 이러한 연습들을 이미 자주 해보았기에 기분 좋게 체념하고 무시해버릴 수 있다.

미팅에서 나오는 제안들은 거의 예외 없이 좋지 않다. 위선이 없는 브레인스토밍 미팅에서 나온 제안들은 주창자들과 오픈 마인드들 사이에서만 논의되어지기 때문이다. 즉 지나치게 낙관적으로 흘러가기 쉽다. 일상의 억압들과 클로즈 마인드들의 의구심은 이런 미팅에서는 금지되며 여성 사회자에 의해 옐로카드를 받게 된다. 그녀는 아주 즉흥적이면서도 긍정적인 분위기를 자아낼 책임이 있다. 그러다보니 아이디어들이 훗날 실행되도록 하기에는 역부족이다.

일반적인 일상에서는 거의 모든 아이디어들이 걱정과 의구심으로 인해 좌초되고 만다. 물론 이러한 의구심은 미팅에서도 볼 수 있었지만 거의 명령받은 듯한 열광의 도가니에서 간과되고 말았다.

유토피아를 제시하는 것으로 시작하여 ("우리는 이제 나무들을 뽑아냈습니다.") 책임감 고백으로 끝난다("우리는 실행에 앞서 압박감을 갖고 있습니다."). 그리고 이노베이션이 아주 쉽지 않다는 것을 느끼고는, 마침내 다른 사람들이 자신의 아이디어들을 중상모략하고 있으며 도움을 주어야 함에도 어떤 경우에도 함께 하지 않을 것임을 깨닫게 된다.

우리는 매니저들에게 이렇게 질문을 던져본다. "우리가 모두 함께 해야 하는 이유가 무엇인가요?" 대부분의 사람들은 다 함께 할 수 있는 일을 긍정적으로 생각한다. "우리는 부서의 목표에 대해 다시 한 번 간접적으로 대화를 나누었죠. 나는 누가 어떤 희망사항을 갖고 있는지 알게 되었습니다. 화풀이를 하는 사람들도 있었고요. 기본적으로 팀을 위한 건강 회의라고 생각합니다. 우리는 한 번쯤 일상의 업무에서 벗어나 긍정적인 분위기에서 서로 대화를 나눕니다. 우리는 이제 누가 무엇을 생각하고 있는지 더 잘 알 수 있게 되죠. 하루의 목표에 대해 포괄적으로 서로 협의하고 더 좋은 작업을 함께 할 수 있게 됩니다. 왜냐면 우리는 - 방금 말했듯이 - 실제로 서로 만났기 때문이죠."이는 매니저들이 매니지먼트 미팅에 대해 말한 것으로 긍정적으로 바뀐 의견들이다.

그리고 이노베이션 미팅에 대한 더 추상적인 이유들이 있다. 팀원들의 상호 이해를 위해 매니저가 이틀 동안의 팀 미팅을 원하고 있다면 엄청난 비용에 대한 타당한 근거를 제시해야 한다 (호텔, 식사, 공간, 근무에 참여하지 못함, 준비, 이틀 동안의 일당과 외부 진행). 오늘날 기업에서는 비용절감에 힘쓰고 있어서 "우리는 한번 만남을 마련하고 싶습니다."라고 말하는 것은 허무맹랑한 근거로 여겨진다. "우리는 이노베이션을 장려하고 싶습니다."는 이와는 반대로 완전히 정당한 근거가 된다. 이에 대해 반대할 수 있는 클로즈 마인드들은 없을 것이다. 이노베이션 VP는 새로운 과정을 소개해야만 하는데 여기서 직원들로 하여금 기업의 이노베이션전략에 대해 많은 것을 알도록 해야만 한다. 그는 탁월한 결과들과 활동들을 가져다 줄 수 있는 이노베이션미팅이 기업 내 도처에서 열리고 있다고 보고한다.

이노베이션 워크샵이 개최되면 이로써 모든 사람에게 도움이 된다. 이 말은 맞는 말이다. 결과적으로 부서장은 좋은 팀 미팅을 했다. 그는 특히나 이러한 미팅을 원했다. 동시에 - 우리는 이 점을 절대로 과소평가해서는 안 된다 - 서로 불편한 조직을 조정해주는 사회자와 더불어 이노베이션 워크샵의 엄격한 미사형식은 웅장하면서도 성공을 다짐하는 분위기를 자아낸다. 여기서 사장은 아무것도 할일이 없다. 사장은 점잖빼며 행사 개최를 알릴 것이다. 여기서 그는 아이디어와 결정된 활동들에 대해 높은 기대감을 보일 것이다. 그는 언제나 사장이고 그에 대한 비판은 전혀 없다. 여성 사회자는 절대로 나쁜 점에 대해서 언급해서는 안 된다. 결과는 보장되고 일반적으로 미리 상정된 것이다. 사장은 아무것도 할 필요가 없다. 그 어떤 준비도 필요하지 않는다. 그는 브레이크아웃 시즌들에 대한 논평을 서슴없이 할 수 있다. 그는 자리를 떠나도 되고 다시 한 번 더 많은 일을 하도록 기대감을 보일 수도 있다. 더욱이 이노베이션 VP의 기업 내 사업과정에 대한 만족감이 표현되기도 한다. 이러한 관점들 하에서는 이노베이션 워크샵이 알 낳는 암퇘지일 것이다. 여기서 옥에 티가 있다. 이노베이션은 진행되지 않고 애당초 직원들 사이에서 존중되지 못한다. 그들은 이노베이션이란 유행어로 쇼와 활동들만 보게 된 것이다. 이러한 활동들은 직장에서 멀리 떨어진 골프장 호텔에서 저녁 바비큐와 함께 진행된다.

그래서 좋은 의미로 시작된 이노베이션 워크샵은 이노베이션을 몰락시키게 된다. 사장은 이노베이션을 위해 공식적인 장소를 제공해주지만 아무런 도움이 되지 못한다.

이러한 워크샵들이 더 심하게 조작된 변형 형태도 있다. 상담사들과 사회자들은 같이 모인 자리에서 "우리는 새로운 해결책을 찾는다!"라는 구호를 외치며 워크샵을 진행하게 된다. 하지만 실제로 그들은 더 많은 성과를 '협박하는 데' 힘을 쓰는 것이지 이노베이션을 위해서가 전혀 아니다. 이노베이션이라는 핑계로 압력을 강화하는 일은 '믿을 만한 이노베이션 워크샵'보다 훨씬 빈번하게 나타난다. 이는 믿을 만한 워크샵들의 신용을 엄청나게 떨어트린다. 우리는 이노베이션이 진심으로 받아들여지고 있는지 아닌지 잘 알지 못하고 있다. 나는 경고와 정체 폭로를 위해 다음과 같은 위장된 변형 형태를 설명하려고 한다.

오늘날 매니저들은 이익 증가에 대한 압력을 심하게 받고 있다. 외부에서나 고객의 입장에서나 그들은 힘이 없는 경우가 빈번하다. 고객은 입장을 강요한다. 이때 매니저들은 긴축을 통해서 수익을 내려고 시도한다. 이를 위해 그들은 언제나 동일한 도식과 의식에 따라 진행되는 긴축 워크샵을 준비한다. 긴축활동을 확정하기 위해 유토피아적인 목표들, 절약 브레인스토밍 그리고 브레이크아웃으로 시작한다. 이러한 워크샵들은 들뜬 이노베이션 워크샵들과 상당히 구별된다. 여기서는 거의 공격적으로 고전분투한다. 왜냐면 진심에서 우러나온 긴축은 직접 피부로 실감되며 희생자를 요구하고 가혹함을 동반하기 때문이다. 여기서는 다들 긴축제안들을 강요받는다. "우리가 충분히 긴축할 수 있는 가능성을 결정내릴 때까지 미팅은 계속됩니다." 이러한 미팅 뒤에도 실제로는 가혹할 정도로 부담이 주어지게 되어 ("스트레스가 가중되어") 결과론적으로는 긴축정책이 목표로 정해지게 된다. 여기서도 아무도 긴축을 비방해서는 안 된다. 그렇지 않으면 충분히 완수하지 못하기 때문이다. 이것은 격렬한 의무적 낙관주의라고 부를 수 있다. 이러한 잔인한 긴축 워크샵들 중에 많은 수가 (이 이름은 터부시 되고 있다) '체인지 워크샵(Change Workshop)', '트렌스퍼메이션스미팅(Transformationsmeeting)' 혹은 '이노베이션스 워크샵'으로 판매되고 있다. 직원들은 이를 웃음거리로 생각하고 두뇌 세탁을 하는 것과 같은 느낌을 받게 된다. 그로 인해서 상관들의 모든 얘기는 타진된다. 그들의 말이 다시 뭔가를 은밀히 꾀하고 있는지 그리고 직원들이 뭔가 아주 불쾌한 것을 준비하려고 하는지. 이러한 억압적인 긴축 워크샵이 끝날 무렵에는 이노베이션이 중요하다는 즐거운 호소의 목소리가 더 이상 들리지 않는다. 오히려 명령투가 강조된다. "우리가 맹세로 맺은 팀으로써 함께 해야 하며 이러한 쉽지 않은 조치들을 최종적으로 완수할 것을 이구동성으로 결의했습니다. 여기서 이탈자들은 가차 없이 처벌을 받게 됩니다. 여기서는 동의한 사람도 있지만 여기서 아니오, 라고 대답할 사람도 있겠지요. 그렇지 않습니까? 이중에 누가 반대의견인가요? 한 명은 이탈하겠지요? 내가 한번 둘러보겠습니다. 이번에는 좀 다르군요. 다들 찬성하고 있어요. 이 일이 여러분들에게는 쉬운 일이 아니라는 것을 나도 알고 있습니다. 결국 여러분들은 매니저나 마찬가지요. 고통의 목소리를 들을 수 있으니까요. 고통 없는 매니지먼트는 충분한 효과가 없습니다.”

본래의 이노베이션 워크샵들은 장차 뭔가를 이루려고 노력하는 데 비해 (‘업적’), 긴축모임은 조작에 의해 권력을 행사한다 (‘파워’). 이런 모임들은 엎친 데 덮친 격으로 혼합 형태로 진행된다. 그리고 열광적으로 살아난 이노베이션은 가차 없는 강요의 고통 속으로 빠져들게 될 것이다.

리스크-컨트롤링, 신용 그리고 도구(Tool)

이제 나는 이노베이션의 여러 각도들을 거의 제시했으며 이에 따른 장애요소들을 살펴보았다. 대부분의 창안자들은 자금조달에서 가장 큰 장애를 지니고 있다고 볼 것이다. 우리가 비즈니스 케이스를 어떻게 설명하고 있는지, 지원금은 어디에서 조달받을 수 있으며 어떤 근거를 제시할 수 있는지에 관해 도서관에서 찾아 볼 수 있을 것이다. 나는 수많은 아이디어박람회에 참석했으며 요즘 3-4일 동안에는 자금을 지원받고 싶어 하는 창안자에게서 한 가지 제안을 받았다. 내가 그를 위해 대기업에 좋은 말을 해줄 수 있는지에 관한 질문이다. “나는 그럴 만한 지인이 없으며 박람회에는 더 이상 참석할 수 없습니다. 왜냐면 입장권을 지불해야만 하기 때문이지요.”

이것으로 독자들은 내가 무슨 말을 하려고 하는지를 이미 짐작했을 것이다. 아주 비전문가적으로 접근하는 경우가 빈번하다. 다들 자금을 모든 문제의 해결책이라고 믿고 있는 것이다. 하지만 여기서 더 문제가 되는 것은 탐구와 에너지 넘치는 행동이다.

나는 이미 다음과 같이 말한 적이 있다. 즉 나의 이노베이션 코치 지포트 핀초트가 그 당시 내게 한 질문에 따르면 계획한 이노베이션이나 '회사'를 추진하기 위해 먼저 집부터 팔지 않겠냐는 것이었다. 그때 나는 의구심이 들어 선뜻 대답하지 못하자 핀초트는 머리를 절레절레 흔들었다. 그리고 생각해보니 나는 그의 견해에서 볼 때 올바른 기업가가 아니었다. 엄격히 말하자면 나는 오늘날도 낯선 아이디어들을 평가하는 사람은 전혀 아니다. 하지만 누군가 박람회 입장권을 사줄 생각이 없다면? 누군가 구글에서 검색할 수 있음에도 시장의 경쟁자들을 알지 못한다면? 혹은 자신의 아이디어를 누가 훔쳐갈 수도 있다고 두려워한다면?

우리가 투자자라고 생각해보자. 우리는 막 100만 유로를 유산으로 받았기에 한 기업에 참여하고 싶다고 치자. 우리는 위와 같은 창안자들에게 100만 유로를 주고 싶을까? 창안자들이 백만 유로로 무엇을 할 수 있을까? "내 생각으로는 2년 동안 아이디어를 지속적으로 개발해야만 합니다. 이 일이 최종적으로 어떻게 될지는 말하기 힘들군요."

이 책을 읽는 독자들에게 다시 부탁하고 싶은 것은 나의 의견에 동의한다거나 혹은 부정적으로 판단할 필요가 없다는 것이다. 이는 나의 일상적인 경험들이기 때문이다. 거의 모든 일들이 이런 식으로 진행된다. 그래서 지금껏 몇 년 동안에 나는 자금지불을 신중히 생각하게끔 만드는 제안들을 서너 번밖에 보지 못했다. 한 경우는 정말로 신중하게 생각해보기도 했다. 그런데 창안자의 한 가지 질문 탓에 나는 마음을 접었다. 나의 자금을 열 배로 증폭시킬 수 있는 이론적인 기회를 갖고 싶지 않느냐는 것이었다. 나는 그의 제안을 실제로 믿지 않았기에 그 일에서 손을 뗐다.

지포트 핀초트의 평가에 따르면 창안자들이 일반적인 스타트업 (Startup)을 했을 경우에 정말로 돈을 벌어들일 수 있는 가능성은 5 퍼센트 정도다. 그리고 그는 도전적인 질문을 던진다. "만약 내가 돈을 투자하고 매니지먼트 경험과 월 스트리트(Wall Street)와의 인맥으로 돕는다면 – 만약 어떤 비즈니스에 대해서 확신을 갖고 있기에 내가 힘들게 번 돈과 시간과 능력을 투자한다면 기회가 얼마나 커질까요?" 우리는 평가해보았다. 그랬더니 내 생각으로는 평균적으로 30 퍼센트가 나왔다. 하지만 그가 우리에게 폭로한 가능성은 11퍼센트였다. 그 이후로 나는 이와 유사한 숫자를 듣게 되었다. 투자자들을 위한 보편적인 규칙은 다음과 같다. "10개 프로젝트들 중에서 한 개 정도로 나는 10배 이상의 이익을 올리고 있지요. 그것으로 나는 살아가고 있어요. 10개 중에 3-4개에서 약간의 돈을 돌려받고 있고요. 그래서 큰 손해를 입지 않고 모면할 수 있습니다. 다른 사람들은 다소 심하게 파산하기도 합니다."

이런 얘기는 절대로 공식적인 발언은 아니다. 우리는 돈만 충분히 지니고 있다면 마치 계획이나 프로젝트가 언제나 성공할 것처럼 그렇게 행동한다. 나는 기업의 재정 전문가가 프로젝트를 허가할 때 이렇게 엄청난 위험부담에 관해 설명하는 것을 아직 경험해본 적이 없다.

이노베이션은 위험성을 내포하고 있다. 아주 일반적인 프로젝트들은 규정대로 실행되었는데도 실패하는 경우가 다반사였다. 그렇다면 이노베이션들 중에 얼마만큼이나 실패하게 될까? 모든 분야들과 계획의 종류를 살펴보면 아마도 더 규모가 큰 프로젝트들 중에 절반쯤이 실패하게 되고 나머지 4분의 1 정도도 실제로는 목표점을 달성하지 못한다는 것을 여러 차례 확인할 수 있었다. 납세, 교육과 사회복지 사업에서는 수많은 법안 계획과 끝없는 개혁 논쟁이 있다. 이러한 '이노베이션들' 중에 얼마나 성공할 수 있을까? 거의 없다. 그러므로 우리는 정치를 혐오한다. 아무것도 발생하지 않는다. 언제나 선거가 있다. 그러므로 선거 전에는 아무것도 할 수 없으며 그 이후에나 모든 것을 전복시켜야 한다. 이러한 사정은 이노베이션에서도 다르지 않다. 우리는 dot.com-Manie를 기억할 수 있을 것이다. 수천 개의 기업으로 탄생했다가 연이어 다시 사라졌다. 위험성들이 터무니없이 과소평가되었다. 신용에 대한 위험성 매니지먼트는 아마도 15년에서 20년 전부터 열리고 있다. 나는 IBM의 상담가로서 첫날 참석했다. 그런데 당시에 사람들은 이러한 시스템을 이용하여 위험성을 이해하거나 방지하려고 하지 않았다. 그들은 위험성을 적법한 한계까지 끌어올리고 그것에 관해 잘 모르는 다른 사람들에게 판매하기 위해서 시스템을 이용한다. 여기서 나온 결과는 재정위기였다. 이렇게까지 간 이유는 위험성에 대해 무지한 상태가 팽배해 있었기 때문이다.

비즈니스 플랜들은 9월 11일 사건이나 이라크의 쿠웨이트 진군과 같은 그런 일을 결코 예상할 수 없다. 아프가니스탄 전쟁과 유로혼란 (그리스 위기는 재정 위기가 아니라 빚잔치의 일종이다). 창안자들이 이노베이션을 계획할 때에는 일반적으로 좋은 날씨가 지속된다. 그리고 다음번 위기에 사라지고 만다. 왜냐면 그들은 자금이 턱없이 부족하기 때문이다. 어떤 사람들은 은행들이 너무 조심스럽다고 말하지만, 다른 사람들 생각에는 은행들이 죄다 너무 부주의하다는 것이다. 실제로 우리는 몇 년마다 위기를 맞고 있다 (고르바초프, 2000년-컴퓨터문제, dot.com-Crash, 9.11사건, 이라크전쟁, 리먼-파산, 후쿠시마, 그리스) 결국 모든 이노베이션은 어려운 위기를 견딜 수 있을까?!

이를 위해 이노베이션의 위기들은 기업 내에서도 찾아온다. 이노베이션 프로젝트는 회사의 위기완충장치로써 악용되는 경우가 비일비재하다. 연간결산이 위험에 처할 경우에는 가장 비싼 개발프로젝트를 멈추고 연구시설의 문을 닫는다. 이러한 위기의 종류들은 사내 기업가들에게 아주 빈번하게 일어난다. 하루아침에 끝난다! 그냥 단순하게. "의미 있는 질문은 하지 마세요!"라고 입술이 얇은 간부는 말한다.

규정변화 혹은 기술 붕괴를 통해 더 많은 위기가 찾아오기도 한다. 가장 좋은 예로는, 발전기가 거의 작동하지 못하는 경우다. 갑자기 원자로가 차단되어야 하기 때문이다.

인터넷, 규정변화, 전쟁, 주식폭락, 새로운 창안물들, 전복, 선거, 위험평가, 통화가치하락을 통한 모든 이러한 붕괴는 경제가 감내해야만 하는 일이다. 이는 이노베이션에도 많은 영향을 주게 되는데 이로써 이노베이션의 시장이 지연되고 희망하는 대로 형성되지 못하거나 다른 사람들에게 넘어간다.

결국 모든 이노베이션이 좌절될 위험이 90퍼센트 존재한다. 그리고 또 다른 곳에서는 쓰나미나 원자로용해의 위험도 있다. 여기서는 재정매니저 혹은 은행들이 재정지원을 해줄 때 두 가지 위험들에 대해서는 - 내가 알고 있기로는 - 논의되지 않는다. 그들은 위험들을 실제로는 이해하지 못한 채로 그들 앞에 제시된 규정들과 관료주의적인 규칙들에만 방향을 맞추고 있는 것이다. 결국 '규정들'만 고수하고 있는 셈이다. 규정들은 결코 전문적이지 못하지만 요지부동으로 바뀐다. 나는 종종 이런 말을 듣곤 한다. "당신의 이노베이션은 좋습니다. 하지만 지난해 규정이었더라면 허가받을 수 있었을 텐데요. 핵심수치가 바뀐 다음부터는 안타깝게도 당신은 그 범주에서 탈락입니다. 유감입니다."

나는 실제로 어떤 계획안들이 자금 지원을 받는지 놀라울 따름이다. 나는 종종 혁신가들의 비즈니스-케이스들을 살펴보는 편이다.

특히나 다음 5년간의 매상평가에 대해서는 더 많은 관심을 갖고 있다. 이는 언제나 호언장담하며 너무 높게 책정되어 있다. 내 느낌상으로는 그렇다. 다시 한 번 계산해보면 - 내 직관으로 볼 때 - 매상고는 언제나 너무 높게 평가된다는 것이다. 또한 관료주의적인 소프트웨어-도구들(Software-Tools)이 신용대출을 여전히 허락한다는 점이다. 문제는 다시 공정만족에 있게 된다. 관료주의가 허락해주고 투자 상태가 좋다고 가정해보자. 비즈니스와 실제적인 위험들에 대해서는 전혀 논의된 바 없다. 비즈니스-케이스들은 모두 유사하게 보인다. 첫 해에는 매상을 100퍼센트 상승으로 잡고, 그 다음 해에는 66퍼센트 상승, 그리고는 45퍼센트, 그리고 또 한 해 뒤에는 33퍼센트, 마지막으로 25퍼센트 상승을 목표로 한다. 이로써 관료주의는 생존할 수 있다. 이와 다른 진행과정을 생각하고 있는 사람이 있다면 어려운 상황에 처할 것이며 자신의 정당함을 입증해야만 한다. 왜냐면 그것은 '통상적이지 못하기' 때문이다.

이런 식으로 허락받은 투자라면 나 스스로도 절약하지 않을지도 모르겠다. 그리고 나는 무엇 때문에 매번 이렇게 많은 투자자금들이 존재하는지 이상할 따름이다. 무엇 때문에?

- 기업 밖에서는 이렇게 많은 자본이 투자를 기다리고 있다. 견실한 곳의 수보다 더 많은 곳에 투자되고 있다. 이러한 자본은 단순히 잘 투자되고 있는 곳이 아니라 상대적으로 가장 잘 투자되고 있는 곳으로 이동한다.
- 기업 내에서는 자금을 이노베이션에 투자해야 한다는 불가피성이 있다. 이는 이노베이션을 관리 경영하는 이노베이션 VP가 원한다. 그는 이노베이션에 투자되어야만 한다고 강조한다. 그는 기업 내에서 이익이 될 만한 이노베이션이 전혀 없다고 단언할 만한 선택권은 없다. 그의 결정권은 어떤 이노베이션이 있는지에 대한 것이다. 결국 그는 좋은 이노베이션이 아

니라 상대적으로 가장 좋은 이노베이션에 투자한다.

- 연구장려 시설들은 최고의 프로젝트에 자금을 투자해야만 한다. 이를 위해 이러한 시설이 존재한다. 그런데 수많은 자금을 투자할 만한 그렇게 좋은 프로젝트들이 많지 않다. 장려라는 범주가 완전히 만족되지 않는 경우가 비일비재하다.

상식에 따라 높은 수익이 기대되는 모든 프로젝트에 재정 지원해야만 한다. 모든 프로젝트! 자금은 여러 배로 돌려받을 수 있을 것이다. 그런데 좋은 프로젝트마다 자금이 투자되지 못하는 이유가 무엇인가? 대답은 이노베이션 VP와 장려 연구소가 두려워하고 있다는 것이다. 그들은 대체로 '이노베이션이 장려되어야만' 하지만 성공은 미미하다는 것을 알고 있다. 우리는 인터넷에서 각 나라들과 EU의 장려 대책들에 관한 성공 사례를 수집할 수 있을 것이다. 여기서 의미하는 것은 매번 다음과 같이 일맥상통한다. "여기서 결과가 너무 안 나오면 불평을 듣게 됩니다. 장려금을 준 뒤에 이노베이션의 추후 성공여부를 끝까지 추적해서 문서화한 자료가 전혀 없다는 게 신기합니다."

내 의견으로 볼 때 여러 면에서 재정지원 문제는 아직 전문적으로 설명되지 못했다는 것이다. 재정지원은 끝없는 관료주의에 따라 결정되게 되는데 끝내는 직감에 따르게 된다. 왜냐면 '자금은 배분되어야만' 하거나 '투자자가 기다려야만' 하기 때문이다. 이로써 혁신가는 행복하게 진행할 수 있다. 하지만 그는 이러한 비즈니스 케이스에 대해서 엄청나게 많은 일을 해야만 한다. 결국 그는 자신의 혁신 제품 속에는 무언가 특별한 것이 있다고 스스로 믿게 된다. 신용대출을 위해 매상곡선을 미화하고 기업가로서 또 다른 적합한 사업을 진행하게 된다.

혁신가들은 기업가적으로 행동해야만 하지만 꼭두각시처럼 반쯤 이해되거나 경우에 따라서는 전혀 이해되지 않는 재정지원 방침들을 따르게 된다. 혁신가들은 재정문제에 대해 엄청나게 많은 것을 알고 있어야만 하지만 단순한 허가 방침 준수에 대해서도 잘 알지 못한다. 그들은 자신들과 장려가들의 시각에서 재정재원 목표를 알고는 있지만 기업가의 시각에서는 생각하지 못한다. 이러한 의미에서 재정에 대한 테마는 새로운 것과 관련해서는 더 광범위한 장애요소를 형성하고 있다.

이노베이션 학습을 판매 증진책과 소중한 희망으로 삼다

이노베이션이 이토록 어렵고 성공률도 낮기 때문에 어떤 식으로든 학습할 수 있어야만 한다. 이런 생각은 누구나 할 것이다. 이미 앞에서 밝힌 바에 따르면 집요하게 학습된 것은 아무도 원하지도 않으며 써먹을 수도 없다. 우리는 자주 이런 말을 한다. "의지가 있는 곳이라면 길이 있다." 유감스럽지만 매니지먼트에서는 비밀스러운 테마가 있다. 그것은 바로.

전설: 길이 있는 곳에 의지도 뒤따르게 되고 결국 모든 게 진행될 수 있다.

이 말은 일반적으로는 옳지 않다. 즉 길이 문제이기 때문이다. 새로운 길이 개통식을 했다고 한다면 그곳에도 사람들이 다닐 수 있을 것이다. 하지만 석가가 열반에 오르는 길을 알려준다면? 혹은 예수가 구원받을 수 있는 좁은 길을 알려준다면? 이노베이션의 약속은 격려의 비전으로 느낄 수 있다. 실제로 이는 의지를 불러일으키지만 여기서도 문제가 되는 것은 의지의 강도다. 비전을 가지고 있거나 제시하는 것만으로는 충분하지 않기 때문이다. 나는 이에 대해 종종 탑매니저들과 의논하기도 했다. 그들은 "비용 변화 없이 매년 10퍼센트의 매상 증가가 있을 것이라"는 비전에 대해 정말로 열광했다. 또한 그들은 축제와 같이 화려한 비전을 선언할 때에는 레몬을 먹는 듯한 직원들의 얼굴을 보며 아주 의아하게 생각했다.

이와 같이 새로운 것의 생성을 다루는 책들이 수도 없이 많다. 이들은 방향성과 길을 제시한다. 성공사례들도 제시한다. 이런 책에서는 성공사례를 분석하고 성공범주를 하나씩 파헤쳐본다. 모든 것이 분명하게 나타난다. 학습이론과 책, 방법론과 코칭, 상담과 매니지먼트 조직은 언제나 다음과 같은 항성들 주변을 맴돌고 있다.

- 이노베이션 전략
- 이노베이션 업무에 대한 플랜과 분석
- 이노베이션 과정을 쉽게 만든다
- 이노베이션 매니지먼트는 구조를 형성한다
- 아이디어 매니지먼트는 혼란 속에서 분명한 것을 제공한다
- 성공적인 브레인스토밍은 미래를 열어준다
- 창조 기술은 기적을 낳는다
- 이노베이션 워크샵은 연습에 도움이 된다
- 이노베이션에서의 성공 요소
- 혁신가의 열 가지 전형적인 오류들
- 고객 오리엔테이션을 통해서 이노베이션을 이룬다
- 고객이 혁신모토다
- 성공적인 (모험적인) 사업가
- 아주 성공적인 것이 어떻게 이루어질 수 있을까?

- 가속도를 낸다
- 오픈 이노베이션
- 지적재산권 매니지먼트(Intellectual Property Management)와 특허전략
- 컴퓨터 응용 이노베이션(Computer Aided Innovation)
- 등대 프로젝트를 통한 신호불
- 열광적인 비전들의 효과
- 리더쉽과 영감(Inspiration)
- 위험준비를 장려한다
- 위험매니지먼트
- 논리적이고 설득력 있는 리스크 매니지먼트(Risk Management)
- 자발성을 장려한다
- 100가지 성공사례들과 영웅 전설
- 이노베이션은 우연이 아니다
- 중간에서 높은 업적으로

위의 리스트들에 대해 독자들은 다시 한 번 읽어보고 평가해보기 바란다. 학습된 것을 '실행'으로 옮긴 뒤 달성된 것은 무엇인가? 나는 아무것도 모르는 상태에서 세계의 정상으로 발전되는 단계들을 다음과 같은 상담 구조에서 찾으려고 한다.

- 레벨 0: 질문의 문제점이 생소합니다.
- 레벨 1: 질문의 문제점은 잘 알 수 있지만 어떠한 행동도 없군요.
- 레벨 2: 구체적인 행동들에 대해 생각하고 있어요.
- 레벨 3: 질문의 문제점에 대해 처음으로 구체적인 실마리가 있습니다.
- 레벨 4: 완벽한 실행이 시작되고 있습니다.
- 레벨 5: 예.

- 레벨 6: 정말로 훌륭한 실행입니다!
- 레벨 7: 이번 실행은 다른 문제점들의 실행과 맞물려 있습니다 ('통합적').
- 레벨 8: 전체실행은 '세계적인 수준'이군요.

1단계에서 책을 읽는 것은 도움이 된다. 아마도 2단계에서도 도움을 받을 수도 있을 것이다. 브레인스토밍의 '보텀업(Bottom-Up, 직원들이 수립 과정에 모두 참여함으로써 모두의 의견을 수렴해 하나의 비전을 수립_옮긴이)' 방식은 첫 번째 활동에서 아래에서부터 위로 향하는 방식으로 작업한다. 상담방법론들은 새로운 조직의 형태에서는 '탑다운(Top down)'의 형식으로 위에서부터 의견이 모아지는 상태로 이해하고 있다. 5단계에 도달하는 것이 목표이다. "예. 우리는 좋은 이노베이션 문화를 갖고 있습니다."라고 말할 수 있도록. 대부분의 기업들은 3단계 ("우리한테는 등대프로젝트가 있습니다")와 4단계 ("우리는 새로운 구조를 만들고 있으며 이제 소개할 수 있습니다") 사이에 있다.

기본적으로 언제나 '오로지' 새로운 방법론 혹은 새로운 구조가 선전된다. 오픈 마인드들은 다시 한 번 다음과 같은 표어로 시도하고 있다. "아마도 이번 다이어트는 성공할 겁니다." 클로즈 마인드들은 코끼리와 같은 오랜 기억력을 지니고 있어서 초기시도의 실패로 인해 모든 것이 쓸모없는 낭비로 끝나게 될 것이라고 생각한다. "너는 100번을 다이어트 해도 아직도 뚱뚱하잖아." 적대자들은 다음과 같은 말로 꾸짖는다. "다이어트는 육체에 해가 됩니다. 만약 우리가 살을 빼게 된다면 그래도 괜찮을지도 모릅니다. 만약 원하는 대로 되지 못한다면 다이어트는 치명적입니다."

그럼에도 불구하고 언제나 새로운 다이어트가 있고, 새로운 희망과 언제나 새로운 시도가 있지만 결과적으로는 실행되지 못한다. 주창자들은 클로즈 마인드들이 두려움을 나타낼 경우에는 희망을 약속하고 달래준다. 오픈 마인드들은 다시 한 번 함께 한다. 그들은 호의적이며 희망을 포기하지 않는다. 이를 위해 그들은 적어도 뭔가 시도해본다. 나 자신도 새로운 방법론에 대해 클로즈 마인드들의 편에 속하는 경우가 아주 빈번하다. 나는 방법론 자체를 반대하는 것이 아니라 5단계까지 올라갈 수 있는 진정한 동기를 한 번만이라도 확인하고 싶은 것이다. 길을 제시하는 것이 이미 동기부여이며 의지를 부추길 수 있는 것이라고 보는 매니지먼트의 희망은 터무니없이 크다. 적대자들이 매니지먼트에 질책한 바에 따르면 실제로 그들이 열정적으로 참여하지 못하고 오로지 직원들의 기적만을 기대한다는 점이다. 이러한 질책은 쉽게 이해하고도 남는다. 적대자들은 매니지먼트의 자체면책의 기미를 눈치챘다. 결국 직원들은 책임을 지고 임금 삭감을 받아들여야 하는 것이다. 그리고 모든 질문들에 대해서는 새로이 다시 대답될 수 있다. "예전에는 절대로 되지 않던 일이 지금은 잘 돌아가는 이유가 무엇인가요?" 그리고 대답은 이렇다. "이것이 실제로 잘 돌아가는 새로운 방법론입니다." 하지만 언제나 이노베이션을 이루고자 하는 의지가 부족하다. 그것에 대한 기쁨과 장려하려는 기업 문화도 부족하다. 모든 방법론이나, 모든 과거와 미래의 방법론들에 대한 저항들은 무시된다. 그러므로 클로즈 마인드들은 이미 함께 하지 않으며 체념하고 만다.

'보텀 업'을 위한 새로운 방법론 이외에도 이노베이션 조직을 위한 새로운 상담방법론과 새로운 아이디어들이 있다. 이들은 마찬가지로 주기적으로 흥미를 끌었다. 이따금 이노베이션, 연구와 개발 분야에 전력투구하여 정말로 새로운 구조가 형성되기도 했다. 그리고 이제는 무서운 오류가 발생하고 있다.

전설: 조직이 좋으면 조만간 목표로 가는 길은 저절로 발견된다.

모든 것이 규칙적으로 정해지고 규칙에 따라 작업된다면 성공적일 것이다. 이는 매니지먼트에서는 무엇을 의미하는 것일까? 더 많은 일은 하지 않는다는 것. 결국 뭔가 조직화된다면 매니지먼트는 5단계에 위치하고 있는 것으로 믿게 되고 더 이상 힘쓰지 않게 된다. 모든 일을 다 한 셈인 것이다. 그 뒤에는 별다른 변화가 없게 된다. 이제 '새로운 구조들이 얼마나 좋게 형성되고 있는지' 검사해본다. 실망감이 크다. "새로운 공정들은 받아들여지지 않았고 직원들은 모든 것을 무시하고 활력을 잃었습니다. 우리는 그들을 압박해야만 합니다." 몇 달 뒤에 고통스런 진부한 사설이 파워포인트로 발표된다. "우리는 실행력이 부족합니다."라는 식으로.

재차 모든 것이 저항의 빗장에서 부서지고 만다. 왜냐면 그러한 빗장에 대해서는 아는 바가 없기 때문이다. 모든 소모적인 행동은 주창자들에 의해 발생된다.

새로운 매니지먼트 공정들은 언제나 인공 구조물의 일종이다. 예를 들어 프랑켄슈타인 박사가 새로운 괴물을 봉합해놓은 것과 같다. 혈액순환은 기능하고 있으며 신경섬유도 작동하고 있다. 이 모든 것이 완성된다면 (이는 4단계의 마지막 부분이다) 괴물은 호흡을 하고 살아나야만 한다. 이는 실제적인 빗장이자 장애물이다.

매니지먼트가 뭔가 잘 돌아가지 않는다고 확증한다면 언제나 이렇게 말할 것이다. "새로운 공정들은 아직도 살아나지 못했습니다." -"새로운 구조들은 생명력으로 채워야만 합니다." 이를 위해서 매니지먼트는 단순히 기다린다. 농부인 나의 아버지가 순무씨에 구멍을 뚫어서 새싹이 나오기만을 기다리며 풍부한 설탕수확을 꿈꾸었던 것과도 같다. 하지만 매니지먼트 시스템은 파종도 하지 않은 채로 뭔가 완성된 '괴물'과 같은 것이다. 생명력으로 가는 발걸음은 결정적이며 가장 혹독한 작업을 거쳐야만 한다. 어쨌든 이는 잘 이해되지 않고 있다. 기본적으로 뭔가 생명력이 있는 것이 곧장 스스로 살아날 수 있다고 잘못 받아들여지고 있는 것이다.

모든 경제 분야들은 이러한 오류에서 이득을 얻고 있다. 언제나 새로운 방법론들이 다시 새롭게 적용되고 있다. 특허방법론에 대한 신간들이 출판되고 베스트셀러처럼 사라진다. 코치들은 동기트레이닝에서 이를 시도한다 ('괴물의 숨쉬기'). 매니저들은 항상 새로운 괴물을 만들어내는 상담사에게 돈을 지불한다. 하지만 이 괴물들은 숨을 쉬지 못한다. 왜냐면 이러한 빗장들이 주시되고 다루어지지 않기 때문이다. 그리고 엄청난 금액이 들어간다. 재정지원을 위해 도와줄 수 있는 사람이 누구일까?

국가가 뛰어들어 권장해야만 한다!

국가가 기초발전을 위해 비용을 도맡을 수는 없는 걸까? 무엇 때문에 교육 연구부가 있는 걸까? 그리고 무엇 때문에 경제 기술부도 있는 걸까? 이러한 부서들은 산업으로 인해 의무화되고 유권자들 앞에서도 인정되어야만 한다. 책 전체에 걸쳐 나는 지식과 연구한 바를 경제와 실제 기술로 유입하는 것이 얼마나 어려운 일인지 설명했다. 두 분야들 사이에는 틈이 생기기 마련이다. 두 분야들은 서로 분류되어 있다 - 미래적인 것과 현재적인 것. 우리는 이러한 틈이 거의 상징적으로 장관관할구역에서 다시 나타난다는 것을 알 수 있다. 한 내각이 앞으로의 성장을 담당하고 (교육과 연구), 다른 내각이 이미 설치된 것을 담당한다 (경제와 기술). 게다가 독일에서의 상황이 더 나쁜 이유는, 이러한 내각들이 역사적으로 서로 다른 당 대표자들에 의해 운영되어왔다는 것이다 (자유민주주의자들은 언제나 경제관할구역을 맡으려고 한다). 그래서 다양한 기관들이 자체공정을 만들고 있다. 예를 들어 기업 내에 이노베이션 VP가 있는 것과 유사하다.

- 국가적인 장려 프로그램들과 장려 이니시아티브들
- 박사과정생들을 위한 연구자금
- 생존기반형성, 설립자 기금, 설립자 센터들
- 실리콘 밸리를 만들려고 시도한다.
- 인터내셔널 연구협력
- 모든 종류의 '등대 프로젝트' 장려하기
- 상을 수여하고 공고문을 낸다.

또 다른 한편에서는 국가 연구시설에도 압박감이 있다. 즉 더 폭넓은 범주에서 볼 때 순전히 연구결과에서 재정적으로 환원될 만한 것을 만들어내야 한다는 것이다. 정부는 대학들을 엘리트대학 경쟁 전쟁으로 내몰고 있으며 '제3의 수단을 획득하도록' 요구한다. 즉 재정적으로 측정할 수 있는 연구 성공을 의미한다. 이러한 성공압박감 하에서도 산업분야의 연구소들은 이미 그렇게 오랜 기간 동안 버텨왔다. 이들도 성공의 결과를 돈으로 증명해달라는 기업운영자들에게서 압박을 받고 있다.

나는 논리적으로 파헤쳐보려고 한다. 이노베이션을 달성하고자 하는 두 가지 시도가 있다.

1. 아이디어로 자금을 벌도록 강요한다
2. '특별자금'에서 자금을 마련함으로써 이노베이션을 장려한다

첫 번째 시도는 이노베이션의 첫 번째 장애물을 극복해야만 한다. 우리는 자금획득이라는 요구를 통해 아이디어들이 실제로 뭔가 시장성을 갖고 있어야 한다고 강요한다. 두 번째 시도는 이노베이션의 첫 번째 장애도 극복해야만 한다는 것이다. 이는 실제로 절대적으로 장려할 만한 굉장한 사업 아이디어들을 시장으로 내보내기 위한 것이다.

이제 어떤 일이 일어날까? 국가와 경제의 연구시설들은 이러한 조치들을 왜곡한다. 그들이 연구 자금들을 서로 나눔으로써 자금을 획득하려는 것이다. 그들은 어떠한 이노베이션도 창조할 수 없을 것이다. 그들은 자신들의 아이디어를 이용하여 천재적인 아이디어 장려금을 획득하고 이 돈으로 어떤 식으로든지 지속적으로 연구한다. 재정감사관들이 이노베이션 자금에 대해 질문한다면 연구소들은 장려금에서 수령했다고 말할 것이다. 실제로도 그렇다. 그들은 자신들의 아이디어로 자금을 획득할 수 있었다.

나는 다음과 같이 말하고 싶다. 두 가지 시도들은 결국은 서로 중첩되기에 파기되고 만다는 것이다. 여기서 어떤 일이 발생할 수 있을까? 수십 억 장려금들은 지금까지처럼 지속적인 연구에 이용된다. 단 외부의 고객들이나 우리에게 물어보는 일이 없고 그 어떤 인프라 구조들을 계획하거나 조직하는 일도 없다. 여기는 얻을 수 있는 것은 순수 연구, 출판, 임팩트 포인트, 등대 프로젝트, 정치가-신문사-약속 그리고 이노베이션 VP를 위한 충분한 보너스다.

장려금들은 곧장 수령되고 연구를 위해 기쁘게 사용된다. 그리고 그 성공에 대해서는 상황발표 미팅에서 보고된다. 하지만 지원이 끝나자마자 프로젝트들은 멈추게 되고 다시 새롭게 지원받는 새로운 프로젝트로 대체된다. 결국 지원은 이노베이션으로 연결되지 않거나 기껏해야 막 시작한 개발을 계속 작업하게 된다. 아니면 지금 막

지원받은 어떤 것에 대해 매번 새롭게 다시 연구된다. 이것은 매해 뭔가 다르다. 그러므로 제일로 좋은 것은, 몇 년마다 작업분야를 교체하는 것이다. 옛 작업분야는 그냥 그만두고 그 대신에 피투성이의 초보자로서 새로운 분야를 시작한다. 물론 이는 국가 혹은 기업이 지원한다. 최종적으로 볼 때 전체 분야는 장려금 파도타기이며 거의 필연적으로 이노베이션으로 이어지지 않는다. 모든 활동은 다시 한 번 이노베이션의 첫 번째 장애물 앞에서만 행해진다. 주창자들은 그 속에서 머물고 만다.

이제 나는 아주 부정적이지만 논리적으로 생각해보려고 한다. 강압과 지원은 이상적으로 서로 보완해주고 서로서로 상쇄된다는 것이다. 만약 이에 대해 회의적인 사람이 있다면 인터넷 검색을 해보는 것도 좋을 것 같다. 테세우스(Theseus), 갈릴레오(Galileo), 아리안 (Ariane)과 같은 수십 억 프로젝트들의 성공에 대해 정보를 얻을 수 있을 것이다. '지원금 낭비'나 그와 유사한 문구로 구글 검색을 해보자. 정치가들은 어떤 반응을 보일까? 그들은 지원금 메커니즘을 이해하지 못하고 있으며 그 양을 올리고 있다. EU-프로젝트-Horizon 2020을 위해 자금은 800억 정도로 계획되었다. 유럽의회 웹사이트에서 (2012년 3월 21일자) 다음과 같은 글귀를 읽어보자. "유럽은 다른 지역에 비해 연구 결과물을 새로운 생산품 제작과 서비스 제공으로 변화시키지 못하고 있다. Horizon 2020의 기본프로그램은 이를 바꾸어야만 한다. 3월 20일에 산업협의회는 전문가들과 함께 2020년까지의 연구와 이노베이션 지원에 관한 EU-플랜을 논의했다."

몇 년 전만 해도 유럽의 이동무선통신 대기업이 세계시장을 장악했다. 하지만 미국과 아시아의 경쟁업체들이 혁신적인 상품으로 추월하고 있다. 유럽은 수많은 현대적인 기술과의 연결고리를 상실할 위험에 처하고 있는 것이다.

EU Horizon 2020의 기본프로그램은 약 800억 유로로 새로운 기술 발전과 시장성 있는 생산품으로 전환될 수 있도록 지원된다고 한다. 그래서 기업들과 연구기관들은 좀 더 쉽게 재정지원가능성을 얻게 된 것이다. 시장성을 고려한 연구와 혁신적인 스타트-업(Start-up)은 더 많은 지원을 보장받게 될 것이다.

기독교민주당의 포르투갈 특파원 마리아 (Maria de Garca Carvalho)는 유럽의 경쟁력을 보장하기 위해서 EU Horizon 2020의 기본프로그램을 가장 중요한 EU-재정수단으로 간주했다. 그녀의 사회민주적인 동료 테레사(Teresa Riera Madurell, 스페인 출신)도 다음과 같이 논평하고 있다. "연구와 개발은 경제위기에 있는 유럽에 도움이 될 것입니다. 이로써 유럽의 발전과 질적으로 우세한 일자리 창출에 일조하는 것이지요."

USA: 유럽은 이노베이션 위기로 고통받고 있다

미국 스텐포드 대학원의 버튼 리(Burton Lee) 박사는 Horizon 2020의 기본프로그램을 지지하면서도 유럽대학이 좀 더 시장성을 지녀야 한다고 믿고 있다. "유럽대학에서 중요시되는 것은 전부 연구단체들입니다. 다른 사람들이 이노베이션을 담당해야 합니다."라고 그는 비판하고 있다.

여기서 핵심은 "다른 사람들이 이노베이션을 담당해야 합니다."이다. 원문을 다시 한 번 살펴보자.

제3의 자금에 대해 압박을 느끼는 매니지먼트 시스템들과 지원에 힘쓰고 있는 정치가들은 거의 완전히 낭비나 마찬가지가 되고 있습니다. 이것만이 파국이 아닙니다. 우리를 파국으로 이르게 하는 것은 또 있습니다. 이노베이션에 대해 상당히 많은 잠재력을 갖춘 혁신가들이 방해받고 있다는 점입니다. 왜냐면 그들은 언제나 새로운 지원 프로그램에 만족하는 쉬운 길을 갈 수 있기 때문입니다. 국가 프로젝트들에 대한 상황 테스트들은 누워서 떡먹기 식으로 쉽게 통과할 수 있습니다. 우리와 같은 외부 고객들에게 얼마만큼의 설득력이 있는지 비교해보아야 합니다.

이와 함께 나는 아마도 USA에서 비판되고 있는 유럽시스템을 기술하고자 한다. USA도 마찬가지로 이노베이션 위기로 고통을 겪고 있지만 우리와는 좀 다른 처지이다. 수많은 US-기업들은 좀 더 가치 있는 일거리를 아시아로 옮김으로써 쉬운 돈벌이를 할 수 있도록 시도하고 있다. 이러한 효율성 문제를 수용함으로써 아주 많은 돈을 벌어들이고 있다. 그 결과로 정말로 새로운 것이라는 의미에서 볼 때는 이노베이션이 등한시되고 있는 상황이다. USA는 엄격한 린 매니지먼트(Lean Management)에서 천문학적인 이익을 목표로 삼았다. 아시아로 자리를 옮김으로써 지금도 여전히 이익이 증대되고 있다. 이러한 이익의 원천은 몇 년 뒤에는 오히려 서서히 정체되는 현상으로 돌아서게 될 것이다.

문제점 요약하기

상담, 코칭, 방법론, 책읽기, 성공사례 혹은 시장성이나 부의 축적에 대한 분석은 머릿속에서만 머물러 있다.

여기서도 이노베이션을 위해서는 열정이 필요하다. 새로운 것에 대한 의지와 가득한 열정이 수반되어야만 한다. 열정 부족은 일차적인 문제로써 여겨지지 않는다. 거의 모든 사람들은 규율의 문제를 먼저 손꼽는다. 제시된 방법론이 엄격하게 지켜지지 않는다는 것이다. 이에 따라 우리는 규율부족으로 좌절하게 되고 방법론에서 문제점을 찾으려고 한다. 바로 이러한 점에 대해 새로운 상담가들은 (혹은 옛 상담가들) 아주 새로운 방법론을 마련한다. 이번에는 이노베이션 문제를 정말로 뿌리에서 근절하고 마침내 해결책을 내겠다는 것이다. "이제 우리는 저마다의 열정을 하나로 합쳐야만 합니다. 그래야 우리는 무적의 힘을 갖게 될 것입니다." 이후 우리는 언제나 새로운 것에 경탄하다가 모든 것이 다시 수수께끼 같은 열정부족으로 고통을 겪는다. "아무것도 이루어지지 않는 이유가 무엇일까요?"

이성적으로 이노베이션에 대해 언급될 수 있는 것은 어느 것 할 것 없이 (주창자들의 입장에서 보자면) 여전히 커다란 저항 장애 앞에 놓여 있다는 것이다. 이러한 저항은 언제나 사악한 것으로 매도되고 우리에게 '인식변화' 혹은 '머릿속의 변화'를 요구하게 된다. 하지만 또다시 성공하는 것은 없다.

이노베이션은 플랜, 시스템, 사업모델 혹은 프랑켄슈타인의 죽은 창조물 이상의 것이다. 이노베이션은 살아나야 한다. 이를 위해서는 한 가지 좋은 단초보다는 더 많은 것들이 필요하다.

혁신가들의 입장도 쉽지 않다. 왜냐면 그들은 이미 외부 고객들의 입장에서 볼 때 새로운 아이디어를 어렵게 만드는 구조들을 극복해야만 한다. 이제 그들은 기업 내에서조차도 언제나 시험단계에 머물러 있는 쓸모없는 공정들과 부서마다의 이견에 부딪치게 된다. 또한 새로운 것을 경영관리하면서도 이해하지 못하고 있는 매니저와도, 위험요소들을 잘못 상상하고 있는 감독관들과도 부딪치게 된다. 그리고 실제로 뭔가 좋지 않은 결과가 나올 때에는 매번 호소, 브레인스토밍, 강제조치, 기본적인 상담 과정 투입이라는 큰 파도가 기업으로 쏟아져 내린다.

다들 잘못된 이노베이션 조치들에 찬성하는 것처럼 보이기 때문에 각 이노베이션은 잘못된 조치들로 인해 방해받게 되고 마침내 저지되고 만다. 아무도 혁신가가 어떠한 실제적인 도움을 원하고 있는지 신경 쓰지 않는다 - 혁신가가 쓸모없거나 치명적인 공정들을 진행하고 있는지 어떤지 다들 테스트는 한다. 이는 혁신가가 실패할 경우에 모두들 안전한 자리를 보장받기 위한 것이다. 혁신가의 실패에 관해 언제나 언급하고 있지만 일반적인 매니지먼트 실무, 지침서 의견과 상담방법으로 인한 잘못된 이해가 이노베이션에 장애가 된다는 점에 대해서는 전혀 생각하지 않고 있다.

바빌론의 사고 -
이노베이션의 핵심 장애

혁신가의 심리와 모든 다른 참여자들을 위한 시도

본 책의 처음 부분에서 나는 프리츠 리만의 아이디어를 자세히 소개했다. 그의 이론은 히스테리적인 것과 강압적인 것을 비교하면서 결국 스스로 변화하려는 사람들과 그대로 유지하려는 사람들에 대해 논의하고 있다. 그의 아이디어는 이해하기 쉽지는 않다. 내가 강연에서 그의 이론을 소개할 때에는 대다수 사람들이 곧바로 별 어려움 없이 받아들였다. 그의 이론은 '밈(Meme)'에 대한 것으로 중요한 아이디어이다. 우리는 음악 중에서 '저절로 흥얼거리게 되는 히트곡'이란 단어로 이를 이해할 수 있다. 오늘날에 아이디어나 비디오 혹은 급속도로 인터넷에서 퍼지는 화면을 밈으로 나타내기도 한다. 일종에 전염병과 같은 것이다.

우리에게 더 유명한 것은 프로이드의 아이디어이다. 그는 우리의 영혼에서 인격형성의 노력을 초자아와 자아의 대립으로써 해석하고 있다. 초자아의 예로 그는 규칙, 기준, 관습, 의무와 부모의 기대치와 같은 어떤 것을 이해하고 있다. 이는 우리의 어린 시절에 형성되며 우리를 이끌어주는 개념들이다. 이미 더 이전 시대에는 초자아가 '양심' 혹은 '신의 목소리'로 이해된 바 있다.

이와는 반대로 자아는 일반적인 생각에 따라 형성되는 인간의 욕구 충동이다. 자아는 즐거움과 고통에 반응한다. 자아는 즐거움을 만족시켜려고 한다. 우리의 고유한 자아는 필연과 희망충동 사이를 중재해주며 이성적인 삶을 형성한다. 이는 언제나 싸움이나 마찬가지이다. 초자아는 완전한 욕구포기를 촉구한다. 이와 반대로 자아는 모든 규칙을 무시하고 아쉬워하지 않으려고 한다. 또한 언제나 다시 "사람이 살면 지금 한 번뿐이다."라는 식으로 생각하게 된다.

이러한 지그문트 프로이드(Sigmund Freud)의 이론 속에서 보자면 충실한 신하에게는 초자아가 자리 잡게 된다는 것이다. 부모, 교사, 교수, 매니저는 지속적으로 규칙과 기준을 만든다. 그들은 이를 신성한 의무인 양 우리에게 강요한다. 여기서 그들은 스스로 뭔가 하고자 하거나 의무를 소홀히 하려는 충동을 저지한다. 저지하고 제한하는 초자아를 지닌 인간들은 '윗분들에게서' 절대적으로 환영받고 원하는 사람이다. 이런 사람들은 가장 잘 충성할 수 있는 감마 동물들이며 알파를 기꺼이 따른다.

또 다른 심리학자 칼 구스타브 융(Carl Gustav Jung)은 인간의 충동보다는 사고방식의 차이에 대해 더 많이 집중했다. 그의 저서 심리적 유형(1922, Psychologische Typen)에서 융은 두 가지 유형으로 크게 구분한다. 판단하고 행동하기 위해 한편으로는 감각인식에 따라 분석적, 논리적 그리고 구체적으로 사고하고 결정하는 인간들이 있는가 하면, 또 다른 한편으로는 창조적으로, 예술적으로, 원칙에 입각해서 직관을 갖는 인간들이 있다.

내가 시장에서 최고의 이노베이션을 이루었을 때에는 매번 상당히 다양한 이노베이션-사고들에 대해 놀라움을 금하지 못했다. 나는 오랜 기간 동안에 심리학적 이론들과 다양한 유형이론들을 연구했다. 나는 자체 홈페이지에서 독자들에게 심리학적 테스트 결과를 보내오도록 권유했다. 나는 첫 번째 저서들 와일드 덕(Wild Duck)

과 이-맨(E-Man)에서 이 결과들을 활용했다. 그리고 우리가 몇 가지 기본 사고방식들에 관해 얼마만큼이나 명심하고 있는지에 대해 설명했다. 이에 관해 나는 3권짜리 책을 출판했으며 내 시각을 철학에 담아낼 수 있었다. 나는 옴니소피(Omnisophie)라는 이름으로 출판했다. 이 책에서는 프로이트의 견해(규칙을 정하는 이성과 충동)를 융의 견해 (실용적인 이성과 직관)로 통합했다. 결국 인간들은 이성, 직관과 충동을 행하게 된다 (각각 두 가지가 아니라 세 가지 변형들).

《옴니소피 이론들 (These der Omnisophie)》에서는 다음과 같은 내용이 언급되고 있다. 태어날 때부터 모두 세 가지를 지니고 있는 사람들은 주로 세 가지 다양한 사고방식이나 행동방식을 취한다는 것. 이 방식들은 인간에 따라 다양하게 사용될 수 있다. 그리고 이는 다음과 같은 세 가지로 분류될 수 있다. 각 인간은 이성, 직관 그리고 본능을 지니고 있다는 것. 이성은 컴퓨터처럼 논리적-분석적으로 생각하고 규칙과 기준을 알고 있다. 직관은 창조적이고 통합적이며 원칙과 비전으로 (규칙이 아님) 수행된다. 본능은 몸지각으로 충동을 받아들이고 ('위험' 혹은 '기회') 거의 직각적인 행동으로 반응한다.

오늘날 아주 많은 사람들이 '좌뇌와 우뇌'의 밈 혹은 사고를 알고 있다. 이러한 맥락에서 이성은 좌뇌로 작동하고 직관은 우뇌에서 이루어진다. 하지만 척수와 배에도 그 밖의 '뇌세포'가 있다는 사실을 알고 있는가? 이 세포들은 '제3의 뇌'와 같이 뭔가를 형성하고 있다. 우리는 많은 것을 배에서 결정한다. 아주 즉흥적으로. 이것이 본능이다.

수많은 사람들은, 특히나 더욱 강압적이고 초자아를 통해 조절하거나 프로이트이론에 따라 '항문기에 해당하는 성격들'은 이성을 믿는다. 그들은 두뇌 인간이며 욕구 충동을 억누른다. 간단히 살펴보자면 그들은 모든 것을 올바르게 할 수 있다.

다른 사람들은 즉흥적으로 행동하며 지금 막 머릿속에서 떠오른 것처럼 (욕구 충동으로써) 반응한다. 이런 사람들은 변화무쌍해서 상황에 잘 적응하고 장점을 찾으며 놀이를 좋아한다. 또한 무언가 이득이 되거나 '욕구'를 기대할 수 있다면 기꺼이 위험을 감수한다. 그들은 무엇보다도 자신들의 본능에 따라 행동하고 그다지 깊은 생각을 하지 않은 채로 곧바로 일에 착수한다. 옴니소피에서 나는 그들을 자연스러운 인간들로 불렀다. 그들은 초자아, 사회 혹은 지배자들에 의해 그다지 길들여지거나 훈련되지 않는다.

인간들 중 세 번째 종류는 직관적으로 전체(완전한 것)를 지향하는 사람들이다. 그들은 대체로 이상주의자들이다. 그들은 무언가 원칙에 따라 어떤 식으로 존재해야만 하는지 환상에 빠지고 깊이 사고한다. 더 좋은 세계에 대한 비전과 유토피아적인 미래상을 지니고 있다. 내 저서에서 나는 이런 사람들을 진정한 인간들이라고 불렀다.

수많은 다양한 테스트 결과들과 독자들로부터 얻은 나의 데이터를 살펴보면 한 가지 사실이 명확히 드러난다. 즉 올바르고 진정하며 자연스러운 인간들은 각자의 천성에 가장 가까운 그런 직업을 선택한다는 것이다. 이거야말로 당연한 일이 아닐까 싶다.

우리는 아마도 약 40퍼센트가 올바르고 '부모와 같은' 두뇌인간형이라는 것에 대해 직관적으로 알 수 있다. 아마도 또 다른 40퍼센트가 '수공업자와 같이 적극적으로 일하는' 실천 인간형이고 드문 종류로서 나머지 20퍼센트가 '예술가적인' 세계 개선가를 차지하고 있을 것이다. 이러한 세 가지 유형들은 자신들의 사고방식 속에서 이런저런 문제로 인해 서로 다툰다. 그들은 바빌론적인 사고방식을 생산한다. 나는 이에 대해 여기서는 간단히 언급하고자 한다 (그리고 만약 독자들이 모든 것에 대해 아주 상세히 알고 싶다면 2000쪽 이상 되는 나의 또 다른 저서들을 참고하기 바란다).

먼저 올바르고, 진정하며 자연스러운 인간에 대해 간단히 기술해 보자. 분석적인 이성은 거의 '좌뇌'에 있다. (이는 신경학적인 소견과도 거의 일맥상통한다. 이 이론은 얼마 전부터 갈수록 심오해지면서도 유감스럽지만 점점 복잡해지는 인식들을 밝혀내고 있다. 논리적 관계를 살펴보자면 이러한 이성이 뇌의 어느 쪽을 차지하고 있는지는 중요하지 않지만 수많은 사람들로 하여금 모든 것을 점 더 효율적으로 생각할 수 있도록 도움을 준다.) 좌뇌는 논리적, 순차적, 이성적, 객관적으로 '생각하게' 하고 상세한 것에 주목한다. 좌뇌는 동일한 특성을 지니고 있는 일반컴퓨터의 기능법과 비교해볼 수 있다. 컴퓨터는 프로그램들을 순차적으로 작업하고 각 상세내용을 저장한다. 여기서는 전체적인 시각은 부족하다. 컴퓨터는 '알고는' 있지만 고립된 모든 세부상황들에 대한 것이다. 컴퓨터 기억장치는 구분분야, 서류철, 책장에서 세분되는 대학 도서관과 마찬가지다. 어떤 컴퓨터의 파일 시스템은 기업의 조직구조와 유사하게 보인다. 분석적인 이성은 서열을 정하고 싶어 하고 기준을 정하며 목록과 숫자표를 작성한다. 분석, 통계, 설문조사, 연구 그리고 법규의 설명을 통해 인식할 수 있는 가능성이 생겨난다. 좌뇌는 전통과 습관을 좋아한다. 마찰 없이 잘 돌아갈 수 있는 것에 가치를 둔다. 좌뇌는 인간을 인간 공동체 시스템의 일부로 생각한다. 분석적인 이성은 경고도 한다. 무엇이 옳은지 알고 있기 때문이다. 분석적인 이성은 규칙을 정하는 이성인 것이다. 인간이 특히나 좌뇌를 많이 사용한다면 이성적인 인간이다. 예를 들어 교사, 공무원 혹은 (공식적) 부모가 여기에 해당된다. 올바른 인간은 의무와 일을 소중히 여기고 실행으로 옮긴다. 또한 질서를 지키고 도덕과 좋은 취향을 존중한다. 올바른 인간들은 책임감이 있으며 신뢰할 만하다. 일할 때에도 노력과 삶의 과제로 보며 주의, 존중, 주시, 서열을 추구한다. 올바른 인간은 남들보다 '모범적인' 특징을 더 많이 지니고 있는 것이 '정상'이라는 특권의식이 있다. "우리는 그래야만 하고, 그렇게 행동해야만 합니다. 이것이 의무이자 전통이죠!" 다른 사람들은 이런 의미에서 보자면 올바르지 않다.

직관적인 견해는 '우뇌'에서 자리 잡고 있다. 전체적으로 생각하고 개별적인 것을 들여다보지 못하는 편이다. 직관적인 견해는 합일을 이루고 다양한 지식에서 새로운 전체를 만든다. 주관적이고 오히려 감정적이다. 직관적인 견해는 "세계의 전체를 감지해낸다." 직관은 여태까지 수집된 삶의 개인적인 보물이자 지금까지 존재의 본질을 포함한다. 우리 삶에서의 모든 경험은 눈에 보이지 않게 전체로 자리 잡게 되고 전체 속에서 희미하게 사라진다. 직관은 이렇듯 전체가 다 모인 것이다. 전체적인 통찰은 새로운 지식에 '동화되고' 이로써 직관의 전체를 갈수록 더 완벽하게 형성해낸다. 하지만 분석적인 이성과 대조적으로 동화된 지식은 또렷이 불러낼 수 있도록 저장되지는 않는다. 동화된 뒤에 전체와 서로 뒤얽히게 되는데 이런 이유로 인해 곧바로 사라지지 않고 전체와 구분 없이 융합된다. 그 뒤 우리 속에 있는 전체는 질문의 대답을 알게 된다. 전체는 인식할 수는 있어도 경우에 따라서는 어떠한 규칙이나 실재 사실을 필요로 하지 않는다. 분석적인 것은 지식, 규칙, 실재 사실을 저장하고 컴퓨터처럼 논리적인 계산에 따라 대답한다. 직관은 삶의 총합을 결정기계에 융합시키는데 이 기계는 겉으로 볼 때 예언자처럼 보인다. 직관은 어떤 유화그림을 보고 다음과 같이 말한다. "이 그림은 너무 놀랍군요. 너무 아름다워요!" 이성은 느끼지 못하고 분석한다. "이 유명 화가는 박물관의 표현에 따르면 색상으로 마법을 부리는 것으로 유명합니다. 여기서 유일무이하고 모범적이며 스쳐 지나가는 듯한 그림기술이 특징입니다. 예술가는 전체 학파의 채색법에 큰 영향을 주었습니다." - "잠시만요!" 라고 직관은 소리친다. "당신은 이 그림이 아름답다고 생각되지 않으시나요?" 이성은 실재사실을 신중히 검토하고 주저하듯이 긍정을 표한다. 이성은 약간의 다른 견해들을 듣고 싶어 할 것이다. 가장 좋은 것이 공인으로부터 듣는 견해일 것이다. 직관은 저절로 안다. 아주 확실하게. 직관은 개인적이다. 왜냐면 삶의 총계이기 때문이다. 이성은 비개인적이거나 초개인적이다. 모든 사람들이 공통으로 생각할 수 있는 일반적인 것을 추구한다. 이성은 직관을 '주관적이라고' 생각한다. 왜냐면 개인적이기 때문이다. 직관은 '진정성이 있고 믿을 만하다'. 왜냐면 개인적이기 때문이다. 이성은 냉정하다. 그 이유는 초개인적이기 때문이다. 직관적인 것은 알고서 좋아한다. 계몽, 윤리, 미학에 관심을 갖는다. 이성은 규칙과 기준에 따라 측정한다. 질서(적절하고 선별된 지식), 도덕 (적절한 윤리와 규정된 풍습), 취향 (알맞은 아름다움과 규정된 '유행')의 후원자인 셈이다. 직관적인 사람들은 아이디어의 골키퍼로 간주되며 유토피아와 이상적인 것을 신봉한다. 올바른 사람들의 의미에서 보자면 일반적인 것은 아니다. 올바른 사람들은 직관적인 사람들을 이론적으로는 좋아하지만 그들의 행동을 비웃으며 가끔씩 혹은 자주 그들을 미친 사람으로 취급할지도 모른다. 직관적인 사람들은 올바른 사람들을 아예 좋아하지 않는다. 이상적인 관점에서 보자면 일반적인 것은 속물적이고 굉장히 지루하게 생각되기 때문이다.

인간의 본능적인 것은 나의 견해에 따르면 두뇌에 있는 것이 아니다. 물론 뇌에도 있기는 하지만 더 분명히 말하자면 편도체 (Amygdala)라는 뇌신경조직에 있다. 더 쉽게 말하자면 본능은 몸에 있다는 것이다. 전체적으로 분포되어 있다. 몸은 외부로부터 자극을 받아들인다.

예를 들어 빛, 온기, 움직임, 상대방의 보디랭귀지 등이 있다. 몸에서는 경고와 같은 것으로 인해 몸을 움츠리는 경우가 자주 있다.

자동차가 맞은편에서 곧장 다가오거나 누군가 우리를 싫은 눈으로 쳐다보거나 우리의 자녀가 아래로 떨어질 위험에 처해 있을 경우다. 혹은 사장이 눈썹을 치켜뜨거나 여성의 치마가 너무 짧거나 남성의 팔 근육이 엿보고 싶을 정도로 발달되어 있을 경우에도. 몸은 이에 반응한다. 몸은 주의를 기울이고 아래쪽을 살펴본다. 혹은 악의 있게, 슬프게 반응하기도 한다. 몸은 다른 행동상태로 자동적으로 전환된다. 온 힘을 다하기도 하고 후퇴하기도 하며 공격하기도 한다. 이러한 자동 전환은 철저히 생리적인 것으로 보일 수도 있다. "몸화학은 자동으로 전환됩니다." 얼굴이 붉어지고 욕을 하거나 분노한다. 혹은 질투하고 환호성을 지르거나 아무 말도 없이 조용히 있기도 한다. 몸이 움츠린다면 아드레날린이 활성화되거나 ("이쪽을 보세요! 뭐라도 해봐요.") 혹은 엔도르핀이 돈다 ("당신 죽을 작정이에요! 가만 있어요!"). 그 뒤 몸은 싸우고 싶어 하고 만족스러운 듯 한발 물러나거나 우울증에 시달리다가 아예 헤어나지 못한다. 이는 터보엔진이나 제동장치의 점화, 혹은 이완이나 부분차단 (포기, 헌신)처럼 보인다. 인간은 자신의 몸이 언제, 무엇에 얼마나 강력하게 반응하는지를 통해서 지극히 개인적으로 성격이 형성된다. 몸에는 알람센서를 통해서 모든 것을 컨트롤할 수 있는 가능성이 믿을 수 없을 정도로 많다. "머리를 잘 빗었니? 바지지퍼 닫았니? 어떤 남자 방 안을 들여다보고 있니? 뭔가 먹을 게 있니? 다리미 스위치 끈 거니? 선생님이 근처에 있니? 경찰은? 부모는? 돈은? 뭔가 물방울이 떨어지니? 그림이 삐딱하게 걸려 있니? 정리가 되지 않았니? 누가 방문 오니? 우유 샀니? 쓰레기통 있니?"

올바른 인간들, 이성적인 인간들은 사정이 어떻든 의무적으로 규칙과 기준을 지킴으로써 한결같이 행동한다. 진정한 인간들은 자기실현이라는 오랜 행위 속에서 자신의 인격을 완성하려고 한다. 본능적이고 자연적인 인간들은 의도적으로 서로 응집된다. 그들은 고통과 무료함이 위협할 때면 쾌락을 원하거나 "아무것도 하고 싶어 하지 않는다." 그들은 '동물들처럼' 끝도 없이 오랫동안 일할 수 있다 (그 밖에 어떠한 인간도 할 수 없다는 듯이 말이다).

하지만 내키지 않으면 거부하고 압박감과 마감 날짜로 인해 괴로워한다. 수많은 자연적인 사람들은 이렇게 말한다. "내가 지금 당장 일을 좋아하지 않는다면 압박감에서 일하게 됩니다." 올바른 사람들은 압박감으로 인해 포기할까봐 두려워하고 진정한 사람들은 당황한 나머지 압박감으로 인해 몸이 마비되는 것처럼 느낀다. 본능적인 인간들은 배에서 행동하고 그들의 몸과 의지는 곧바로 결정을 내린다. 그들은 '도전'을 좋아한다. 마치 맹수들이 싸움에서 '살찐 노획물'을 얻어 기뻐하는 것과 마찬가지다. 위험이 없으면 재미도 없다. 언제나 무슨 일을 해야만 한다! 이와는 반대로 올바른 사람들은 다음과 같이 생각한다. "오늘은 다행히도 모든 게 다 조용합니다. 나는 수많은 소소한 볼일들을 마칠 수 있었습니다." 그리고 진정한 사람들은 "오늘 마침내 나는 정말로 뭔가 의미 있는 일을 할 시간이 있었습니다."라고 말할 것이다.

나는 다양한 사람들이 몇 가지 유형으로 어떻게 분류될 수 있는지를 이미 설명했다. 하지만 다양한 직업에서도 다음과 같은 종류의 사람들이 모여들고 있으며 그들은 다수를 형성하고 있다.

- 이성적 인간들이 많이 모여 있는 직업: 김나지움교사, 고위층 장교, 매니저, 감독관, 은행전문가, 관리공무원, 경찰, 의무기록지작성과 검사를 담당하는 상담사.
- 직관적인 인간들이 많이 모여 있는 직업: 일반적으로 교수, 심리학자, 사회학자, 신학자, 철학자, 전산학자, 수학자, 예술가, 건축가, 이론 물리학자.

• 본능적인 인간들이 많이 모여 있는 직업: 외과의사, 파일럿, 변화를 실천하기 위한 상담사, 판매매니저, 판매직원들.

이성적인 인간들과 직관적인 인간들 간의 차이를 알아보기 위한 테스트들이 있다. (인간의 다양한 행동을 16가지 유형으로 나타내고 4가지 유형으로 분류해주는 심리유형검사 MBTI 테스트.) 이 테스트들은 미국에서는 채용 시 기준이 되고 있으며 아주 다양한 결과들(백만)로 제시될 수 있다. 나도 본능적인 인간을 나의 철학 작품에서 언급한 바 있다. 여기서 나는 테스트는 하지 않았다. 어떤 구체적인 숫자를 제시하고 있지는 않지만 내가 이 테마에 대해 수년간 받은 독자 편지를 근거로 하고 있기에 참고할 만하다. 본능적인 인간들을 위한 직업군은 그 당시 나의 주장과 일치하고 있다.

이러한 세 가지 인간 유형들이나 두뇌사용 유형들이 이노베이션을 어떻게 보고 있을까? 진정한 인간들은 새로운 아이디어들을 꿈꾸고 이를 전도하려고 나서고 있으며 다른 사람들에게 모든 것을 행동으로 옮기라고 호소한다. 자연적인 인간들은 자신들에게 무언가 이득이 될 만하면 아이디어를 낸다. 예를 들어 돈, 영웅적인 존경 혹은 기쁨이 여기에 속한다. 올바른 인간들은 새로운 아이디어들을 자신들만의 규칙과 기준으로 편입하려고 한다. 이 경우에 틀림없이 이러한 편입이 쉽게 성공할 수 있도록 먼저 규칙과 기준을 바꾸려고 할 것이다.

옴니소피적인 세모꼴

나는 이노베이션 인간들에 대해 전형적인 상황들을 설명하고자 한다. 세모꼴의 모서리들은 지극히 올바른 사고(순수이성), 순수직관 그리고 본능적인 행동의 극점을 표시하고 있다.

매니저, 감독관과 재정전문가는 올바른 이성 인간에 속하고, 학자와 개척자는 경향적으로 볼 때 직관적으로 진정한 인식가에 속한다. 그리고 모험적인 사업가와 제작가는 본능적 인간형에 속하는 경우가 빈번하다.

내가 이미 증명한 연구들을 여기서 제시하지 않아도 가설이 제시될 수 있다. 이 가설은 숫자나 테스트 결과나 자체경험에서 제시될 수 있는 모든 것에 의해 더 명확해질 것이다:

프로젝트 매니저, 감독관 그리고 재정전문가의 50퍼센트 이상이 올바른 사람들이다. 활동가, 보스, 기업가 그리고 모험적인 사업가의 50퍼센트 이상은 자연적인 사람들이다. 그리고 학자와 창안자의 50퍼센트 이상이 진정한 사람들로 나타났다.

이는 무엇을 의미하는 것일까? 이노베이션의 다양한 관점들은 객관적인 꼭짓점을 형성할 뿐만 아니라 다양한 사고 문화를 지닌 다양한 인간유형에 속하기도 한다.

이노베이션 교재들은 이노베이션 발전의 '규범적인 순서'를 제시하고 있다.

1. 학문을 통한 새로운 인식
2. 창안과 프로토타입
3. 스타트-업-기초다지기, 첫 번째 고객
4. 확장
5. 조직과 공정 오리엔테이션
6. 최적화, 표준화 그리고 효율성

이러한 다양한 '단계들'은 다양한 심리적인 세계들에서 발생하고 있으며 기본적으로 다음과 같은 차이가 있다.

1. 진정한 인간들은 비전, 꿈 그리고 구상을 지니고 나타난다.
2. 자연적인 인간들은 실행으로 옮긴다.
3. 올바른 인간들은 혼란 속에서 발생된 것을 정리한다.

직관적인 인간들은 의미와 진실이라는 견해를 좋아하는 경향이 있다. 이들은 예를 들어 예수, 석가, 도, 플라톤, 생텍쥐페리 ('배 만들기' 대신에 '바다에 대한 동경')를 들 수 있다. 직관적인 인간들은 부자가 되기 위해서 혹은 뭔가 굉장한 일을 이루기 위해서 단순히 뭔가를 시작하는 자유분방한 사람들은 아니다. 하지만 그들은 언제나 세상만은 구하고 싶어 한다. 이러한 사고에서 보자면 그들은 거의 형편없는 기업가들이다. 이들 중에 일부만이 개척자에서 모험적인 사업가로 발돋움할 수 있다.

나는 이런 말을 하고 싶다. 아이디어나 사고에서 비즈니스로 옮겨가려면 직관적인 것에서 본능적인 것으로 넘어가야 한다는 것. 이러한 변화는 두 가지 재주를 다 지니고 있는 소수의 사람들에게서 성공될 수 있다. 대체로 비즈니스까지 성공시키는 창안자들은 대부분 불평을 토로한다. 이노베이션 확장을 위해 전투적인 미팅을 하고 새로운 조직에서 모든 시간을 다 소비해야만 하기 때문이다. 이미 자주 들었던 말들 중에 나 자신도 초반기에 자주 한 말이 있다.

"이렇게 강압적인 숫자와 공정과 스트레스를 주는데 나는 원래 하려던 일을 더 이상 할 수 없군요."

착수하고 있는 비즈니스가 토네이도 속으로 갑작스레 휘말려 들어가는 바람에 모든 것을 신경써야 하는 슬픈 창안자라면 그렇게 생각할 것이다. 또한 그는 스트레스로 인해 죽을 것 같고 최초의 좋은 아이디어에 대해 이제는 더 이상 생각하지 못한다. 더 이상 생각할 시간이 없는 것이다.

나도 언젠가 IBM 매니저로서 복도에서 욕설을 퍼부은 적이 있었다. 나는 그 당시에 뭐라고 말했는지 지금도 기억하고 있다.

"결국 일이 잘 돌아가니까 이제는 다들 와서 나에게 도움이란 것을 주려고 하는군. 하지만 그들은 요구와 숫자 리뷰, 조사와 규칙으로 스트레스만 주고 있어. 나는 더 이상 일하러 가고 싶지 않다고!"

나는 아주 큰 소리로 소리쳤다 (그 당시에는 훨씬 분명한 목소리로 말했다). 그리고 소리치며 복도 천장을 향해 삿대질을 했다. "나는 다시는 일하러 가지 않을 거야!" 그런데 바로 이 순간에 부드럽지만 단호한 손이 내 어깨를 잡았다. 그는 나의 상사였다. 그는 내 얼굴을 진지하게 쳐다보며 이렇게 말했다. "뒤크 씨, 이것이 당신의 일입니다."

결국 나는 창안자에서 혁신가를 거쳐 매니저로 발전하게 되었다. 이는 내 마음 속에 정착함으로써 뜨겁게, 더 이상은 잊을 수 없게 된 것이다. 하지만 내가 원했던 바는 아니었다. 왜냐면 이런 일은 전혀 기쁨을 주지 않기 때문이다. 나는 올바른 인간은 절대로 아닌 셈이다. 내가 도달할 수 있는 것은 비전에서 바로 모험적인 사업가가 되는 것이다. 활동가가 되기에는 내가 너무 상처받기 쉽고 의지력도 너무 약하다. 그리고 매니저 · 감독관으로서의 역할은 내게 절대적으로 맞지 않다. 나는 이러한 딜레마를 알고 있으며 좋은 쪽으로 수용했다. 그리고 언제나 팀 내의 매니저 · 활동가를 나의 천직으로 삼으려고 시도했다. 이는 심리적인 포토폴리오에서 나의 빈자리를 보완해주었다. 그리고 성공적으로.

나의 예에서 다음과 같은 사실이 분명하게 드러난다. 아이디어가 사업으로 발전하려면 상아탑에서는 부드러운 오월 날씨에서 폭풍우로 바뀌어야 하고 벨트컨베이어 제작으로 이어져야 한다. 이노베이션의 다양한 단계들은 그 누구에게도 마음대로 처리될 수 없는, 다른 심리적인 계획안들을 요구하고 있다.

특히나 프로토타입과 최초의 비즈니스 사이에는 심각한 심리적 단절이 존재한다. 왜냐면 진정한 인간은 근본적으로 아주 목소리가 작고 심리적으로 가장 예민한 사람이다. 반면에 활동가는 목소리가 가장 크고 육체적으로도 가장 활달하다. 이는 '내용'에서 '행동력'과 나중에는 '질서'로 이행되는 것이다.

소망해서 얻은 와일드카드 – 이노베이션

누구나 이노베이션을 원한다! 매니저들은 아이디어를 만들고 수집하고 분류하려고 시도한다. 그들은 '아이디어 포트폴리오'에 대해 기뻐한다. 포트폴리오를 유쾌하게 관찰하고 경영관리하며 언제나 다시 그 가치에 대해 검사한다. 그렇다면 실행으로 옮기는 사람은 누구일까?

기업의 연구부서와 개발부서는 기존의 모든 상품들을 계속해서 발전시키고 완성시키는데 아주 유능하다. 이와 더불어 그들은 당연히 다른 상품들과 아이디어들도 꿈꾸고 있을 것이다. 하지만 그들은 여태껏 기존의 상품을 지속적으로 발전시켜온 것 말고는 실행할 수 있는 아이디어나 상품이 전혀 없다. 이러한 실행부족은 매번 논의되고 있다. 연구부서는 실행하기 위한 자금을 요구한다. 아무도 자금을 내주려고 하지 않으며 결과적으로 아무것도 이루지 못한다.

누구나 이노베이션을 원한다! 하지만 아무것도 이루지 못한다!

이 문제는 어떻게 해결할 수 있을까?

이에 대해서는 두 가지 잘못된 대답들이 있다. 즉 매니지먼트가 믿기로는, 뭔가 기이한 연구자들은 어떤 식으로든지 조직화나 분석적인 규율을 충분히 진행하지 못한다는 것이다. 그들이 문제점이라고 지적하는 것은, 연구자들이 자신들처럼 생각하지 않는다는 점이다. 연구자들이 일반적인 매니저들처럼 행동할 수 있다면 창안물을 이노베이션으로 이행할 수 있다는 것이다. 어쩐지 기이하고 묘한 탓에 (올바른 인간들은 진정한 인간들에 대해 이렇게 생각한다) 연구자들은 그들이 바라는 대로 행동하지 못한다는 것이다. 그래서 그들은 연구자들을 리뷰와 컨트롤을 통해 강요한다. 하지만 어떠한 의지도 산출되지 못한다. 분위기만 나빠지는 것 말고는 모든 것이 동일하다.

두 번째 잘못된 대답은 연구자들의 대답이다. 그들은 평온한 마음으로 연구하고 테스트해야만 한다고 말한다. 이를 위해서 그들은 많은 사람들과, 출장회의와 컴퓨터에 소요되는 자금을 필요로 한다. 그들이 창안물을 완성하려면 매니지먼트에게 바라는 것이 있다. 즉 창안은 권력의 도움을 받아야 이노베이션을 달성한다는 것이다. "당신들은 생산품을 명령만 하고 판매자들에게 전체를 할당하도록 맡깁니다. 모든 것을 창안해내고 개발한 장본인은 우리인데, 이제는 다른 사람들이 그 일을 맡아서 합니다."

기본적으로 누구나 서로 실행자에게 책임을 전가한다. 누구나 이노베이션을 원한다. 이노베이션은 우리가 간절하게 소망한 아이다. 하지만 아이가 태어났는데도 아무도 버릇없는 아이를 돌보려고 하지 않으며 공동체의 가치 있는 구성원으로 교육하지 않는다.

하지만 문제는 다음과 같은 데에 있다. 이노베이션에 필요한 것은 실행하려는 의지력과 열정이라는 점이다. 이노베이션은 인간의 본능적, 심리적인 면을 필요로 하는 것이다. 예를 들어 유연성, 기꺼이 싸우려는 의지, 용감함, 기민함과 교활함이 있다. 이러한 면은 매인

스트림 매니지먼트(Mainstream-Management)에서나 연구소에서는 발견되지 않는다. 프로젝트 매니저의 시각에서는 이노베이션이 유익한 아이처럼 보일 테고, 연구자의 입장에서는 천재적인 아이로 보일 것이다. 하지만 이노베이션은 와일드키드라고 할 수 있다!

"방해하지 마라. 처신을 잘해야지. 조심해! 행동하기 전에 먼저 곰곰이 생각부터 해라. 모든 것을 다 시음해보려고 하지 마라. 모든 것을 다 만지려고 하지 마라. 여기서는 안 돼. 우리도 아직 그렇게 해본 적이 없단다. 이 아이디어는 새로운 것은 아니야. 그렇기 때문에 특별한 일이 생기지는 않을 거야. 그렇지 않았다면 이미 다른 일이 있었겠지. 이러한 아이디어는 너무 새로워. 그래서 지속적으로 발전될 수 없구나. 얘야, 넌 이것을 할 수 없어. 나중에 우리가 진창에서 나올 수 있도록 너를 다시 도와줄 수 있을 거야."

매니저들과 학자들은 실행하고자 하는 열정 인간들이 뼈저리게 필요하다는 것을 이해하지 못한다. 열정은 인정된다고 해도 규율이나 천재성은 그렇지 못하다. 그들은 스트레스나 불안감과 마찬가지로 이들 요소들을 두려워한다. 어떤 사람은 계획에 따라 이노베이션을 진행하고자 한다면 또 다른 사람은 창안을 위해 평온함을 원한다. 그들 둘 다 토네이도가 발생되는 상황에서는 아무것도 할 수 없다. 뭔가 실행하려고 할 때에 너무 높은 파도가 발생한다면 그들의 입장에서는 행위를 할 능력이 없는 것으로 보인다. 만약 기업가적인 타입이 강요받지 않고 자유롭게 이노베이션을 실행하려고 든다면 연구자들과 매니저들은 '와일드 키드'를 길들이려고 시도할 것이다. 어떤 사람은 아이디어를 높이 평가하고 싶어 하고 또 다른 사람은 순차적으로 진행하려고 한다. '자연적인 성향의' 기업가라면 이에 대해 어떻게 반응할 것인가? 그는 더 이상 흥미를 갖지 못할 것이다. 그는 새로운 것을 위해 일하고 싶어 하지만 옛것에 대항하지 못한다. 그는 새로운 것을 더 파고들지 못하고 미친 듯이 화를 내며 내팽개칠 것이다.

그 탓에 새로운 것은 영원한 한탄 속에 머물러 있을 것이다.

매니지먼트: "우리한테는 최고의 아이디어들과 가장 창조적인 두뇌들이 있습니다. 우리는 전략과 계획이 있습니다. 모든 생산자원들은 준비되어 있으며 시간계획도 서있습니다. 물론 이정표도 세웠습니다. 그런데 아직도 우리는 더 많은 열정을 거리로 몰고 나가야만 합니다. 우리가 그렇게 할 수 없는 이유가 미지수입니다. 우리한테는 실행력이 부족합니다. 매번. 우리는 우리가 원하고 있는 것을 행동으로 옮기지 못하고 있습니다."

학자들과 창안자들: "우리는 매니지먼트로부터 좋은 평가를 받은 최고의 아이디어를 가지고 있습니다. 더욱이 자체박람회에서 프로토타입을 전시했을 때 표창을 받기도 했습니다. 그 후에는 더 이상 아무 일도 발생하지 않고 있습니다. 단 한 번의 자금도 지불되지 않고 있어서 우리가 시작할 수가 없습니다."

모험적 사업가: "그들이 이노베이션을 원하고 있어서 나는 그 일에 관여하기로 했습니다. 그들은 곧바로 비즈니스플랜과 리뷰들을 가지고 올 겁니다. 내가 이 일을 왜 원하는지 그 이유에 대해서 끝도 없이 근거를 설명해야 합니다. 나는 그들 앞에서 프레젠테이션을 했으며 그들은 고개를 끄덕였습니다. 이 순간부터 나는 공동의지라고 생각했지요. 그들은 내게 도망갈 구멍을 만들어주었습니다. 난 그들에게 분명하게 말했지요. 그런데 내가 언제나 매번 위임이나 동의 없이도 일할 수 있다는 것을 그들은 파렴치하다고 생각합니다. 학자들은 굉장한 속도를 내야만 하지만 그들은 매일의 사업을 계속해서 발전시켜야만 한다고 말만 하지요. 나는 놀라움을 금치 못합니다. 그들은 자신들의 아이디어로는 이루어지는 게 전혀 없다고 불평하

기에 내가 이곳에 와서 이 일에 관여하기로 한 건데 말입니다. 그런데 그들은 깜짝 놀라 물러앉습니다. 그리고 불안감과 초과근무를 두려워합니다. 그렇다면 지금부터 어찌해야 할까요? 나는 그들에게 분명히 말했습니다. 하지만 그들은 자신들의 아이디어에 대해 굉장한 자부심을 느끼고 있었습니다. 모든 것이 차단되었죠. 이런 마당에 누가 정말로 이노베이션에 흥미를 갖고 있을까요? 나는 노예이거나 내가 정말로 현장감독이 되어야 합니까? 이제 와서 그들이 나를 불평가니, 비딱하다느니, 성질 급한 남자라고 부르는 이유를 모르겠습니다. 내가 이러한 정신없는 사람들과 앞으로도 계속 지내야한다면 나는 수건을 던져버릴 것 같아요. 오히려 나는 혼자서 일하게 될 것 같습니다."

학문과 경영학은 의지력 없이는 유지될 수 없다.

그들은 프랑켄슈타인의 괴물로만 남게 되는 것이다. 모든 것이 정상적으로 시작되었고 구성되었는데 이를 추진할 의지가 부족한 것이다.

문제점 요약하기

이제 나는 장애물, 장애, 적대자들 그리고 이노베이션을 정말로 원하고는 있지만 성취하지 못하는 반대자에 대한 긴 설명을 끝내고자 한다.

나도 이러한 마지막 장애요소에 대해 바빌론의 사고를 주요장애로 제시했다. 사실상 나는 '올바른 인간'의 사고관이 큰 문제점을 나타내고 있다고 확신한다. 그들은 모든 것에 대해 계획하고, 규칙을 세우고, 함께 의논하고, 기준을 정하고 싶어 한다. 올바른 인간들은 '우리'라는 말을 아주 빈번하게 사용한다. 우리가 그 일을 그렇게 하고, 언제나 그렇게 해왔다고. 우리가 달리 살 수 없다는 것을 다들 지켜보고 있다는 식으로. 우리는 학교에 가고, 우리가 배우며, 우리는 행동하고, 우리는 부지런하게 그리고 규칙적으로 행동한다고. 매번 이는 일반적인 경로를 이용하고 규칙을 준수하는 존재에 관한 것이다. 길을 이탈하는 사람은 비정상으로 취급받는다. 일반적이지 않은 의학적인 가치들을 제시하는 사람은 이 가치들이 다시 정상적인 상태로 되기까지 아픔을 겪는다. 만약 '누군가 자신이 좀 더 낫다고 주장한다면' 그는 야심가, 건방진 엘리트 혹은 너무 많은 것을 원하는 사람이다.

올바른 사람은 진정한 열정을 지니고 있다. 그들은 기준과 비교한다. 그들은 서로를 비교하고 여러 나라들의 법칙들을 비교하며 비교할 수 있는 문예학을 촉구한다. 그들은 직원들, 학생들의 성과를 비교한다. 기준점 내에 있는 것인지, 기준점을 넘겼는지 아니면 미달인지? 이는 기본적인 평가이다. 올바른 인간들은 절대 평가를 하지 않는다. 그들은 어떤 일이 '좋은지' 묻지 않는다. '좋은 것'은 그들의 시각에서 볼 때 평균을 넘은 것이다. '좋은 것' 자체만으로는 그들은 실제로 뭔가를 시작할 수 없으며 언제나 기준을 정한다. 그들은 엄격한 의미에서 '좋은 것'을 원하는 게 아니라 '더 나은 것'(기준보다 혹은 다른 것보다)을 원하고 있다.

'유감스럽지만' 이노베이션은 뭔가 새로운 것이다. 여기서는 기준도, 비교도 아니다. 혁신가는 불확실한 상태에서 행복을 시도한다. 이는 좌뇌인간들한테는 유쾌한 사고는 아니다. "우리가 도대체 어떻게 당신의 성과를 측정할 수 있을까요, 뒤크 씨?" 이런 말을 나는 자주 들었다. 난 매번 플랜을 세우도록 압박받았고 이것으로 내가 봉급을 올릴 수 있는지 결정되었다. 즉 내가 플랜의 목표를 능가할 경우라면. 나는 수년 동안 목표 없이 실용성 있게 일했으며 그때에는 내내 안절부절 못하고 이마를 찡그려야만 했다. 보스들은 비교할 것이 없으면 불편한 심정을 감추지 않았다. 내가 일을 잘하고 있는지 그렇지 않은지 그들이 어찌 알 수 있을까? 내게 비교할 거리가 없다고 해서 그들은 어떤 말로 압력을 줄 수 있을까?

좌뇌 인간들의 모든 사고는 기준, 플랜, 예측 가능한 것 그리고 심사숙고해서 만든 목표들에 집중되어 있다. 모든 것은 측정될 수 있어야만 한다. 양적으로! 그들은 규칙, 플랜, 방법, 교재 등등을 필요로 하는데, 이것은 '우리가' 어떤 방향으로 나아가야 할지 알기 위한 것이다. 그들도 (여전히) 아무것도 알지 못하기에 규칙을 정하기 위해 상담사를 모셔온다.

경영이론과 공법은 '올바른 학문'이며 최종적으로는 강압적인 특징을 지니게 된다. 대기업의 매니지먼트와 상담에서는 법률가와 상인들이 권한을 행사하고 있다.

올바른 것, 규칙화된 것, 기준에 합당한 것은 모든 이노베이션을 아주 확고한 구조들 속으로 가두게 되고 그 속에서 꼼짝달싹 못하게 만들어 버린다. 이로써 이노베이션은 실패하게 되는 경우가 빈번해지는 것이다.

3부

이노베이션과
우리의 형성력

애자일(agile) 이노베이션

엄격하게 대형 플랜을 따라야 하는 걸까, 애자일 해야 할까?

우리는 이노베이션 장애물들을 어떻게 극복할 수 있을까? 도대체 왜 아무도 시도하지 않고 있는 걸까? 나는 어떤 식으로 지속적인 발전을 이룰 수 있을지 기술하고자 한다.

2부는 이노베이션의 모든 문제점에 대해 완벽한 교재는 아니라고 생각한다. 나는 본 책에서 주로 이노베이션의 장애요소들을 가시화시키고 싶다. 그러므로 '구조적인 부분'에서 아직까지 다른 상담가들이 하지 못한 조언과 행동에 집중하려고 한다.

일반적인 조언은 아주 어렵다. 모든 이노베이션은 그 자체로 뭔가 특별하기 때문이다. 여기서는 여태까지 존재하지 않는 것을 인류역사상 최초로 시도하는 것이다. 이렇듯 최초일 경우에는 아직 더 검사하고 경청하며 실험해야 한다.

나는 이노베이션을 위해 필요한 것을 기술하고 싶다. 이는 실용적이고 현실적인 면에서 볼 때 대체로 충족되지 못하고 있으며 고찰의 대상이 된 적도 없다. 독자들이 나의 고찰을 읽어보고 여기에 기술된 필요요건들에 대한 내 견해에 어느 정도 함께 할 수 있다면 이노베이션에는 적대자와 방해자가 있다는 것뿐만 아니라 일반적인 비전문성이나 지속적으로 잘못된 방법 선택이 이노베이션에 더 큰 장

265

애요소로 작용한다는 것을 알게 될 것이다.

이 점은 '애자일(agile, 민첩한) 행동'에 대한 다음번 논의에서도 이미 분명히 드러날 것이다. 애자일 행동이 무엇인지는 다들 알고 있겠지만 대부분의 사람들은 행동양식을 거부한다. '올바른' 방법을 시도하는 대부분의 사람들은 유감스럽지만 이런 행동을 잘 해내지 못한다. '올바른 행동양식'은 더 어렵다. 그리고 요즘은 비전문성으로 인해 그 밖의 잘못된 행동과 마찬가지로 파국으로 흘러가는 일이 비일비재하다. 유감스럽게도 잘못된 행동은 올바른 행동에 오점이 되기도 한다.

나의 접근방법은 소프트웨어 생산 분야에서의 활동과 새로운 사고방식이다. 소프트웨어 생산은 이노베이션인 경우가 아주 비일비재하다. 우리는 프로그램을 만드는 것뿐만 아니라 새로운 고객을 위한 새로운 사용방법도 창안해낸다.

수년전부터 창조적인 소프트웨어 개발자들은 너무 세부적인 프로젝트, 시간, 재정플랜으로 신음하고 있다. 이러한 플랜은 그들의 시각에서 볼 때 소프트웨어 개발을 너무나 강력한 관료주의로 바꾸고 있다. 그들이 '도움'을 요청하면 매번 "공정에서 유동성과 수많은 변화를 요구하는 이노베이션이 문제가 된다."

그리고 본 책의 맥락에서 여러분은 이미 이러한 세계가 다시 사고의 바빌론 속에서 서로 충돌되고 있음을 느끼게 될 것이다. 이는 '장애가 되는 구조'인지 아니면 '창조적인 혼란'일까?

소프트웨어 개발에서는 아마도 20년 전부터 새로운 시작이 '애자일'의 깃발 아래 논의되고 구상되며 상당부분 이미 실행되기도 했다. '애자일 소프트웨어 개발'이라는 아이디어에서 '애자일 이노베이션'이 형성될 수 있을 것이다. 이 점에 대해서 나는 계속해서 설명하고자 한다. 우리가 생각할 수 있다시피, 소프트웨어 개발이 자체 산업이 되었고 당연히 최고의 구상을 추구해야만 한다. 반면에 기업 내 이노베이션은 여전히 고립되고 개별적인 것으로 머물러 있다. 그러므로 소프트웨어 개발에서 새로운 구상을 실행하는 것은 이노베이션의 일반적인 대결 상태에서보다 더 많은 열정이 필요하다. 결국 이노베이션의 마당에서 뭔가 배우고 싶다면 소프트웨어 생산에서 실행으로 옮겨보는 것이 마땅할 것이다.

'Agile(애자일)'이란 단어는 라틴어에서 유래한 것으로 '활달한' 혹은 '기민한'이란 뜻이다. 우리는 이런 말을 주로 한다. "나이에 비해 당신은 여전히 놀라울 정도로 민첩하군요." 혹은 "시행정을 맡은 사람들은 (혹은 과료주의적인 사람들은) 뜻밖에도 민첩합니다! 그들은 뭔가 행동으로 보여줍니다!" 노인, 공무원, 재정시험관, 감독관, 사무담당자는 어쩐지 민첩하지 못하지 않을까? 어찌됐건 이는 우리의 엄청난 선입견을 말해주고 있는 것이다. 나는 여기서 반드시 이점에 대해서 '밝히려고' 한다. 이는 글의 맥락에 정확히 들어맞기 때문이다.

'민첩한(애자일)'이란 단어는 소프트웨어 개발 분야에서 특별한 의미를 통해 IT 어휘로 편입되었다. 70년대부터 사용되어 온 고전적인 소프트웨어 개발 과정은 프로젝트의 중요성과 함께 갈수록 더 경직되었다. 관료주의적인 소모는 불쾌할 정도로 커졌다. 먼저 소프트웨어 고객은 자신의 요구를 가능한 한 정확히 서류(고객만족도 조사, customer specification)에 기록한다. 이러한 기초를 바탕으로 소프트웨어 개발기업들은 세부적인 의무기록지(수행 요구 내역서 performance specification)를 작성해야 하는데 여기서는 생산되는 소프트웨어에 대해 기술한다. 고객이 의무기록지를 받아들일 경우에는 모든 것이 플랜에 따라 여러 가지 단계로 진행된다.

각 단계는 확고한 결과물로 종결되고 이에 따라서 비로소 프로젝트는 다음 단계로 넘어간다. 결국 고객이 의무기록지에 동의한 뒤에 대규모 프로젝트가 시작된다. 이는 먼저 일반기준에 맞게 계획된다. 정확한 공정플랜은 수많은 소프트웨어개발자들이 관리한다. 이들은 (제일로 좋은 것은 모든 개발자가) 다음번 단계로 넘어갈 수 있도록 각 단계를 동시에 종결한다. 각 단계들에 대해서는 다음의 표에서 살펴볼 수 있다. 표는 여러 교재들에서 단계적으로 아래로 향하고 있다. 즉 이러한 공정은 전문용어로 '폭포모델'이라고 부른다.

　고객은 최종적으로 자신이 동의한 물건을 받게 된다. 유감스럽게도 소프트웨어의 일부는 이미 낡았거나 추월당했다. 혹은 기대에 부합하지 못하는 바람에 고객은 이제 다른 물건을 갖고 싶어 할지도 모른다. 그동안에 고객의 의향을 한 번이라도 더 살펴보아야 하는 걸까? 아디다. 아니다. 이는 복잡해진 플랜을 완전히 더 혼란스럽게 만들 테고 곧바로 계약문제가 생겨날 것이다. 이제 가격은 더 올라 갈 것이다.

　켄트 벡(Kent Beck)은 1999년 이래로 마틴 파울러(Martin Fowler), 에릭 감마(Erich Gamma)와 함께 익스트림 프로그래밍(Extreme Programming)이란 표제어로 좀 더 유동적인 진행과정방법을 기술하려고 했다. 그는 이로써 새로운 개발의 선구자가 되었다. 2001년 미국 유타주에서 이미 역사적 가치가 있는 소프트웨어-개발자들의 만남으로 인해 '애자일'이란 단어가 각인되었다. 이 기회를 통해 원칙들과 가치들에 대한 선언문이 만들어졌다. 즉 애자일 선언문(Agile Manifest, Agile Manifesto, Manifesto for Agile Software Development)이다. 세목들은 위키피디아(Wikipedia)에서 잘 찾아볼 수 있다. 나는 여기서는 그 당시에 토대로 삼았던 중요 가치들에 대한 예들만 제시하려고 한다 (http://agilemanifesto.org/의 앞면에서 찾아볼 수 있을 것이다).

1. 개인과 상호작용은 우리에게는 공정과 도구보다 소중하다. - 잘 규정된 개발공정들과 개발도구들도 중요하지만 더 근본적인 것은 함께 일하는 직원들의 능력과 그들 사이의 효과적인 커뮤니케이션이다.
2. 기능적인 소프트웨어는 우리에게 포괄적인 문서작성보다 중요하다. - 잘 작성되고 상세한 문서작성은 많은 도움을 줄 수 있으나 개발의 근본 목표는 소프트웨어의 완성이다.
3. 고객과의 협력은 우리에게 계약협의보다 중요하다. - 원론적인 계약서 작성이나, 그동안에 시대에 뒤떨어진 성과위주의 내용기술에 집착하는 대신에 오히려 지속적이고 건설적이며 신뢰할 만한 고객협의가 핵심적으로 다루어지고 있다.
4. 변화에 반응하는 것이 우리에겐 플랜을 쫓아가는 것보다 더 중요하다. - 개발프로젝트의 진행과정에서는 수많은 요구들과 주변요건들이 변화된다. 문제점 이해도 마찬가지이다. 팀은 이에 대해 빨리 반응해야만 한다.

애자일 개발은 고전적인 단계를 방법론적으로 엄격하게 고수하지 않으며 고객과 반복적인 팀 대화를 추진한다. 여기서 고객은 프로젝트에 만족스러운 영향력을 행사할 수 있도록 도움을 준다. 언제나 재차 변화에 대해 논의하고 언제나 재차 고객과 논의한다. 고객은 소프트웨어에 대해 어떤 기능성을 바라는지 얘기할 수 있다. 오늘날 우리는 모든 가능한 경우들에 대해 프로그래밍 되어 있으며 더 손쉽게 소유할 수 있는 소프트웨어를 사용하고 있다. 모든 것이 고려되고 있지만 우리가 진짜로 원하는 것만은 그렇지 못한 실정이다. 즉 복잡하지 않은 것을 원하고 있다는 것!
애자일 선언문에 대한 생각들은 분명히 이노베이션에 대한 것과 유사하다. 선언문에 나와 있는 가치들은 다음과 같다.

- 애자일한 것은 "강압적이기보다 히스테리적이다."
- 애자일은 '올바른' 인간들의 좌뇌적 사고를 포기하는 것이다. 이는 과정, 문서작성, 플랜, 요구사항 내역서(Software Requirements Specification, 약어: SRS), (성능기준) 의무기록지에 대해 더 이상 가치를 두지 않는다.
- 애자일은 변화와 불확실과 함께 진행되는 경우가 빈번하다.
- 애자일은 사고가설을 공고히 한다. 즉 '진정한' 인간과 친근감을 느끼고 있는 '자연적인' 인간에 얼마만큼 부합하는지에 대한 것이다. 이는 선언문의 표현방식을 나타내는 것으로, 어떠한 규칙들을 지시하는 것이 아니라 원칙들을 행동지침으로써 보는 것이다.

혹은 간단히 설명하자면 이렇다.

옴니소피적인 삼각꼴에서 보자면 애자일 개발과 익스트림 프로그램(Extremes Programming)의 사고운동은 개척자와 모험적 기업가 사이에 자리 잡고 있다.

이러한 새로운 시도들은 거대한 몸집으로 하나로 묶여져 있는, 육중하고 특히나 관료주의적으로 느껴지는 고전적인 대형프로젝트 시도에서 벗어나 있다.

오늘날 수많은 프로젝트들은 애자일 구상에 따라 제시되고 진행되고 있다. 여기서 어떠한 일이 발생될 수 있을까? 이제 선언문에 서명한 사람들이 믿을 수 있을 정도로 현자의 돌이 발견될 수 있을까?

아마도 아닐 것이다. 왜냐면 애자일 방법론들은 '유감스럽지만' 당연히 애자일 개발자들과 애자일 고객들을 원하고 있기 때문이다. 소프트웨어 개발을 맡긴 고객들-기업이 관료주의적인 거인이라면 어떤 일이 발생할까? 그리고 이러한 기업은 서류작성과 플랜에 집착하는 고전적인 단계모델을 원하는 고객으로서 존재할 것이다. 이런 기업에게 더 중요한 것은, 소프트웨어가 좋지 않더라도 시간플랜과 예산안플랜이 준수되는 것이다 ("직원들은 소프트웨어가 완벽하지 않더라도 매번 그런 상황에 익숙해져야만 합니다"). 애자일한 것은 상당히 전문적인 커뮤니케이션 능력을 필요로 한다. 특히나 거의 예외 없이 모든 개발자들의 커뮤니케이션 능력이 요구된다. 하지만 이들은 내향적인 경우가 아주 빈번하고 자폐증 증세를 나타내는 사람들도 소수 있다. 이들은 옴니소피적 삼각꼴에서 본다면 '자연적인 모서리(본능, 의지력과 행동)'에서 아주 멀리 떨어져 있다. 이들은 수많은 컨트롤과 서류작성에 대해 불만을 토로하면서도 플랜방식에 따라 일을 잘한다. 애자일 방식에서는 커뮤니케이션에 대해 기쁨을 느끼지 못하고 숙련되지 못하기에 포기할 수 있다.

이러한 경험에서 비추어볼 때 우리는 다음과 같은 결론을 내릴 수 있다: 모든 관계자들이 개척자들이자 모험적 사업가들이라면 (사람들이 애자일 성향을 보일 때에도) 애자일 개발은 관료주의적인 과정보다 훨씬 낫다. 오로지 명령과 과제지시를 바라는 전통적인 직원들('감마 동물들')과 함께 하는 애자일 프로젝트는 대체로 좌절된다.

지난 10년 동안 애자일 소프트웨어 개발의 진척사항은 이노베이션에 밝은 희망을 주고 있다.

이노베이션이 애자일 원칙들에 따라 애자일 성향의 사람들에 의해 시도된다면 성공할 확률이 더 높다. 이런 사람들은 이노베이션 프로젝트가 지속되는 동안에 신제품으로 놀라운 매상과 즐거운 인기를 누리기 위해 외부 고객한테도 애쓴다. 이노베이션에서 우리가 고대하고 요구하고 싶은 것은, 프로젝트에 임하는 모든 사람들이 애자일 성향이었으면 하는 것이다.

당연히 그렇게 많은 '애자일한 사람들'은 없다. 이로써 모든 소프트웨어-개발이 완성될 수 있도록 그렇게 많은 사람들이 있을 수는 없는 것이다. 이것은 분명하다. 그렇다면 어찌해야 할까? 이러한 예외적인 사람들이 있어야만 모든 산업이 돌아가는 것일까? 실제로는 이러한 '애자일 징후'가 소프트웨어 개발에서는 실행으로 옮겨질 수 없을 것이다. 이와는 반대로 관료주의적인 과정들은 일반인들에 의해 실행된다.

하지만 이노베이션은 기업 내에서 예외적 재능으로 인해 이행될 수 있을 것이다. 그렇게 많은 '특별한 재능인들'이 존재하고 있다. 이는 희망이 느껴지는 것이다. 그러므로 이제 나는 이노베이션의 맥락에서 애자일에 대해 서술하려고 한다.

비즈니스-케이스(Business-Case)에는 장인도 속한다

추상적으로 보자면 한 가지 목표를 달성하기위해서는 다음과 같은 2가지 상이한 구상들이 있다.

- 목표가 달성되도록 한 가지 플랜을 만든다. 그리고 이 플랜을 실행으로 옮긴다. 이는 소프트웨어-개발에 관한 폭포모델이 보여주는 것과 유사하다.
- 우리는 목표달성에 대한 많은 경험을 돌아보고 과제를 "수행할" 수 있는 애자일 사람들을 신뢰할 수 있다.

나는 이제부터 흑백 논리는 택하지 않을 것이며 플랜들이 근본적으로 나쁜지 혹은 더 나쁜지에 대해서만 언급하려고 한다. 아마도 플랜 없이는 실제로 아무도 진행하지 못할 것이다. 가장 능력 있는 전문가들도 플랜을 하나 짜고 있지만 플랜을 어떻게 진행해야 할지

불투명하다는 것을 알고 있다.

하지만 비즈니스플랜이나 비즈니스-케이스(프로젝트 또는 업무를 시작하기 위한 이유를 파악하는 것_옮긴이)에 대한 강압적인 작업은 대단한 성공으로 이어진다.

몇 년 전부터 조직화된 매니지먼트의 요구사항에 따르면 각 혁신가는 반드시 비즈니스-케이스를 제출해야만 한다. 여기서 그는 자신의 아이디어를 미래적 사업으로 확장시킬 수 있는 방안에 대해 가능한 자세하게 설명해야 한다. 비즈니스-케이스들은 거의 모두가 아주 유사하게 보여서 전체적으로 규정된 예배 의식을 따르는 것 같다. 그 내용이 반드시 다음과 같아야만 한다.

1. 사업개요(Executive Summary, 한 장 혹은 두 장으로 우리가 모든 내용을 곧바로 이해할 수 있도록 작성한다)
2. 이노베이션에 대해 기술한다 - 무엇에 대해 다루려고 하는가?
3. 시장의 규모는 어느 정도인가? 어떤 경쟁자들이 있는가?
4. 새로운 것은 어떤 식으로 판매될 것인가? 마케팅은 어떻게 할 것인가?
5. 사업모델에 대해 기술한다 - 돈은 무엇을 통해서 어떻게 벌어들일 것인가?
6. 새로운 기업은 어떻게 조직될 것인가?
7. 모든 것이 어떻게 현실화될 것인가?
8. 여기서 위험요소는 어디에 숨어 있는가?
9. 재정확보와 기대할 수 있는 이익에 대해 장문으로 자세하게 설명한다. 특히 비용과 앞으로 5년 동안 계획하고 있는 판매액에 대해 언급한다. 혁신가가 자신의 자금으로 상당한 이익을 목표로 할 수 있다는 것에 대해 명백해야만 한다. 이는 당연히 전체 프로젝트에서는 전체조건이 된다.

10. 프로젝트에 대한 추천할 만한 결론은 아주 긍정적이다.

질문에 대한 답변들은 레시피 혹은 플랜으로 제시될 텐데 혁신적인 아이디어로 지금 당장 어떻게 돈을 벌어들일 수 있느냐에 대한 것이다. 이렇듯 실제로 플랜을 마련하려면 여러 가지 행동양식 없이는 이노베이션은 아무런 의미가 없다. 우리가 재정과 경쟁자에 대해 곰곰이 생각해야만 하는 것은 분명한 일이다. 그런 뒤에는 - 이것이 여기서는 가장 중요한 핵심이다 - 실제로 레시피를 마련할 수 있는 장인이 충분히 있어야만 한다. 요리책의 레시피를 시험해보려면 경험이 필요하다. 그런데 아주 새로운 요리는 경험이 있어도 매번 성공을 거두는 것은 아니다. 혹은 대부분 첫 번째 요리에서는 좋은 결과를 이루기 힘들다.

요리해서 이미 좋은 결과를 이룰 수 있다면 이노베이션에서도 비슷하지 않을까? 처음부터 곧장 성공적인 결과를 만들기 위해서 아주 적합한 장인이 필요하다. 혁신가들은 절대적으로 불안하고 명확하지 않은 영역에서 아주 예측 불가능한 것을 다루어야만 하는 상황에 놓여 있다. 이노베이션은 우연성 속에서 나타나는데 곤경과 행운 사이, 성공과 언제나 다시 위협하는 실패 사이에서 발생한다. 그럼에도 불구하고 혁신가들은 모든 것을 완강하게 저항해야만 하고 제일로 좋은 것은 모든 우연들을 기회로 바꾸고 행운을 잡아야만 하는 것이다.

하지만 비즈니스-케이스에서 진정한 장인이 일을 완수할 수 있는지 어떤지에 관해 누가 질문할 수 있을까? 전혀 없다! 테마가 미래지향적일뿐만 아니라 박사과정생이 이를 완수할 수 있는지에 관해 연구촉진 프로젝트에서 누가 질문을 던질 수 있겠는가? 전혀 없다! 언제나 레시피가 중심을 이룬다. 우리는 좋은 레시피 혹은 좋은 프로젝트 플랜이 좋은 프로젝트를 보장한다고 생각한다. 각자 당연한 것으로 여기면서도 정작 실행하려고 생각하는 사람은 아무도 없다. 우리는 '실행력이 부족하여' 모든 것이 실패로 돌아가는 곳에서 완전한 무지를 다시 발견하게 된다.

이러한 의미에서 이노베이션을 이루기 위해 비즈니스 플랜을 갈고 다듬는 굉장히 많은 레시피 작가들이 주변에 산재해 있다. 이러한 사람들은 비즈니스-케이스가 은행 혹은 기업에 의해 좌절되는 때가 언제인지에 대해 책이나 성공힌트를 읽는다. 이러한 작가적인 노력이나, 계획하고 있는 매상곡선을 말끔하게 그래픽디자인 하는 일 그리고 새로운 회사로고를 만드는 일을 위해 그들은 상상할 수도 없이 많은 시간을 들이고 있다. 수많은 창안자들은 럭셔리 비즈니스 플랜들을 가지고 나타나서는 내게 소개한다. "비지니스-시입니다."

그래서 나는 몇 가지 질문을 던진다. "당신들은 요리할 수 있나요?" 아니면 실행에 대해 자세히 소개해줄 수 있는지.

"가능한 경쟁자들이 누구인가요?" - "나의 아이디어는 완전히 새로운 것입니다." - "당신은 그것을 어디에서 알게 되었나요?" - "나는 한 시간 동안 구글을 찾았습니다. 다행히도, 아무것도 찾지 못했어요." - "제발 한 시간 있다가 다시 봅시다! 당신이 한명의 경쟁자라도 간과했다면 아마도 빠른 시간 내에 망하게 될 겁니다." - "예, 이미 그럴지도 모르죠. 나는 초기자본을 받지 못할 테고요." - "이것이 당신에게 어떤 도움이 되는 거죠?" - "어떤 식으로든지 나는 해볼 작정입니다. 뭔가 느낌이 오니까요."

혹은 "당신은 도대체 그것을 어떻게 시장에 팔 건가요? 그러기 위해 꼭 필요한 접촉을 하고 계신가요? 당신은 (지식이나 정보의) 승수효과(한 경제 변수의 변화가 파급적인 효과를 낳아 다른 경제 변수에 처음의 몇 배나 증가 또는 감소를 가져오는 경우, multiplier effect_옮긴이)를 아시나요? 당신은 어디서든 발표할 수 있습니까? 당신은 트위터에 팔로어(Follower)가 있습니까?"-"나는 광고를 돌렸습니다."-"비용이 얼마나 듭니까?"-"나는 그저 비즈니스 플랜에 예정되어 있는 대로 돈을 지불했습니다."-"당신은 광고로 얼마나 효과를 볼 수 있다고 생각하시나요? 매상이 얼마나 더 오를 수 있을까요? 만약 상품 캠페인이 잘 통하지 않는다면 돈은 돌이킬 수 없이 다 날려버리는 셈입니다."-"허 참! 어떤 식으로든지 그런 최악의 상태는 오지 않겠지요."

나는 일반인들이 그들의 새로운 슈퍼아이디어에 대해 도대체 어떻게 반응할지 묻고 싶다. 새로운 아이디어가 오픈 마인드들의 호응을 얻었는지? "나의 지인들 말로는, 내가 미쳤다고 합니다. 하지만 원래 나는 아이디어를 비밀로 하려고 했습니다. 판매할 생각이 없었으니까요."-"페이스북에 올리지 않는다면 마케팅은 어떻게 할 작정이신가요?"-"마케팅을 담당할 직원을 한 명 뽑을 작정입니다."-"그 사람한테 들어가는 비용이 얼마나 되는지 아시나요?"-"초봉이 확실하지 않다면 누가 당신한테 일하려고 하겠습니까? 당신은 이미 대기자목록을 갖고 있나요?"-"아니요. 나는 투자 확약을 기다리고 있는 중이랍니다."

나는 거의 걱정에 찬 얼굴로 고개를 가로젓는다. 그들은 모두 요리 레시피를 쓰듯이 플랜을 짠다. 하지만 요리에 대해서는 아무런 생각도 지니고 있지 않다. 그들은 대체로 비즈니스 플랜을 작성하는 데 몇 달을 소모한다. 그들의 생각은 달마다 레시피 작성에만 골머리를 앓고 있는 것이다. 하지만 그 다음에 정작 해야 할 요리에는 전혀 신경 쓰지 못하고 있다.

그러므로 플랜들은 너무도 끔찍하게도 완성되지 않는 경우가 잦다. 다수가 이행할 수 없는 것들이며 대체로 초반의 시간낭비가 너무 과소평가되었다. "우리는 먼저 일정기간 동안 인간적으로 서로를 알 수 있는 시간을 가졌어야 했는데 전혀 생각하지 못했습니다. 곧 장 높은 봉급을 원하는 사람을 채용하기는 어려운 일이었습니다. 채용이 잘 안 될 수 있다는 걸 생각지 못했습니다. 우리가 우리의 아이디어를 얼마나 구체적으로 실행으로 옮길 수 있는지 정확히 상상할 수 없었던 거죠. 우리의 초기 봉급들은 거의 날아가 버렸습니다. 그리고 우리는 시작하기도 전에 이미 재정적으로 파산상태가 되었습니다. 애당초 플랜이 내용적으로 얼마나 부실했는지 깨닫게 된 거죠. 허 참! 이제 우리한테 문제가 생긴 겁니다." 여기서 이 아마추어들이 문제점을 갖게 된 게 아니라 그들 자신이 문제다.

대부분의 초보혁신가들한테는 성공을 위한 기본조건들이 부족하다. 그들은 대체로 아이디어에만 집중하고 있어서 실행에 대해서는 신경 쓰지 못하고 있는 셈이다. 실행을 위해서는 뭔가 할 수 있어야만 한다. 사전에. 나는 지금부터 이 점에 대해서 논하려고 한다.

pre-innovation:
잠재력 구축

이노베이션의 전문성 –
우리는 도대체 무엇을 할 수 있는가?

거의 모든 교재들에는 이노베이션의 단계들이 어떻게 진행되고 있는지 혹은 이노베이션이 단계적으로 진행되어야만 하는지에 관한 내용들이 수록되어 있다. 그 다음에는 예를 들어 다음과 같이 간결한 문장이 등장한다. "이제 당신은 혁신가 한 명을 찾고 있나요?" 만약 그렇다면 어떻게 찾을 수 있을까? 우리가 혁신가를 알고 있을까? 혹은 다음과 같이 말할 수도 있을 것이다. "이제 당신은 매니지먼트를 설득시켜보세요." 당신은 높은 직위의 매니저들을 알고나 있는 것일까? 당신이 그들의 신뢰를 얻어서 일을 성공적으로 마칠 수 있을까?

이와 같은 문제들은 모든 이노베이션에서 나타난다. 그러므로 새로운 것에 착수하기 전에 많은 일들을 처리하는 것이 중요하다. 우리는 특히 다음과 같은 점을 필요로 한다.

- 모든 전형적인 문제점들을 예측하고, 선취해서 해결책을 마련할 수 있는 경험이나 전문가 감정서
- 선취된 모든 새로운 문제점들을 해결할 수 있는 기업가적인 능력

당신은 다음과 같은 질문들에 대해 상상해볼 수 있을 것이다.

- 당신은 정말로 원하고 있는가? 당신은 위험을 받아들일 수 있나?
- 당신은 비즈니스를 중요하게 생각하는가? 새로운 것도 중요하게 생각하고 있는가? 당신은 성공적으로 완성시키고 싶은가?
- 도처에 문을 활짝 열어 줄 수 있는 - 자신보다 상관이거나, 아래 직원이거나, 외부에서나, 내부에서 - 수많은, 정말로 많은 사람들을 알고 있는가? 당신은 신뢰를 얻고 있는가?
- 당신이 청한다면 지인들이 당신을 도와줄 수 있는가?
- 당신은 지금의 기업에 대해 잘 알고 있는가? 이 기업이 얼마나 '생각하고 행동하고' 있는지 알고 있는가? 특히나 모든 중요한 분야에서 당신의 기업이 얼마나 노력하고 있는지 당신은 알고 있는지?
- 모든 것이 그 의미에 따라 잘 돌아갈 수 있도록 당신은 충분히 열정(에너지)을 지니고 있는가? 열정은 권력욕, 감정이입, 영감 혹은 과정완수에서 발생한다. 당신은 열정을 행동으로 옮길 수 있는 장인인가?
- 당신은 변화효과와 인프라구조, 자체 이노베이션에 대한 효과들에 대해 잘 알고 있는가?
- 당신의 기업은 대체로 이노베이션을 허락하고 있는가? 당신은 이노베이션을 이루고 있는가? 만약 그렇다면 당신은 어떤 이유로 인해 자신감을 가지고 있는가?
- 당신은 마케팅과 '메시지'보급을 잘 수행하고 있는가?
- 당신은 처음으로 하는 어떤 일을 곧장 본보기가 될 수 있도록 할 만큼 재능을 지니고 있는가?
- 당신은 자주 행운을 얻는가? 주변에서 기회를 찾다가 좁은 구석에서도 그 기회를 잡게 되는 사람들이 상당수 있다. 당신은 기회를 발견하고 있는가? 만약 당신이 기회를 찾는다면 확고하게 잡을 수 있는가? 혹은 "당

시에 기회가 있었더라면 나는 아마도 지금쯤······."이라는 식으로 불만을 품는 경우가 자주 있는가?

위의 질문들에 대해 당신은 어느 정도는 예라고 말할 수 있어야 한다. 당신은 신뢰를 얻어야 하고 많은 사람들을 사귀어야 하며 다른 사람들에게 이름이 알려져야 한다. 그 뿐만 아니라 특별한 재능을 지니고 있어야 하고 회사나 그 밖에 어디에선가 전문가도 되어야만 한다. 이러한 전제조건들은 오랜 사전준비기간이 필요하다. 만약 당신이 이러한 준비 기간 없이 처음 오류를 발견하게 되고 아이디어를 수행하려고 한다면 시간이 충분하지 않을 것이다. 당신은 이노베이션의 시점까지 이미 '교육이 완료되어야만' 한다. 그리고 기업은 비즈니스-케이스 이전에 이미 혁신적인 기질을 지니고 있어야만 할 것이다. 모든 것이 준비되어 있어야만 바로 착수할 수 있다. 이것이 바로 'Pre-innovation(사전-이노베이션)'이다.

혁신가는 반드시 필요한 재능을 다량 지니고 있어야 하고 많은 열정과 수행력을 필요로 하는 숙련성을 지닌 직업이다. 우리는 갑자기 부자가 되어 저서들을 통해서 엄청나게 선전된 몇 안 되는 창안자들을 너무 부러워해서는 안 된다. 이러한 행운이 있기도 할 테지만 실제로 진정한 기업가라면 자신의 행운은 스스로 만들어 나가야 할 것이다.

의지, 기업가적인 정신 그리고 개인적인 위험감수

당신은 경력을 쌓기 위해 얼마만큼 열정을 투여했는가? 또한 어떤 위험을 감수할 수 있었는가? 이러한 질문들은 누구나 다 하는 것이다. 만약 그렇지 않은 사람이 있다면 그들은 어떤 사람들일까? 아마도 이러한 질문을 전혀 하지 않고 엄청난 성공을 거두는 혁신가들이 있을 것이다. 그들은 자신의 길을 간다. 모든 것을 걸고 모든 위험을 감행한다. 새로운 것은 그들의 삶이다. 이러한 필연성은 한 명이 다른 한 명에게 모든 것을 다 받치는 위대한 사랑소설에서도 발견할 수 있다. 자신의 자녀들을 위해 모든 것을 다 받치는 어머니들과 아버지들도 있다. 조국이나 지배자를 위해 군소리 하지 않고 목숨을 바치는 군인들과 사무라이들도 있다. 또는 인생을 걸고 배우, 슈퍼스포츠맨, 가수 혹은 모델이 되려고 노력하는 자들도 수도 없다.

우리들 중 대부분은 그다지 '절대적으로' 헌신하지 않는다. 우리는 특히나 개인적인 결과들에 대해 너무 놀란 나머지 뒤로 물러나게 된다. 우리는 이렇듯 경력을 잃을지도 모르는 위험을 감행하겠는가? 자신의 돈을 잃을지도 모르는데도 끝까지 해볼 것인가? 우리는 자유시간이나 건강을 포기할 준비가 되어 있는가? 우리의 가족은 새로운 것을 위해 이사할 수 있는가? 가족이 무조건적인 기업가로 행동하는 우리를 사랑해줄 수 있을까? 우리 모두는, 우리 기업과 가족 그리고 우리 자신이 일어날지도 모르는 실패에 대해 어떻게 대처할 수 있을까?

우리는 10,000시간 동안 장인이 되기 위해 연습할 수 있을까?

우리들 중에 대부분은 두려워한다. 대부분의 사람들은 단 한 번이라도 직속상관의 마음을 진짜 상하게 할지도 모른다는 것에 대해 이미 거의 경악스러울 정도로 두려움을 가지고 있다. 나도 인사부 상관으로 일한 적이 있었다. 당시에 내가 하는 한마디 한마디가 너무도 심각하게 받아들여지는 광경을 보고 놀랐다. 나는 매번 내가 했던 발언들에 대한 쓸데없는 해석에 일일이 개입하고 설명해주어야 했다. 그래도 미약하게나마 오해의 여지가 항상 남아 있었다. "이런 얘기를 어떻게 잘 표현할 수 있을까요?" 대부분은 "전혀 할 수 없다." 일반 직원들은 자신들의 업무성과와 경력전망에 관해서는 엄청나게 민감하기 때문이다. 그들은 일일이 신경을 곤두세운다. 누가 '더 잘하고' 있으며 누가 일을 맡게 되고, 누가 어떤 세부 안을 맡게 되는지. 이는 축구부가 돌아가는 맥락과 비슷해 보인다. 누가 경기에 배치되는가? 보너스는 누가 받을까? 11명 중 고정 자리는 누구인가? 누가 어떤 연봉을 받고 있는가? 어떤 계약요건을 갖추고 있는가? 신문에서는 뭐라고 평가하는가? 트레이너가 공식적인 석상에서 뭐라고 말하는가?

그리고 트레이너는 무엇을 원하고 있는가? 단순히 승리를 거두고 싶어 하고 이를 위해 모든 것을 배울 준비가 되어 있으며 열정적으로 기꺼이 10,000시간을 트레이닝하고 싶어 하는 사람들이다! 트레이너는 이렇게 말한다. "우리에게 부족한 것은 승리를 가져다줄 만큼의, 지배적이고 지도자적인 선수의 성향이다."

기업의 매니지먼트에서도 우리는 동일한 모습을 볼 수 있다. 누가 어떤 일을 위임받게 될 것인가? 이것이 좋은 징후가 될까? 이 일로 진급이 될 것인가? 뭔가 실패한 것으로 보이지는 않을까? 어떤 상관이 위험부담 없는 진급을 약속할 수 있을까? 특히나 좋은 결과를 내지 못할 경우에 일을 좌지우지하는 중요 결정자는 누구일까?

이렇듯 어디에선가 충돌할지도 모른다고 두려워하거나, '경력에 혈안이 되어' 있어서 언제나 경력을 쌓을 기회만을 너무 주시하는 사람은 거의 매번 이노베이션을 이루지 못한다. 이런 연유로 인해 나는 이노베이션에 개입하지 않는 수많은 사람들도 알고 있다. 이노베이션으로 인해 그들이 우스운 처지에 처할 수도 있기 때문이다. 그들은 뭔가 '드문' 일을 추진할 경우에 왜곡된 시선을 받을까 싶어 두려워한다. 나도 역발상자로 취급되는 경우가 비일비재하다. 그러면서 사람들은 은근히 '궁중의 익살광대'를 암시한다. 이런 말이 정말로 내 맘에 들진 않지만 전혀 틀린 말은 아니다. 원하지 않는 사람은 항복해야만 한다. 기업의 기업가들은 혁명가로서 인식되더라도 위험을 감내한다 (내가 본 책에서 이미 소개한 오메가 동물들이 이 경우에 해당된다). 오메가들은 실제로 경력을 위태롭게 하는 일들을 감행한다. 그들은 살얼음판을 달려가는 것이다.

당신은 돈을 잃을지도 모르는 위험을 감수할 것인가? 당신은 청년 기업가로서 몇 년 동안 가난하게 살 준비가 되어 있는가? 그리고 나는 이런 질문을 한 적이 있다. 새로운 일을 시작하기 위해 당신의 집을 매각하여 가족들 간에 갈등을 초래할 준비가 되어 있는가? 간단히 다시 말하자면 당신은 정말로 원하고 있는가? 당신은 확고한 의지나 실행능력을 충분히 지니고 있는가? 당신은 굴복하지 않도록 할 수 있는가? 혹은 알맞은 심리 단어로 표현해보자면 당신은 상당한 자유의지(Volition)를 지니고 있는 것인가? 즉 동기와 의견을 결과로 옮길 수 있는 능력이 있느냐 말이다. 당신 주변의 모든 사람들이 아직도 실행으로 옮기지 못하고 정체되어 있다고 애통해하고 있는 동안에 당신은 '멋지게 실행할' 수 있는가?

순수한 의지뿐만 아니라 지속적으로 이런 식으로 자문해야만 한다. 당신은 충분한가? 당신은 충분히 연수과정을 완수했는가? 장인이 될 만큼 당신은 모든 것을 해보았는가? 나는 잘 알려져 있는 사무라이 무사시(Musashi)의 5개 반지에 관한 책(das Buch der fünf Ringe)이 다시 생각난다. 아마도 이 책을 읽은 지 족히 20년은 되었는데도 요즘에도 여전히 생각난다. 나는 책에서 인용하지는 않고 머릿속에서 생각나는 대로 몇 자 적어보려고 한다.

- 당신 스스로 방법을 창안해내 듯이 그 방법을 연습하라.
- 아무도 할 수 없을 것같이 모든 것을 스스로 해보라
- 마치 당신이 가르침을 발전시키고 싶은 것 마냥 그렇게 엄격하고 오랜 기간 동안 연습하라.
- 당신 스스로 책임감 있게 진정한 길을 발견하려는 듯이 인내심 있게 연습하라.

이렇듯 우리는 탐구해야만 한다! 마치 우리가 권리, 음악 혹은 삶의 의미를 새로 발견하고 싶은 듯이 열정적으로! 그리고 우리 자신이 하지 않으면 아무도 할 사람이 없다는 듯이 이노베이션에 매진해야만 할 것이다. 우리는 신들린 상태 혹은 열광의 상태에 들어가야만 하는 것이다. 혹은 사랑이나 만족감도 갖고서! 요즘 유행하는 말로 '비즈니스를 위한 열정(Passion for the Business)'이라는 말이 있다. 올바른 혁신가라면 이 말을 진정으로 마음에 새겨야 할 것이다.

사업 감각

'10,000시간'을 연습한 뒤에 장인이 된 사람이나 모든 것을 창안해내어 만들어 내는 사람은 돈을 벌어들여야만 한다. 일반적인 비즈니스로만으로도 일보 전진할 수 있어야만 한다. 하지만 이노베이션을 위해서는 사업능력이나 사업 감각이 상당히 필요하다. 하지만 이런 능력은 갑자기 생겨나거나 그냥 '선사되는' 것이 아니다. 왜냐면 우리는 뭔가를 창안해내야만 하기 때문이다.

돈을 잘 벌어들일 수 있는 능력은 어떤 것일까? 이에 대한 경험과 이론을 저술한 책들이 있다. 이에 대해 간단히 말하자면 상업적 사

고가 이노베이션에 속해야 한다는 것이다.

유감스럽지만 대부분의 이노베이션에서는 아이디어에만 과도한 관심을 갖게 된다. 창안자들은 돈을 구걸하기 위해 오래 지속되는 불가피성에 대해 다음과 같이 화를 낸다. "이노베이션에는 판돈이 있어야만 합니다! 혁신가들은 무턱대고 참을성 있게 기다려야만 하고요. 기업이 그냥 밀어주지 않는 이유가 도대체 무엇일까요? 이러한 병적인 불신은 대체 뭐란 말입니까? 예외적으로 승인이 되었는데도 당신이 자꾸 질문하고 확인하는 이유가 무엇인가요?" 수긍이 가는 대답이 있다. 재정가들이 근심스럽게 하는 말로는, 창안자들이나 학자들이 지원받을 수 있는 자금들에 대해 신중하게 처신하지 않는다는 것이다. 혁신가들은 실제로 승인받자마자 자금을 필요로 한다. 연구비가 3년 동안 수여되는데 젊은 연구자의 박사 학위논문으로 계획된 연구 작업과 함께 종결된다. 이렇게 지원받는 박사 학위논문은 얼마나 걸리는 걸까? 3년! 혹은 연구비가 있는 동안!

이보다 더 일찍 마칠 수 있는 천재가 있을 수도 있을까? 아니다. 지원금이 지불되는 동안만큼은 걸린다(내가 1977년 박사 학위를 했을 때 일 년 계약을 맺었다. 작업을 성공리에 마치기로 약속한 기간이 1년이다. 거의 모든 작업들은 약 2년은 넘어야 완성된다!) 새로운 생산물을 담당하는 개발부서들은 실제로 개발을 위한 '재원'과 시간 플랜이나 전체 프로젝트플랜을 받는다. 그들도 그야말로 플랜에 자금을 지출하고 가능한 정확하게 건네준다. 협상된 플랜은 원론적인 비즈니스 플랜이거나 투자플랜인 경우가 많다. 초반에는 자금과 시간이 얼마나 투여될 수 있는지 한번 정한다. 그런 다음에 소위 '사업적인 것'에 대해 규정된다.

얼마나 경악할 일인지 모르겠다! 진정한 사업가는 매주, 아니면 적어도 매달 작업이 어느 정도 이루어지고 있는지 알아야만 한다.

이는 실수, 새로운 아이디어, 우연, 지체로 이어지거나 새로운 천재적인 아이디어들이 프로젝트들을 애자일하게 변화시키기도 한다. 모든 이노베이션에서는 근심스러운 질문이 있기 마련이다. 즉 언젠가는 뭔가 완성될 수 있을까? 그리고 마침내는 이것으로 돈을 벌어들일 수 있을까?

진정한 창설자들과 기업가적인 혁신가들은 하루 종일 모든 세계를 들여다본다. 시장은 어떻게 발전되고 있으며 가격은 어느 정도라야 적합할 수 있는지, 어느 분야의 경쟁이 치열한가에 대해. 그들은 배우고 행동하며 반응하고 지식을 수집한다. 미래에 고객이 될 사람들한테서도. 그들은 항상 머릿속에서 '결산'하며 효과와 효율을 걱정한다. 바로 초반에! 이에 대해서 실제로 집필하고 싶은 책이 있다.

내가 창설자들에게 매번 묻는 말이 있다. 그들이 이미 주식거래를 하고 있는지 그리고 '그들의' 기업에 대해 모든 수치와 아이디어를 읽어보았는지. 그들은 새로운 사업모델들에 대해 정확히 알고 있는 걸까? 그들은 해당분야의 최근발전에 관심을 갖고 있는가? 그들은 매일같이 중요한 신문들에서 모든 경제 소식들을 읽고 있는가? 그들은 매일 얼마 동안이나 이런 소식들을 접하고 있는가? 수많은 분야에 대해 그들은 잘 알고 있는가? 성공적인 스타트업에 한 번이라도 참여했는가? 초반에 어느 정도부터 시작해야만 하는지 알고 있는가?

2012년에 페이스북은 센세이션한 금액, 10억 달러로 인스타그램(Instagram) 기업을 인수했다. 이 기업에는 그 당시에 창설자들을 제외하고는 11명의 직원들이 있었다. 직원들은 높은 봉급을 받는 대신에 지분의 10퍼센트를 소유하고 있었다. 11명 중 한 명이 독일인이었는데 '신문을 통해 알려졌다.' 바로 그레고르 호흐무트(Gregor Hochmuth)였다. 당연히 그의 경력이 관심을 받았다. 28세의 젊은 대부호는 어떤 사람일까? 그는 부모님과 함께 캘리포니아로 갔으며 스텐포드에서 공부했다. 독일로 다시 돌아온 그는 SAP-창설자 하쏘 플라토(Hasso Platto)가 지원했던 위험자산펀드를 위해 새로운 기술과 사업기회를 평가했다. 캘리포니아로 돌아와서는 이용자들이 관심을 끌고 있는 웹사이트 링크 교체에서 멘토(Mento)라는 이름으로 새로운 인터넷플랫폼을 만들었다. 웹사이트들이 좋은지 우리는 어떻게 평가할 수 있을까? 24세였던 2008년 그는 구글에 고용되었으며 그곳에서 이런 질문들을 해결하려고 작업했다. 그 뒤 2012년에는 인스타그램으로 옮겨가서 몇 달 지나지 않아 자신의 지분을 사모았다.

우리는 이렇듯 11명의 직원으로 신생기업을 창업할 수 있다고 상상해보자. 이제 '무언가를 개발해야만 하는' 대기업 내 일반 부서와 차이가 있음을 우리는 이해해야 한다. 일반 직원들은 재능이 없지는 않다. 그들은 개발임무에 분명히 좋은 능력이 있다. 하지만 그들에게 부족한 것은 이렇게 세계를 종횡무진 돌아다니며 아주 생소한 지역에 체류하는 일이다.

나는 앞 단락 2곳에서 개인적인 위험각오, 기업가 정신, 의지, 애자일 그리고 자신의 미래 열망에 대해 기술한 바 있다. 만약 당신이 그레고르 호호무트와 같은 사람의 경력을 읽는다면 이런 사람은 운이 좋다고 느낄 것이다. 그는 이미 준비되어 있었으며 자신의 운을 위해 꼭 필요한 모든 것을 했다. 나는 이를 '사전-이노베이션(Pre-Innovation)'이자 '잠재력 구축'이라고 말하고 싶다. 이렇듯 자신의 기업가행운 준비는 상당히 오래 걸릴 수 있다. 준비되어 있지 않은 사람은 성공할 확률이 훨씬 적다. 기업가들의 자손들이 부자가 될 확률이 더 많다고 아무 생각도 없이 허풍을 떠는 일이 있다. 그럴 수도 있겠지만 우리는 행운 만들기를 준비한다는 관점에서 한번쯤 냉정하게 생각해 보아야 할 것이다. 기업가 자녀들은 사업 감각, 용기 그리고 자체 영향력을 젖 먹던 시절 때부터 빨아들였다. 이는 아마도 큰 차이를 만들 것이다.

신뢰와 지속적으로 풍부해지는 네트워크들

새로운 아이디어를 가진 사람은 대체로 자신이 이를 실현시켜야 한다는 것을 잘 알지 못한다. 특히나 더 큰 기업에서는 이노베이션을 위해서 그 누구도 권한이 없다. 창안자 혹은 능력 없는 야심가-혁신가는 커다란 장애 앞에 봉착하게 된다. 그는 누구와 대화를 나눌 수 있을까? 그에게 지속적인 도움을 줄 수 있는 사람은 누구인가? 그가 혼자 할 수 있더라도 도움을 줄 수 있는 사람은 누구일까? 이노베이션 VP가 있다면 대체로 그가 몇몇 이노베이션 프로젝트를 관리하게 되고 그와 팀을 이루는 모든 사람들이 이를 위해 함께 일한다. 통상적으로 다른 사람들은 전혀 없다. '자금' 있는 사람들은 다들 일한다. 이제 다시 뭔가 새로운 것이 제안된다면 이노베이션 VP는 기존 프로젝트들 중 하나를 그만두고 새로운 프로젝트를 시작한다. 혹은 더 많은 사람들을 투입하기 위해 추가자금을 끌어와야 한다. 두 가지 일은 모두 거의 불가능하다. 기존 프로젝트들은 거의 매번 완성될 때까지 추진된다. ('이런 일을 할 수 없는' 박사과정생은 시험에 불합격하더라도 계약한 3년 동안 작업량을 해치우고 불합리한 돈에 대해 대가를 치르게 된다.) 추가 프로젝트들도 또한 불가능하다. 이노베이션 분야에서는 '모든 자금이 공정하게 사용되지 못하고' 있으며 기업에서 정한 재정적인 한계치가 언제나 조작되기 때문이다. 어떤 한 아이디어가 행운을 얻게 된다면 성공적이지 못한 프로젝트는 우연히도 지금 당장 스톱된다. 그렇지 않다면 새 아이디어는 오랜 기간 동안 다른 아이디어들과 함께 대기 목록에 있게 되는 것이다.

이노베이션 분야가 이렇게 끔찍할 정도로 철저히 이용되는 이유가 무엇일까? 언제나 그런 것일까? 위에서 언급한 바와 같은 대부분의 대기업-이노베이션-프로젝트들은 그렇지 않다. 여러모로 봐서도, 위험부담이 상당히 큰 고객 프로젝트들이 문제가 된다. 이런 프로젝트들은 - 여러 가지 예측에 따라 - 일반적인 사업조건들 하에서는 상당한 손실을 가져올 지도 모른다. 예를 들어 기업이 아직 완벽하지 않은 신상품을 시장에 판매한다고 해보자. 아마도 상당한 고객 불만과 환불요청으로 이어질 것이다. 이때 판매부장이 재빠르게 아이디어를 낸다. '연구협력'의 일환으로 고객에게 새로운 프로젝트를 판매한다는 것이다. 이러한 경우에 이노베이션분야는 고객프로젝트에 도움이 된다. 고객프로젝트의 비용이 '연구'이며 고객에게는 부담되지 않는다. 손실프로젝트들은 연구프로젝트로 '도색'되기에 신상품을 도입할 때의 높은 손실은 '이노베이션'으로 메워진다. 프로젝트를 '연구'로 지원받으려는 노력 뒤에는 숫자를 미화하려는 판매부장의 상당한 열정이 담겨져 있다. 그는 '연구협력'을 통해 거의 정가 이하로 제공함으로써 낙찰 받을 수 있기에 매상을 올린다. 이러한 트릭으로 인해 전체 개발부서들은 본래의 목적을 벗어날지도 모른다.

새로운 - 아주 새로운 - 아이디어는 드러나지 않은 상이한 관심들 속에서 진정한 기회가 될 수 있을까?

창안자는 배회하다가 누가 도와줄 수 있는지 묻는다. 그의 뒤에는 돈도, 프로젝트 기회도, 권력도 없다. 도처에서 그에게 물어본다. "당신은 도대체 누구죠? 당신이 그것을 원하는 이유가 뭐죠? 당신의 직속상관이 뭐라고 말하던 가요? 그가 재정 지원해주지 않는 이유가 뭐죠? 왜 당신은 나한테만 찾아오나요?" 창안자의 상관이 아이디어에 대해 한번 들어보자고 제안하더라도 다음과 같은 대답을 듣게 될 것이다. "누구죠? 그 사람이 어떤 사람인지 알고 있는 사람이 있나요? 이미 어디서 재능을 발휘했나요?" 이러한 맥락에서 볼 때 가장 바라는 말은 '가시성(Visibility)'일 것이다.

미래적인 혁신가는 이노베이션 이전에도 '눈에 띄고(visible)' 훗날 자신의 아이디어를 취급할 수도 있는 미팅에서 이미 명성이 자자하여 특히나 신뢰를 얻고 있다면 훨씬 더 쉽게 활동할 수 있을 것이다. 우리가 알고 있는 모든 사람들로부터 신뢰를 얻을 수 있는 것은 중요하다. 신뢰 없이 눈에 띄는 것은 절대적으로 지속되지 않는다. 나는 이미 수많은 계획들이 이런 식으로 좌절된 것을 보았다. "도대체 누구죠? 그를 아는 사람이 있나요?" – "아! 그 사람은 안 돼요. 매번 특이한 제안들을 가지고 오는데 할 의지가 없어요." 혹은 "그는 어떻게 이익을 창출할지 머릿속으로 생각하고 있어요. 우리는 그 방법을 들여다볼 수 있습니다. 아마도 나쁘진 않을 것 같아요."

본 책에서는 다음과 같은 내용을 살펴볼 수 있다.

- 당신은 대체로 얼마나 지위가 높은 매니저들을 알고 있는가?
- 이들 중에 주창자(선구자)들은 얼마나 되는가? ("여기에는 장점밖에 없군요.")
- 오픈 마인드들은 얼마나 되는가? ("반대할 것이 없네요.")
- 클로즈 마인드들은 얼마나 되는가? ("아니요, 나는 정말로 그 제품을 추천하고 싶지 않습니다.")
- ……그리고 적대자들은? ("죽어도 안 됩니다.")

대부분의 직원들과 매니저들은 상급 심의회에서는 거의 알려져 있지 않다. 나는 최고위원들의 지원 사업에 오랫동안 참여했다. 아마도 그중에 절반 정도는 어느 정도 이름이 알려지고, 대체로 긍정적으로 평가된다. 형편없는 프로젝트로 인해 나쁜 평판을 받는 사람들도 소수 있다. 이름이 전혀 알려지지 않는 사람들이 대부분이다. 당신에 대한 질문이 있다면 "뭔가 하려는 저 사람은 도대체 누구죠?" 그리고 만약 미팅에서 당신에 대해 클로즈 마인드가 단 한 명이라도 있다면 이미 당신은 불문에 붙여지기에 충분하다.

그러한 이유로 이노베이션에서 관건이 되는 것은, 당신이 좋은 명성을 지속하고 분명한 지명도를 누려야 한다는 것이다. "당신을 위한 문이 활짝 열려 있어야만 합니다."

수많은 기업에서는 기술적인 최고전문가들이 서로 잘 알고 지낸다. 그곳에서는 당연히 서로를 위해 문이 활짝 열려있다. 하지만 이는 바로 주창자들의 작은 구역이다. 그들은 서로서로 대화를 나누고 자신들의 비전에 대해 의견을 함께 하면서 서로를 이해한다. 그들은 회의에서 자주 만나서 아이디어에 대해 얘기를 나누고 인터넷을 이용하여 의견교환도 한다. 전문가들은 실제로 네트워크로 연결되어 있다. 하지만 이노베이션이 주창자의 구역에서 사라지고 고객이나 판매수탁자, 매니저 혹은 혁신가가 개입하게 되면 곧장 네트워크는 점점 희박해진다.

'사전 이노베이션'에는 장래의 혁신가가 네트워크를 잘 맺는 작업도 속한다. '자신과 유사한 사람들'뿐만 아니라 도처의 사람들과 네트워크가 형성되어야 한다. 혁신가가 클로즈 마인드들과 적대자들과도 다른 이유에서나 예전의 협력 작업으로 인해 자신의 새로운 아이디어에 대해 신뢰를 얻을 수 있다면 매우 도움이 될 것이다. 문이 활짝 열려 있을 뿐만 아니라 - 혁신가는 모든 이러한 다른 사람들도 잘 이해해야 한다. 제일로 좋은 것은 이미 서로 이해하고 있어서 그들과 잘 지내는 것이다. 클로즈 마인드들과 특히나 적대자들은 새로운 아이디어에 대항할 뿐만 아니라 아이디어의 담당자, 주창자 혹은 혁신가와도 싸운다. 아마도 그들은 새로운 아이디어를 자신들의 노력에 대한 개인적인 적개심으로 본다. 또한 그들은 주창자들을 '오메가 동물' 혹은 '기업에 적이 되는 사람'으로 몰아넣는다. 이런 사람은 모험적인 아이디어로 회사를 파괴시키려고 한다는 것이다. 도처에 네트워크가 잘 형성되어 있는 혁신가는 잠재적인 적대자들과도 함께 한다. 덕분에 개인적으로 클로즈 마인드들과 적대자들의 신뢰를 얻고 있으며 이노베이션의 전투에서 감정싸움을 할 필요가 없다.

특히 많은 엔지니어들은 '가시적인' 사고를 좋아하지 않는다. 그들은 이를 이기적인 자기선전 혹은 '마케팅'이라고 생각한다. 내가 가시적인 것 혹은 지명도 부족을 질책할 때에는 그들의 대답은 한결 같았다. 즉 진짜 가시적인 것은 이미 인정과는 관계가 없다는 것이다. 인정이란 엔지니어, 전문가 혹은 창안자를 치장하는 것이라고 한다. 그래서 그들은 인정을 받아야만 한다는 것이다. 그들의 말은 당연히 옳지만 이렇게 얻은 인정으로 돈을 벌어들여야 할 뿐만 아니라 유명해져야 한다. 그렇지 않다면 인정은 아무런 소용도 없다! 매니지먼트 미팅에서는 이런 말을 한다. "나는 이 직업에 X 씨를 제안합니다. 그는 내 분야에서 최고의 인정을 받고 있거든요. 여러분들도 다 OK하시는 거죠?" 그때 매니지먼트 동료가 말한다. "죄송합니다만 난 아직도 그 사람의 이름을 들어본 적이 없는데요." - "물론 그럴 수도 있습니다만 그는 우리 팀에 와서 최고의 인정을 얻게 될 겁니다." - "안 됩니다. 저는 동의할 수 없습니다. 누군가 우리 팀에서 최고의 인정을 얻으려면 내가 이미 그를 알고 있을 텐데요. 내가 필히 이 회사의 모든 대규모 사업에 대해 한번 들어봐야 하겠군요.

X 씨의 이름이 아직도 내 주위에서 들리지 않는 것은 사실입니다. 나는 부정적으로 평가할 수밖에 없어요. 미안하게 됐습니다." 어떤 직원을 지원하고 싶은 사장은 모든 동료들에게 그에 대해 먼저 소개부터 한 것이다. 이런 대화는 항상 반복적으로 나오기 때문이다. 네트워크에서는 가시적인 것과 신뢰가 필수적이다.

수동적이고 능동적인 공정능력

"그것은 있을 수 없는 일입니다!" 내가 항상 자주 듣던 말이다. 서명이 필요하다거나 또 한 번의 승인이, 또 하나의 서류가 혹은 또 한 번의 프레젠테이션이 필요하다는 것은 있을 수 없는 일이다. 모든 것은 융통성 없이 제 갈 길을 간다. 여기에는 그 어떤 예외가 허용되지 않는다. 기업 내의 사업공정은 전적으로 가장 인기가 없다. 나는 여러 회사의 설문조사를 아주 많이 보았다. 여기서 자주 묻는 질문이 있다. "이곳에서 가장 좋은 것은 무엇입니까? 무엇이 가장 형편없나요?" 이에 대한 대답은 이렇다. "가장 좋은 것은 나의 일이고, 가장 형편없는 것은 나를 마비시키는 공정입니다."

직원들이 회사에 와서 무언가를 하려고 한다고 상상해보자. 매니저는 두 눈을 부라린다. 그는 공정으로 볼 때 이 일은 허락되지 않는다는 것을 알고 있다. 그는 직원들에게 설명한다. 직원들은 화가 나고 자신들이 하고자 하는 일을 형식 때문에 그만두어야만 한다. "그것은 있을 수 없는 일입니다!" 그들은 매니저에게 권력을 휘둘러 공정들을 무시해달라고 요구한다. 하지만 매니저는 맹세코 그런 권력을 가지고 있지 않다고 말한다. 결국 그들은 그와 언쟁을 벌이게 된다. "그것은 있을 수 없는 일입니다!"

매니저들은 공정을 조심스레 감독해야 할 의무가 있다. 그래야 모든 것이 규칙적으로 흐를 수 있기 때문이다. 예외를 두는 것은 그들의 역할이 아니다.

직원들은 이 말을 전혀 이해하지 못한다. 임명받은 매니저들도 정확하게 알지 못한다. 그들이 여전히 생각하는 바로는, 권력을 받긴 하지만 의무 이행의 역할도 있다는 것이다.

이러한 오해들은 이노베이션에 훨씬 강력하게 영향을 준다. 이노베이션은 새로운 것을 도입해야 하고 거의 강압적으로 예외와 특수경우를 생산하게 된다. "피아노를 연주하듯이 기업의 공정더미를 연주할 수 있다는 것은" 혁신가의 상당한 재주에 속한다. 혁신가들은 일반적인 사업공정에서 길을 찾아 능숙하게 다루어야만 하거나 한번쯤 개인적인 위험을 걸고 완전히 무시해버려야만 한다. 특히나 다음과 같은 점을 고려해야 할 것이다.

사업공정들을 다루려고 하거나 반드시 그래야만 하는 사람은 정확히 알아야만 한다. 그는 자신이 사업공정을 알고 있다는 것을 항상 신호로 알려야만 한다.

이는 기업 내의 기본적인 능력일 것이다! 나는 이 능력을 '수동적인 공정능력'으로 부르고 싶다. 한 기업이 어떤 식으로 돌아가고 있는지에 관해 알고 있는 것이다. 여기에 속하는 것은 무엇일까? 일단은 실제적인 공정에 대해 잘 알고 있는지와, 우리가 공정을 정확히 알지 못할 경우에 공정이 어떤 식으로 진행되는지에 대해 직감할 수 있는지이다. 매번 일이 어떻게 시작되어야만 하는지 혹은 기업 문화가 모든 것을 함축적으로 어떻게 규정해야 할지, 우리는 섬세한 직감을 지녀야만 하는 것이다. 내가 조언해주고 싶은 것은, 기회가 될 때마다 이러한 직감이 남다르다는 점을 강조해야 한다는 것이다. 네트워크로 연결된 모든 동료들은 우리에 대해 잘 알고 있어야만 한다. 예를 들어 우리는 '이미 관대하며' 규칙을 알고 있고 특히나 존중하고 있어서 있는 그대로 잘 받아들이고 있다고.

우리는 다음과 같은 핵심을 알고 있다. 모든 법칙을 알고 있으며 높이 평가하는 것으로 정평이 나 있는 사람에게는 전체 기업을 위해서 의도적인 예외가 용납되거나 더 쉽게 허락된다는 점이다. 그는 예외적인 경우에도 조심성이 없다거나 기업을 무시하고 있다는 식의 의혹에 시달리지 않는다. 즉 예외적인 경우에 대해서 기업은 아주 민감하면서도 옹졸하고 융통성 없게 반응한다.

좀 명확하게 하기 위해 일화를 하나 들어보자. 옛날에 한 기업의 기술부장이 있었는데 그는 세빗(CeBIT, 매년 3월 독일 하노버에서 열리는 세계 최대의 정보통신산업 박람회. Center for Bureau, Information, Telecommunication의 약자. 전시분야는 PC, 멀티미디어 · 소프트웨어 · 온라인서비스, 인터넷 · 디지털 엔터테인먼트, 텔레커뮤니케이션, 보안장비, 소비가전 등 6개 부문_옮긴이)에 프로토타입을 소개해야 했다. 데이터를 새롭게 평가하기 위해서 새로운 소프트웨어를 취급하는 일이었다. 그는 한 가지 아이디어를 생각해냈다. 즉 자전거 타는 사람들의 운행 습관에서 전체를 잘 설명해낼 수 있다는 것이다. 그들은 어디에 거주하고 있는가? (언덕? 평지?) 그들은 어떤 기어변속장치를 가지고 있는지? 그들은 왕복 몇 킬로미터나 자전거를 타는가? 이제 그는 데이터를 줄 수 있는 사람들을 대략 1,000명 정도 모집해야 했다. 그는 기업의 직원들을 얼마나 활용할 수 있을지 생각해보았다. 유감스럽지만 기업 내에서 설문조사를 시작하는 것은 금지되어 있었다. 특히나 개인적인 차원에서 질문하는 것은 금지 사항이었다. 설문조사한 번 하는데 약 100개의 규칙들을 파괴하게 될 것이다. 여하간 일은 벌어졌다. 갑자기 인터넷에서 한 가지 질문지가 떴던 것이다. 수

많은 직원들이 세빗에 주기 위해 데이터를 입력했다. 두 시간이 지나자 규칙파괴가 알려졌다. 우리는 기술부장에게 전화를 걸어서는 허락된 일인지 물었다. 하지만 그는 행동에 대해 '전혀 알지 못했고' 잔뜩 흥분한 채로 반응했다. 그는 모든 자신의 권력으로 이 일을 저지하겠다고 약속했다. 그는 규칙파괴자들에게 책임을 묻고 단호하게 처벌하겠다고 통보했다. 기업은 실행과 피드백을 요구했다. 그길로 곧장 기술부장은 컴퓨터상에서 규칙파괴자들에게 이미 충분한 대답을 했는지에 대해 물었다. 그들은 이 일을 30분 동안만 더 미루어 달라고 요청했다. 부장의 미친 듯이 날뛰는 이메일이 있은 후 결국 잠재적인 규칙파괴자들은 일을 벌였다. 잠시 뒤에 충분히 많은 데이터들이 들어왔고 기술부장은 상관에게 연락을 취했다. 그가 책임 있는 문건들을 검거하고 '죽였다고.' 그는 이런 일이 발생한 것에 대해 용서를 빌었다. 그는 모든 사람들에게 이메일을 보내고는 이런 내용들을 다시는 보고 싶지 않다고 말했다. 몇 주 뒤에 기업 내 사람들은 다들 만족했다. 공정감시자도 기뻐했다. 작전이 큰 성공을 거두었으며 좋은 기사거리를 만들었기 때문이다.

규칙을 지킬 경우에는 위와 같이 할 수 있을 것이다. 단순히 데이터를 보낸 직원들이 부장의 문건 검거에 대해 다음과 같은 바보 같은 문장으로 답했다면 일은 아주 형편없어졌을 것이다. "규칙을 어기면서 데이터를 수집하는 것은 절대로 있을 수 없는 일입니다." 단두대! '절대로 있을 수 없는 일'이란 말은 규칙에 대한 단순한 무관심, 무지, 자기정당성을 나타낸다. 위에서 언급한 바와 같이 기업들은 아주 화가 난 상태에서 날카롭게 반응한다. 그들은 법정이라는 다른 맥락에서 생각한다. 한 피고인이 자동차사고를 일으켰다고 상상해보자. 왜냐하면 그는 상당히 중요한 시간약속에 반드시 달려가야만 했기 때문이다. "일은 벌어졌습니다. 내가 반드시 이 약속에 참석

296

해야만 했거든요." 이런 경우에 그는 상당한 처벌을 받게 된다. 좀 더 유리하게 표현해보자. "운전 중에 내 시계가 잘못 가고 있다는 걸 알아챘습니다. 한방 얻어맞은 느낌이었습니다. 나는 돌아버릴 것만 같은 두려움을 느꼈어요. 결과적으로 내가 의도하지도 않았는데도 나도 모르게 너무 빨리 달리게 되었습니다. 이 일이 어떻게 일어날 수 있었는지 나도 모르겠습니다. 다른 때에는 항상 천천히 운전하거든요. 왜냐면 나는 스트레스를 잘 참지 못하기 때문입니다. 오히려 나는 다른 사람들이 그런 일을 하면 가혹하게 평가하고 말한 사람들 중에 한 사람입니다. 이제 난 전혀 엉뚱한 사람이 되었다는 걸 깨달았습니다. 두려움 탓에 전혀 딴판인 사람이 될 수 있다는 걸 알게 된 것입니다. 앞으로 나는 이런 징후가 있을 때마다 차를 멈추고 휴식을 취하겠습니다." 혹은 간단히 이렇게 말할 수도 있다. 우리의 시스템은 사람들을 아주 가혹하게 법정으로 몰고 가고 있으며 사람들은 모든 요구사항 속에서 후회나 양해를 표현할 수 없다. 법정 앞에서도 언제나 중요시되는 것은, 피고인이 이 사회를 존중하고 있는지 혹은 철저히 이기적이어서 처벌받아야 할 사람이 아닌지에 대한 것이다.

혁신가는 좋은 수동적 공정능력을 갖추어야 하며 기업 내에서 규칙과 일의 흐름을 존중해야 한다. 이를 위해 그는 기업에 관해 전반적으로 잘 이해하고 있어야만 한다. 익숙하지 않거나 이상한 상황에서도 그는 항상 기업의 의미에서 올바른 것이 무엇인지에 대해 생각해야만 한다. 그는 달리 결정내릴 수 있지만 모든 예외의 경우에서는 자신이 무엇을 하고 있는지 알고 있어야만 한다.

하지만 이노베이션에는 기존의 것에 대한 직감력도 필요하다. 여기에는 아주 새로운 규칙들을 필요로 하는 경우가 많다. 이를 위해 혁신가들은 '능동적인 공정능력'을 발휘해야만 한다. 즉 이러한 능력은 기업을 위해 일반적으로 어울리는 새로운 규칙들을 제안하는 것이다. 물론 매번 '이러한 특별한 이노베이션을 위해 자유로운 진행을' 시도한다고 해도 잘되지 않을 때도 있다. 미래의 규칙에 대해 좋은 제안을 하는 것은 혁신가의 의무이다. 이러한 의무를 직시하지 못하는 혁신가들이 많다. "나는 아주 센세이션한 것을 창안해내고 싶습니다 - 그런데 다른 사람들은 공정들을 변화시키지 못하고 있어요! 결국 나는 기업 내의 이러한 정체된 사람들 때문에 좌절하고 맙니다. 나는 정말 화가 납니다!"

이노베이션에서 규칙을 지키려는 사람들이 적대자들에 속하는 게 아니라면 대부분 클로즈 마인드에 속한다는 점을 우리는 알아야 한다. "그것은 안 될 말입니다. 여러분 모두 너무 단순하게 생각하고 있는 것 같군요. 그것은 단순한 일이 아니에요!" '가능한 일이 무엇인지'를 직감하고 있기에 클로즈 마인드들로부터 존중받는 혁신가들은 좀 더 쉽게 일을 해낼 수 있다.

1987년 IBM의 하이델베르크 연구소에서 일을 하게 되었을 때 나는 곧장 직원평가 규칙에 숙달되었다. 다섯 가지의 주요 기준이 있었는데 이에 따라 나는 평가를 받았다. 당연히 해당분야의 업적과 탁월함이 주로 평가대상이 되었지만 한 가지 기준은 '회사를 얼마만큼 잘 알고 있는지'에 대한 것이다. 나는 이것을 보고 큰소리로 웃었다. "이것이 훌륭한 작업과 도대체 무슨 연관성이 있다는 말일까? 나는 연구 분야에만 종사하고 있는데도 모든 규칙을 알고 있는지 평가되어야만 하는 것일까? 무엇 때문에 내가 매니지먼트에 있는 모든 사람들을 알고 있어야만 하는 걸까?" 이러한 점들은 '회사를 얼마만큼 잘 알고 있는지'라는 긴 목록에서 전부 요구되었다.

오늘날의 관점에서 살펴보자. 나는 바보였다. 여러분들은 제발 이와 같은 오류를 범해서는 안 된다. 여러분들은 '주변 환경을 잘 알고 있는지' 세심하게 둘러보아야 하며 '모든 중요한 사람들, 생산품, 조건과 규칙들'을 '사전-이노베이션'의 일부로 받아들여야 한다. 또한 숙고해야만 할 것은, 반드시 필요한 장비를 수집하기까지 어느 정도의 시간이 걸리는지에 관한 것이다. 여기에서 나는 다시 다음과 같은 충고를 하고 싶다. 창안의 순간에 주변 환경을 알려고 든다면 이미 때는 너무 늦는다. 우리는 처음부터 - 모든 기나긴 근무일에 - 수동적이면서도 능동적인 공정능력을 갖추도록 노력해야만 한다.

인프라구조들과 통합문제들의 중요성

다시 한 번 말하자면 나의 초년병 시절은 '바보'였다. 오늘날 그때를 다시 회상해보면 나는 지포트 핀초트의 며칠 동안 아주 긴 워크샵을 경험한 뒤에야 "허비한 시간"에 대해 저주했다. 핀초트는 하루 종일 한 가지 테마에 대해서만 다룬 날이 있었는데 그 당시에 이 테마는 내겐 지루하고 재미없었다. 바로 기업 적합성 (Corporate Fit)이었다. 이노베이션이 기업에 알맞은 것인가? 이노베이션이 모든 중요 집단들의 동의를 받고 있는가? 매니저, 판매자 그리고 법률가는 새로운 것에 정말로 낙관적으로 동의하고 있는가? 하루 종일 '적합한(fit)'이라는 단어를 내 평생 이렇게 자주 사용할 일이 없을 정도로 빈번하게 사용했다.

"적자는 살아남을 것이다(The fittest will survive)." 당연히 이는 이노베이션 분야에 적용된다. 여기서는 '기업 적합성(Corporate Fit)'뿐만 아니라 아주 일반적으로 이노베이션이 전체에 어울리는지도 중요시된다. 이노베이션은 다음과 같은 경우들에 알맞아야 한다.

299

- 고객
- 기업
- 혁신가
- 투자자
- 매니저
- 판매부 등.

이것에 대해서 나는 여러 번 반복해서 설명한 바 있다. 혁신가는 꼭 필요한 인프라구조도 주시해야만 한다. 세계적으로 수용되려면 고립된 이노베이션에는 어떤 변화가 필요한가? 오픈 마인드들은 무엇을 요구하고 있는가? 클로즈 마인드들은? 적대자들은 무엇에 대해 비난하고 있는가?

- 세탁기에는 세탁표준과 세탁세제기준이 있어야 한다.
- 배에는 항구, eCars 급유 콘센트가 필요하다.
- 태블릿-컴퓨터에는 앱(App)과 음악-다운로드가 필요하다.
- 인터넷뱅킹과 - 더 포괄적인 의미에서 - 인터넷 기반의 클라우드 컴퓨팅 (Cloud Computing)은 절대적인 데이터 안전성을 전제로 한다.
- 디지털카메라에는 사진 인화를 위해 자동장치가 있어야 한다.
- 학교에서의 컴퓨터사용은 교과서 온라인 사용이 가능해야 좋다.
- 직원들이 스마트폰으로 엔터프라이즈 응용프로그램을 사용하려면 엔터프라이즈 응용프로그램이 통합되어야 한다.
- 스마트폰 사용에서는 전 세계적으로 지불 가능한 인터넷 요금제가 요구된다.
- 수많은 인터넷 사용에서는 아직은 존재하지 않고 있는 전 세계적인 마이크로 계산이 필요하다.

- 무선전신·인터넷으로 의료 감독을 할 경우에는 빈틈없는 시설이 필요하다. 인터넷은 대도시뿐만 아니라 도처에서 항시 사용할 수 있어야 한다.
- 태블릿·패드에는 밝은 화면이 필요하다. 그렇지 않으면 '외부에서'는 아무것도 볼 수 없을 것이다. 이러한 화면은 아직 없다 ('전혀 새롭지 않은' 얼굴 표정을 지으며 태블릿이 이미 몇 10년 전에 창안되었다고 말하는 교활한 사람들이 있다. 맞는 말이긴 하지만 밝은 화면과 오래 지속될 수 있는 배터리는 아직은 없다!).

이러한 예들은 명백하다. 하지만 우리는 애플사가 음악을 팔기 시작했을 때 반쯤은 정신 나간 것으로 취급당했음을 기억해야 한다. 나중에야 우리는 기계에도 편리한 인프라구조를 도입했다고 스티브 잡스(Steve Jobs)의 천재성을 칭찬했다. 그야말로 천재적이라고! 따지고 보면 전문가답게 행동한 것뿐이다. 혁신가들은 모든 인프라구조를 위해 좋은 아이디어를 내야만 한다. 기존의 것에 새로운 것을 적용시키고 통합하려고 한다면 다양한 측면을 주시해야 한다.

언젠가 나는 애플사-컴퓨터로 작업해도 아무 문제가 없는지 시험해본 적이 있다. 유감스럽지만 나는 회의연설을 위해 마이크로소프트사의 파워포인트를 건네주어야 했다. 유감스럽지만 모든 저서들을 이미 워드로 작업했던 뒤였다. 내가 이 시스템을 바꾸어야 하는 걸까? 나는 두 가지 컴퓨터에서 왔다 갔다 하면서 이를 테스트해 보았다. 시스템 교환시 폰트(Fonts)가 약간 변경되는 바람에 호환이 불가능했다. 나의 파워포인트와 책이 완벽하게 일치해야 하기 때문이다. 이러한 변경 탓에 나는 아주 예민해졌다. 다시 한 번 요약해 보자. 나는 개인적으로 두 가지 시스템을 사용함으로써 통합의 문제를 갖게 되었다. 그래서 나는 맥(Mac)컴퓨터에 두 번째 시스템 (윈도우 오피스)을 돌렸다. 돌아가긴 했지만 여전히 완벽하진 않았다. 이것도 적합하지 않은 것이다. 하지만 나는 첫 번째 이벤트 주최자들과 출판사들이 맥 파일도 차츰 작업할 수 있음을 알게 되었다. 결국 구조문제들은 서서히 사라졌다. 나는 나의 맥을 지니고 있으며 맥은 훌륭하다. 하지만 이것으로 아주 잘 작업해내는 것은 여전히 불가능하다.

이는 더딘 변화 과정에 대한 아주 사소한 예일 뿐이다. 전체 IT분야는 근본적으로 몇십 년 전부터 지속적인 변화 과정에 있다. 아직도 적합하지 않은 것이다. 언제나 우리는 현재에 알맞지 않은 불완전한 것에 대해 불평한다. 그렇게 잘 기능하지 못한다든가 아직도 너무 비싸다는 식으로.

이노베이션들은 적합해야 하고 맞추어져야 한다. 모든 것에! 그렇지 않으면 끝도 없이 브레이크가 걸리게 되는 것이다. 제일로 바람직한 것은, 혁신가들이 모든 아이디어를 내기 전에 문제가 되는 구조들 (기존의 것과 미래의 것), 통합문제, 다양한 종류의 다른 사람들 혹은 기업문화에 대해 잘 알고 있어야만 한다. 혁신가들이 등잔 밑을 보지 못한다면 누가 볼 수 있겠는가?

여하튼 바로 위의 단락은 본 책의 내용을 다시 반복한 것이다. 나는 등잔 밑을 주시해야 한다는 것을 알고 있으며 독자들도 누구나 알고 있다고 생각할 것이다. 내가 숙고해주기를 바라는 것은, 아무도 행동으로 옮기지 않는다는 것과 이러한 사실로 인해 끝도 없는 불평이 발생한다는 것이다. 등잔 밑을 주시하는 것은 존중할 만한 능력이며 습관이다. 이는 반드시 행동으로 옮기고 연습해서 잘 해낼 수 있어야 한다. 미리미리! 이노베이션 이전에. 좋은 사업가는 모든 상호작용과 상호관계에 대해 중요하게 생각할 것이다. 기술적인 것뿐만 아니라 '정치적인 것'에서도.

애자일 자원병과 자원봉사의 매니지먼트

하나의 아이디어를 이노베이션으로 이끌고자 하는 사람은 다량의 문제점들을 들여다볼 것이다. 문제점들에 대해 우선은 혼자 생각해볼 것이다. 그리고 그는 같은 편을 찾아보아야 한다. 누가 도움을 줄 수 있을까? 판매, 이유, 광고, 생산, 재정에 관해 좀 알고 있는 사람은 누구인가?

이렇듯 자주 내게 전화를 걸어오는 사람들이 있다. "나는 당신의 책을 읽었습니다. 그래서 당신한테 즉흥적으로 전화했습니다. 혹시나 당신이 나를 도와주실 수 있을까 싶어서요." 대체로 전화 걸어오는 사람은 이미 반쯤 포기한 사람이다. 그는 언제나 혼자서 자신들의 아이디어와 꿈을 향해 가고 있다. 그는 들어줄 사람도 도움을 줄 사람도 찾지 못한다. 그를 위한 사람은 아무도 없다. 그래서 창안자들은 자신들의 아이디어가 얼마나 좋은지에 관해 완고하게 말한다. 그들은 어떤 도움이라도 받아야 하고 그래야 이익도 낼 수 있다고.

이 경우에 듣는 사람의 입장에서 문제가 되는 것은 아이디어만은 아니다. 우리가 매번 근본적으로 평가하는 것은, 우리에게 도움을 청하는 이런 사람이 우리의 도움으로 앞으로 나아갈 수 있느냐 하는 것이다. 축구스타가 되고 싶다고 부모에게 알리는 어떤 아들을 상상해보자. 그는 비싼 장비들(최고로 좋은 신발과 운동복)을 요구한다. 혹은 리코더 부는 어린 소녀를 떠올려보자. 그녀는 빠른 시일 내에 콘서트에 나가기 위해 맞춤형으로 제작된 최고급 리코더를 원하고 있다. 우리가 이 두 명의 아이들을 신뢰할 수 있을 지 꼼꼼히 관찰할 수 있을 것이다. 아이의 마음이 정말로 진심인가? 다른 경우에는 아이가 어떻게 행동하고 있는가? 약속한 바를 지속적으로 이행하고 있는가? 아이가 상당한 능력을 발휘할 수 있는가? 아이는 노력과 희망에 대한 현실감각을 지니고 있는가? 여기서 우리는 좌절하고 만다! "너 미쳤니? 그게 무엇을 의미하는지 너도 알잖니? 넌 깊이 생각이나 해본거야? 너 어떤 결과가 될지 알고나 있는 거니? 너 지금 우리한테 바라는 게 뭔지 알기나 해? 우리한테 지금 돈을 갖다 버리라는 소리니? 말 좀 해보렴, 너 지금 꿈꾸는 거 아니니?"

이와 같은 경우는 기업에 도움을 청하는 혁신가에게도 해당된다. "우리가 돈을 어디에서 가져올 수 있다는 거죠? 그럴 경비가 어디에 있습니까? 당신은 그 돈을 마련하기 위해 우리가 쉬지 않고 노는 날에도 일하기를 바라는 겁니까? 도대체 무엇 때문에요? 당신이 뭔가 머릿속에 꿈꾸고 있다는 이유만으로 그래야 하나요? 계속해서 꿈이나 꾸시죠!"

이와는 완전히 다른 경우들도 있다. 기업 내에서 아주 유명한 혁신가들에게는 모든 것을 금으로 만들어 줄 거라는 평판이거나 가장 흥미롭고 만족스러운 프로젝트들을 시도한다는 평판만 있다. "그와 함께 팀을 꾸려서 일하면 멋질 것 같아요. 언제나 기쁨과 성공만을 안겨줍니다. 나는 바로 지원해보겠습니다. 나는 필요한 사전준비를 휴일에 하더라도 기꺼이 시간을 투자할 준비가 되어 있습니다. 내가 함께 하도록 허락만 받을 수 있다면 얼마나 좋을까요!"

나는 프로젝트에 반드시 부르고 싶은 소수의 사람들을 알고 있다. 그리고 그들은 모두 온다! 좋은 사람들을 주변에 모아서 그들과 협력할 수 있는 능력은 정말로 중요하다. 우리는 아마존, 구글, 마이크로소프트 혹은 애플의 유명한 창업자들을 생각해보자. 어떤 경우라도 매번 혁신가들의 능력을 발견하게 된다. 그들은 최고 중에 최고의 사람들과 함께 일하고 있다는 것이다.

그 당시에 지포트 핀초트는 하루 종일 다음과 같은 말을 강조했다.

이노베이션은 그 자체로 어려운 일이다. 그러므로 중간 정도의 사람들하고는 결코 성공할 수 없다. 많은 기업들에서는 심지어는 이노베이션에 미달인 사람들을 퇴사시키는 경우가 흔하다. 최고의 사람들은 당연히 수익을 경험한 곳에서 일한다. 그들은 자발적으로 불확실한 프로젝트들 때문에 매니지먼트에게 쫓겨나는 일을 만들지 않는다. 새로운 프로젝트라면? "그런 경우에는 지금 프로젝트를 하지 않는 사람들을 보냅니다."

그러므로 이노베이션을 오로지 최고의 능력자들과 시작하라는 요구는 아주 이성적이지만 천진난만하기도 하다. 우리들은 그렇게 단순하게 최고들을 고용하기 쉽진 않다. 유일한 가능성은 전체군인들을 자원병으로 끌어들일 만큼 혁신가로서 매력을 지니고 있는 것이다. 그들은 흥미 있는 프로젝트라면 다들 함께 하고 싶어서 혈안이 된다. 자원병들은 휴일에도 아이디어와 창안물을 프로토타입으로 제작하고 투자나 매니지먼트-'도움'이 전혀 없는 상태에서도 성공의 초석을 마련할 수 있도록 도움을 주는 경우가 많다.

혁신가는 성공적인 프로젝트를 제공한다는 매력과 좋은 평판을 필요로 한다. 확실한 카리스마를 개발하려면 시간과, 고되면서도 성공적인 작업이 있어야 한다. 이러한 개발도 '사전-이노베이션'에 속한다. 최고의 사람들은 팀 내에서 협력해야만 한다 - 다급한 경우에는 봉급이 없더라도!

오늘날 전체 콘체른들은 '재능 전쟁'을 원한다. 모든 기업은 최고의 사람들을 끌어들여 함께 일할 수 있도록 노력한다. 나도 수년 동안 IBM-회장 루 거스너(Lou Gerstner)의 집요한 질문을 들었다. 매번 내게 요구했던 것은 "우리가 최고의 능력자를 고용할 수 있을까요?"

였다. 기업의 어떤 마법적인 순간들이 최고의 능력자들과 창조적인 천재들을 끌어갈 수 있을까? 이는 본 책의 도입부분인 지식시대에서 기업의 결정적인 질문이었다. 이노베이션에서는 이 모든 것이 아직도 더 중요하다.

혁신가는 최고의 능력자들에게 매력적이 되어야만 한다. 좀 더 말하자면 혁신가는 실제로 많은 자금 없이 차고에서 일하거나 휴일에도 새로운 것을 위해 기꺼이 일하는 자원병들을 아주 잘 관리할 수 있어야만 한다. 혁신가들은 최고능력자들의 팀을 (대체로 프리마돈나들과 예술가, 이기주의자들과 지식이 훨씬 많은 사람이 팀으로 이루어진다) 미래상으로 이끌 수 있어야만 한다. 이에 대해 상상하지 못하는 사람은 차라리 '명예직 매니지먼트'와 함께 일해야만 한다. 훌륭한 사람들이 한 가지 일을 위해 불타는 듯한 흥미를 보이며 이를 위해 정식으로 몸 바쳐 일하도록 만들려면 어떻게 해야 하는 것일까? 또한 그들이 불꽃처럼 타오를 뿐 아니라 탁월한 업적을 수행할 수 있도록 만들려면 어떻게 해야 하는 걸까?

이는 쉽지 않다. 당신을 위해 일할 수 있는 자원병에게 가장 맘에 드는 최고의 능력을 보여 달라고 말해보라. 대답은 어떨까? "나는 순전히 자발적으로 여기에 있는 겁니다. 그러니 제게 감사하시고 비판은 말아주세요. 내게 불평하신다면 나는 갑니다. 내가 군소리 하지 못하게 해주세요. 만약 내가 여기서 일하는 것을 더 이상 원하시지 않는다면 그냥 말씀만 해주세요."

애자일 하라 – '모든 이노베이션 이전에'

애당초 나는 애자일 선언문을 살펴볼 때 이미 애자일(agile, 민첩한,

기민한) 혁신가의 필요성을 언급했다. 나는 여기서도 다시 반복하고 싶다.

이노베이션은 애자일 원칙들에 따라 애자일 사람들에 의해 시도된다면 성공할 확률이 더 높다. 이런 사람들은 이노베이션 프로젝트가 지속되는 동안에 신제품으로 인해 놀라운 매상과 즐거운 인기를 누릴 수 있도록 외부의 고객을 위해서도 애쓴다. 이노베이션에서 우리가 고대하고 요구하고 싶은 것은, 프로젝트에 임하는 모든 사람들이 애자일 성격인 것이다.

모든 인간은 자기 행운의 대장장이(개척자)라고 우리는 말한다. 이는 로마의 정치가 클라우디우스카이쿠스(Claudius Caecus, 기원전 300년)의 말로 로마의 정치가이자 역사가인 살루스트(Sallust)에 의해 원문 "fabrum esse suae quemque fortunae"로 전해졌다. faber라는 단어는 대장장이(개척자)라는 뜻으로 해석될 수 있는데 라틴어에서도 강조되고 있다. 여기서 중요한 것은 "인내심을 갖고 부지런하고 유익하게 궁리한다."는 것이다. 그리고 루터(Luther)의 성경에서는 이렇게 말하고 있다 (마태복음 7장 8절). "누구든지 청하는 이는 받고, 찾는 이는 얻고, 문을 두드리는 이에게는 열릴 것이다." 공자에 따르면 "앞으로도 계속 행복하고자 하는 사람은 자주 변화해야만 한다." 그리고 독일의 작가이자 화가인 빌헬름 부쉬(Wilhelm Busch)는 이렇게 말한다. "행운은 작은 일들을 관심 있게 볼 때 자주 생기고 불행은 작은 일을 소홀히 할 때 자주 생긴다." 나는 이 말을 다음과 같이 변화시키고 싶다.

이노베이션은 변화를 관심 있게 볼 때 생기고 옛것은 변화를 소홀히 해서 사라진다.

우리는 실제로 자신의 기회를 찾아서 (대장장이처럼) 다듬고 그리고 아마도 몇 번쯤 변화를 주면서 다듬어야만 할 것이다. 모든 게 알맞을 때까지. 행운은 열심히 노력해야 얻어진다! 물론 노력해서 기회를 얻은 사람은 자신이 '똑똑한' 사람이어서 행운을 길거리에서 거의 줍다시피 했다고 말하기도 한다. 이는 너무나 단순한 생각이다. 길거리에 놓인 돈을 실제로 발견하려면 그만큼 관심과 주의가 필요하기 때문이다. 대부분의 사람들은 아무 데도 바라보지 않고 주의하지도 않으며 지나쳐 가도 아무것도 기록하지 않는다. 누가 뭔가를 발견한다면 이렇게 말할 것이다. "왜 아무도 이전에 보지 못했지? 나도 이걸 왜 못 봤을까?"

지속적인 주의는 현실적인 작업이며 기쁨을 준다. 이는 다방면에 영속적인 관심 갖기, 배경질문에 대한 지속적인 욕구, 개방 그리고 질리지 않는 호기심과 같은 것이다. 혁신가들은 시험해보고 연구한다 (라틴어로 studiosus는 '열심히, 부지런하게, 〈한 가지 일에〉 몰두하다, 유익한, 친절한, 호기심이 있는').

우리들 중에 많은 사람들은 어린 시절에는 'studiosus'였으며 많은 질문으로 주변사람들을 괴롭혔다. 맞다 - 괴롭혔다! 어미 새가 계속해서 먹이를 주듯이 지식에 목말라 있는 아이에게 대답해 주는 것은 그다지 쉬운 것이 아니다. 호기심 있는 아이들은 둥지에서 주둥이를 앞으로 삐죽거리며 조르는 병아리와 같은 느낌을 주기 때문이다. 언제나 받아먹을 준비가 되어 있는 새끼 새처럼! 그리고 그들이, 새로운 것에 굶주리는 아이들이 그토록 만족할 줄 모른다면 이제 그만하라는 대답을 들으며 '이제 식사를 끝내야 할' 것이다. "너는 그걸 이해하지 못하는구나. 네가 좀 더 나이가 들면 다시 설명해 주마. 학교에 가면 배울 거야." 하지만 학교는 아이들에게 먹이를 주는 것이 아니라 거위들한테 하는 것처럼 '강제로 살찌우거나' '목구

멍으로 사료를 처넣는' 방법을 사용한다. 아이들은 호기심을 느끼고 관심을 기울일 수 있는 곳에서 배울 수 있는 것이 아니라 스스로 보지 못하도록 강압적인 교육을 받게 되는 것이다. 우리는 그들에게 '협력과 부지런함'을 가르치지만 노력이라는 것도 결국은 자신의 흥분을 불태우지 못하는 곳에서 해야 한다. 이렇듯 낯선 관심거리에 순응하는 습관("우리는 무엇이 너를 위해 좋은지 알고 있단다.")은 자체적인 관심과 주의를 불태울 수 있는 어린이의 의지를 꺾고는 근로자가 되게 만든다. 이들 중에 혁신가와 예술가가 될 아이를 우리는 통합적인 교육이라는 목표로 희생시키고 만다.

나는 한번쯤 주장하고 싶은 게 있다. 돈이 거리에 널려 있을지는 모르겠지만 애자일 '학생(Studiosi)'한테만 들어온다는 것이다. 그리고 이러한 사람들은 우리 사회에서는 흔하지 않다는 것도 말하고 싶다. 애자일 혁신가들은 애자일 개인만큼이나 드물다. 나는 인스타그램의 그레고르 호흐무트를 그 예로 들은 바 있다. 우리는 이렇듯 이노베이션에 굶주린 직원들 팀이 진정한 사업가의 경영 하에 있기를 간절히 바란다.

세간에 널리 알려진 존경받는 대부호들을 한번 살펴보자. 본 단락의 의미에서 보자면 그들은 나름대로 모두 애자일 사람들이다. 그들은 이미 모두 사전에 애자일 했으며 어떤 식으로든지 낙관적 상태에 있었다. 다시 말하자면 행운과 첫 번째 돈의 초석은 어딘가에서 먼저 형성된다는 것이다. 우리는 존 가트너(John Gartner)의 멋진 저서 제목에서도 알 수 있다.《경조증: 성공한 사람들이 숨기고 있는 기질(원제목: The hypomanic edge, the link between a Little craziness und a lot of success in America, Simon & Schuster 2005)》이라는 책이다. 여기서 Hypo는 '그중에 조금'이라는 전철이다. 혁신가들은 완전히 광기가 있는 것은 아니지만 아마도 조금은 광기가 있는 것이 아닐까? 그렇다면 어느 정도일까? 위키피디아에 따르면 "경조증(Hypomanie)은 약간은 흥분된 기분과 상승된 추진력을 보이며 광기의 약화된 형태를 말한다. 이는 동시에 사고가 더 비약적이고 연달아 일어난다는 점에서 사고의 변화와 관련이 있으며 심리운동, 수면욕구, 식욕의 변화와도 관련된다."

Chanceuation:
노력해서 찬스 만들기

찬스는 그냥 하늘에서 떨어지지 않는다

찬스가 불현듯이 하늘에서 떨어지는 것은 아니라는 게 이제 분명해졌다. 찬스는 게으름뱅이의 천국에서처럼 여기저기 날아다니지도 않으며 쩍 벌리고 있는 입을 찾아 쏙 날아들기 위해 기다리고 있지는 않는다. 찬스는 열린 귀나 두뇌가 있는지 주의하거나 기다리지 않는다. 그보다는 우리가 모험적인 사업가로서 찬스에 눈을 뜨고 있는 게 더 중요하다.

유감스럽게도 우리들 중에 대부분은 교육적인 면에서 보자면 '(거위들처럼) 목구멍까지 차오르도록 비육되었으며' 해야만 하기에 배웠다. 우리들에게는 일반적인 일이 많다. 그래서 찬스가 코앞까지 다가오지 않는다면 우리들 중 대부분은 찬스가 있는지도 전혀 알려고 들지 않는다.

"이보세요, 전화회사! 전화가 인터넷으로 사라지네요." - "여보세요, 출판사! 조만간 eBook만 나온다면서요." - "여보세요, 여행사 양반네들! 이제 기존의 형태로는 당신들이 더 이상 필요하지 않네요." 그리고 이는 다음과 같은 일들이 다시 나타난다. "비즈니스는 명확하지 않은 이유들로 인해 상당히 나쁜 상태입니다. 우리는 이익을 올리기 위해 더 가혹하게 일해야만 합니다. 우리는 비즈니스에서 오히려 피해를 줄 수도 있는 우스꽝스러운 창안물들에 신경을 써야 합니다. 그런 물건들을 거부해야 하는 거죠."

이렇듯 모든 새로운 것에 반대하는 차단들은 그야말로 본 책의 주요테마인 것이다. 찬스는 찾으려는 사람에게만 제공된다. 하지만 찬스포착이나 새로운 아이디어의 이윤창출을 위해서 찬스는 먼저 정화되어야만 한다. 그래야 보통사람들이나 경우에 따라서는 오픈 마인드들의 관심차단 빗장들을 부수고 열 수 있을 것이다.

여기에는 다음과 같은 점들이 중요시되어야 한다.

- 비전을 갖고 갈망한다.
- 생각하고 싶고 열광할 수 있는 하이프(Hype)와 트리거-밈(Trigger-Memes)을 생산한다.
- 수많은 사람들을 동원하고 관심을 불러일으키도록 한다 (Web2.0, Jams)
- 공감과 매력을 느끼게 만든다.
- 스토리텔링을 통해 공감을 증대시킨다 - 내부와 외부에서.
- 공감을 불러일으키기 위해 프로토타입을 제작한다.
- 혁명적인 변화의 길로 점차 접어들 수 있도록 실험적인 디자인을 한다.
- 해당 관심사들을 탐색한다.
- 티핑 포인트(Tipping Point)를 탐색하고 이해한다.
- 최초의 사람이라도 잘 해낼 수 있다는 야심을 반드시 나타낸다.
- 함께 일할 수 있는 최고의 능력자들을 미리 메모해둔다.

이노베이션의 첫 단계에서 이러한 모든 요소들이 필요하다는 것은 본 책에서 여러 차례 언급되었다. 나는 여기서도 부가적으로 생각해야 할 것이 무엇인지 다시 한 번 간단히 다루려고 한다. 내가 시종일관 강조하고 싶은 것은, 아이디어에서 곧바로 '플랜'이나 비즈

니스 케이스를 만들어내고 이를 엄격하게 뒤쫓는다고 유리한 것은
아니라는 것이다. 먼저 항상 반복적으로 신중히 가늠해야 한다. 이
러한 신중한 가늠은 당연히 아이디어를 앞으로도 계속해서 추구할
의지가 있을 때 발생할 테지만 아이디어는 탐색하는 동안에는 매번
다시 변화되고 개량되며 확장되고 아마도 언젠가는 포기할 수도 있
다. 우리는 가능성과 기회의 정글을 통과하면서 하나씩 하나씩 작업
한다. 매번 상당한 자금이 투자되며 심각한 상황에서는 그 투자 자
금을 전부 날리는 것도 감내해야 한다. 우리 같은 개인투자가들에게
는 다음과 같은 조언이 필요하다. "당신의 삶에 절박하지 않을 정도
의 돈을 투자해야만 합니다. 투자금을 다 잃어도 생명의 위협을 느
낄 정도가 아니어야 하는 거죠." 혁신가는 기회를 찾으며 그 기회를
실현시키려고 노력하겠지만 모든 것을 곧바로 사장시킬 만큼 극단
적이어서는 안 된다. 첫 번째 투자로 인해 분명하게 알게 되는 것은,
이노베이션에서 과연 무언가를 이룰 수 있을지에 대한 것이다.

내 개인적인 행동방침 목록들은 최근의 매니지먼트-하이프
에 대한 책들에서도 비슷한 형태로 나타나고 있다. 특히나 학술어
'Chanceuation(노력해서 찬스 만들기)'는 이번 장의 표제어로도 사용
되었다. 오늘날 매니지먼트의 시각으로 볼 때 새로운 하이프는 효
력발생, 성취 (Effectuation)라는 의미로 해석된다. 이 단어는 2001
년 사라스 사라스배시(Saras D. Sarasvathy, 버지니아대 Darden School of
Business) 교수의 한 논문(위키피디아에서 Effectuation 참고)에서 제안됨
으로써 매니지먼트의 개념세계에 편입되었다. 그녀는 살아 있는 전
형들에서 방법을 연구했는데 기업가들과 모험적 사업가들의 생각과
행동방식에 대해 소개했다. 그리고 여기서는 기업가적인 것이 '계획
에 따라서' 진행되는 것만은 아니라는 결론이 제시된다. 성취될 수
있는 사고의 핵심은 다음과 같은 인식이다. 미래는 계획되거나 예측

될 수 없지만 만들어질 수는 있다. 우리는 우연과 오류로 인해 미래에 대해 소스라치게 놀라기도 하지만 이는 언제나 긍정적인 측면에서 찬스로 해석해야만 한다. 기업가들은 즉시 행동한다. 다시 말해서 지금 당장 그들이 이용할 수 있는 자금과 능력으로 실행할 수 있는 것을 행동으로 옮기는 것이다. 그들은 일을 착수하고 '실행하기' 위해서 어떤 자원을 필요로 하는지 계획하거나 계산하지 않는다. 위험을 보고도 서서히 자금을 투자하며 근본적으로 그 손실을 극복해낼 수 있다. 그들은 파트너십과 동맹이라는 차원에서 일하며 좋은 네트워크를 형성한다. 효력발생(Effectuation)-운동이란 한마디로 어떻게 정의할 수 있을까? 효력발생 혹은 성취란 미래의 '예언'을 바탕으로 하는 인과논리의 반전현상이라고 할 수 있다.

사라스 사라스배시는 2011년 한 작가팀과 함께 많은 시간을 투자하여 효율적인 《기업가정신(Effectual Entrepreneurship, 공동저자: Stuart Read, Saras D. Sarasvathy, Nick Dew, Robert Wiltbank, Anne-Valerie, Routledge, NY)》이라는 책을 출판했다. 독일어로는 미햐엘 파싱바우어(Michael Faschingbauer)가 2010년에 지침서가 되는 책을 《효력발생: 성공적인 기업가들은 어떻게 생각하고 결정하며 행동하는가, Effectuation: Wie erfolgreiche Unternehmer denken, entscheiden und handeln(SchäfferPoeschel, Stuttgart)》라는 제목으로 출판했다. 여기서는 미국작품의 작가들이 객원논문들을 제공하고 있다. 파싱스바우어의 작품은 '한 해의 매니지먼트 책'으로 두각을 나타냈다.

나는 이 새로운 하이프에 대해 복합적인 느낌을 가지고 있다. 여기서는 이 책이 어느 정도나 적용되지 못하고 있는지에 대한 예를 제시하고자 한다. 책의 설명과는 반대로 성공적인 기업가들은 '인과논리적으로' 행동하지는 못하고 있다! 그들은 '효력을 발생할' 수 있을지는 모르겠다. 하지만 "효력을 발생할 수 있다"는 말이 무엇인지 정확하게 기술되어야 함에도 이는 항상 옹색하게 설명되었다. 나의 견해로는, '효력을 발생할 수 있다'는 것은 정확하게 기술되기는 어렵지만 학습할 수는 있다고 본다. 우리는 이를 위한 본능, 직감 그리고 감정을 개발해야만 한다. 나는, 효력발생에 대해 기술하는 것은 자전거를 타거나 수영을 하도록 지도해주는 것과 같다는 생각이 든다. '효력발생'은 제한적으로만 도움이 된다. 우리는 이를 행동으로 옮겨야만 하기 때문이다. 하지만 효력발생의 지지자들은 상당히 많은 좋은 예들을 보여주면서 기업가적인 행동이나 경영학 대학원생들이 시험 보는 것과는 다르다고 말한다.

마찬가지로 나도 여기에서 말하기는 어렵다. 나는 혁신가가 정확히 무엇을 해야만 하는지 막연하게 말할 수밖에 없다. 하지만 나는 일반적으로 혁신가를 방해하는 많은 장애물에 대해서는 아주 정확히 기술할 수 있다. 기본적으로 인과논리적 사고가 아주 지배적이어서 기업가적, 효력발생적인 행동은 기업에서는 거의 금지되어 있다고 할 수 있다. 이는 독단적, 자의적, 규율 없는 행동이라고 비판된다. 현실적인 맥락에서 보자면 효력발생(Effectuation)은 강대한 클로즈 마인드들이나 적대자들에게는 아직 받아들여지고 있지 않다. 고전적 사고방식을 지닌 강력한 무리들은 효력발생이라는 새로운 이론을 향해 반드시 방향을 돌려야 한다. 그들은 구체적인 논리적-인과적인 논거 없이는 효력발생을 할 수 없을 것이다. 그리고 이로써 악순환은 지속될 것이다.

문제는 다시 한 번 아주, 아주 깊다. 이는 바빌론적 사고와 뭔가 연관성이 있어 보인다. 우리는 다시 한 번 옴니소피적인 삼각꼴을 참고해 보자.

내가 생각하는 효력발생은 본능, 의지력 그리고 행동의 매니지먼트 원칙이다. 본능, 의지력 그리고 행동은 구두설명과는 거리가 멀다 - 자전거 타기의 기술과 같다. 하지만 형식과 기준은 유리처럼 투명하게 기술된다. 이는 규칙, 지시 그리고 비즈니스 플랜을 원한다. 형식과 기준은 언제나 구체적이며 문서로 작성되어 있다. 우리는 이노베이션에서 의지와 행동을 전면으로 내세우되 강압적인 플랜 대장장이들에게는 아주 심하게 거부감을 주지 않도록 할 수 있을까?

내 생각에는 당구 게임과 같이 '틀 위에서' 게임하는 것이 제일로 좋다. 어떤 경우라도 나의 직업이력에서는 이것이 잘 작동했다. 내가 (인과 논리적으로 생각하지 못하는) 외부 고객한테 공감부터 구하고 나면 회사는 언제쯤 프로토타입이 완제품으로 판매되면 좋을지 고객에게 진지하게 문의하게 된다. 이는 기업 내에서는 거의 마법지팡이처럼 효과가 있다. 물론 기업은 언제나 데이터, 논리, 시장통계, 인과관계 그리고 비즈니스-케이스를 원할 것이다. 하지만 이는 오히려 방해가 되는 공정에서보다는 아주 질서정연하게, 형식적으로도 정확하게 이미 결정내린 이유를 기업이 체크하기 위함이다. 고객문의는 실제로 내부 장애들에 대해 기적적인 효과를 보이고 있다.

비전, 하이프, 트리거-밈 그리고 공감

우리는 잠시 정치 속을 들여다보자. 여기서는 권력자들이 권력을 얻거나 유지하려고 고진 분투한다. 권력은 유권자로부터 얻는 것으로, 기업이 고객으로부터 돈을 버는 것과 같다. 어떤 정치가가 지금 새로운 '비전'을 가지고 있다면 (예를 들어 '모든 이를 위한 단일국가 연금' 혹은 '개인의 무기소지금지') 그는 당내뿐만 아니라 밖에서 잠재적인 유권자들에게 자신의 생각을 논의할 수 있을 것이다. 두 가지 경우에 그는 피드백을 받을 것이다. 당은 계산하기 시작할 것이다. 즉 새로운 사고를 받아들인다면 유권자들을 얻을 수 있는 것일까? 반대로 당은 얼마만큼의 유권자를 잃을 것인가? 긍정적인 성과가 있을 것인가? 당은 비즈니스-케이스를 준비한다. 동시에 문제가 되는 것은, 당내에서 당원들 사이에 권력이동이 생긴다는 것이다. 비전을 제시한 사람의 위치가 높아질 것인가? 다른 사람들은 내부의 권력 상실을 받아들여야만 하는 걸까? 새로운 사고가 당 프로그램의 전체 맥락에 잘 들어맞고 있는가? 새로운 사고로 인해 선거에서 승리를 보장받을 수 있으려면 반드시 새로운 당의장이 있어야만 한다고 상상해보자. 당의 이익 차원에서 지금까지 항상 절대적인 충성심을 요구했던 지난번 의장은 거부하지 않을까? 이제는 자주 우스꽝스러운 논의가 발생할 것이다. 논의는 권력 암투를 떠올리게 하는데 약간의 입김에서도 항상 새롭게 그리고 더 복잡하게 협상됨으로써 이상한 타협으로 이르게 된다.

여기서 순수한 비전문가가 질문을 던질지도 모른다. 새로운 사고에 대해 곧바로 유권자와 토론하지 않는 이유는 무엇인가? 대답은 간단하다. 순수한 비전문가는 새로운 사고를 정치의 선행으로 보고 있다. 다시 말해서 국가에 좋은 영향을 주는 것이 정치의 책무라고 보는 것이다. 반면에 정치가들은 권력에 더 많은 신경을 쓴다. 이는 기업에서도 마찬가지이다. 이곳에서도 돈과 권력, 주식가치와 경력이 중요시된다. 마지막으로 순수한 관찰자의 말을 들어보자면 고객은 만족해야만 한다는 것이다. 그러므로 기업은 절대적으로 고객을 우선시하는 행동을 해야만 한다는 것. 하지만 기업은 이노베이션을 감행할 때 (경우에 따라서는 중요할지도 모르는) 권력, 경력 그리고 돈의 이동을 경험하게 된다. 이러한 이동은 다들 너무도 두려워하기에 두려움은 거의 전부 이노베이션에도 반영된다. 대체로 새로운 것은 안 된다는 식으로!

진정한 기업인, 혁신가 혹은 효력발생자는 그렇게 생각하지 않는다. 그들은 기회를 찾는 것이지 경력이나 권력유지를 찾는 게 아니다. 진정한 정치가는 인류를 위해 행동하는 것이지 자기 자신이나 무너지기 쉬운 당위상을 위해서가 아니다. 그는 인간의 안전과 행복을 추구한다. 자립적인 기업가인 사람은 더 자유롭게 기회를 쫓는다. 당에서나 더 규모가 큰 기업 내에서 일하는 사람은 자신의 사고를 곧바로 유권자나 고객에게 소개하려면 용기와 투자를 필요로 한다. 이는 절대적인 고객우선 혹은 시민에 대한 봉사를 최고의 가능성으로 제시하고 있는 이론서들에서도 자주 간과되고 있다. 여기서 내가 '저 밖에서' 비전을 구축하자고 논의한다면 본 책을 읽는 독자는 내부에 클로즈 마인드들과 적대자들이 있다는 점을 생각하게 될 것이다.

당신은 비전을 가지고 있는가? 그렇다면 당신의 고객이나 유권자에게 테스트해보자. 분위기는 어떠한지 규명해보자. 그밖에 당신은 무엇을 할 것인가?

최근에는 모든 구역을 속도 30으로 공표하자는 요구가 있다. 선두적인 정치가들은 긍정적으로 생각하고 있으며 지역에 밝지 않은 일부사람들은 기뻐하고 있다. 이제 어린이들이 시내에서 공놀이를 할 수 있다는 것이다. 이와는 반대로 다수는 인상을 쓰며 침묵하고 있다. 왜냐면 그들은 시간낭비를 두려워하거나 혹은 지속적인 감독을 우려하고 있다. 혹은 수많은 젊은이들은 조건 없는 기본소득을 요구하고 있다. 만약 그 누구도 생존을 걱정하지 않는다면 사람들은 숨을 쉴 수 있을 테고 누구나 이성적으로 일을 시작할 것이기 때문이다. 우리들 중에 더 나이가 많은 사람들은 신음한다. 왜냐면 그들은 인간의 선함을 더 이상은 믿을 수 없기 때문이다. 전문가들은 조건 없는 기본소득을 지원할 수 있다고는 상상도 하지 못한다. 특히나 수많은 사람들이 더 이상 일하지 않는다면 자금지원은 턱없이 불가능할 것이다. 혹은 식량관리 장관인 일제 에이그너(Ilse Aigner, 2008-2013 장관역임)는 너무 많은 식량이 낭비된다는 점을 맹비난했다. 그 이유는 사람들이 너무 강압적으로 유통기한을 지키기 때문이라는 것이다. 우리는 당근 5킬로그램 자루를 저렴하게 산다. 먹다가 지치면 나머지는 내다버린다. 저장 감자에는 싹이 트고 햇감자가 더 맛있다. 식탁에는 우리가 좋아하는 음식들이 없을 때도 있다. 그러면 우리는 절반을 먹지 않고 버린다. 혹은 우리는 손님한테 잘 보이려고 기본적으로 너무 많이 요리한다. 혹은 우리는 여러 가지 종류를 사고 싶어서 너무 많은 종류의 소시지 조각들을 산다. 전부 다 먹어 치우지도 못하면서! 혹은 우리는 식당종업원들의 눈빛을 꺼려한다. "익힌 소시지 한 조각 주세요."

무언가 새것을 이 세상으로 내보내는 사람은 이러한 피드백을 탐색해야만 한다. 매번 반복해야 한다. 공감은 어떻게 얻을 수 있을까? 피드백이 좋지 않을 경우에 우리는 그것을 통해 배워야만 한다. 여기서 중요하지 않은 것은, 오늘날 가판대신문을 통해 단순히 성급한 결론만을 평가해내고 실패라고 단정하여 곧장 매장해버리는 일과 같다. 중요한 것은, 비전을 추구하고 비전을 위해 기초를 다지는 것이다. 비전은 잘못 형성되는 일이 잦으며 대체로 많은 사람들을 놀라게 한다. 대체로 비전은 너무 많은 설명이 필요하다, 너무 복잡하거나 너무 적대적이다. 제한 속도 30을 요구하는 사람은 인간의 자유를 강조하거나, '모든 사람들이 매일같이 10분씩 시간을 낭비한다면' 경제적으로 음울한 결과를 초래할 것으로 생각하는 적대자들을 염두에 두어야 할 것이다. "몇백만의 손실이 있을 지도 모릅니다! 독일은 제동을 걸어야 합니다." 조건 없는 기본수입을 요구하는 사람은 나라에서 받는 수입으로 이익을 취하려는 게으른 동물로 간주될 것이다. 우리들 중에 수입이 좋은 사람들은 치를 떨 것이다. 왜냐하면 그들이 책임지고 돈을 지불해야만 하기 때문이다. 언제나 쥐꼬리만 한 돈을 위해 일하고 있는, 수입이 적은 사람들은 서로 견해가 나뉠 것이다. 재정지원은 복잡하며 여러 가지 문제들이 나타날 것이다.

생필품쓰레기에 대한 논의는 위와는 다른 차원이며 이미 한 단계 진행 중이다. 왜냐면 여기서는 분명한 적대자들이 존재하지 않기 때문이다. 그렇다면 다음과 같은 점을 고려해 보자. 우리는 좋은 음식을 가난하고 배고픈 사람들에게 내다버리는 행동을 절대적으로 피부색과 관계되며 감정을 격하시키는 스펙터클한 영화로 연출할 수 있다. "수입이 저조한 사람은 못생긴 당근들을 골라내다가 훔치지 말라는 경고를 받게 됩니다." 이제 치욕의 감정적인 영상들이 인터넷을 통해서 증가하게 된다. 생필품낭비에 대한 문제는 TV의 단골손님으로 나오지만 조건 없는 기본 수입에 대해서는 아니다. 속도제한 30에 대한 테마는 미디어정책상 어렵다. 적대자들이 '스포츠를 하듯이' 운전하고 싶다고는 대중들 앞에서 말하려고 들지 않기 때문이다. 이와는 반대로 침묵으로 반대하는 사람들이 다수다.

이러한 관점들 하에서 우리는 일상 속에서 미래지향적인 사고를 관찰해보자. 새로운 사고들을 우리에게 연결시킬 수 있을까? 우리는 화를 내거나 희망할 것인가? 우리는 듣자마자 감격할 것인가 아니면 이마를 찡그릴 것인가? 우리는 새로운 것을 이해할 수 있을까? 금융거래세를 제안한다면 어떨까? 아마도 "잘 모르겠습니다. 아마도 은행에 장애가 되지 않을까요?" 장기간 동안에 우리를 움직이게 하는 것은 아주 적다. 우리는 실제로 결국은 아주 소수의 것만을 받아들이고 이행하고 싶어 한다. 우리가 정신적으로 곧바로 '사들일 수 있는' 것은 아주 소수다.

모험적인 사업가들은 입구를 찾을 수 있을 때까지 자신들의 비전에 몰두한다. 여기서 자주 중요시 되는 것은, 긍정적으로 검토하고 현실적으로 영향을 줄 수 있는 밈(Mem, 사고)을 찾는 것이다. 대부분의 비전들은 너무 저급한데다가 곧바로 시작된다. 이러한 비전들은 우리에게 어떠한 동경도 주지 못할뿐더러 곧장 어떠한 해결책을 내도록 강요하게 된다. "제한속도 30이라고요!" - "여보세요? 도대체 왜 그래야 하죠?" "조건 없는 기본 수입이라고요!" - "그걸 누가 지불하는 거죠? 그게 가능하기나 한가요?" 물론 모든 사람이 다 이렇게 말하는 것은 아닐 것이다. "삶의 의미는 경쟁하는 가운데 일하는 거 아닌가요?" 현실적인 비전들은 무언가를 약속한다. 그리고 우리에게 뭔가 매력적인 것을 동경하도록 하고는 결국에는 올바른 방향에 대해 감정적으로 동의하게끔 한다. 낭비된 생활필수품에 관한 영상들은 기억에 남아 있다. 우리는 입에 거품을 물고 허우적거리며 "산업 탓입니다."라고 핑계를 찾는다. 하지만 이는 증명된 바와 같이 값싼 대형포장을 선호하는 고객 왕의 탓이라고 말한다. 이러한 논의는 뭔가 반응을 불러일으킨다. 장기간에 걸쳐 뭔가 작동되도록 만들 수 있는 것이다. 비전변화에 대한 좋은 예는 이미 언급된 바 있다. "알아서 하세요! 흡연은 당신의 목숨을 빼앗을 겁니다!"와 같은 비전은 흡연에 반대하는 견해지만 그다지 영향을 미치지는 못하고 있다. 다른 비전인 "흡연은 나의 목숨을 빼앗을 겁니다! 지금 내가 있을 때에는 담배를 꺼주세요."는 수십 년이 지난 지금 이행되고 있다. 삶에 대한 비흡연가의 요구는, 목숨을 내놓아도 좋다는 흡연가의 자유보다 훨씬 많다. 이렇듯 더 높아만 가는 요구는 목표에 이르게 되었다. "흡연은 목숨을 앗아갑니다!"는 밈은 사고준수이며 경우에 따라서는 확산될 수 있는 사고이기도 하다. 하지만 이러한 밈은 우리가 인식하는 것 중에 어떤 것이다. 여기서는 '조건 없는 기본 수입'

도 있고 마찬가지로 '제한속도 30!'도 있다. 하지만 이러한 밈은 행동으로 이행되지 못한다. 오로지 두뇌나 포괄적인 인식 속에 사고로써만 존재한다.

하지만 "흡연자가 나의 목숨을 앗아갑니다!"라는 밈은 행동에 영향을 준다. 우리는 우리 앞에서는 담배를 꺼달라고 부탁하는 것이다. 비흡연가인 주인은 의무적으로 자택에 재떨이를 준비해야할 필요가 없는 것이다. 흡연가는 약간은 범죄를 저지르는 것처럼 여겨진다. 비흡연가는 담배 피는 낙이 없다고 외치는 흡연가의 비난을 더이상 귀담아 들을 필요가 없는 것이다.

생활필수품낭비에 대한 비난은 뭔가 긍정적인 영향을 줄 것이다. 여기서는 테마가 좋고 나쁜지, 옳고 그른지가 중요한 것이 아니다. 우리는 자력으로 힘을 얻을 수 있도록 서로 소통해야만 한다. "스파크가 옮겨가야만 합니다." '우리가 옳은지 그렇지 않은지가' 중요한 것이 아닌 것이다.

> 좋은 비전들은 새롭고 밝은 이미지를 주고 감동을 불러일으킨다. 그러므로 행동 변화에 영향을 준다. 좋은 비전은 마음을 움직인다.

좋은 비전들은 이미 완성된 답이 아니라 함께 할 수 있는 좋은 방향을 제시한다. 완성된 답은 곧바로 비판되고 의심받게 되며 다른 의견들이나 가능성들과 대립된다. 비전들을 좋은 밈의 형태에서 현존하게 만들고 모든 사람들의 두뇌에 저장되도록 만들기에는 충분하지 않다. 비전들은 함께 할 수 있도록 유도해야 한다. 나는 이를 위해 신조어를 사용하고 싶다. 우리는 영향력 있는 비전뿐만 아니라 뭔가 효과를 주는 '트리거-밈' 혹은 '자극제-밈'을 필요로 하게 된다.

이러한 관점 하에서 일반적인 기업비전에 대해서 살펴보자. "우리는 항상 최고이기를 원합니다. 언제나 우리는 2등으로 성장하고 싶습니다. 우리한테는 최고의 직원들이 있습니다. 우리는 품질을 중요시하고 있으며 고객을 기업 핵심으로 보고 있습니다." 이러한 밈에 대해서는 누구나 알고 있을 것이다. 우리는 질릴 정도로 이해하고 있다. 이러한 밈은 뭔가를 움직일 수 있을까? 동경심을 불러일으킬 수 있는 걸까? 정당의 프로그램들을 들여다보자. "우리는 사회적이며 자유를 위해 전력투구하고 있습니다. 우리는 세금간소화, 정의, 깨끗한 민주주의를 이루고자 노력하고 있으며 관료정치에 반대하여 투쟁하고 있습니다." 이런 말이 우리를 움직일 수 있을까? 우리는 여기에 비전이 없다는 것을 느낄 수 있다. 말하는 사람도 이미 동경심을 지니고 있지 않기 때문이다. 이와는 반대로 트리거-밈을 가슴속에 품은 적이 있다. 예를 들어 "10년 안에 우리는 달나라에 갈 겁니다(케네디 대통령, Kennedy)." 혹은 "나한테는 꿈이 있습니다(마틴 루터킹, Martin Luther King)." 나는 위키피디아에서 연설문의 앞부분을 읽었다. 뭔가 피부에 소름이 돋았으며 비디오를 보지 않았는데도 그때의 살아 있는 목소리를 듣는 듯 했다.

우리는 맘을 움직이게 하는 비전을 갖고 있는가? 우리 자신부터 움직일 수 있는가? 그리고 다른 사람들을 움직이도록 할 수 있는가?

마지막 직업으로 독일 IBM의 최고기술경영자 Chief Technology Officer(CTO)로 일할 때에 나는 세계를 설득시킬 수 있다고 굳게 믿고 있었다. 그것은 수많은 산업분야가 새로운 IT-인프라구조들을 통해 기본적으로 개혁될 수 있다고 믿었기 때문이다. 나는 비전을 제시해야 할 과제가 있었다. (나의 관점에서 보자면) 일은 다음과 같이 발생했다. 2008년 11월 초에 IBM 센터는 그 다음 해부터 현대적인 산업을 위해 대규모 인프라구조공급자로 변화될 것이라며 공포했다. 뿐만 아니라 이 세계, 경우에 따라서는 이 지구를 IT-해답을 통해 '좀 더 스마트하게' 만들고 이로써 이 세계를 개선하겠다는 취지였다. 이를 위한 트리거-밈은 다음과 같다.

"A Smarter Planet. Instrumented. Intelligent. Interconnected. How we use data. How industries collaborate. How we make a smarter planet."

내가 이 단어들을 처음 읽었을 때 내 생각은 "멋진데! 근사하군. 그런데?"였다. 하지만 창문을 보며 곰곰이 생각해보았다. 당연히 인프라구조가 변화되어야만 한다는 생각이 들었다. 그것도 포괄적으로 그리고 대대적으로. 그 주에 나는 CTO로서 중요한 IBM-고객 앞에서 연설을 준비하고 있었다. 그래서 나는 'The Smarter Planet'에 대한 연설을 하기로 결심했다. 나는 IBM이 공식적으로 어떤 방향을 원하고 있는지는 정확히 알지 못했지만 이 테마에 대해 많은 생각을 하게 되었다. 연설은 성공적이었다. 고객들은 공감을 표시했다. 거의 나와 마찬가지로. 나는 혹시나 그들이 듣자마자 모든 것을 너무 광범위하다고 무시해버리면 어쩌나 하고 걱정했다. 아니었다. 그들은 곰곰이 생각했다. 바로 내가 생각한 것처럼. 'Smater Planet'과 같은 변화는 우리에게 영향을 주었다. 2008년 말에 나는 '역동적인 인프라구조'를 위해 성장분야를 구축하라는 경영임무를 맡았다. 여기서 밈은 'Dynamic Infrastructures'이다. 축약어로는 DI이다. 우리는 당장 세빗(CeBit)에 새로운 구상을 설명했다. 다른 공급자들도 이 같은 밈을 선택했다. 다들 '다이내믹'과 '스마트'를 목표로 잡았다. 우리는 '다이내믹한 인프라'에서는 이미 아주 복잡하고 비싼 해결책을 떠올린다는 것을 깨달았다. 고객들은 이렇게 말했다. "쉽지는 않을 겁니다. 방향성은 맞는 것 같군요. 우리는 기대하고 기다리겠습니다." 내가 기억하기로는 2009년 가을에 클라우드 컴퓨팅 (Cloud computing)이라는 표기가 사용되었다. 클라우드 컴퓨팅은 '네트워크 안에서 모든 것'을 해결해준다. "여기서는 고도의 기술적인 인프라구조가 날 위해 작동됩니다. 나는 더 이상 복잡한 것을 신경 쓰지 않아도 되는 겁니다. 클릭만 하면 내가 필요한 대로 다 작동됩니다." 클라우드 컴퓨팅에 대한 공감은 엄청났다. IBM의 기술단들은 이 명칭을 좋아하지 않았다. 그들은 너무 많은 것을 약속했으며 기술적 유토피아의 한계에 놓여 있었기 때문이다. "우리는 아직 준비가 되어 있지 않습니다." 하지만 다들 갑자기 클라우드 컴퓨팅을 원했다.

'다이내믹 인프라'는 밈이지만 '대규모 프로젝트', '복잡성'과 같은 느낌을 연상시킨다. "이것이 정확히 무엇이든 IBM에서는 그만큼 비용이 들거나 부합하기 어려울 것이다." 이는 "내가 곧바로 착수하고 싶습니다."와 같은 종류의 것은 아니기 때문이다. 하지만 '클라우드 컴퓨팅'은 우리의 흥미를 유발시키고 행동으로 이끌어주는 트리거-밈의 일종이다. 대략 2010년 초 나는 나의 매달 판매액을 다이내믹 인프라로 보고한 적이 있었다. 이때 미국에서 온 누군가가 질문을 해왔는데 어느 정도나 클라우드 컴퓨팅으로 가능한지였다 (실제로는 아직 존재하지 않았으며 이 단어도 2009년 중반이 되어서야 나타났다.). 이 순간에 내 머릿속에 떠오른 것은 완벽하게 공감을 얻고 있다는 점이었다. 빙고! 그가 질문할 때 나는 공식적으로 '티핑 포인트'를 보고 있었다. 나에게 이 날은 클라우드 컴퓨팅으로 승리의 행진을 시작할 수도 있는 절호의 찬스였다. 왜냐면 감독관들이 이미 관심을 보였기 때문이다.

우리는 행동으로 옮길 수 있는 비전을 찾아야만 한다. 언제나 대화를 나누고 새로운 단어들을 시험해보며 어느 정도나 공감을 얻고 있는지 측정해야 한다. 뿐만 아니라 변화를 시도하고 좋지 않은 느낌들을 감안하고 반대자들의 말에 귀 기울여야 한다. 그전에는 'smart'라는 단어가 급부상될 줄 몰랐다. 별안간 모든 것이 스마트해졌으며 '스마트 그리드(smart grid, 전기의 생산, 운반, 소비 과정에 정보통신기술을 접목하여 공급자와 소비자가 서로 상호작용함으로써 효율성을 높인 지능형 전력망 시스템_옮긴이)'라는 개념도 자주 볼 수 있게 되었다. 트리거-밈을 찾는 것은 힘든 작업이다. 정말로 힘든 작업이다. 최근에 나는 인터넷에서 한 기자의 기사를 읽은 적이 있었다. 그는 'Smarter Planet'이라는 아이디어나 비전을 언급하면서 IBM을 부러워했다. 그는 1997/1998년 IBM의 트리거-밈에 대해 기억해냈다. 바로 'E-Business(인터넷을 기업경영에 도입하여 기존 기업의 경영활동영역을 가상공간으로 이전시킨 것_옮긴이)'였다. "모든 것이 E-Business입니다."라며 IBM 회장 루 거스너 (Lou Gertstner)가 말했다. @ 형태의 빨간색 e 상징은 IT-세계에서 만들어진 것이며 아마도 온 세계가 사고의 새로운 궤도 위로 들어왔다고 할 수 있을 것이다. 그리고 dot. com-Manie가 등장했다. 기자는 IBM이 항상 이러한 새로운 사고를 어떻게 만들어낼 수 있는지 감탄을 쏟아냈다. 새로운 세계를 연다는 것에 대해서는 IBM에서도 매번 아주 신중하게 생각하고 있다. 그리고 이를 위해서는 능력 있는 사람들이 지속적으로 일한다. 그렇게 뭔가 새로운 것이 얻어지려면 진행자와 10분간의 브레인스토밍을 한다고 되는 것은 아닐 것이다.

스토리텔링과 매력 - 내부와 외부

트리거-밈이나 대담한 비전에 대해 공감을 일으키게 하는 것은 여전히 비즈니스의 대상은 아니다. 'Smarter Planet'으로 가는 길은 이미 작업 중임에도 불구하고 아직도 멀다.

하지만 고무적인 공감부터 반드시 강화되어야 한다. 이를 위한 마법언어로 스토리텔링을 뜻하는 '이야기서술'이라는 단어가 있다. 은유법과 트리거-밈을 바탕으로 '연설한' 글들 간의 사고와 가치가 암시되고 잠재의식으로 나타나며 투명하게 밝혀진다. 이에 대한 인용을 위키피디아에서 찾아보자.

"기업에는 전략적으로 이야기가 있기 마련이다. 이는 전통, 가치 그리고 기업문화를 전달하고 재원을 일깨우기 위한 것이기도 하되, 은유법을 통해 갈등을 비유적으로 경험하고 '감동을 피부로 느낄 수 있도록' 만들며 해결책을 찾는 길을 제시할 수 있다. 직원들-이야기는 기업문화에 대한 정보를 주고 비용이 낭비되는 공정들의 약점을 보완하기 위해서 사용된다. 추상적인 인포메이션과 비교해보면 이야기의 장점은 서로 더 이해하고 오랫동안 기억하며 의미와 정체성을 구축하는데 도움을 준다."

유능한 혁신가는 스토리텔링을 이해하고 은유, 비유적인 일화, 사건, 일상적 상황의 형태로 자신의 이노베이션을 작동시킨다. 언젠가 나는 정말로 진짜 있었던 이야기를 시험 삼아 해본 적이 있다.

나의 아들 요하네스는 대학원졸업 수학시험에 합격했다. 그 뒤 곧바로 박사과정 자리가 있다는 통지를 받았다. 이를 위해 그는 일반적인 지원 서류를 제시해야 했다. "아빠, 내가 혼자 할게요. 지금은 약삭빠른 제안해주실 필요 없어요." 그리고 며칠 뒤 숨 막히는 적막 속에서 모든 것이 끝났다. 요하네스는 이미 풀로 붙인 갈색 봉투를 들고 내 방으로 들어왔다. "아빠, 제발 지금은 연설도, 제안이나 이 세상의 새로운 설명도 말아주세요. 그리고 제발 감정적인 반응도 말아주시고요. 제가 한 가지 간단한 질문만 할게요. 일반적인 대답만 듣고 싶어요." - "요하네스, 질문해봐라!" - "아빠, 대학 주소는 봉투 위, 어디에 쓰는 건가요?" - 나는 주춤거렸다. "아빠!" - "오른쪽 아래."-"좋아요. 그럼 우표는 위쪽이죠? 내가 이걸 본 적이 있었던 가요?"

이것이 내가 말했던 스토리다. 나는 디지털 세대가 오늘날 25년 동안 편지 한 장 써보지 않았거나 보지 못했음을 설명하기 위해 이 이야기를 자주 사용한다. 이 스마트폰-세계에서는 종이란 존재하지 않는 것이다. 나이든 사람들은 습관이 얼마나 심하게 변화고 있으며 새로운 세계에 적응하고 있는지를 보아야만 한다.

이 스토리는 고등학교 선생님의 목소리로는 수용될 수 없는 내용을 명확하게 밝혀준다. 또한 어떤 일이 어느 정도의 퍼센트로 수행되고 있는지에 관한 통계보다도 더 설득력이 있다. 이 스토리는 요하네스가 그랬듯이 새로운 세상을 뭔가 호감가게 보여주고 있다. 스토리는 새로운 것과 함께 하고 싶다는 마음의 표현이다. 그리고 이 스토리로 인해 경청자들은 자신들의 가족, 스마트폰-싸움과 SMS-계산서에 대해 기억을 떠올리게 된다. 하나의 스토리는 "경청자들이 있는 곳에서 그들을 사로잡는다." 공식적인 문서들, 대학 강사들 그리고 고등학교선생님들은 자신들의 세계에서 말하고 설교하지만 하나의 스토리는 경청자의 삶에 따라 재구성될 수 있다.

다시 말하자면 좋은 스토리들을 '창고'에 가지고 있거나 이노베이션을 매력적으로 드러냄으로써 '그에 대한 관심'을 산출해내는 것은 힘든 작업이다. 이러한 작업은 어떤 경우라도 우리한테는 이롭다. 우리는 더 빠른 시간에, 더 많이 설득할 수 있다. 어떤 사람들은 이렇게도 말한다. "당신은 내게 영혼을 담아 말씀하시는군요."-"당신은 아주 비유적으로 한 점의 틀림도 없이 말해주셨어요. 나는 웃음이 절로 나오는 군요. 좋습니다. 나를 설득시켰습니다."

스토리 텔러는 어떤 말이 설득력이 있으며 어떤 말이 정신적으로 영감을 주고 어떤 것이 매력적으로 보여주는지 알고 있다.

스토리텔링은 공감을 긍정적인 방향으로 증대시켜준다. 매력적으로 만들어주며 영감을 주고 공동의 경험 속에서 많은 사람들을 하나로 연결시켜 준다. 다시 말해서 '사로잡고', '매혹해서는' 최상의 경우에는 행동으로 이끌어준다.

위키피디아에서 인용한 위의 글은 이노베이션에 관한 것이다. 스토리들은 가치와 문화를 밝혀준다고 말하고 있다. 하지만 새로운 것은? 이노베이션은? 나는 IBM에서 유명한 스토리텔러들을 몇 명 알고 있다. 그들 중에는 미국과 영국 출신의 능력 있는 상관들도 있다. 수년 전에 나는 그들 중에 한 명을 키노트(Keynote)-연사로 IBM회의에 초대한 적이 있다. 나는 그로부터 냉담한 대답을 들었다. 그의 대답을 재구성해보자면 "나는 기업 내에서는 강의하고 싶지 않습니다. 직원들은 내 스토리들을 들으면 매번 흠을 잡거든요. 스토리가 구체적이지 못하느니 IBM 생산품을 직접적으로 칭찬하지 않고 있다느니 하면서요. 그리고 매니지먼트는 새로운 것에 대한 스토리를 전혀 원하지도 않습니다. 그들이 항상 궁금해 하는 것은 매상이죠. 다른 말은 핑계거리로만 취급합니다. 나는 고객한테는 유명하지만 내부에서는 아니에요. 나는 회사 내에서는 더 이상 강의하고 싶지 않습니다." 그럼에도 그는 초청을 받아들였고 강의도 했다. 물론 IBM과는 전혀 관련이 없는 내용이었다. 나중에 나는 그 테마에 대한 저서들을 몇 권 읽었으며 이때 남아 있던 몇몇 밈들이 아직도 머릿속에 있다.

그때 이후로 스토리텔링 분야에서 나의 능력은 점차 상승했지만 유감스럽지만 나도 위의 스토리텔러와 비슷한 처지가 되었다. 스토리텔러가 외부에서 새로운 것에 대해 연설하면 몇몇 청강자들은 정말로 매료된다. 하지만 또 다른 사람들은 이렇게 말한다. "그다지 설득력이 없네요. 하지만 정말 친절하세요. 전부요." 내부에서는 클로즈 마인드들이 더 가혹하게 반응한다. 기술단들은 스토리들을 믿지 않는다. 왜냐면 그들은 구체적인 것이 전혀 없다고 추측하고 있기 때문이다. "그것은 막연한 아이디어에요. 생산품은요?" 매니저들은 실제로 숫자에 대해 묻는다. 숫자 없이는 새로운 것은 전혀 매력적이지 않다. 그들은 곡선이 상승세를 타면 그제야 자극을 받는다. 다시 말해서 자신의 세계에 있는 예지자는 전혀 가치가 없다는 뜻이다. 만약 어떤 스토리텔러가 내부에서 등장한다면 그가 분위기를 뜨겁게 달구거나 경우에 따라서는 포기할지도 모른다. 그러므로 기업들은 다들 차라리 외부 연사들을 초청하려고 한다. "존경하는 직원 여러분들, 우리는 오늘의 연사로서 입증된 전문가 한 분을 모실 수 있어서 자랑스럽습니다. 그는 오늘 우리에게 외부의 귀감을 보여주고 우리에 대해 흥미로운 견해들을 전해줄 겁니다." 외부 인사들한테는 그만큼 비용이 들어간다. 그렇기 때문에 외부 인사들은 포기할 수 없다. 그들은 아주 유능해야만 한다. 그래서 그런지 그들의 말은 정말로 경청되며 그들의 스토리들은 값진 것으로 평가된다. 그리고 이는 조금은 유감스러운 분위기로 조성되는데 이런 멋진 사람들이 자신의 회사 내에는 존재하지 않는다는 것이다. 한 매니저가 내게 솔직한 심정을 발설한 적이 있다. "제 말 좀 들어보세요. 당신은 진실을 말할 수 있을 겁니다. 하지만 그래서는 안 됩니다. 왜냐면 내 입장에서는 진실이란 의지표명으로 들리거든요. 누구나 진실을 알고 있지만 만약 내가 실제로 그 진실을 말한다면 다들 그에 상응하는 행동을 요구할 겁니다. 만약 당신이 그와는 반대로 연설한다면 다들 진실을 경험하되, 내가 반드시 행동하지는 않아도 되는 것이지요. 나는 당신을 공감을 테스트해보는 사람 혹은 리트머스 테스트로 이용할 생각입니다. 그래서 외부 인사한테 그만큼 비용을 쓰는 것이지요."

Web 2.0, 이노베이션 2.0과 Jams

최근에는 다들 소위 소셜 미디어(Social Media)를 시도하고 있다. 기업들은 트위터를 하고 페이스북에서 팬들을 모으거나 Google+에 글을 올린다. 마케팅부서들은 인터넷유저들이 '애호하도록' 기분을 북돋아준다. 최근에 나는 두 번에 걸쳐서 인터넷뱅킹을 했는데 재미있는 경험을 했다. 올해 최고의 은행이 어디인지 인터넷에서 투표에 붙인 것이다. 그래서 나보러 만족하는 고객으로서 나의 만족도를 투표에 분명히 표시하라는 것이다. 이로써 단순한 진실을 부각시키겠다는 취지다. 하지만 만약 모든 은행들이 이런 투표를 한다면 결국은 고객이 가장 많은 은행이 매번 승리할 것이다. 가장 큰 은행이 최고가 될 것이다.

웹 2.0을 서둘렀던 최초의 기업들은 소위 전설적인 성공을 거두고 있다. 그들한테는 수많은 페이스북-친구들, 팔로어(Follower)와 팬-클릭부대가 있다. 네츠(Netz)에서 고객에게 새로운 상품제안을 부탁했던 최초의 기업들은 압도적인 피드백을 받았다. 우리는 이노베이션 2.0, 콜로브레이트 이노베이션(Collaborate Innovation, 협동작업), 크라우드 소싱(Crowd Sourcing) 등에 관해 말한다. 지난 몇 년까지 기업 내의 경험들 혹은 실험실개선은 탑 시크릿(top secret)으로 간주했다. 이는 봉급과 마찬가지로 비밀로 취급되었다. 지금은 고객들에게 신상품을 디자인 하도록 하는 것이 유행하고(en vogue) 있다. 이것은 진정한 고객중심이 되었다고 할 수 있다.

실제로 네츠는 이제 모든 세계로 보급되고 있다. 이는 새것에 대한 공감을 테스트하고 밈을 고안해내도록 수많은 새로운 가능성들을 열어주고 있다. 자유 작가로서 나도 지금 맡고 있는 모든 것에 대해 엄청난 피드백을 받고 있다. 나는 기사에 대한 독자편지들과 주

석들을 받고 있으며 페이스북이나 Google+에서는 나의 글에 대한 답글도 받고 있다. 수많은 회의연설을 한 뒤에 나는 곧바로 스마트폰을 다시 켜고 트위터에 무슨 글이 올라와 있는지 살핀다. "세 번째 내용은 긍정적이네요, 뒤크 씨.)." 내가 말하고 싶은 것은, 네츠에서 정중한 갈채가 있자마자 몇 초 지나지 않아 나의 '퍼포먼스'가 유명해진다는 것이다. 새로운 책을 계획할 경우에 나는 작은 스토리로 중심테마들을 공개한다. 이는 독자들의 피드백을 통해 내용이 쉽게 이해될 수 있는지 알기 위한 것이다. 나는 3곳, 혹은 4곳의 기업에서 목격했던 것이 어디에서나 일어나는 일인지 명확하지 않을 때가 자주 있다. 이 점에 대해서 나는 네츠에서 물어보면 독자와 함께 그 자리에서 즉시 해결해낼 수 있다. 내가 특별한 것 때문에 전문가들을 찾을 때에는 그날 바로 찾을 수 있다. 네츠에서 전문가들을 찾는 것이 자신의 회사 내에서 찾는 것보다 훨씬 쉽다. 대답의 신속성은 그야말로 놀랄 만하다.

소셜 웹(Social Web)의 발전은 숨 막힐 듯 하게 빠른 속도록 진행되고 있다. 혁신가들은 찬스를 이용해야 할 것이다. 그렇다면 정확히 어떤 찬스일까? 말하기는 쉽지 않은데, 아마도 매일같이 달리 나타날 것이다. 또 다른 면에서 살펴보자면 지금껏 참여하지 않았던 기업들을 '소셜'에서 훈련시키는 것으로 현재에도 돈을 벌어들이는 수천 명의 소셜-웹-상담자들이 있다. 여기서도 대체로 트위터와 페이스북의 기능들이 설명된다. 또한 네츠에서의 규칙과 협약이 설명될 것이고 기업의 입장이 고려될 것이다. 하지만 지금 네츠에서 피드백 받기 위해 누가 무슨 내용을 올릴 것인가? 누가 무엇을 트위터에 올릴 것인가? 기업들은 여전히 행동으로 옮기기가 어렵다. 많은 사람들은 단순히 광고들을 (무시되는 경우가 많다) 올리거나 조금은 트위터할 줄 아는 견습생들을 고용하기도 한다 (이런 경우에는 사람들이 눈치 챌 것이다). 이 모든 것이 여전히 발전단계에 있다.

네츠에서는 유효범위가 더 광범위하다. 우리가 원한다면 자신의 네트워크를 훨씬 유용하게 연결할 수 있다. 새로운 사람들을 도처에서 만날 수 있으며 무더기로 사귈 수 있다. 이러한 만남에 대해 우리는 세심하게 관리해야 하며 매일같이 돌봐야 한다 ('네트워크 관리'). 대부분의 기업매니저들은 그럴 시간이 전혀 없다.

기본적으로 웹 2.0은 실제로 일할 수 있는 가능성을 더 많이 제공하고 있다. 기적을 약속하는 것은 무의미하다. 여기서는 유감스럽게도 아주 명확하지만 기본적으로 잘못된 희망을 주는 스토리가 상당히 많다는 것이다. "어떤 사람이 학업을 지속하기 위해서 페이스북에 기부금을 청하는 글을 올렸더니 엄청난 돈을 얻을 수 있었습니다." - "어떤 사람이 파티에 초대받았습니다. 그런데 10,000번째 손님으로 도착하게 되었지요!" 이러한 이야기들의 교훈은 무엇일까? 항상 첫 번째 사람이 새를 겨냥해서 떨어트리지만 유감스럽게도 모든 페이스북-포스트에 1000명의 사람들이 방문하는 것은 아니라는 것이다. 네츠는 여전히 아주 많은 이야기를 담고 있기에 복권당첨에서처럼 아직도 행운을 지닐 수 있을 것 같다는 느낌이 지배적이다. 나는 매번 경고하고 있다. 2.0 세계에서 좋은 시민이 되기 위해서는 진지함과 지속성이 필수적이다.

IBM은 2006년부터 IT분야에서 새로운 발전을 도모하고자 규칙적으로 대규모 시도를 수행하고 있다. 웹사이트 IBM-'Jam Event'에서는 인상적인 숫자들이 있다. 2006년에 150,000이상의 직원들이 참여했다는 것이다. 나도 함께 했다. 내 기억으로는 3일 동안이었다. 전문가들과 탑 매니저들이 많은 관련테마들을 호스팅 했고 특정테마들에 대한 토론도 진행했다. 그 당시에 나도 기술전문가들의 더 우수한 교육을 위해 연구를 위임받았으며 이 테마에 대해서 네츠에서 1000페이지 이상의 복사페이지를 가져올 수 있었다. 나는 하루 종일 직원들의 피드백을 자세히 살펴보면서 엄청난 이득을 얻을 수 있었다. 그리고 정말로 많은 직원들과 다른 나라의 문화를 알게 되었다. IBM은 이와 같이 다른 기업에도 조달될 수 있는 크라우드-미팅(Crowd-Meeting)용 특별 소프트웨어를 생산했다. IBM은 그 당시에 (2006) 총 1억 달러의 투자로 10개의 혁신적인 사업 분야를 지원했다.

내 스스로 믿고 있는 바로는 (이는 내 자신의 견해이지 Jam에 대한 IBM의 공식적인 견해가 아니다), 이러한 행사에서 노벨상을 받을 만한 아이디어를 수확해내겠다는 희망은 너무 모험적일지도 모른다는 것이다. 이러한 아이디어는 많이 알려져야만 하며 나도 희망하고 있는 일이다. Jam은 대단한 수확은 아니지만 서로 네트워크로 연결하여 협력하며 즉각적인 피드백을 받을 수 있는 멋지고 거대한 가능성이다. 수많은 매니저들과 직원들은 이것을 더 없이 귀한 것으로 알고 있다. 3일 동안의 Jam! 그들은 새로운 것, 토론, 모든 상관들과의 직접적인 접촉 그리고 모든 탑-기술단을 탐닉할 수 있었다. 새로운 것, 내적인 영감 그리고 지금껏 연결되지 않았던 지식들을 네트워크로 연결하는 일에 마음껏 향유할 수 있었던 것이다. Jam은 자사의 이노베이션에 대한 인식을 강화하며 직원들은 새로운 발전을 이해하고 이를 더 큰 테두리에서 목격한다. 마지막에 수여된 1억 달러는 IBM이 해마다 연구와 개발에 수십억 달러를 투자한다는 점을 생각한다면 그다지 큰돈이 아니다. Jam에서 더 중요한 것은 회사의 연료가 된다는 것이다.

좋은 아이디어로 인해 확실해지는 것은 무엇일까? 기본적인 준비를 바탕으로 하여 앞날이 촉망되는 몇몇 이노베이션 분야들을 먼저 점유하고 이렇듯 사전에 정한 분야들을 Jam으로 통해 많은 사람들의 공감을 얻어낼 수 있는 공간으로 끌어들인다는 것이다. IBM은 나중에 나온 Jam에서도 고객과 가족구성원과 친구들을 참여시켰다. 새로운 것에 대한 이들의 공감이 무엇보다도 중요하기 때문에 이들은 함께 할 수 있게 되었다.

Think and speak visionary, act evolutionary!

이노베이션은 스토리텔링으로 잘 전달될 경우에 더 쉽게 성공할 수 있다. 구글-창설자들의 말에 따르면 "메가 급의 거대한 공명심이 있다면 일은 더 쉬워집니다. 그 이유는 대적할 만큼 큰 경쟁이 없기 때문입니다." 맞는 말이다! 대부분의 사람들은 예언처럼 제시된 비전에 대해 단순히 대단한 일로 간주는 하지만 동의하지는 않으려고 들기 때문이다. 나는 이미 돌아가신 박사 학위담당 교수님 루돌프 알스베데(Rudolf Ahlswede)가 생각난다. 그가 우리에게 항상 엄하게 경고했던 말이 있다. 기본적으로 노벨상 가치가 있는 해답이 나올 만한 질문에 대해서만 작업하라는 것이다. "이게 더 어려운 게 아닙니다. 더 쉬운 일이에요. 아무도 하지 않기 때문입니다. 시험합격자들은 다들 대단한 일에 직면하게 되면 포기할지도 모른다는 불안감을 가지고 있거든요! 아무도 다른 사람들 앞에서 말할 용기를 내지 못해요. 그런데도 그는 유명해지고 싶어 하죠. 그는 멸시당하고 말 겁니다. 그런 이유로 그 많은 사람들이 작은 일만 연구하고 있는 거고요." 문학적으로 다시 표현해보자면 다음과 같다.

겁쟁이(토끼심장)는 완전히 소심하게 행동하게 된다.

나는 복선전략을 권하고 싶다. 먼저 우리는 은하계 내의 'Grand Strategy'를 스토리텔링으로 공포한다. 이때 가능한 많은 하이프를 발생시키고 어느 정도 공감이 있는지 지속적으로 테스트한다. 그리고 동시에 작은 일부터 시작해본다.

아마존-최고경영자 제프 베조스(Jeff Bezos)는 대체로 모든 물품을 인터넷에 제공하고 싶어 했다. 하지만 그는 일단 책들만 제공했다. 처음에는 작은 일부터 시작했던 것이다. 책은 오랫동안 보관할 수 있고 유행에 그다지 민감하지 않는다. 또한 '문화'로 인해서 우편물이 더 저렴해졌기에 값싸게 책을 발송할 수 있다. 그가 제시하는 비전은 언제나 모든 물품이다. 실제로 한걸음씩 진행되고 있다. 모든 새로운 상품종류에는 그마다의 위험요소가 있다. 모든 것이 매번 새롭게 터득되어야만 했다. 장난감은 크리스마스 때에 너무 집중되었으며 교환하려는 경우들이 빈번하게 많았다. 그래서 1월에는 너무 많은 장난감이 반품으로 회수되었다. 의류는 어려웠다. 왜냐면 사이즈가 큰 기성복들은 남을 때도 있고 부족할 때도 있었기 때문이다. 의류생산자들은 더 정확한 제단사가 되어야만 했다. 식품은 신선도 문제가 있었으며 지역생산지가 필요했다 (아마존은 현재 독일에서 재배하고 있다). 아마존은 독일 패션 종합 쇼핑몰 짤란도(Zalando)처럼 신발을 팔 용기는 없다. 정말로 너무 많은 신발이 반송되기 때문이다. 아마존은 모든 것을 배달한다는 세계비전을 추구하고 있다. 그들은 테스트해보고 또 테스트해본다. 고객들의 공감을 시험해보고 확장하거나 스톱하거나 상황에 따라 달라진다. 이것은 진정한 효력발생(Effectuation) 혹은 노력해서 찬스잡기(Chanceuation)이다. 지난 2, 3년 동안에 서적시장은 완전히 변했다. 새로운 스마트폰과 패드로 인해 서적들을 전자형태로 읽을 수 있는 기회가 상승했다. 지금 아마존은 킨들(Kindle) 전자책을 덤핑가격으로 시장에 밀어내고 있다. 매우 단호하면서도 전력을 다해서! 이러한 밀어내기에는 일 년 수익에 해당하는 비용이 들어간다. 아마존의 입장에서는 고통스러운 손실이다. 1년 수익이라니! 이렇게 많은 고통을 감수할 수 있는 기업은 더는 없을 것이다.

이뿐만 아니라 전기로 움직이는 자동차, eCar와 같은 대규모 비전들도 있다. 전기차를 이성적인 가격, 킬로미터당 최고의 도달거리로 제공하고 싶은 사람은 배터리연구에 수십억을 투자해야 한다. 성공될지 분명하지도 않는데도. 좋은 배터리 개발에 성공할 수 있을까? 어떤 경쟁자가 더 나은 해결책을 찾는다면 이 분야의 또 다른 경쟁자는 자신의 수십억을 그냥 낭비할 수도 있는 게 아닐까? eCar의 비전은 내 생각으로 볼 때는 너무 멀고 너무 거대하다. 자동차배터리로 갈아타는 시도가 상당히 이루어지고 있지만 완전히 발을 들여놓고 있지는 않다. 아마존에서처럼 혁명적인 길은 없는 걸까? 자동차의 배터리문제들은 최근에는 컴퓨터에서도 여전히 발생하고 있다. 콘센트에 연결하지 않고는 몇 시간밖에 지속되지 않는다. 스마트폰들은 대체로 매일 다시 충전해야만 한다. 배터리가 자전거에도 장착되고 있는데, 최근에는 전기 보조모터로 아주 비싼 가격에 판매되고 있다. 여기서는 배터리연구가 컴퓨터에서보다는 더 많이 이루어질 수 있다. 그 다음으로는 지게차, 장애인휠체어 등등이 될 것이다. 결론적으로 나는 지금 당장 '자동차'를 연구하는 것보다는 바람직한 배터리 동력에 대한 목록을 작성하여 서서히 개발하고 싶다. 하지만 분명한 것은 미래의 비전은 자동차이다.

그럼 이번에는 디지털카메라도 생각해보자. 디지털은 리플렉스카메라에 비해 오랫동안 비웃음을 받았다. 리플렉스카메라를 디지털로 제작하려고 시도하는 사람들도 있었다. 이는 좌절될 수밖에 없었다. 왜냐면 일단 배터리들이 오랜 시간 지속되어야만 했고, 저장칩들이 여전히 너무도 비쌌으며 사진저장을 위한 전송속도가 엄청나게 느렸기 때문이다. 또한 디지털촬영용 칩세트의 작업이 너무 형편없기도 했다. 목표는 디지털로 작동되는 리플렉스카메라이지만 작은 스냅카메라로 연습하고 서서히, 차근차근, 나타나는 문제들과 기능결핍들을 제거하는 것이 더 좋은 것 같다. 오늘날은 좋은 가격대의 좋은 디지털 리플렉스카메라가 있다. 그런데 패드와 스마트폰에는 이미 두 개에서 네 개까지 필요한 카메라들이 장착되어 있다. 이제는 리플랙스카메라가 더 작아져야만 한다. 디지털 카메라의 저장이 필수요건이 되면서 플래시 기억장치는 (카메라와 USB-스틱 속에 들어 있는 장치) 갈수록 더 저렴하고 용량이 더 많아졌다. 플래시 기억장치는 컴퓨터 하드디스크보다 전력소모량이 적다. 이제는 더 이상 디스크가 필요 없다. 플래시 기억장치는 더 작아지고 더 빨라지고 있다. 우리는 '부팅할' 일이 전혀 없다. 랩톱에서 필요한 만큼 플래시에 저장할 수 있게 되자 플래시 기억장치가 있는 컴퓨터는 더 작고 더 얇게 제작되었다. 그리고 이러한 컴퓨터는 전력소모도 더 적었다. 이는 놀라울 정도로 얇은 애플사의 'Air'-노트북이었으며 그다음으로는 태블릿과 패드였다. 요즘은 네츠에는 이미 512GB 플래시 기억장치가 있다. 가격은 500유로 정도이며 갈수록 일반 데스크탑 컴퓨터나 저렴한 가격의 랩톱보다 더 비싸지고 있다. 하지만 우리가 또 한 가지의 사실도 유념해야 한다. 화면의 질이 놀라운 작은 다기능제품들에 이르기까지 시간이 갈수록 기술적, 가격적 제한들이 감소하고 있다는 것이다.

비전은 언제나 명확했다. 태블릿은 이미 있었던 것이지만 (1993년부터 애플사의 '뉴톤') 수많은 작은 발걸음들이 먼저 선행되어야만 한다. 서서히. 푸른 들판에 완전한 비전을 세울 수는 없다. 우리는 오랜 기간 동안 연습해야 하고 배워야 하며 시험해보아야 한다. 또한 사람들의 말에 귀 기울여야 하고 이해하며 그다음 걸음을 나아가야 한다. 경우에 따라서는 완전한 비전이 펼쳐질 수 있다. 이는 공감을 테스트하기 위한 것이다. 하지만 비전 자체와 현제의 상태는 따로 논의되어야 한다. 그럴만한 이유가 있다. 박람회에서 우리는 실제로 모든 것이 어느 정도 상태인지 현실적으로 깨닫게 되기를 바란다. 유감스럽게도 속는 경우가 많다보니 결국 많은 사람들 혹은 모든 사람들은 비전과 현실이 혼합되는 것에 이미 알레르기 반응을 보이게 된다.

아마도 우리는 '은하계 내의' 예시들을 좋아하지 않을 지도 모른다. 하지만 이런 예들은 우리가 잘 알고 있다는 장점을 지니고 있다. 나는 나의 삶에서 스토리를 선택한 것이다. 내가 꿈꾸는 것은, 네츠에서 위키피디아를 보는 것뿐만 아니라 모든 중요단어들을 제시하기 위해 사진, 비디오, 많은 예시, 작업소재들을 이용하는 것이다. 아마도 이중에 많은 다수가 이미 네츠에 올라와 있을 테지만 '전부'는 아닐 것이다. 노래책에 있는 기독교와 가톨릭 노래들을 오디오로 녹음해서 네츠에 다 올리지 않는 이유가 무엇일까? 기악연주, 합창, 솔로는? 의대생들이 모든 병마다 100가지가 되는 예시환자사진들을 볼 수 없는 이유는 무엇일까? 혹은 백일해의 다양한 청진견본들을 듣지 못하는 이유는? 동물소리나 모든 식물은 어디에서 찾을 수 있을까? 나는 글로벌 지식문화의 보물창고를 원한다. 모든 대학 강의에서 언급된 유명 교수들의 찬란한 예시들, 모든 학습 자료들 그리고 모든 사건에 대한 역사적인 필름들이 있을 것이다. 제일로 좋은 것은 페이스북의 타임라인에 올라오는 것이다.

이러한 생각이 비전이 있을까? 나는 개인적으로 이에 대해 아이디어를 갖고 노력하고 있다. 그래서 나는 책에서 비전을 밝히고 그에 대한 의견을 제시하고 있다.

2006년과 2007년 IBM에서 나는 이와 비슷한 것에 대해 강조했다. 우리는 지금 당장 모든 자료를 찾을 수 있는 그런 포괄적인 위키피디아를 필요로 한다고. 몇 가지 예를 들어보자. 만약 우리가 긴 여행에서 돌아와서 회사 패스워드를 잊어버렸다면 거의 패닉상태에 빠지지 않을까? (여행가기 바로 직전에 패스워드를 절대로 바꾸지 않았으며 정확히 기억나지도 않는다.) 우리는 새로운 패스워드를 어떻게 받을 수 있을까? 인트라넷(intranet, 인터넷을 이용하여 기업이나 단체의 구성원들끼리 정보를 교환하거나 공동 작업을 할 수 있도록 구축한 통신망_옮긴이)에서 찾는다면... 만약 당신이 프랑크푸르트 공항에 도착한 날에 며칠 동안의 주차비용을 지불하고 영수증을 잊어버렸다면 어떨까? IBM에서 우리가 깨달은 바로는, 누구나 처음에 당장 풀 수 있는 문제들은 많지 않다는 것이다 (같은 문제를 두 번째로 겪을 때는 해결책이 달라질 것이다!). 결국 우리는 IBM-위키피디아를 필요로 한다는 것. IBM의 모든 지식을 총 동원해서! 나는 웃음거리가 될 지도 모를 만큼 내 의견을 환상적으로 잘 윤색했다. 스토리텔링으로 인해 발생된 것은 누구나 나의 요구사항을 듣기는 했지만 유머로 받아들였다는 것이다. 나는 어떤 일을 감행한 것이 아니라 그것에 대해 열변만 토로했기 때문이다.

하지만 나는 갈수록 많은 공감을 받았다. 갈수록 많이! 언제가 나는 '모든 사람들에게' 한 통의 메일을 보낸 적이 있다. 나는 위키피디아를 원하고 있으며 이는 훗날 당연히 불루피디아(Bluepedia, IBM = Big Blue에서 따온 이름)라고 불러야 할 거라고 말했다. 더 많은 공감을 받았다. "뒤크 씨, 그들이 못하도록 말릴 겁니다. 만약 모든 사람들이 인트라넷에서 그런 내용을 기록해도 된다면 이것은 문화변화를 의미하거든요." 나는 이미 매니저의 대답에서 그 사실을 알고 있었다. "당신이 만든 사전에 봉급목록들을 기재해도 될까요?" 나는 고개를 끄덕이며 공감을 얻어냈다. 갈수록 더 많은 공감을 얻었다. 그래서 나는 당시 직속상관에게 말했다. 그가 전적으로 금지하지는 않은 "일을 이제부터 해보겠다."라고. 그 뒤 나는 회람 메일로 (이노베이션 2.0!) 아군을 구했다. "최고인 사람들 하고만 일하세요"라는 은밀한 생각을 염두에 두고 있는 사람들을 찾으려고 한 것이다. "당신들은 힘들게 일해야 합니다. 그리고 콘셉트에 대해서 흠을 많이 잡아서는 안 됩니다. 나는 미팅보다는 블루피디아를 원합니다." 그러고서 우리는 인트라넷에 IBM직원들이 가장 자주 하는 협력자 찾기를 하기로 하고 그에 대한 글을 썼다. 그리고 이를 친구들에게 보여주고 공감을 얻어냈으며 친구들의 지시에 따라 다음 날 저녁에 수정했다. 우리 기술단들 중에 누군가 이를 인트라텟에 올릴 수 있었다. 이는 금지된 일이었다 (이에 대해 나는 실제로 해명하지는 않았다. 그랬더라면 내가 서버사용료를 지불해야 했을 것이다. 이를 위해 무언가 설명도 해야 했을 테고, 이를 위해 미팅도 열어야 했을 것이고 - 이를 위해 나는 파워포인트를 만들어야만 했을 것이다 - 이를 위해……). 내가 말하려고 하는 것이 무엇일까? "당신이 할 수 있는 만큼 언더그라운드에서 일하십시오." 언젠가 우리의 프로토타입이 거의 완성되자 나는 모든 사람들에게 보낼 CEO의 메일 한통이 필요했다. 그들이 블루피디아를 채워야 하고 사용해야 한다고! 내가 언더그라운드를 떠나야만 했기에 당연히 이는 혼란만을 가중시켰다. 나를 도와준 아군들의 명단들과 함께 모든 이야기들은 나의 홈페이지에서 찾을 수 있다. 또한 그 당시에 두 번째로 높은 IBM 경영자, 닉 도노프리오(Nick Donofrio)의 1분짜리 비디오도 있는데 말을 마치기 전에 그는 이 일을 IBM의 등대 프로젝트로 선언했다.

당연히 블루피디아는 기술적으로 제작되어야 한다. 이를 누가 할 수 있을 것인가? 누가 최고로 잘해 낼 수 있을까? 누가 이를 위해 몇 주에서 몇 달까지 시간을 낼 수 있을까? 나는 2004년에 안냐 에버스바흐(Anja Ebersbach), 토마스 글라저(Thomas Glaser), 리햐르트 하이글(Richard Heigl)의 저서 《WikiTools(Springer, Heidelberg, 두 번째 판본 2007)》에 머리말을 써달라는 간곡한 부탁을 출판자로부터 받았다. 책은 위키피디아와 그 구축에 대한 것이었다. 3명의 여성작가들은 그 당시에 레겐스부르크에서 박사 학위를 했다. 나는 그들에게 전화를 걸어 블루피디아를 구축해달라고 말했다. 그리고 나는 IBM이 그들에게 지불하도록 시도했다. 마침내 우리는 그렇게 할 수 있었다. 나는 IBM에서 지불해줄 수 있는 상담조직을 찾았다 (감독관은 우리가 블루피디아를 제공해야만 한다고 생각했다). 결국 레겐스부르크의 여성작가들이 네츠워크를 프로그래밍했다. 여기서 알 수 있는 것은 무엇일까? 일반적인 '창안자들'은 완전히 프로그래밍해줄 사람을 절대로 찾지 못한다는 것이다. 게다가 그에 대해 아는 바도 없다는 것이다. 나는 뽐내려고 하는 것이 아니라 네트워크가 필요하다는 것을 말하고 싶은 것이다. WikiTools의 머리말을 쓴 것은 사전-이노베이션이다. 자본공급자의 신뢰도 사전-이노베이션인 것이다.

블루피디아 이후에 IBM팀은 수상의 명예를 얻게 되었고 3명의 레겐스부르크 여성들과 (그래픽 담당) 라도반 쿠바니(Radovan Kubani)는 작은 회사 HalloWelt(안녕세계)를 새웠다. 왜냐면 그들은 위키피디아를 갖고 싶다는 다른 기업들의 문의를 받았기 때문이다. 그동안에 이 기업은 14명의 직원으로 구성되었으며 그들은 OpenSource-Software BlueSpice(기업위키피디아)를 분배하여 그 서비스를 맡으며 살아가고 있다. 현재 나는 은퇴했으며 HalloWelt와 함께 언젠가는 백일해 청진견본을 인터넷에 올릴 작정이다.

이러한 이야기는 아직도 진행 중이다. 나는 약 2년에서 3년까지 지속적으로 알릴 것이며 모든 것을 아주 조용히 현실로 옮겨올 생각이다. 공감에 따라…… 그리고 나는 곧 다시 독자들 앞에 나타나서는 "안녕 세계!(Hallo Welt!)"라고 외칠 것이다.

Undercover Realization – 남이 보지 않는 곳에서 모든 것을 수행한다

다시 한 번 언급해보면, 우리는 '잘 도와주는' 모든 관찰자들의 레이더 스크린 밑에서 가능한 한 일해야 한다. 그렇지 않다면 엄청난 미팅, 프레젠테이션, 정당성에 끌려들어갈 것이다. 이는 그 누구의 고의적인 나쁜 의도가 아니라 모든 시스템의 본질이다. 마치 기름을 칠한 듯이 잘 흘러가야 하며 어떤 예외도 인정할 수 없다. 그래서 우리는 가능한 전체시스템의 면역시스템을 건드리지 말아야 한다. 면역시스템이 이노베이션에 반대하는 쪽으로 작동한다고 비난해서는 안 된다. 핵심 사업에 반드시 필요하기 때문에 우리는 면역시스템을 존중해야 한다.

피하라! 질문도 그렇게 많이 하지 마라! "그냥 해보세요!" 이는 이노베이션으로 성공한 사람들이라면 누구나 하는 소리다. 나는 앞에서 블루피디아가 어떤 식으로 진행되었는지 언급한 바 있다. 나는 아직도 더 많은 예들을 설명할 수도 있다. 하지만 자신의 어려움을 기꺼이 직시하려고 하지 않는 사람한테는 해주고 싶은 생각이 없다.

경영자가 알지 못하는 상태에서 우리가 이노베이션을 관철시킬 수는 없다. 당연히 그들은 어떤 식으로든지 알고 있어야 한다. 경영자가 실제로 들여다보지 않고도 그에게 뭔가를 알려주려면 아주 세심한 구석이 있어야 한다. 이것은 어떤 차이인가? 경영자는 무슨 일인가 지금 진행 중이라는 사실을 반드시 알아야 하지만 그 밖에는 그가 아무것도 몰라야 한다. 어쩌면 그는 아주 정확한 소식을 알고 있을 지도 모른다. 매초, 매센트(Cent)까지. 하지만 그는 공식적으로는 알아서는 안 된다.

제발 우리는 레이더 스크린 밑에서 하고 있는 활동을 극도로 비밀로 해서는 안 된다. 왜냐면 매니저의 입장에서는 '깜짝 놀랄 일'과 같은 두려운 일은 존재할 수 없기 때문이다. 매니저들은 예시되지 않은 일을 뜻밖에 알게 되는 것을 증오한다. 특히나 경영자들은 이런 일을 자신의 직원들이 수행한다면 정말로 불쾌해한다. 권력 매니저들은 불충실과 불순종으로 추측하게 될 테고 완벽주의자들은 깜짝 놀라게 한 사람을 신뢰할 수 없는 사람으로 간주한다. 어떤 사람들은 항상 속임수 혹은 게으름 탓이라고 생각하고, 또 다른 사람들은 그 사실을 미리 듣지 못해다는 이유만으로 모욕당했다고 생각한다. 최악의 상황은, 매니저 미팅에서 매니저 동료에게서 "당신 부서에서 뭔가 작업하고 있다는 거 알고나 계신가요?"라는 말을 듣게 되는 것이다. 낯 뜨거운 기자회견을 한번 상상해보자. 축구트레이너 혹은 정치가가 '기자회견 자리에서' 선수나 당내의 힘없는 국회의원들로부터 비난받았다는 사실을 듣게 된다면 어떨까? 이러한 경우들을 통해 다들 무슨 추측을 할 수 있을까? 누군가 '자신의 가게를 전혀 통제하지 못하고 있다'는 것이다. 이는 경영자에 대한 심각한 판결이며 경력 단절의 판결이기도 하다.

그렇다면 우리는 남이 보지 않는 곳에서 이노베이션을 작업하되, 진짜로 비밀로 붙여서는 안 된다. 우리는 경영자가 가장 우려하는 일이 발생하지 않을 것이라고 솔직히 설명해야 한다. 절대로 경영권 밖으로 이탈하는 것이 아니라고 다시 한 번 분명히 해야만 한다. 경영자에 따라 이를 더 적극적으로 강조해야 한다. "일이 뜻대로 되지 않더라도 나는 항상 복종하겠습니다." 혹은 "나는 절대적으로 신뢰할 만한 사람입니다." 또는 "나는 많은 일을 하고 있습니다. 이 노베이션에 관한 일은 휴일에만 합니다." 그러면 대부분의 경영자들은 혹은 적어도 많은 경영자들은 함께 할 것이다. "당신이 회사에서 맡은 바 업무를 잘 수행하고 예산을 끌어가지 않는다면 당신이 지금 따로 하는 일에 대해 그렇게 정확히 관여하지는 않겠습니다."

지포트 핀초트는 'Impatience Clock', '조바심 시계'라는 명칭을 자주 사용했다. 그는 17년 전에 (내가 1994년 그에게 가르침을 받았을 때) 이에 대한 의견을 나타냈다. 즉 우리가 비밀로 하고 있던 모든 일에도 조바심 시계가 작동하고 있다는 것. 그는 서서히 흘러가는 상상속의 모래시계에 빗대어 설명했다. 시간이 흐르면 여지없이 매니지먼트는 물어볼 것이다. "당신 일은 어느 정도 진행되고 있나요?" 우리는 리뷰와 미팅을 해야 한다. 해명도 해야 하고 모든 것을 새로 허락받아야 한다. 그 당시에 핀초트는 일반적인 조바심 시계는 반년 정도 지나면 만료된다고 믿었다. 반년이 지났는데도 미팅에 방해받지 않고 일할 수 있는 경우는 결코 없다고. 그런 일은 절대로 없다고!

이런 말을 들으면 오늘날 우리는 애처로워하면서도 아주 큰소리로 웃을 것이다. 그 당시에는 실제적인 분기결산이 없었다. 연말결산을 했다. 오늘날에 와서는 대부분의 기업들이 이미 내부적으로 달마다 결산을 하고 있으며 최고의 기업들은 주마다 결산한다. "우리는 이번 주에 매출을 80퍼센트밖에 달성하지 못했습니다! 우리한테는 슬픔입니다." —"회장님 이 주에는 하루가 공휴일입니다." —"슬픕니다. 슬퍼요. 이날은 독일만 쉬는 공휴일입니다. 유럽센터에서는 공휴일은 제외하지 않습니다. 우리는 공휴일을 대체할 수 있는 뭔가를 할 수 있을 겁니다. 손실을 메우는 게 좋지 않을까요?" (10월 달에 독일국경일이 처음으로 거행되었을 때 발생된 일이었다.) 기업의 가혹한 진심은 이제부터 달마다 결산하겠다는 것이다. 그래서 이노베이션 프로젝트들에도 알맞은 새로운 절약프로그램(Sparprogramm)이 매달 책정된다. 곧바로 매출에 영향을 주지 못하는 것은 무기한 연기되는 경우가 상당히 많기 때문이다. 이는 모든 전문교육, 내부 만남, 조절과 조정을 위한 프로젝트 미팅, 모든 장기 프로젝트 그리고 당연히 모든 새로운 것에도 해당된다. 매출에 곧바로 관련되지 않는 것에 대한 예산은 분기결산공포의 정글링공이다. 그러므로 요즘은 모든 이노베이션에 대해서 근본적으로 불안감이 깃들여있다. 그 탓에 더 나이든 직원들은 "먹을 만한 감자를 찾으려면 감자 자루를 잘 뒤져봐야 한다."고 말한다. "이노베이션 스톱하세요! 절약해야죠! 이제 다시 계속합시다. 하지만 서둘러주세요. 당장 다시 만회해야 합니다! 서둘러요! 아니, 안 됩니다. 또다시 스톱해서는 안 됩니다."

할 수 있는 한 충분히 조심해야 한다!

하지만 이는 이노베이션 프로젝트에 피해를 주는 미팅뿐만 아니라, 절약 프로젝트와 조바심도 있다. 이와 마찬가지로 어려운 문제점은, 혁신가가 미팅에서 받은 제안들을 무시하는 게 더 나은 상황임에도 실제로는 그렇게 할 수 없다는 것이다.

나는 다시 한 번 투어플래닝에 대한 나의 경험들을 언급하고 싶다. 이 이노베이션에서 우리는 충분한 배움의 대가를 치렀다. 프로토타입에는 좋은 해결책을 프로그래밍했다. 그리고 모든 것을 '생산 가능하도록' 디자인하려고 했다. 투어플래닝의 방대한 최적화에는 큰 컴퓨터가 필요했음에도 당연히 우리는 사용할 생각이 없었다. 하지만 누군가 주차장에 이미 큰 컴퓨터를 가지고 있다면? PC에 곧바로 모든 것을 작성하자는 좋은 아이디어가 생각났다. 물론 1995년에는 플래닝하는 데에만 족히 2시간은 걸려야만 했다. 하지만 우리는 PC 속도가 매년 더 빨라질 것이며 속도-문제는 저절로 해결될 거라고 예측할 수 있었다. 우리는 이 같은 계획을 프레젠테이션 했다. 우리의 계획은 허가받았지만 모든 것을 몇 배로 비싼 워크스 테이션(Workstation의 가격은 그 당시에 10,000유로 정도였다.)에 프로그 래밍하라는 조건이었다. 매니지먼트는 다음과 같이 말했다. "우리는 일타쌍피의 효과를 볼 수 있기 때문이죠. 투어플래닝과 하드워드를 같이 판매할 수 있거든요." 이는 근본적으로 나쁜 생각도 아니며 오 히려 좋은 생각이다. 왜냐면 IBM은 이러한 워크스테이션을 생산했 기 때문이다. 그럼에도 이러한 전략이 내 마음에는 들지 않았다. 결 국 나는 '초보 혁신가'라는 소리를 듣게 되었다. 그 이유는 내가 하 드웨어-디비전(Hadware-Division) 지원도 희망했기 때문이다. 실제 로 훗날 고객들은 한 가지 PC에 모든 것을 작업하기를 원했다. 이유 는 가격이 아니라 성능 때문이었다. 주차장 담당자들은 마이크로소 프트 윈도우 PC에 익숙해 있었으며 IBM의 운영체계인 AIX는 배우 고 싶어 하지 않았다. 아! 이토록 비싼 기계를 개발하겠다고 어찌 맡 았는지!

나의 경험으로 볼 때 이제 나는 모든 기업내부의 최적화에 반대 하고 싶다. 나는 만일의 경우에는 직업을 내려놓아야 할 것이다. 계 획대로 했다가는 실패밖에 남는 것이 없을 테니까!

고객들의 시각에서 보자면 생산 · 서비스에서는 타협이 있을 수 없다. 그들의 입장에서는 모든 게 일치해야 하고 단순해야 하며 일 사철리로 작동되어야 한다. 그렇다면 어떤 사람이 승리하는 것일까? 물론 제일로 좋은 것은 첫 번째 시도에서 생산 혹은 서비스 제공을 '잘' 해내는 것이다. 하지만 아마존은 최초의 인터넷 서적 판매 회 사가 아니었다. 구글은 최초로 검색기계를 제작하지 않았으며 eBay 도 최초의 인터넷옥션하우스가 아니었다. 시장에서 처음으로 성과 를 낸 것이 중요한 게 아니라 고객들의 시각에서 실제로 좋으면서도 간편한 것을 제공할 수 있는 게 중요하다. AIX시스템으로 투어플래 닝하는 것은 주창자들을 위한 것이지만 '일반 고객'에게는 적합하지 않다. 우리는 이 점을 엄격하게 고려하지 않았다. 이미 패배했다.

우리가 이노베이션을 숨어서, 공휴일에 조용히 자유의사로 작업 할 수 없다면 확실한 정도까지 추진할 필요성도 없어진다. 성급한 매니저들은 박람회에 프로토타입을 선보이기 위해 서두른다. 옛 분 야를 맡고 있는 사람들은 '새로운 것이' 자신들한테 '쓸모' 있기를 바란다. 그들은 직접적으로 표현하지는 않지만 '하나로 통합된 구 상'을 바라고 있어서 '이은 자리 없이 새로운 것이 옛것에 잘 맞기' 를 희망한다.

처음 듣게 된 순간에 나한테도 "당신이 할 수 있는 만큼 언더그라 운드에서 일하십시오."와 같은 요구는 너무 놀라웠다. 누구나 발전 과 성공을 기뻐할 것으로 생각할 것이다. 그리고 줄곧 승리로 일관 한다면 제일로 좋을 것이다. 나는 제안들과 매상고 보충요구들이 우 박처럼 쏟아져 내린다는 것을 알지 못했다. 어느 정도 시점에 이를 때까지 모든 것을 완성해야만 할 것이다.

그 다음에 우리한테는 기회가 찾아온다. 우리가 파악할 수 있는 기회다. 이제는 차스마를 극복하거나 다른 사람들이 차스마를 극복 했는지 살펴봐야 할 때다. 이 순간에는 잘 준비하는 사람이 좋은 카 드를 얻게 된다.

카이로스와 열정:
기회를 열정적으로 잡아라

골든타임

찬스가 오면 잡아야 한다. 이러한 단순하면서도 어려운 점에 대해서 나는 소단락을 기술하고자 한다. 이유는 모든 것을 분명히 설명하기 위해서다.

너무 일찍 시장에 나오는 상품들이 많다. 오픈 마인드들은 여전히 만족하지 못한다. 수많은 다른 상품들이나 서비스들은 너무 늦게 나온다 - 아마존과 대적할 수 없는, 수없는 인터넷 서적들만 즐비한 것처럼.

세기전환기가 지난 뒤에 인터넷 설립으로 유명한 마니아가 등장했다. 소위 'dot.com'-스타트업은 버섯이 땅에서 솟아나듯이 그렇게 나타났다. 데이팅(Dating), 구인광고(Jobbörse), 자동차판매, 모든 종류의 중개상이 인터넷에 등장했다가 거의 모두 사멸했다. 거래소 시세는 'dot.com'-크래쉬(충돌)에서 힘없이 외마디를 지르며 지하실로 곤두박질쳤다.

아이디어들은 죄다 매혹적이었다. 실제 세계에서('Brick & Mortar', 'Ziegel und Moertel') 눈여겨봤던 것이 인터넷에 올라왔다. 첫 번째 뉴스가 보도되었는데 상당한 정기구독료에 반대하고 포르노그래피를 판매하는 모든 언더그라운드 기업들과 시세인포메이션에 관한 것이었다. 대부분의 기업들은 고객을 얻기 위해 처음부터 공짜 서비스를 제공했다. 이러한 과정은 유혹적인 공짜문화를 이 세상에 선물했으며 여기서는 고객 없이는 기업들이 돈을 벌어들일 수 없었다. 게다가 대부분의 오픈 마인드들은 여전히 인터넷에 대해 확신을 갖지 못했다. 예를 들어 인터넷에서 물건을 구입하는데 아직도 익숙하지 않은 것이다. 아마존과 같은 믿을 만한 기업을 경험함으로써 고객들은 인터넷사용에 익숙해졌다.

기업들이 무더기로 사멸한 뒤에 실제 'Brick & Mortar'-세계의 하이브리스(Hybris)가 다시 점차 확대되었다. 정확히 하이브리스-곡선을 따라 다들 입을 모아 소리쳤다. "이건 안 됩니다! 그럴 줄 알았습니다."

요즘 인터넷은 어떤지 한번 살펴보자. 이제 있을 건 다 있다. 신문에서부터 데이팅까지, 중고차거래에서부터 부동산경매까지 있을 건 다 있다. 그 당시에 파산 선고됐던 모든 것이 이제 다시 등장하고 있다. 안 되는 게 아니라 다 된다! 그 당시는 아직 때가 아니었다. 오픈 마인드들은 온라인에서 나왔던 모든 것에 대해 너무 신중성을 보였다. 상품의 완성도도 중요하지만 고객도 새로운 것을 위해 내적으로 준비되어 있어야 한다.

나는 가끔 생각해본다. 모든 아이디어를 위해서는 시간이 둘로 나뉘어야 된다는 것. 마치 우리가 '기원전'과 '기원후'로 시간을 나누는 것과 같다. 언젠가는 협곡 혹은 차스마를 건너뛰게 될 것이다. 그다음에는 기회가 있으며 기회는 유리하게 작용한다. 새로운 것을 개발하면 이제는 더 큰 공감을 얻게 된다. 고객은 구매하려고 할 테고 기꺼이 물건 값을 지불할 것이다.

때는 지금이다! 나가자! 판매하자! 상권을 확장하자!

IBM에서 나는 항상 비전이 있는 아이디어에 대해 설명했다. 다시

하고 또다시 하고. 그런데 관중은 고개를 절레절레 내저었다. 주창자들은 당연히 고개를 끄덕였고 모든 게 이미 나오는 것으로 보았다. 하지만 오픈 마인드들은 "그렇게는 아직 안 됩니다!"라고 말해주었다. 클로즈 마인드들은 소리쳤다. "그래서는 아무것도 되지 않을 겁니다." 적대자들은 "절대로 안 됩니다!" 하지만 주창자들도 아직 때가 아니라고 말한다. 그래서 완전히 솔깃한 것은 아니라고. 기본적으로 다들 정도의 차이는 있지만 비슷하다. "지금은 아직 아닙니다."라고.

나는 매번 아이디어를 제시할 때마다 "안 됩니다"라는 말로 한동안을 지냈다. "안 됩니다. 안 돼요. 안 됩니다!" 하지만 갑자기 어느 날인가 누군가 "이미 그런 거 있습니다."라고 말한다. 그리고 며칠 후에 다시 누군가 거의 나무라듯이 "이미 있는 거예요."라고. 이로써 나는 비전 제시가로서 절대적으로 혹평을 받게 된다. 나는 새로운 것을 예언할 의무가 있다. 아직 진행되기 어렵더라도. 이미 있는 물건이라도 비전 제시가가 칭찬하면 안 되는 걸까? 나는 부끄러워해야만 했다. 하지만 나는 정말로 부끄러워한 것은 아니다. 상대방의 말을 귀담아듣기만 했다. 이제 때가 왔다. 뭔가 기미가 보인다싶으면 오픈 마인드들이 구매하기 시작한다.

그리스의 신 카이로스(Kairos)가 있다. 그는 유명하지는 않다. 올림피아의 유명한 제단으로만 잘 알려져 있다. (기원전 3세기) 펠라(Pella) 도시의 시인 포세이디포스(Poseidippos)의 시에서 우리는 항상 달리고 있거나 빠른 속도로 날아다니고 있는 카이로스를 볼 것이다. 그는 특별한 헤어스타일을 하고 있다. 앞쪽에는 긴 곱슬머리가 흘러내리고 뒤쪽으로는 박박 깎은 민머리다. 카이로스는 우리를 지나간다. 아주 빠른 속도로! 그는 기회를 상징한다. 우리가 기회를 잡으려면 그의 정수리 머리를 잡아야 한다는 것. 카이로스가 우리를 향하여 덤벼든다면 우리는 그의 앞머리를, 그의 곱슬머리를 잡아야만 한다. 만약 그가 우리를 쌩하니 지나쳐가면 뒷머리를 잡기는 어렵다. 머리가 민머리이기 때문이다. 카이로스가 상징하는 것은 유리한 혹은 알맞은 시각이다.

"언제가 적기인지를 알아채라!"미틸레네(Mytilene) 도시의 피타코스(Pittakos)가 경고한 말이다. 우리는 프리드리히 실러(Friedrich Schiller)의 말을 자주 인용하기도 한다. "네가 순간적으로 기피했던 것은 영원히 다시 돌아오지 않는다." 나의 말로 바꾸어 보면, "1분 동안 기피했던 것은 다시 돌아오지 않는다." 체념에서 판타지가 떠오를 수도 있다는 것!

누구나 주식시세가 쏜살같이 지나친다면 항상 이런 식으로 한숨지을 것이다. "아! 당시에 내가 샀어야 했는데. 그럼 부자가 될 수 있을 텐데." 이렇듯 우리 자신의 판타지와 체념이 엿보인다. 아직도 기회를 잡지 못하고 있는 것이다.

활력을 갖고 물결처럼 나아가라!

우리는 수많은 기업들이 기회포착에 실패했음을 알고 있다. IBM은 칩 제작을 소기업인 인텔(Intel)에게 맡겼다. '칩 제작은 진정한 비즈니스가 아니기' 때문이다. 이뿐만 아니라 IBM은 훗날 마이크로소프트사에게 운영체제를 고안하도록 의뢰했다. '소프트웨어는 진정한 비즈니스가 아니기' 때문이다. 이와는 반대로 IBM은 서비스 구축과, 인도를 비롯한 그 밖의 국가에서 대규모 생산자원 구축에도 매진하기로 비전을 제시했다. 동시에 PC 사업과는 작별을 고했다.

수많은 이노베이션에서는 언젠가는 사업이 막을 내린다. 상품이 이미 오랫동안 시장에 나온 뒤에 이런 일이 자주 있다.

예를 들자면 SAP기업은 이미 1972년에 창립되었으며 대형컴퓨터에서 작동되는 소프트웨어 R/2로 훌륭한 사업을 했다. 90년대 초반, SAP가 워크스테이션(개인용 컴퓨터의 규모에 다양한 기능을 집약시킨 고성능 컴퓨터_옮긴이)에 R/3시스템을 제공했을 때 커다란 성공을 거두었다.

나는 1988년 첫 번째 증권 거래에서 개인 투자를 고심했었던 일이 있었는데 그때가 아직도 생각난다. 그뿐만 아니라 나는 1987년 하이델베르크 IBM 연구소의 계약서요청이 있었을 때 몇 킬로미터 떨어져 있는 발도르프(Walldorf)에서 일할까하는 것도 고민했었다. 결국 나는 IBM으로 갔으며 SAP에서는 일하지 않았다. 나 원 참! 기회를 잡았더라면! 몇 년이 지난 뒤에 나는 아마존 주식에 완전히 매료되었기에 18달러에 1500주를 샀다. 그런데 곧바로 약 16달러로 떨어지고 말았다. 나는 절망적인 생각이 들었다. 음울한 분위기가 급변하더니 아마존 주식은 두 배, 세배로 상승했다. 나는 이미 자신감을 잃고 주식을 팔아치운 상태였다. 내가 주식을 지금까지 전부 가지고 있었더라면! 상장한 이후에 오늘날에는 주당 225달러이며 18000주에 해당될 것이다. 약 3백만 유로다. 만약 내가 그대로 가지고 있었더라면, 그랬더라면!

지금은 아마존이 아주 작심한 듯이 eBook 시장에 킨들(Kindle)로 승부수를 던졌다. 전체 수익금을 이 새로운 시장에 투자하고 있다. 이것은 올바른 선택인가? 애플사의 패드를 겨냥한 것인가? 너무 용감한 것은 아닌가? 제프 베조스는 언젠가 이렇게 말한 적이 있다 "아, 내가 하지 말았어야 하는 건 아닐까요?"

이 모든 것은 아무도 정확히 모른다. 시장이 처음으로 상승하고 소위 하키스틱(Hockeystick) 곡선을 형성하기 시작한다는 느낌을 우리는 언제 받을 수 있을까? 장기간 0점선에서 허우적거린 다음에 갑자기 움직임이 시작된다는 것! 지금! 잡아야 한다!

이는 쉽지 않다. 우리는 시장이 처음으로 아주 조금 상승한다 싶으면 기회를 잡아야만 한다. 시장연구가들과 은행분석가들은 여기서 한 가지 하이프(Hype)만 있는지 혹은 대규모 사업으로 발전될 수 있을지 손가락이 부르트도록 분석한다. 세기 초 dot.com-붐이 일어났을 때 거래소 중개인을 비롯하여 많은 회사들이 완전히 망했다가 다시 나타났다. 몇 년 전에 인도와 중국 부동산이 붐을 이루었고 투자자들이 이곳으로 물결같이 흘러들었다. 세계뿐만 아니라 중국정부도 우려를 표명했는데, 미국에서와 같이 부동산거품이 낄 수 있다는 것이다. 이들은 잠재적인 부동산구매자들의 조건을 강화하고 가격상승을 막았다. 이를 통해서 모든 부동산개발자들은 어려운 처지에 놓이게 되었다. 결국 부동산곡선이 바닥으로 곤두박질쳤다. 하지만 오늘날에도 여전히 인터넷 기업들이 있듯이 중국인들은 누구나 집 한 채씩 소유하고 싶어 한다. 그렇다면 우리는 정확히 언제쯤 투자해야 할 것인가?

기업은 용기를 내어 물결에 편승해야 한다. 자의 반, 타의 반으로는 잘 되지 않을 것이며 실제로 용기를 내는 경쟁자들이 나타날 것이다. 기본적으로 카이사르(Caesar)가 루비콘(Rubikon)강을 건너가듯이 결심을 굳혀야 한다. "주사위는 던져졌습니다." 그래서 지포드 핀초트는 내게 바라기를, "당신의 집을 파시고 그 돈을 비즈니스에 투자하세요!"였다. 우리는 에르난 코르테스(Hernàn Cortès)가 배에 불을 지르듯이 다리를 헐고 새로운 비즈니스에 집중하며 이익을 얻어야만 할 것이다.

나는 여러 분야에서 창업한 사람들을 알고 있다. 그들이 정말로 성공하게 될지는 분명하지 않다. 많은 사람들이 다시 옛 직업으로 돌아온다. IBM에서 CTO로서 좋은 직책을 역임하고 있었을 때 나도 이제 60이라는 나이에 자립적인 세계 개선자와 비즈니스-천사로서 새로운 인생을 시작해야만 할 때가 아닌지 생각해보았다. 나는 퇴직금을 신청해야만 하는 것은 아닌지 오랫동안 고민했다. 이런 생각을 지지해준 사람도 많았고 절대적으로 말리는 사람도 있었다. 요즘 나는 잘 해내고 있다. 이번에는 나의 선택이 옳았지만 결정하는 순간에는 이 모든 것이 분명하지 않았다. 언젠가 우리는 가능성들을 점치기 위해 동전을 던져보고 행동으로 옮겨야만 할 것이다.

루비콘 강을 건너겠다고 결정한 사람은 이제 헤매지 말고 앞으로 나가야만 한다. 사업이 실제로 상승한다고 숨을 돌리고 갈 이유가 전혀 없다. 대체로 비즈니스가 실제로 상승세를 타면 "하키스틱"이라는 개념이 이를 상징해준다. 기업가는 이제 성장에 필요한 모든 것을 조달해야만 한다. 즉 사람들을 채용하고 투자자들을 끌어 모으고 프로젝트책임자들을 교육한다. 뿐만 아니라 첫 번째의 혼란스러운 프로젝트들을 구제하고 상품의 오류들을 제거하며 고객의 불평을 고려한다. 만약 비즈니스가 100퍼센트 이상 갑자기 상승할 경우에 무슨 일이 발생할 지 우리는 상상할 수 없다. 견뎌내야만 한다. 이는 스트레스 그 자체지만 절대로 부정적인 디스트레스(Distress)는 아니다. 이는 오히려 긍정적 결과를 초래하는 유스트레스(Eustress)이며 실제로 경험해볼만한 강도로 나타날 것이다. 이제 시작해보자!

이제 이 책을 읽고 있는 독자들은 언제 돛을 올려야 할지 나에게 대책을 물어볼 것이다. 나는 그런 것을 제시할 수 없다. 이는 배에서 나오는 느낌이며 본능이고 기업가의 경험이거나 단순한 행운이다. 만약 누군가 결정을 내린다면 '온 힘을 다해 행동해야' 한다. 이노베이션에서는 "당신이 행동으로 옮겨야 잘 달성될 수 있는 것이다."

옛것을 뒤에다 두고 기회를 쫓아라!

나는 여러분들이 아직 상상할 수 있는 그런 생각 속으로 들어가
보려고 한다. 한 가지 예를 가정해보자. 만약 당신이 수학교육을 대
학원에서 성공리에 끝냈거나 최고로 좋은 성적을 받고 마쳤다고 해
보자. 아마도 그다음으로는 박사과정에 들어가려고 결심할 것이다.
지금까지와는 달리 이제부터는 박사 학위과제에서 잘 알지 못하는
수학문제를 풀어야 한다. 그렇다면 작업을 하고 골똘히 생각할 것이
다 (이노베이션의 사전작업). 박사과정생은 서로 상관이 있는 자료들
을 읽으면서 매우 자주 아이디어를 낼 것이다. 유감스럽지만 아이디
어는 담당교수와의 논의과정에서 매번 엉뚱한 것으로 판명되게 된
다. 여기서 잘못될 수 밖에 없는 이유는, 박사과정생이 문제를 올바
르게 이해하지 못했다는 것이다 (고객은 문제를 완전히 다르게 본다). 항
상 아이디어는 번뜩인다. 항상 다시! 모든 아이디어들은 오류이며
문제는 갈수록 더 분명하게 드러난다. 서서히 핵심난제가 베일을 벗
게 되고 박사과정생은 결국 곧바로 그 난제에 직면하게 된다. 마치
암호(Access-Code)가 있어야 들어갈 수 있는 대문 앞에 서있는 것과
같다. 지금까지 대문으로 갈 수 있는 길은 오로지 정글을 통과하는
것이었다. 일반적인 수학부분의 박사 학위과제들은 반년 혹은 일 년
이 걸린다. 그러고 나면 '아직도' 해결하기 위해 진정한 아이디어가
필요하다. 이것이 없으면 더 이상 진척되기 어렵다. 몇 주가 될 수도
있고 어쩌면 몇 달 동안 창문만을 바라보며 골머리를 앓을 것이다.
이러한 상태는 실제로 견디기 어렵다. 언젠가 나도 아이디어 없이
이렇듯 오래 지속되는 상태를 1년 반 정도 보낸 적이 있다. 나는 반
드시 아주 어려운 문제를 풀고 싶었다. 성과 없이 골치 섞는 일은 갈
수록 심해졌지만 나는 풀어내고 싶었다!

나는 훗날 이러한 상태에 봉착하고 있던 박사과정생을 지도해준 적이 있었다. 그때 학생들은 앉아서 골머리를 앓았다. 나는 지도해 주는 사람으로서 아무 것도 할 수 있는 일이 없다. 이러한 상태를 참아내지 못하는 많은 학생들을 보았다. 그들은 둘 중에 하나를 선택해야 한다는 것에 대해 두려움을 느꼈다. 만약 그들이 아무런 생각도 해내지 않는다면 어떻게 될까? 나는 그들로 하여금 그런 생각을 하지 않도록 설득하기도 한다. 절대로 그런 생각은 해서는 안 된다고! 의심해서는 안 되고 100퍼센트 성과를 보여야만 한다. 여기서 이탈해서는 안 되는 것이다. 절대로 길을 벗어나면 안 된다. 방금 언급했듯이 많은 사람들이 이를 견디지 못한다. 그들은 빈번하게 깊은 생각을 마다하며 만약 성공하지 못한다면 어찌될 것인가를 고민한다. 많은 학생들은 산업체에 '시험 삼아' 지원해본다. 만약 최악의 상태가 도래할 경우에 "대안을 찾기 위해서다." 나는 그들에게 그러지 말라고 간청했다. 작업과 생각만 하라고, 다른 것은 어떤 것도 해서는 안 된다고!

내 기억으로는 성적이 상당히 좋았던('최우등, summacum laude') 학생들은 '대안'을 찾으려고 정신적으로 헤매고 다니는 일은 없었다. 반면에 완전히 집중할 수 없었던 학생들은 제공된 일자리를 수락했거나 기껏해야 평균적인 학위점수를 획득했다. 자의 반 타의 반으로는 실패가 확실하다. 우리는 그 어떤 안전모도 찾아서는 안 된다!

우리는 뭔가 다른 것을 시작하기 위해서 인생에서 뭔가를 포기해야만 하는 일이 가끔씩 있다. 나는 이러한 일을 제대로 겪은 적이 있다. 물론 일은 잘 진행되었고 나는 훗날 몇 번씩이나 다른 분야에서도 인생을 경험해보았다. 하지만 매번 처음에는 고통이 따랐다. 즉 나는 5년 뒤에 수학교수를 그만두고 하이델베르크의 IBM 연구소로 일자리를 바꾸었던 것이다. 그 당시에 나는 정보이론 분야에서 저명한 학자였다. IBM에서 나는 완전히 다른 분야에서 일해야 했다. 오랫동안 쌓아온 나의 명성은 어제의 것이었다. 나는 새로운 분야에서도 '앞으로 나아갈 수 있기를' 바랐다. 하지만 이는 그렇게 쉽지 않았다. 그 대가로 수많은 밤을 뜬 눈으로 지새웠다. 내가 이 일을 해야만 하는 걸까? 언급한 대로 이 일은 잘 진행되었다. 내게 엄청나게 새롭고 많은 자신감을 안겨주었다. 이는 소위 오늘날 말하는 'comfort zone'를 벗어나 새로운 영역에서 성공을 이룰 수 있다는 것이었다. 하지만 인생에서 변화의 순간에는 아무것도 분명한 것이 없다. 모든 것을 포기하면 다시 돌아올 수도 없다.

일반적인 개인 인생사에서의 이러한 절박한 순간들은 기업에서도 동일하게 발생하고 있다. 대규모 전복과 이노베이션은 기업의 입장에서 볼 때 '새로운 삶을 시작하고' 새로운 땅에 발을 들여놓는 것을 의미하는 경우가 비일비재하다. 이러한 재탄생을 위해서는 기업의 열정과 활력이 준비되어 있어야만 한다. 마치 박사과정생이 학위논문에만 완전히 집중해야 하는 것처럼. 일반인들에게 이미 어려운 문제로 여겨지는 것은, 기업에서는 한 층 어렵게 나타난다. 왜냐면 기업은 단순하게 '직업을 바꿀 수 없기' 때문이다. 기업은 옛 사업을 가능한 오랫동안 이익을 내며 지속해야만 한다. 이는 새로운 방향성을 위해 필요한 자원들을 생산하기 위한 것이다. 옛것은 여전히 존중되고 보살펴야만 하고, 새것은 비약과 가격 속에서 앞으로 나아가야 할 것이다.

오로지 새로운 것을 생산하거나 오로지 옛것만을 지속하는 것은 간단하다. 이 두 가지를 동시에 진행하는 것은 아주 까다로운 과제이며 소수의 사람들만이 성공한다. 하지만 다들 다음과 같은 매니지먼트 통용어들에 대해 말한다. "하나를 이행하되, 다른 하나도 막지 말아야 한다." 얼마나 자주 했던 말인가! 그리고 필요한 규율로써 이두 가지를 동시에 시행하는 것은 얼마나 드문 일인가!

대부분의 기업들은 "하루의 일로 아주 진을 빼게 된다."그러므로 새로운 것에 집중하기란 어려운 편이다. 기업의 혁신가들은 앞으로 다가올 실패를 예측하고 있기에 저항한다. 전통적인 기업분야들의 대표들은 기원을 북돋아준다. "아직 우리는 옛 상품으로 돈을 벌어들일 수 있습니다."이에 대해 그들은 자랑스러워하지만 이러한 자랑으로 새로운 것에는 감격하지 못하게 된다. 옛것과 새로운 것은 서로 비판적으로 보이기 시작한다. 마치 강압적인 원칙과 히스테리적인 원칙처럼. 혁신가들에겐 유스트레스에서 생산되는 에너지, 즉 기쁨이 사라진다. 그리고 그들은 옛것을 변화시켜야만 한다는 것을 느끼게 된다. 물론 디스트레스를 받으면서.

이노베이션은 반드시 유스트레스 하에서 발생해야 한다.

이러한 기쁨의 유스트레스는 기업 내에서는 드물게 나타난다. 나는 이노베이션 연설가로서 단체연수에 참여하는 경우가 자주 있다. 내가 해야 할 일은 흔들어 깨우고 활기를 주며 이름을 부르거나 꾸짖는 것이다. 이런 일이 도움이 될까? 단체들은 옛것에 매달리고 있는 경우가 아주 많다. 그 예로 2차 세계대전 뒤에 계급관계에서 명시된 바 있으며 오늘날도 여전히 명맥을 유지하고 있는 정치적인 '농민당'과 '노동자당'을 들 수 있다.

출판사들은 종이를 확언하면서도 eBook에서 '보충'을 기대한다. 하지만 이는 오랜 기간 동안에 소규모 시장을 점유하고 있다. 이와 동일한 것에 대해 복사기 생산자들과 출판매체대표들이 말한다. "지리책과 전자공학 책은 언제나 함께합니다."자동차 제작자들은 eCar

에서는 여전히 대규모 시장을 기대하지 않고 있으며, 벤진차량들이 아직도 더 오랫동안 시장을 지배할 거라고 믿고 있다. 그들의 말을 그대로 인용하자면 "전기 자동차는 특정 목표에 대한 보충이며 두 가지 생산원칙들은 시장에서는 앞으로도 상당기간 평행하게 갈 것입니다." 전기 생산자들은 신소재 에너지로 완전히 옮겨 탈 수 있는 어떤 가능성도 발견하지 못하고 있다. "신소재 에너지들은 미래에 대한 새로운 가능성을 열어줄 수는 있겠지만 지금의 형태로 볼 때는 고전적인 생산방법을 대신할 진정한 대안들은 아직 없습니다. 개조는 오랫동안 지연될 것이며 옛 것이 아직도 오랫동안 지배적일 것입니다."

다시 한 번 명확하게 정리해보자. 기업들은 그다지 올바른 것을 원하지 않는 것 같다. 그렇지 않다면 더 기쁜 소식을 전달해야 할 것이다. "우리는 완전히 새로운 에너지 형태들을 믿고 있습니다! 하지만 그렇게 빨리 오지는 않을 겁니다. 더 많이 연구되어야 합니다. 유감스럽게도 우리는 좀 더 오랜 기간 동안에 전통적인 방식으로 생산해야만 합니다. 하지만 우리의 심장은 이미 미래에 있습니다." 이따금 기업들도 약간은 우울하다. 왜냐면 옛것, 정성을 다해 공급된 책은 가슴 속에서 거의 잊히지 않는 자리를 차지하고 있으며 그 자리를 앞으로도 차지하고 있어야만 하기 때문이다. 출판사들은 책의 (손으로 느낄 수 있는) 촉각적인 기능을 높이 평가하고 싶어 한다. 그들은 진정으로 책을 좋아하기 때문이다. 그들은 새로운 것에 훨씬 감동하고 열광하며 눈을 반짝이는 젊은이들 앞에서 눈을 감는다 (예를 들어 나의 연설 'pro eBook'에 대한 나이든 사람들의 비판에서 젊은이들은 화를 내며 반대의견을 냈다.) "어르신들, 지구상의 촉각적인 기능을 맛볼 수 있는 것은 책이 아니라 iPad입니다!"

기본적으로 산업 분야들이 이노베이션의 차스마나 장애물을 '내부적으로' 극복하는 것은 어렵다. 그러므로 새로운 것을 위해 필수적인 열정을 동원할 수 없는 것이다. '열정을 다하기'는 쉽지 않은 것이다. 반드시 감격과 감동되어야 할 곳임에도 단 한 번 기운 차리기도 힘들다. 사람들은 행동하고 싶은 의욕이 없는 것이다.

사람들처럼 기업들도 내안의 돼지개 (Schweinehund)를 지니고 있다.

위키피디아에서 이와 관련된 내용을 인용해보자:

"내안의 돼지개라는 명칭은 - 질책으로 자주 사용된다 - 의지빈약을 비유한 것이다. 이로 인해 어떤 사람이 윤리적으로 해야 하거나(예를 들어 문제점에 접근하거나, 위험에 봉착해 있을 때) 또는 각 개인에게 의미 있는 일인데도(예를 들어 다이어트를 이행하는 것) 싫다고 하지 않는 경우다. 내안의 돼지개는 동기와 직접적인 연관성이 있다. 대체로 내안의 돼지개를 극복하려면 어떻게 해야 할까? 여기서 특정한 과제해결을 위해서는 개인적인 성향이 중요하기 보다는 자제력이다. 일반적으로 사람들은 내안의 돼지개를 지니고 있으며 그 결점은 마음이 내키지 않은 것을 고민해야할 때 비로소 나타난다고 여기고 있다."

그래서 나는 위키피디아에서 주의 메모를 찾았다.

"내안의 돼지개라는 명칭은 오로지 독일에서만 있으며 다른 언어로 옮길 수 없다."

이 말에 나는 번뜩 머리에 스치고 지나가는 생각이 있었다. 특히 독일인들이 강압적인 원칙에 집착하고 있으며 새로운 것에 대해서는 상당히 하기 싫어한다는 것과 그들은 이성적으로는 반드시 필요한 것으로 생각할지라도 이노베이션을 이루기 위한 자제력이 부족하다는 것이다. 이러한 장애는 철학에서 말하자면 아크라시아(Akrasia, 그리스어) 혹은 인콘티넨티아(Incontinentia, 라틴어)라고 칭한다. 즉 누군가 더 나은 생각에 반대하여 '허약한 생각'에서 행동하게 되는 것이다. "나는 감자칩 한 봉지를 먹을 거야. 내가 다이어트를 해야만 되는 건 줄곧 다 알고 있는 사실이지만 말이야." 혹은 "나는 일상의 업무로 인해 진을 빼고 싶지 않다는 걸 알고 있어. 이 점에 대해 매일 아침 말을 하지만 매번 스트레스 속으로 빨려들어 가버리는군."

우리가 '내안의 불사조'를 지니지 못하는 이유는 무엇일까? 내안의 황소는 어떠한가? 나는 불현듯 에너지드링크 레드 불이 생각난다.

이노베이션은 날개를 달아준다!

결국 우리는 노력해서 우리 앞의 기회를 이용하도록 하자! 불평만 해서는 안 된다! 그냥 잡아야 한다! 철저히 이용해야 한다! 즐거운 마음으로 모든 것에 날개를 달도록 하자!

우리는 언제나 매번 똑같은 곳, 반드시 필요한 인식변화에 봉착해 있다.

성공하는 기업들은 이노베이션의 첫 번째 장애물을 이겨냈다. 기업 내의 오픈마인드들이 이노베이션에 대해 관심을 갖고 있다면 기업은 내안의 돼지개를 극복한 것이다 (혹은 스타트업을 할 때 내 안의 돼지개를 갖고 있던 적이 없다).

여기서는 행동으로 옮겨야 할 것이 실제로 이행된 것이다. 기쁨으로 행동하면 날개를 달 수 있을 것이다. 만약 우리가 - 육성, 수련, 인격형성, 지속적인 발전 혹은 이노베이션에서 - 신세계(Neuland)에 발을 들여놓아야 한다면 기본문제는 언제나 동일하다. 어떻게 해야 할지는 많이들 알고 있지만 대체로 충분한 열정을 보이지는 못하는 편이다. 그리고 모든 지속적인 발전에는 그렇게 많은 장애들과 적들이 있기에 열정은 반드시 필요하다.

찬스의 최종 적수 혹은 'Do nothing'의 최고 적대자

다시 한 번 뉴욕 IBM에서 있었던 인트라프리너링(Intrapreneuring) -학습과정으로 돌아가 보자. 지포트 핀초트는 우리의 비즈니스아이디어에 대해 코치수업을 해주었다. 우리는 프레젠테이션을 제작했다. 마지막 날에 우리는 월 스트리트의 벤처-자본가에게 우리의 비즈니스를 소개했다. 그는 핀초트의 친구였는데 우리의 아이디어를 들어주었다. 다 듣고 난 뒤에 그는 우리를 꾸짖었다. 나는 투어, 비행플랜 그리고 생산플랜의 최적화에 대해 설명했다. 여기서 나는 매 경우마다 수학적으로 약 15퍼센트 절약할 수 있다고 증명했다. 벤처-자본가는 납득하기가 어려운 듯이 반응했다. 그는 우리에게 물었다. "그렇다면 이 세상에 이 일을 실천할 수 있는 사람을 알고 있나요?" 나는 이 점에 대해서는 정확히 알지 못했다. 나는 이미 실용적으로 사용가능한 알고리즘(어떠한 주어진 문제를 풀기 위한 절차나 방법으로써 컴퓨터 프로그램을 기술함에 있어 실행 명령어들의 순서를 의미함_옮긴이)을 갖고 있는 사람을 아무도 몰랐다. 그는 오랫동안 곰곰이 생각에 잠기더니 한 가지 단순한 질문을 던졌다. 이 질문은 오늘날까지 내 귀에 메아리치고 있다. "당신이 아직도 대부호가 되지 않은 이유가 무엇인가요?" 나는 그 점에 대해 알지 못했다. 무엇 때문일까? 그는 이러한 절감프로그램이라면 나의 소규모-IBM-부서에서라도 작동해보아야만 한다고 설명했다. 고객들이 줄을 서지 않는 이유가 무엇인가? 나도 그 이유를 정확히 알지 못했다. 고객들이 매번 주저하는 이유를 나 자신도 기이하게 생각했다.

우리는 한참 동안 서로를 쳐다보며 시간을 허비했다. 그가 들어줄 수 있는 간단한 프레젠테이션은 모두 16개였다. 그의 대답은 간단했다. 나의 비즈니스 아이디어는 지원할 만하며 여기서 더 큰 기업을 만들 수 있도록 시도해야 한다는 것이다 (그 당시에 우리는 1년에 백만 이하의 판매액을 올리고 있었다). 하지만 만약 내가 대부호가 되지 못하고 있는 이유에 대해 논리정연하게 대답할 수 있어야 그가 나를 지원하겠다는 것이다. 그렇게 우리는 작별을 고했다.

다음날에 아몽크(Armonk)에 있는 전체 IBM-경영진은 4가지 베스트 비즈니스 아이디어에 대해 경청했다. 우리는 그 자리에 있었다. 이는 다시 가방을 싸라는 의미였다. 우리는 곧장 집으로 돌아가기 위해 준비했다. 공항에서 나는 여전히 생각에 잠긴 채로 비행기를 타려고 게이트를 배회하고 있었다. 그때 벤처 자본가가 급하게 우리를 스쳐 지나갔다. 그는 흥분한 상태로 소리쳤다. "난 한숨도 자지 못했습니다. 왜 그 물건으로 많은 돈을 벌어들일 수 없는지 생각했거든요. 이제는 알 것 같군요. 어젯밤에 문득 떠올랐어요. 반드시 최적화시킬 필요가 없다는 거죠. 그렇게 되도록 놔두려는 겁니다. 사람들이 그렇게 하도록 말이죠. 왜냐면 너무 많은 작업을 해야 하기 때문입니다. 군터, 당신한테는 실질적인 경쟁자가 없지만 강력한 원칙이 당신을 가로막고 있어요. 바로 Do nothing. 당신은 최적화시켜야만 해야 할지 어떨지에 대해 심사숙고 할 겁니다. 하지만 너무나 많은 노력을 기울여야 한다면 곧바로 다시 이 일을 그만두겠지요.

당신은 기다릴 겁니다!" 그러고 나서 그는 계속해서 가던 길을 빠른 속도로 사라졌다. 그가 해준 말은 순식간이었다.

이 순간에 나는 다시 이 세상에 대해 상당한 부분을 이해하게 된 것이다.

종교는 천상의 행복으로 가는 길을 알려주지만 아무도 가지 못한다. 다이어트에 대해서 알지만 사람들은 몸무게를 빼지 못한다. 매니지먼트의 가르침은 있지만 정작 하루의 스트레스로 인해 잊어버리게 된다. 누구나 나이팅게일을 원하고 누구나 온난화대책과 평화를 원한다. 그리고 항상 실행으로 이어지지 못하는 장애물 앞에 이론만이 존재하게 되는 것이다.

'몸', 즉 우리의 신체적인 몸, 기업 혹은 국가는 현실화를 위해 꼭 필요한 열정을 다하지 않고 있다. 여기서 문제가 되는 것은 부족한 돈이 아니다. 다급한 경우에는 돈은 항상 있다. 최고의 적대자는 바로 Do nothing이다. "우리는 여전히 이노베이션을 가지고서도 기다리고 있습니다. 다른 사람들은 물로만 요리를 하지요." 강압적인 것은 히스테리적인 것을 이긴다. 이렇듯 새로운 것과 옛것 간의 지속적인 싸움은 거대한 에너지낭비를 유발했다. 찬스가 무엇인지 감지되지 못하고 있는 것이다. 무엇인가 새롭게 시도하기 위해서 그저 사람들만 다그치고 있는 것이다. "그 당시에 나는 가능성을 버린 셈입니다. 나는 용기가 없었던 거죠. 내 아이디어가 너무 이르다고 생각했던 겁니다. 오늘날의 관점에서 보자면 나한테는 최고의 찬스였던 겁니다. 이 찬스를 나는 놓쳤습니다. 지금이라도 다시 한 번 시도해볼 수 있을 테지만 나는 용기가 없습니다. 가족 때문이죠. 너무 늦었어요."

원칙적으로 변화 혹은 이노베이션이 거부된다는 얘기가 아니다. 우리가 넋 놓고 잠으로 시간을 보내서는 안 된다는 뜻이다. 인터넷에서 죽어가는 기업들의 매니저들과 직원들은 정규적으로 회의와 단체모임에 모이고 있는데, 여기서 주창자들은 미래를 소개하고 단체장들은 과거를 맹세하며 영원히 함께 하겠다고 주장한다. 새로운 것에 대한 논의는 언제나 활발히 이루어지고 있다. 하지만 앞머리만 긴 카이로스 신은 야유를 보내듯이 휘휘 스쳐지나가고 있다. 아무도 그를 잡지 못한다. Do nothing. 아마도 다른 신이 있을 것이다. 만약 카이로스가 다가온다면 언제나 우리의 눈을 감게 하는 내안의 돼지 개가 있는 것은 아닐까? 혹은 우리가 곤경에 처해 있을 때 카이로스가 언제나 다시 돌아올 거라고 믿고 있는 것은 아닌가?

균형 잡힌 사람이 필요하다

우리는 우리의 열정을 어디에 사용하는가? 일상적인 일에 혹은 뭔가 새로운 것에? 우리는 환경조건들이 변화는 것에 어떤 식으로 반응하는가? 반응을 보이거나 미래를 예언하거나? 우리의 조건들이 열악해지거나 열악해지도록 위협당한다면 우리는 무엇을 할 것인가? 우리는 척박한 공간에서 더 가혹하게 일하거나 새로운 강가를 찾아 나갈 것인가? 30년 전쟁이 끝난 뒤 가난한 유럽 사람들은 굶고 있었는가 아니면 미국으로 옮겨갔는가?

우리는 항상 우리자신에게 적응하거나 우리를 변화시키지 않았는가?

한 가지 예를 상상해보자. 날씨가 점점 더워지더니 매일같이 비가 온다고 생각해보자. 계속해서 비가 쉼 없이 줄줄 내린다. 사람들은 해수면이 올라갈 것이라는 걸 알게 된다. 모든 '육지가 수면 아래로' 가라앉을 때가 언제인지 계산해볼 수 있다. 나는 네카게뮌트

(Nakargemünd)의 일부지역인 발트힐스바흐(Waldhilsbach)에 살고 있다. 우리 집은 평균해면보다 240미터 높이 위치하고 있다. 네카게뮌트와 하이델베르크 지역의 네카강은 대략 115미터의 높이에 있다. 강가에 있는 아름다운 빌라들은 수위계가 상승하면 맨 먼저 피해를 입게 될 것이다. 서서히 큰 물결이 상승하게 된다면 무슨 일이 발생하게 될까? 이러한 시나리오와 함께 나는 나의 홍수의 원칙(Das Sintflutprinzip)이라는 책의 서두를 열었다. 여기서는 사람들이 어떤 식으로 행동해야 할지 격렬하게 논의하고 있다. 어떤 사람은 제방을 짓는다. 왜냐면 '홍수가 언젠가는 곧 다시 멈추리라고 확신하고 있기' 때문이다. 또 다른 사람들은 네카강변과 가까운 발트힐스바흐의 집들을 높은 가격에 제공한다. 하지만 도로들은 어떻게 이어질까? 군터 뒤크와 같은 사람들은 에베레스트산이 홍수로 잠길 때까지 얼마나 시간이 걸릴지 계산해낸다. 그리고 성경에 기록된 것처럼 배를 만들기로 고심하게 될 것이다. 대부분의 사람들은 단기간에 목숨을 구하기 위해 제방을 짓는다. 이미 가라앉은 네덜란드의 투기업자들은 왕의 의자를 사다 모을 것이다. 이 의자는 하이델베르크가 네카강 제방 건설을 위해 자금을 마련하려고 내다판 것이다. 예언자들은 강가에 서서 지속적인 해답을 간청한다. '현혹하는 자들이여!' 비는 그칠지 모르고 첫 번째 사람들이 강가의 집을 떠난다. 이제 그들은 집 가격이 투기에 의해 너무 높게 책정됐다는 것, 이주하지 않고는 있을 곳이 없다는 것을 알게 된다. 그들은 강가의 집으로 가려고 하지 않는다. "분명히 언젠가 곧 비가 그치게 되겠죠. 결국 아무도 사려고 하지 않는 민둥산에는 나밖에는 없을 겁니다." 매번 부자들은 더 높은 곳에 거주하게 된다. 하지만 가난한 자들은 수변 아래에서 위험한 삶을 연명하다가 부자들이 더 높은 곳으로 피난 갈 경우에야 그 빈자리로 옮길 수 있을 것이다.

이러한 파국은 제발 일어나지 않기를 바란다. 기후변화가 우리에게 위협적인 것은 사실이다. 우리는 이미 대홍수와 같은 일이 올지도 모른다고 느끼고 있다. 극지의 만연설(Polkappen)이 다 녹은 뒤에는 피할 수 없을 지도 모른다. 하지만 우리는 정말로 그런 일을 겪게 될 거라고는 믿지 않으며 다들 Do nothing하는 데 익숙해 있다.

이러한 알레고리 다음으로는 곧장 현실적인 예를 들어보자. 수많은 출판자, 인쇄 매체 CEO, 복사기 매니저들 그리고 TV관계자들은 오늘날에 아주 심각한 말을 하고 있다 (나는 이 말을 듣고는 정말 이런 말을 들었다는 게 믿기지 않았다). "인터넷과 관련된 것은 유행이죠. 특히 페이스북도요. 곧 다시 종지부를 찍을 겁니다. 우리는 잠시 지나가는 궁핍기간에 처해 있습니다. 하지만 이 기간을 이겨낼 수 있을 겁니다."

이러한 사람들은 제방을 짓는다. 그들은 예로부터 내려온 세계를 지키는 사람들인 것이다. 그들은 강압적인 원칙들의 지배구조 아래에 있다. 그들은 서로 맞추려고 하지만 정말로 도발적인 이노베이션을 회피한다. 최악에 다다를 경우에는 한바탕 전쟁을 치르게 된다. 그들은 시장을 정리하고 경쟁자들을 억압하며 가격싸움을 벌이게 되고 경쟁을 부추긴다. 또한 옛 구상으로 잠시 동안 먼 나라에 자리 잡으려고 시도한다. "분명히 이 모든 것은 곧 끝납니다. 우리는 우리의 옛 삶을 다시 돌려받을 수 있을 겁니다. 변화의 시대는 유감스럽게도 모든 종류의 싸움과 연결될 겁니다. 누구나 자신들의 일반적인 생존을 위해 싸워야만 하기 때문이죠." 만약 남은 자들이 다시 한 번 파산으로 경쟁자들을 상실했다면 나는 그들의 승리에 찬 기쁨이야말로 터무니없는 것으로 느껴진다. 그들은 자신들의 승리를 강함의 표시로 이해하고 그들도 모두 죽을 거라는 걸 생각도 하지 못한다.

우리는 제방을 쌓아서는 안 된다!

우리는 굉장한 흥미를 갖고 인터넷시대로 들어갈 수 있으며 더 나은 삶을 살 수 있을 것이다. 하지만 인터넷이 결정적인 변화를 불러올 것임을 받아들여야만 한다. 마치 대홍수 혹은 빙하시대처럼. 이제 많은 것이 변화하고 있다. 자, 우리도 시작해보자! 그리고 즐거운 마음으로! 왜 우리가 그렇게 못하는 것일까? 우리는 강압적으로 양육 받았기 때문이다. 우리는 우리의 '지능'을 학교 졸업시험에 가장 발휘하고 매진하여 직업을 찾는다. 그리고 가족을 구성하고 지속적인 삶을 살아간다. 이러한 사람들이 우리의 시스템 속에서 생산되었다. 이런 사람들의 옛 학교성적표를 살펴보자. 내 성적표에는 성적이 최상위였다. 나는 다음과 같은 범주에서 평가를 받았다.

- 질서
- 부지런함
- 협동
- 품행

나의 젊은 시절 내내 생각하고 있었던 것은, 이런 좋은 성적표를 받는 인간이라면 바람직한 좋은 사람이라는 것이다. 하지만 좀 더 자세히 살펴본다면 성적이 좋은 이상적인 인간은 혁신가라기보다는 오히려 용감한 시민 혹은 산업일꾼일 것이다. 큰 기업에서 참을성 있게 일하고 끊임없이 배치되며 자발적으로 협력하고 CEO에 대해서도 이의를 제기하지 않고 행동하는 그런 사람만이 채용된다면 어떨까? 이미 이러한 사람들은 자신의 일을 농부의 일과 동일하게 생각하는 사람들이다. 즉 고랑마다 밭에 쟁기질을 하고, 줄마다 구멍 안에 순무 씨를 넣고서 기르다가 결국 순무를 뿌리째 뽑아내는 것처럼.

나는 몇 달 전에 나의 홈페이지에 새로운 최상위성적을 제안했
다. 여기서는 새로운 성적을 수여하는 것이 아니라 단순히 증명서에
기입함으로써 최고의 모범으로 기대할 수 있는 그런 종류의 사람을
위한 것이다. 어떤 종류가 있을까?

- 창의성, 독창성, 유머감각
- 건설적이고 명랑한 의지
- 다른 사람들에게 영향을 주는 솔선수범
- 다른 사람에게도 활발한 영향을 주는 공동체정신
- 호감을 주는 외모와 솔직함
- 균형 잡힌 자의식
- 자신의 긍정적인 미래에 대한 즐거움
- 다른 사람들에게도 영감을 주는 호기심
- 다양한 삶에 대한 긍정적인 태도
- 인간을 사랑하는 기본소양

우리는 이러한 젊은이들을 양성한다면 우리 시대의 기술적인 변
화라는 대홍수에 더 잘 대처할 수 있지 않을까 싶다. 젊지 않은 나이
의 우리 같은 사람들은 끊임없이 달려왔다. 새로운 세대들은 새로운
것에 대해 "우리"보다 더 기쁨과 독자적으로 접근해야 할 것이다.
이는 이미 도처에서 감지되고 있다. 많은 매니저상담가들은 우리
에게 "팀형성"에 대한 좋은 조언들을 해주고 있다. 우리는 모든 팀에
창의적인 사람을 "허용해야" 하거나 아니면 반갑게 맞이해야 할 것
이다. 합당하게 의문을 제시하는 크베어뎅커(Querdenker, 옮긴이: 시
류를 거슬러 생각하고 실천할 줄 아는 사람, Contrarian)도 있다. 또한 귀찮
은 일이 생기더라도 뭔가 시도하는 열정가도 있을 것이다. 도처마다

천부적 재능, 성(性) 혹은 작업견해의 '다양성'에 대한 노력이 인정되고 있다. 다양한 사람들이 서로서로 결실을 맺게 되는 것이다. 얼마나 순수한 이론인가! 하지만 실제로 이들은 서로 다투고 서로서로 'my way'를 훈계하고 있다. 결국 나는 여기서 극단적인 해결책을 제안하고 싶다. 위와 같은 단순한 목록을 따라 더 다양하면서도 더 균형 있게 사람을 교육하라는 것이다. 그러고 나서야 더 좋은 협력이 이루어질 수 있다는 것이다. 사람 자체는 이노베이션에 더 열려 있어야만 하고 새롭고, 신속하게 변화하는 세계라는 의미에서 더 전문적으로 대응할 수 있어야 한다.

'질서, 품행, 부지런함, 협동'에 맞는 사람들은 일상의 일을 직시하며 카이로스가 지나가더라도 쳐다만 보고 있지는 않을 것이다.

새로운 인간은 카이로스의 앞머리를 적시에 보고 찬스를 잡을 수 있는 사람이다.

결론

이노베이션은
유익한가?

이노베이션은 힘차게 이행되지 않는다면 아무런 소용이 없다. 즉 모든 장애물들을 뛰어넘지 못하고 모든 콘크리트벽들과 두뇌저항들을 몰아내지 않는다면 소용이 없다는 뜻이다. 혁신가는 엄청나 노력을 맡아야 하며 이로써 실제로도 모든 장애물들을 극복해야 한다. 나는 본 책에서 얼마나 많은 열정이 필요한지 그리고 실제로 이노베이션의 장애물 극복에는 얼마나 많은 열정이 소모되며 대부분 낭비되고 말았는지에 대해서 분명히 표현하고 싶었다.

이노베이션 혹은 순수한 아이디어는 '계몽(Enlightenment)' 혹은 깨달음이라는 상징과 비교될 수 있다. 이노베이션에 대한 프레젠테이션에서는 지루하고 질릴 때까지 전구라는 Icon이 설명되고 있다. 전구가 항상 암시하는 내용은 '내게 주는 한 줄기 빛'이다. 본 책의 맥락에서 볼 때 나는 '효율'이라는 단어가 생각난다. 전구의 효율을 따져보면 빛으로 이행되는 에너지사용은 약 5퍼센트 정도다. 그리고 그 나머지는 열 생산에 허비된다.

본 책의 많은 부분에서 나는 전체 이노베이션 활동의 빈약한 효율에 대해 비판했다. "산이 진통을 하더니 작은 생쥐를 분만했다." 효율은 모든 기업들과 나라들에서 살펴보자면 전체적으로 나쁜 상태다. 나는 이노베이션이 지금 상태라면 대체로 유익하지 못하며 이익도 되지 못한다고 생각한다.

이러한 견해는 기업들한테도 잘 전달되고 있다. 그들은 낭비가 가늠되지 않고 있다는 걸 알고 있다. 대체로 아마추어같이 일이 진행되고 있다는 것도 알고 있으며 이노베이션이 기업 내 최고들에 의해 추진되고 있지 못하다는 것도 알고 있다. 근본적으로 이익이 되지 못하고 있다는 암시로 인해 과로를 부추기고 결국은 성공적인 이노베이션에 치명타를 날리게 될 것이다. 우리는 '경험 상' 일이 잘되지 않은 것을 알게 된다. 하지만 우리는 시도해보아야 할 것이다. 영속적인 몸무게 증가를 마침내 한번은 중단할 수 있는 백 번째 다이어트처럼. 이노베이션은 아마도 이미 처음부터 소심하게 그리고 체념적으로 시작될 것이다. 나는 언젠가 어느 미팅에서 영국 매니저가 앉아 있던 박스에 다음과 같은 글귀가 쓰여 있는 것을 보았다. "체념을 즐기며 그들은 실패할 것으로 알고 있으면서도 그 일을 매번 실행하고 있다." 이노베이션은 "반드시 건재해야만 한다." 우리 모두는 이노베이션을 위해 뭔가를 자발적으로 하되, 도를 넘어서는 안 된다.

이노베이션은 금메달처럼 많은 열정을 필요로 한다. 취미나 아마추어 수준으로 금메달을 획득하려고 해서는 충분하지 않다. 이노베이션은 금메달을 정말로 손에 넣으려는, 의지가 강한 사람을 필요로 한다.

페터 페트리(Peter Petri)의 천재적인 그림은 본 책에서 비판하고 있는 내용을 잘 표현하고 있다. 바로 에너지가 부족한 행동이다.

우리에게 유익한 이노베이션은
헤라클레스의 과제처럼 온 힘을 다해 추진되어야 한다.
이노베이션은
'시시포스가 영원히 바위를 꼭대기로 들어 올리는 것'과 같다.